Direito Civil

Obrigações

Paulo Lôbo

Direito Civil

Obrigações

volume 2

Inclui Responsabilidade Civil

6ª edição

2018

saraiva jur

ISBN 978-85-472-2270-3

DADOS INTERNACIONAIS DE CATALOGAÇÃO NA PUBLICAÇÃO (CIP)
ANGÉLICA ILACQUA CRB-8/7057

Lôbo, Paulo

Direito civil : volume 2 : obrigações / Paulo Lôbo. – 6. ed. – São Paulo : Saraiva Educação, 2018.

1. Direito civil - Brasil 2. Obrigações (Direito) – Brasil I. Título.

17-1233 CDU 347.4 (81)

Índice para catálogo sistemático:

1. Brasil : Obrigações : Direito civil 347.4 (81)

SOMOS EDUCAÇÃO | saraiva jur

Av. das Nações Unidas, 7.221, 1º andar, Setor B
Pinheiros – São Paulo – SP – CEP 05425-902

SAC 0800-0117875
De 2ª a 6ª, das 8h às 18h
www.editorasaraiva.com.br/contato

Data de fechamento da edição: 10-10-2017

Dúvidas? Acesse www.editorasaraiva.com.br/direito

CL 604470 CAE 623576

Sumário

Capítulo XVIII

Capítulo XIX

Apresentação

Esta obra abrange a teoria geral das obrigações, os principais atos unilaterais civis e a responsabilidade civil em geral, no direito brasileiro. Fomos impelidos pelos desafios de realizar uma obra que seja útil tanto ao profissional do direito, para aplicação concreta, quanto ao estudante do curso jurídico – que lhe permita obter conhecimento acessível e desenvolver reflexão crítica, com o olhar posto nas mudanças sociais e econômicas –, e o de estruturar essas matérias para além do tradicional paradigma do individualismo oitocentista, tendo em conta o princípio constitucional da solidariedade social.

Por motivos didáticos, sempre que possível, distribuímos as matérias adotando a sequência do Código Civil de 2002, mais científica que a do Código precedente. Ainda assim, torna-se imprescindível a discussão em torno de temas sobre as relações obrigacionais que ele omitiu ou tratou insuficientemente, mas que foram desenvolvidas pela doutrina nacional e estrangeira, com reflexos na jurisprudência, como: os deveres gerais de conduta obrigacional, a tutela externa do crédito, as obrigações destituídas de pretensão, o prazo de graça, o adimplemento substancial, a violação positiva da obrigação, o superendividamento, a responsabilidade pré e pós-negocial.

Onde recomendável, promovemos a inserção e análise crítica da jurisprudência dos tribunais superiores e aludimos às inovações trazidas pelos códigos e legislações civis mais recentes dos povos do sistema jurídico romano-germânico, cujas soluções são referidas sempre que o direito brasileiro seja omisso ou obscuro, com destaque para a Lei de Modernização do Direito das Obrigações, de 2001-2002, da Alemanha.

É necessário que salientemos a necessidade de rever o direito das obrigações, consolidado ao longo de milênios e adaptado à revolução industrial e ao liberalismo econômico, para que possamos responder às inquietantes demandas da contemporaneidade, exigentes de consideração a interesses ou direitos coletivos ou transubjetivos e a deveres gerais, e às consequências da revolução da informação, ora em curso.

Paulo Lôbo

Capítulo I

Obrigações em Geral

Sumário: 1.1. Direito das obrigações. 1.2. Conceito e pressupostos das obrigações. 1.3. Distinção entre dívida e obrigação. 1.4. Execução forçada. 1.5. Dívida e responsabilidade. 1.6. O papel da causa nas obrigações. 1.7. Obrigações de meio e obrigações de resultado.

1.1. Direito das Obrigações

O direito das obrigações, na atualidade do sistema jurídico brasileiro, compreende as relações jurídicas de direito privado, de caráter pessoal, nas quais o titular do direito (credor) possa exigir o cumprimento do dever correlato de prestar, respondendo o sujeito do dever (devedor) com seu patrimônio. O direito das obrigações é o ramo do direito que regula a relação jurídica de dívida de prestação ou de dever geral de conduta negocial entre pessoas determinadas ou determináveis, sendo este o núcleo que o identifica. É direito relativo, a que corresponde o dever relativo. As relações negociais e a responsabilidade pelos danos imputáveis são as principais causas das obrigações, ainda que não as únicas.

As obrigações constituem as operações jurídicas mais frequentes entre os indivíduos e os instrumentos necessários de toda vida econômica. São infinitamente variadas em nossa vida cotidiana: transportar-se em ônibus ou táxi, comprar pão, alugar uma casa, executar um serviço, cometer ou sofrer dano, ter o fornecimento de água, luz, telefonia, prometer recompensa, repetir o indébito. Nas situações normais da vida, no cotidiano, as pessoas cumprem suas obrigações civis, porque os cidadãos, de modo geral, estão informados sobre o conteúdo dos direitos e deveres que lhes cabem e as consequências pelo descumprimento. Essa realização espontânea do direito das obrigações não significa que ele não tenha incidido nas relações havidas, mas, certamente, suas características são evidenciadas quando o descumprimento impõe sua aplicação à situação concreta.

No Código Civil, o direito das obrigações abrange uma parte voltada à teoria geral e outra parte destinada às espécies de obrigações (contratos, responsabilidade civil, atos unilaterais, títulos de crédito e insolvência civil). No sentido estrito, o direito das obrigações restringe-se à parte geral ou teoria geral das obrigações, disciplinada nos arts. 233 a 420. As normas jurídicas gerais de direito das obrigações aplicam-se não apenas às espécies de obrigações previstas no Código Civil, mas a todas as relações jurídicas regidas pela legislação especial conexa.

A parte nuclear do direito das obrigações é legatária da elaboração milenar do senso prático do direito romano antigo; de lá para cá são mais de dois milênios de lenta e laboriosa elaboração teórica e prática. As soluções que o direito contemporâneo ainda utiliza têm origem nas resoluções dos conflitos que os antigos romanos cristalizaram em suas normas jurídicas e, sobretudo, nos trabalhos deixados por seus jurisconsultos. Certamente, é o direito das obrigações o principal elemento comum das estruturas fundamentais dos direitos nacionais enquadráveis no grande sistema jurídico romano-germânico, no qual se inclui o direito brasileiro. Mas, como adverte Orlando Gomes, o direito das obrigações elaborado no século XIX, calcado no direito romano e aperfeiçoado, principalmente na Alemanha, pelos pandectistas, "concorreu para o desenvolvimento econômico, mas legitimou abusos, ao favorecer a prepotência das pessoas economicamente fortes"; diz ainda que, no pórtico de sua codificação, poderia ter sido inscrito, a talho de foice, a legenda *beati possidentis* (felizes os que possuem) (1967, p. 2).

É certo que há obrigações em outros ramos do direito, mas que não se remetem ao direito das obrigações, no sentido ora empregado, salvo em caráter supletivo. É comum, no campo do direito público, a referência a obrigações, mas estas são oriundas do poder de império do Estado, ou seja, da relação hierárquica que se estabelece entre o Poder Público e o cidadão. Assim, os deveres legalmente impostos aos contribuintes são denominados obrigações tributárias. No âmbito do direito privado, as obrigações de direito de família não correspondem aos pressupostos das obrigações em sentido estrito, especialmente as de caráter genuinamente pessoais, como os deveres comuns dos cônjuges ou os deveres dos pais em relação aos filhos; até mesmo as obrigações alimentares entre parentes, ou entre cônjuges ou companheiros, ainda que de caráter econômico, refogem às fontes reconhecidas do direito das obrigações, porque dizem respeito diretamente à tutela jurídica das pessoas. Do mesmo modo, as obrigações de direito real, relativamente às coisas, que o direito impõe ao proprietário (p. ex., os direitos de vizinhança) ou a qualquer titular de direito real limitado. Até mesmo o negócio jurídico unilateral do testamento concerne mais às pessoas que ao ato em si ou ao patrimônio que será transferido; por essa razão o direito das sucessões está fora do âmbito do direito das obrigações, salvo por efeito deste (p. ex., créditos do falecido que são transferidos aos herdeiros).

Os denominados direitos absolutos (direitos da personalidade, direitos reais e direitos à incolumidade pessoal e patrimonial), por serem oponíveis a todos e não a pessoa determinada, geram obrigações imputáveis a todos de não os violarem, distinguindo-se das obrigações em sentido estrito, que são relativas a pessoas determinadas. Porém, a violação a direito absoluto faz nascer direito relativo a prestação determinada, caindo sob a incidência do direito das obrigações. Exemplificando: *A* é titular de direitos da personalidade, dentre os quais a honra, oponíveis a todas as pessoas sujeitas ao direito brasileiro – direito absoluto; *B* difamou *A* em jornal, passando este a ser credor daquele da indenização por danos morais e materiais (prestação de indenizar) – direito relativo (direito das obrigações).

Tampouco se incluem no campo próprio do direito das obrigações as denominadas obrigações *propter rem* (literalmente, obrigações por causa de uma coisa), ou ambulatórias ou obrigações reais. Nessas hipóteses, seja quem for o titular do direito real assume "obrigações e créditos em razão e com referência à coisa que constitui o objeto do direito real" (Zannoni, 1996, p. 37). São exemplos, no Código Civil: as despesas de conservação da coisa no condomínio geral (art. 1.315); as contribuições devidas pelo condômino para despesas ordinárias de condomínio em edifício (art. 1.336, I); as despesas com a conservação dos limites entre dois imóveis (art. 1.297); a obrigação de indenizar em razão da avulsão (art. 1.251); a obrigação de indenização pela passagem forçada (art. 1.285) ou pela passagem de cabos e tubulações (art. 1.286). São também dessa espécie as obrigações do proprietário ou possuidor derivadas da proteção legal ao meio ambiente e ao patrimônio histórico ou cultural. Essas obrigações são relacionadas ao direito das coisas. Miguel Maria de Serpa Lopes (1960, p. 34) entende que o sujeito passivo da obrigação *propter rem* pode se desvincular dela abandonando o direito real a partir do qual se origina a obrigação. Porém, o abandono de direito real depende do respectivo registro. Delas distingue-se o chamado ônus real, que consiste em uma prestação positiva devida por quem seja proprietário ou possuidor da coisa (p. ex., trabalho, serviços, entrega de determinados frutos ou dinheiro), limitada ao valor da coisa, que por ela responde diretamente.

A doutrina tradicionalmente destaca como singularidade do direito das obrigações o fato de cuidar de relações jurídicas temporárias ou transitórias, cuja satisfação leva à extinção. Quando a dívida é adimplida, ela extingue-se. Não só a dívida é transitória, mas o crédito correlativo. A transitoriedade existe até mesmo nas obrigações de execução duradoura, como nos contratos relacionais e de prestações de serviços, nos quais cada prestação esgota e extingue o crédito e a dívida correspondentes.

Em contrapartida, as relações jurídicas de direito real seriam permanentes, enquanto o domínio ou direito real limitado permanecer sob o mesmo titular. Do mesmo modo, há relações jurídicas perpétuas, irradiadas dos direitos da personalidade, que existem enquanto existir o titular, cujos efeitos persistem para além da morte. Todavia, cresce a convicção de que esse modo de ver as obrigações é insatisfatório, porque justamente a característica de serem constituídas pela prática de um ato para satisfazer a um interesse mediante outra conduta (adimplemento) "revela não apenas tratar-se de uma relação transitória, que se esgota com a realização do fim programado, mas de uma relação dinâmica, a desdobrar-se no curso de um processo" (Aguiar Jr., 2004, p. 47). No tráfico jurídico atual, todavia, há relações contratuais de natureza permanente e interativa, como o plano de saúde, a previdência privada, o seguro, a educação privada, o cartão de crédito, que excepcionam a regra da transitoriedade, que não mais pode ser considerada determinante do direito das obrigações.

Diz Pontes de Miranda que ao se falar em *direito das obrigações* já se restringe a tal ponto o conceito de obrigação, já se pré-excluem obrigações que não entram no quadro, como acima demonstramos, e de tal modo se precisa o conceito "que em verdade melhor teria sido que às obrigações que são objeto do Direito das Obrigações se houvesse dado outro nome" (1971, v. 22, p. 7). Em outro volume do *Tratado de direito privado*, ao concluir o estudo geral das obrigações, diz que o que chamamos de teoria geral das obrigações é "teoria geral das dívidas", porque há dívidas a que não correspondem obrigações, mas nem por isso deixam de ser dívidas. Assim, propõe, ao final, que o melhor nome seria Teoria Geral das Dívidas e Obrigações (1971, v. 26, p. 281). Apesar de reconhecer a procedência da crítica, curvamo-nos ao uso linguístico que consagrou a expressão Teoria Geral das Obrigações, abrangente tanto de seu conceito geral quanto de seu conceito específico. Mas a própria teoria geral das obrigações de direito privado é questionada. Karl Larenz, um dos mais influentes civilistas do século XX, na Alemanha, cujo direito é marcado pela preferência das partes gerais conceptuais, afirmou que a justificação do direito das obrigações descansa na possibilidade de um conceito estrutural uniforme das "relações obrigacionais", mas que não responde aos diferentes acontecimentos vitais, especialmente o tráfico jurídico e os danos imputáveis (1958, p. 13).

As normas jurídicas estabelecidas nos arts. 233 a 420 do Código Civil aplicam-se a todas as relações jurídicas obrigacionais, assim como às negociais às extranegociais, de natureza civil ou empresarial, previstas no referido Código ou na legislação especial. Também são aplicáveis às relações contratuais de consumo, supletivamente, no que não contrariem o princípio constitucional de defesa do consumidor (art. 170, V, da CF). Por simplicidade da exposição é comum dizer relação contratual ou *extracontratual*, termo este introduzido em 1985 no Código Civil francês (art. 2270-1), para distinguir as duas espécies de responsabilidades, mas os vocábulos negocial e extranegocial são mais adequados, pois abrangem as demais espécies de negócios jurídicos que não são contratuais (negócios jurídicos unilaterais e plurilaterais).

O CC/2002 deixou de fora as obrigações que se encontram sob a proteção do direito do consumidor, que se constituiu como um dos grandes ramos do direito privado atual, com primazia sobre as normas gerais daquele. Dir-se-á que, por ser direito especial, deva ser regido por legislação própria. Todavia, o direito do consumidor regula as obrigações contratuais e de responsabilidade civil mais comuns de cada cidadão no seu cotidiano, para satisfação de suas necessidades corriqueiras de produtos e serviços.

Diferentemente da duplicidade legislativa que prevaleceu no Brasil, as normas de proteção do consumidor, de responsabilidade dos fornecedores de produtos e serviços e as que regulavam as condições gerais dos contratos foram incorporadas ao Código Civil da Alemanha (BGB), mediante reformas iniciadas em 2000, apontando para um *direito civil geral e social* para abraçar a proteção dos mais fracos, dos vulneráveis, dos consumidores (Marques e Wehner, 2001, p. 270-7), e que culminaram com a Lei de Modernização do Direito das Obrigações, de 1º de janeiro de 2002. Essa lei foi considerada "a mais importante reforma do Código Civil alemão desde que ele entrou em vigor em 1900" (Schulte-Nölke, 2003). Claus-Wilhelm Canaris, igualmente, considerou-a a reforma "mais abrangente e substancial do *Burgeliches Gesetzbuch*", o Código Civil alemão, excluindo-se a grande reforma do direito de família (2003, p. 3). Uma das relevantes mudanças diz respeito à substituição das tradicionais hipóteses de violação contratual para a de violação do dever, alcançando não apenas o que as partes estipularam, mas o conjunto de deveres gerais que o sistema jurídico estabelece para cumprimento tanto do devedor quanto do credor (veja-se a nova redação do § 241 do Código Civil alemão, de largo alcance: "a relação obrigacional pode obrigar, conforme o seu conteúdo, qualquer parte com referência aos direitos, aos bens jurídicos e aos interesses da outra"). O Código Civil alemão incorporou as diretivas gerais da União Europeia que regulam matérias essenciais das obrigações na atualidade, tais como os efeitos da publicidade e informação, a responsabilidade civil pelo produto, os contratos negociados fora do local de celebração, o crédito ao consumidor, os pacotes de viagens e turismo, a segurança geral dos produtos, as cláusulas abusivas, os contratos à distância, a indicação dos preços e as vendas de bens de consumo.

O tratamento distinto das obrigações negociais e extranegociais no âmbito do CDC pode levar ao entendimento de se ter formado "um novo direito das obrigações", no dizer de Jean Carbonnier, tendo como originalidade, em contraste com a suposta igualdade teórica entre as pessoas, considerada pelo direito civil, a pressuposição da inferioridade de um dos contratantes. Mas é sobretudo o direito do consumidor que tem empurrado, penetrado e modificado o direito civil obrigacional (2000, p. 16), nos países que mantêm esse dualismo legislativo.

1.2. Conceito e Pressupostos das Obrigações

Obrigação é a relação jurídica entre duas (ou mais) pessoas, em que uma delas (o credor) pode exigir da outra (o devedor) uma prestação. Às vezes, o credor pode ser reciprocamente devedor do outro, como ocorre com os contratos bilaterais, a exemplo da compra e venda: o vendedor é credor do comprador para que este preste, pagando o preço; mas o comprador é ao mesmo tempo credor do vendedor para que este preste, entregando a coisa vendida. Como dizem Weill e Terré (1986, p. 4), a obrigação em sentido amplo apresenta dupla face, sob a perspectiva patrimonial: é um elemento ativo do patrimônio do credor e um elemento passivo do patrimônio do devedor.

É geralmente admitido que a noção de obrigação, mais exatamente do estado de obrigado, apareceu a propósito dos atos ilícitos; a vítima de um dano tinha o direito, com a assistência de seu clã, de exercer a vingança sobre o responsável, limitado depois pela Lei de Talião (olho por olho, dente por dente), mais adiante permitindo-se ao autor do dano propor uma composição (*poena*), que se converteu na composição legal. O estado de obrigado (ou devedor) em matéria contratual nasceu muito tempo depois. No início do direito romano, o direito do credor sobre o obrigado era próximo do direito do proprietário sobre um escravo (daí a expressão *ob ligatus*); apenas após a lei *Poetelia Papiria* (326 a.C.) o direito do credor sobre o devedor separa-se do direito de propriedade, não permitindo mais a execução sobre o corpo e sim sobre seu patrimônio.

O Código Civil não define a obrigação, para estremá-la de outras figuras. Fê-lo o Código Civil português, nestes termos: "art. 397. Obrigação é o vínculo jurídico por virtude do qual uma pessoa fica adstrita para com outra à realização de uma prestação". A referência a vínculo é concessão à tradição do direito romano, mas é discutível sua função prestante na atualidade, máxime quando a obrigação é concebida como processo, como movimento dinâmico, que rompe a ideia de ligadura estática entre sujeitos. No mesmo risco de conceito abrangente, incorre o Código Civil argentino de 2014, cujo art. 724 conceitua a obrigação como "uma relação jurídica em virtude da qual o credor tem o direito a exigir do devedor uma prestação destinada a satisfazer um interesse lícito e, diante do descumprimento, a obter forçadamente a satisfação do dito interesse". Restringe o escopo da obrigação à satisfação do interesse credor (há interesses do credor e sociais) e à execução forçada (que é elemento estranho a ela). Por outro lado, há obrigação natural, ainda que destituída de pretensão, quando o objeto é ilícito (p. ex., dívida de jogo ilícito).

Ao direito corresponde o dever, que tem por objeto a prestação. Quando o direito pode ser exercido, tem-se a pretensão do credor, a que corresponde a obrigação do devedor (no sentido estrito e preciso do termo) de fazer, de não fazer ou de dar. As obrigações de dar compreendem as obrigações de entregar ou restituir posse, propriedade ou outro direito.

O conceito de pretensão, como exercício da exigibilidade de um direito, é determinante e central para a compreensão da obrigação moderna. Sem pretensão pode haver dever ou dívida, mas não obrigação em sentido estrito. Para Jan Schapp, a pretensão moderna deriva da *actio* do direito romano, a partir da qual Windscheid, em 1856, em obra famosa, desenvolveu o conceito de pretensão, tal como nós o conhecemos hoje. "Isso resultou então, em breve, na diferenciação entre pretensão de direito material e de direito processual" (2004, p. 50).

Com efeito, podemos afirmar que os romanos não conheceram nem desenvolveram o conceito de direito subjetivo, porque não concebiam o indivíduo isolado, mas como parte do todo comunitário, e por isso um interesse pessoal apenas era juridicamente tutelado se o magistrado lhe atribuísse uma *actio*. Os modernos, a partir da ideia de autonomia individual, estruturaram o direito subjetivo, como direito de cada indivíduo assegurado pelo direito objetivo, tendo como contrapartida o dever jurídico correspondente de outro indivíduo, para cujo descumprimento ou inobservância agregaram o conceito romano de *actio*, surgindo então a chamada pretensão de direito material.

Obrigação, no sentido estrito e preciso do termo, é apenas o dever ou a dívida que podem ser exigidos pelo credor. Pode haver dívidas que ainda não sejam exigíveis, não se convertendo em obrigações, porque não surgiu a pretensão. Diz Marcos Bernardes de Mello que a pretensão "constitui o *grau de exigibilidade do direito* (subjetivo) e a *obrigação* de submissão ao adimplemento" (2004, p. 183). Tenha-se o exemplo de negócio jurídico cuja execução esteja dependente de termo inicial fixado pelas partes: há direito e dever, mas não há, ainda, pretensão e a respectiva obrigação. Nesse sentido, excluem-se do conceito de obrigação as obrigações que estão fora do *direito das obrigações* e evitam-se as confusões com o conceito de dívida.

O objeto da obrigação é a prestação, e o objeto da prestação é sempre uma ação ou omissão do devedor: um fazer em sentido amplo (inclusive dar) ou um não fazer (abstenção) que se prometeu. Ainda quando se fala em obrigação de dar, o objeto da prestação não é a coisa em si, mas um fazer, ou seja, um dar a coisa devida. A coisa em si não é devida; devido é o dar. É importante que se ressalte que nenhuma coisa entra diretamente no mundo jurídico como objeto de obrigação.

Esses são conceitos fundamentais, sublinhados constantemente por Pontes de Miranda, ao longo de sua obra, diferentemente da doutrina tradicional, onde se encontram embaralhados. "Os três sentidos de 'obrigação' continuaram na terminologia jurídica, a despeito de se haverem precisado os conceitos de dever (dívida) e de obrigação e de se terem apontado as obrigações que estão fora do direito das obrigações" (1971, v. 22, p. 13).

1.3. Distinção entre Dívida e Obrigação

Não se pode confundir dívida (dever) com obrigação, porque a primeira antecede e gera a segunda. Na relação jurídica obrigacional, não há obrigação sem dívida. Nem sempre a obrigação ocorre simultaneamente com a dívida. Quem vende à vista já tem o dever e a obrigação de prestar (entregar a coisa). Se alguém se obrigou a entregar a outrem uma coisa dois dias depois, já existe o direito (crédito) e o dever (dívida), mas não ainda a pretensão e a correlativa obrigação. Do mesmo modo, não se deve confundir obrigação com prestação, porque esta é o objeto daquela (e também da dívida).

A dívida, na relação jurídica obrigacional, é sempre pessoal. É incorreto dizer "dívida real", com o significado de dívida garantida por direito real (penhor, hipoteca, anticrese). No sentido estrito de obrigação, o credor a ela não é vinculado, mas o devedor. Na relação jurídica, o credor está como sujeito ativo, que pode exigir a prestação, e *a fortiori* a obrigação. No sentido amplo de obrigação, o credor também se vincula aos deveres gerais de conduta negocial.

O credor tem a pretensão contra o devedor, ou seja, pode exigir a prestação que está na obrigação. Se há inadimplemento, nasce para ele a ação. Na evolução histórica do direito, a ação era entregue ao próprio credor; depois o Estado monopolizou a justiça, impedindo a autotulela do direito.

1.4. Execução Forçada

A pretensão resistida pelo devedor só pode ser exercida com a tutela jurídica estatal ou tutela jurisdicional, mediante ação, com o fito de obter-se a execução forçada, uma vez que nos Estados Democráticos de Direito não se admite a justiça de mão própria, ou realizada diretamente pelo credor, como ocorria no passado, salvo em hipóteses excepcionais previstas em lei. O credor expõe seu direito, indica a pretensão e a ação e pede que o Estado promova a execução forçada da obrigação, segundo a legislação processual aplicável. A ação é mais que a pretensão, pois o credor, além de exigir o cumprimento da obrigação, age, valendo-se da espécie adequada, postulando a condenação do devedor para executar a prestação prometida, ou para indenizar as perdas e danos, além da extinção da obrigação. Quem executa é o Estado, mediante o Poder Judiciário, porque prometeu a prestação jurisdicional. Sem a execução forçada, o credor ficaria à mercê da boa vontade do devedor, gerando insegurança jurídica. Por isso que a execução forçada tem o fito de coagir o devedor a cumprir a prestação, quando for possível conseguir o que foi prometido, com auxílio da força pública. Quando não for possível (p. ex., a coisa objeto da prestação de dar ou restituir foi destruída, ou a prestação de fazer é personalíssima), executar-se-ão os bens do devedor necessários para obtenção do valor da prestação inadimplida.

De acordo com o CPC, art. 53, III, é competente o foro do lugar onde a obrigação deve ser satisfeita, para a ação que lhe exigir o cumprimento, ou seja, sua execução forçada.

A evolução histórica do direito indica que, no passado, o devedor respondia com a vida, com seu próprio corpo ou com a liberdade, pelas obrigações contraídas. Como explicita Alf Ross (1997, p. 242), a obrigação não era concebida pelos antigos romanos como emergente de um dever por parte do devedor, mas de um domínio pessoal pelo credor sobre a pessoa do devedor e seu patrimônio; a obrigação era um nexo ou responsabilidade potencial, tal como se dava com o direitos reais; o cumprimento nunca se caracterizava como obediência a uma ordem, mas como liberação de um vínculo (*solvere*, *liberare*).

Na atualidade, o devedor tem o arbítrio de fazer (inclui genericamente o dar) ou não fazer o que está obrigado, respondendo com seu patrimônio pelas obrigações não cumpridas. De qualquer forma, não pode ser constrangido pessoalmente a fazê-lo; se não o faz, o juiz determinará a execução específica, quando possível, ou aplicará a regra geral de responsabilidade pelos danos que causar ao credor. A condenação do devedor para cumprir a prestação resulta de longo desenvolvimento do direito, pois o direito romano antigo não a conheceu, uma vez que a sentença executiva apenas podia referir-se à reparação em dinheiro.

A execução forçada, no rigor dos termos, apenas é possível quando o crédito possa ser satisfeito em seu conteúdo congênito ou integral. Nesse sentido estrito, a execução forçada não se exerce nos créditos transformados pelo inadimplemento da obrigação em direito e pretensão à reparação dos prejuízos verificados. Por outro lado, ocorrem situações em que a execução é inviável, dentre as quais se ressalta a que acarreta dano muito maior ao devedor do que o sofrido pelo credor em virtude do inadimplemento, como, por exemplo, quando o vendedor incorporou a coisa vendida à sua casa, como material de construção, de tal modo que, embora seja possível tirá-la, isso causaria um dano desproporcional com o litígio (Gomes, 1998, p. 177).

A lei pode prever hipóteses de execuções específicas, que se aproximam daquilo que o devedor deveria fazer e não fez, a exemplo do CDC, que permite ao juiz determinar medidas equivalentes ao resultado prático do cumprimento da obrigação, tais como busca e apreensão, remoção de coisas e pessoas, desfazimento de obra ou impedimento de atividades nocivas. No mesmo sentido, o CPC estabelece que, se o devedor não cumprir a obrigação assumida de concluir um contrato, o credor pode obter uma sentença que produza o mesmo resultado do contrato que deveria ter sido firmado, ou todos os efeitos da declaração não emitida, inclusive para fins de registro público. Há, ainda, as *astreintes*, ou seja, as multas cominatórias impostas pelo juiz para coagir o devedor a cumprir as obrigações assumidas, na forma da legislação processual. Exemplo de execução específica é o do contrato preliminar (art. 464 do Código Civil), que tem por finalidade a realização do contrato definitivo (o tipo mais comum é a promessa de compra e venda), cujo inadimplemento permitirá que o interessado requeira ao juiz o suprimento da vontade da parte inadimplente, mediante sentença que conferirá caráter definitivo ao contrato preliminar.

Até mesmo na única hipótese de prisão civil admitida em nosso direito, ou seja, a do inadimplemento voluntário e inescusável do devedor de alimentos, não se pode dizer que a pessoa do devedor é objeto da obrigação, pois a prisão até pagar é forma de constrição e não de execução. Quanto ao depositário infiel, após o início de vigência da Convenção Americana de Direitos Humanos (Pacto de São José da Costa Rica), adotada formalmente pelo Brasil, cujo art. 7º apenas admite a prisão de inadimplente de obrigação alimentar, quando a lei nacional assim determinar, o STF editou a Súmula Vinculante 25, estabelecendo que "é ilícita a prisão civil do depositário infiel, qualquer que seja a modalidade do depósito".

Decidiu o STJ (REsp 13.416-0) ser da índole do sistema jurídico brasileiro que, inviabilizada a execução específica, esta se converta em execução por quantia certa, respondendo o devedor por perdas e danos, observadas as limitações à pena pecuniária pelo não cumprimento, ou seja, até ao valor máximo da obrigação principal, podendo o juiz reduzi-la a proporções razoáveis, para que não sirva de justificativa ao enriquecimento sem causa.

1.5. Dívida e Responsabilidade

Uma das mais importantes distinções do direito das obrigações é a que estrema a dívida da responsabilidade, de tal sorte que o devedor, pela obrigação, pode responder com seu patrimônio ou parte dele. É a teoria dualista da obrigação. Deve-se sua sistematização à doutrina alemã anterior ao respectivo Código Civil, tendo sido difundidos os termos originários de *Schuld* e *Haftung*, o primeiro consistindo no dever de prestar ou de observar determinado comportamento, e o segundo, na responsabilidade do patrimônio do devedor como garantia pelo inadimplemento, ou seja, de um estado de submissão de uma ou mais coisas. Diz Larenz (1958, p. 34) que é necessário distinguir conceptualmente a responsabilidade da dívida, do dever de prestar, "mas aquela segue esta como a sombra ao corpo", de tal sorte que a "responsabilidade" que acompanha a "dívida" transmite a esta uma espécie de gravitação. Outros autores utilizam os termos latinos *debitum* e *obligatio*, com os mesmos significados da teoria dualista (em inglês: *duty* e *liability*; em francês: *devoir* e *engagement*).

A doutrina controverte acerca da natureza da responsabilidade patrimonial. É forte o entendimento de tratar-se de garantia. Há quem sustente que se trataria de um direito real de garantia, semelhante ao penhor, que não incidiria sobre bens determinados, mas sobre todo patrimônio do devedor, como uma universalidade (Varela, 1986, p. 138), o que nos parece desarrazoado. Não há necessidade de se recorrer ao direito real para situar essa específica garantia, que se irradia da obrigação, como parte integrante dela.

A natureza da obrigação somente é perceptível nos casos em que os dois elementos se separam, como quando uma coisa alheia dada como penhor é executada pela obrigação de outra pessoa; uma pessoa pode ter um dever sem responsabilidade, tanto como uma responsabilidade pode haver sem nenhum dever. Podem ser recordados certos deveres dependentes de direitos nas relações de família que não podem ser executados, mas que têm importância jurídica em outros sentidos. Alf Ross critica tal dualismo de dívida e responsabilidade, que para ele é a expressão de um dogmatismo de validade objetável, antirrealístico e antifuncional, porque ainda se origina na crença de uma obrigatoriedade mágico-ritual (nexo) desde os romanos (1997, p. 267).

O débito ou dever é o correlativo do direito do credor. Não basta, todavia, identificar o débito e o devedor. A evolução do direito dos povos, especialmente no âmbito do sistema jurídico romano-germânico, encaminhou-se no sentido de destacar a responsabilidade da pessoa para com o patrimônio do devedor. No antigo direito romano, no caso de inadimplemento, o credor poderia deter o devedor como escravo e até vendê-lo; daí surgiu a noção de vínculo (*obligatio*) do devedor, que até nós chegou, como submissão à vontade e ao poder do credor. Na atualidade, a relação de crédito e débito é pessoal; diz respeito às pessoas dos respectivos titulares. Contudo, a responsabilidade não é pessoal, no sentido de responder com a liberdade, mas patrimonial; a afetação é de seu patrimônio, que pode ser objeto de penhora determinada pelo juiz, para satisfação da dívida. Em outras palavras, o patrimônio do devedor responde pela dívida. A responsabilidade patrimonial alcança, em princípio, todo o patrimônio (bens móveis e imóveis, propriedade intelectual, créditos, títulos de crédito, ações e quotas de empresas, quota condominial, aplicações financeiras, saldos bancários etc.), salvo os bens impenhoráveis e os que correspondem ao chamado patrimônio mínimo necessário à existência da pessoa. A responsabilidade pode ser limitada, excepcionalmente, quando o devedor oferecer determinado bem como garantia de hipoteca, penhor ou anticrese, ou quando a lei assim estabelecer. Exemplo de responsabilidade limitada legal é a do herdeiro, pois apenas responde pelas dívidas do falecido até o limite das "forças da herança", isto é, dos bens que efetivamente recebeu na partilha.

Esclareça-se que não há vínculo do credor com o patrimônio do devedor. "vínculo só há entre pessoas", diz Pontes de Miranda (1971, v. 22, p. 23). Quando se fala de responsabilidade do patrimônio (*Haftung* ou *obligatio*) não significa que este é sujeito passivo na relação jurídica, mas que o Estado pode retirar dele o quanto baste para a satisfação da dívida.

A concepção de responsabilidade desenvolvida na linguagem jurídica, a partir do direito romano, é eminentemente extrínseca ao homem, com o sentido muito próximo ao de "responder". Segundo Edgar Bodenheimer, "os romanos, que eram um povo jurista, usavam *respondere* em primeira acepção com um sentido jurídico. O demandado, ou seu representante no tribunal, 'responderiam' a uma demanda apresentada contra si, interpondo razões e alegações destinadas a fazer frente às pretensões do demandante e justificar sua própria conduta. Se o tribunal considerasse que as razões e alegações não eram satisfatórias, solicitava-se ao demandado que contestasse a demanda em uma forma diferente e não verbal: pedia-se-lhe, possivelmente, para 'responder' aos danos por descumprimento do contrato, ou devolver certos bens adquiridos ilicitamente por ele" (1972, p. 435).

A equivalência entre débito e responsabilidade não é automática, pois o patrimônio disponível ou penhorável pode não ser suficiente para responder ao montante da dívida, reduzindo-se proporcionalmente a garantia esperada pelo credor. Às vezes há patrimônio do devedor, mas é insuscetível da penhora determinada pelo juiz, comprometendo a execução forçada. A lei exclui determinados bens, não podendo ser objeto de execução forçada ou penhora. É o caso do imóvel utilizado como residência da família, que não pode responder por qualquer dívida contraída pelos pais, filhos ou outras pessoas que nele residam (Lei n. 8.009/1990), inclusive se for alugado a outrem, como tem entendido o STJ (REsp 574050).

Não é totalmente correto afirmar que a responsabilidade surge, apenas, quando se manifesta adimplemento insatisfatório ou recusa de adimplir. Em tal caso, pode o credor prejudicado pôr em atividade um dos dois elementos que formam a obrigação: o débito ou a responsabilidade (Silva, 1997, p. 100). Em outras palavras, pode exigir ou o adimplemento (débito) ou perdas e danos (responsabilidade).

Por outro lado, em determinadas obrigações, a responsabilidade patrimonial desloca-se da pessoa do devedor, quando este não é considerado civilmente imputável. A responsabilidade transfere-se para o patrimônio de outra pessoa (o imputável). Assim ocorre com a responsabilidade transubjetiva (ou por fato de outrem) de que trata o art. 932 do Código Civil, imputando-se a responsabilidade aos pais pelos filhos menores, ao tutor ou curador por seus pupilos e curatelados, ao empregador por seus empregados, aos hotéis por seus hóspedes ou moradores. Nesses casos há responsabilidade sem dívida.

Mediante convenção das partes, pode ocorrer que a responsabilidade patrimonial, na execução forçada, seja de terceiro. O patrimônio de terceiro responde no lugar do patrimônio do devedor. São exemplos a responsabilidade do fiador pela dívida do devedor afiançado e as hipóteses de terceiros que garantiram com seus bens dívidas que não eram suas, mediante hipoteca, penhor e anticrese. Também nesses casos há responsabilidade dissociada da dívida.

Vê-se que o dualismo – débito e responsabilidade – não pode ser encarado de modo absoluto. Orlando Gomes adverte que, em princípio, há coincidência entre débito e responsabilidade, sendo esta consequência daquele, mas há situações nas quais a decomposição se impõe, ou inexiste coexistência dos dois elementos. Assim: a) um só débito pode corresponder a uma pluralidade de responsabilidades, e a sujeição do responsável limita-se, em alguns casos, a parte de seu patrimônio; b) há débito sem responsabilidade, na obrigação natural; c) há responsabilidade sem débito próprio nas garantias reais, como penhor e hipoteca, oferecidas por terceiro; d) na fiança o fiador é responsável, sem débito atual, nascendo a responsabilidade antes do débito; e) na obrigação imperfeita, garantida por terceiro, há débito sem responsabilidade própria (1998, p. 12).

A relação da responsabilidade patrimonial com a dívida não significa total segurança para o credor, pois o patrimônio é composto de elementos diversos e instáveis, que podem variar entre o advento da dívida e sua exigibilidade; pode, também, ser insuficiente no momento da exigibilidade da dívida ou da execução forçada, compelindo-o a ficar em expectativa de eventual incremento, dentro do prazo prescricional geral de dez anos (CC, art. 205). A responsabilidade patrimonial depende de outras circunstâncias, como, por exemplo, a dívida exigível de outros credores do mesmo devedor, ou a insolvência deste (CC, art. 955). Apenas a garantia real (penhor, hipoteca ou anticrese) torna privilegiado o respectivo crédito sobre bens determinados do devedor (responsabilidade patrimonial especial), com precedência sobre os credores comuns (sem privilégio).

Advirta-se que a responsabilidade patrimonial não é imprescindível para caracterizar-se a obrigação. Como veremos, as obrigações naturais são juridicamente existentes, porque há crédito e débito, mas são destituídas de pretensão, ou seja, são inexigíveis. Mas, se a prestação for adimplida, o crédito será satisfeito. A inexigibilidade da obrigação torna, igualmente, inexigível a responsabilidade patrimonial.

1.6. O Papel da Causa nas Obrigações

Em princípio, todas as obrigações têm uma causa, entendida como fim ou função econômico-social. Há obrigações, no entanto, em que a causa é abstraída, como, por exemplo, nos títulos de crédito; não importa de que modo o título foi obtido pelo portador ou pelo titular e para que fim. Na lição de Jacques Ghestin, a causa é o *porquê* da obrigação, aquilo que a explica; pode ser entendida em dois significados distintos, o primeiro como causa *eficiente*, isto é, como fato gerador da obrigação; o segundo – o que estamos adotando – como causa *final*, isto é, o fim perseguido pelos que se vinculam (1993, p. 819).

A doutrina jurídica brasileira, tradicionalmente, sempre foi avessa à causa, por entendê-la desnecessária e sem consistência prática, desconsiderando, sem razão, a distinção entre obrigações causais e abstratas. Para Torquato Castro, todavia, a causa nunca foi excluída do direito brasileiro e corresponde ao conceito de *causa final*, da filosofia aristotélica, não podendo ser confundida com motivos, nem com os propósitos psicológicos dos agentes; em outras palavras, a causa "é a função que o ato jurídico tende a realizar. Ela é de ser vista no ato; ela é o elemento do ato que lhe garante a individualidade". É a função útil do negócio, o escopo prático e econômico, que permite a nominação legal dos contratos, sendo todos estes causais (1966, p. 37). Não há, no Código Civil brasileiro, regra semelhante à existente no Código Civil francês, que estabelece ser inválida a convenção que não exprima a causa. No direito de *common law*, o contrato, para sua validade, depende de estar perfeitamente configurada a *consideration*, que se aproxima muito da causa, do direito continental europeu; sua difícil caracterização para um jurista de tradição romano-germânica pode ser reduzida ao significado de "preço pago pela promessa", em retorno por alguma coisa, o que leva a qualificar as promessas gratuitas como de natureza distinta do contrato (Shaber e Rohwer, 1984, p. 66).

A entrega de um bem poderá ter causas diversas, o que identificará o negócio jurídico querido pelos figurantes: doar, vender, emprestar, permutar por outro. Mas o negócio jurídico pode já nascer abstrato; como referido, a emissão da letra de câmbio é destituída de qualquer causa.

Nos negócios causais, diz Antônio Junqueira de Azevedo, a inexistência de causa pressuposta acarretará nulidade por falta de causa (portanto, a existência da causa é, aí, requisito de validade) e, quando a hipótese for de causa final, ineficácia superveniente (portanto, a existência da causa é, aí, fator de permanência da eficácia). "Em ambos os casos, o papel da causa será de proteção à parte, que se fiou na existência (passada ou futura) da causa". Se, num mútuo, não houve a entrega da coisa, o negócio será nulo; igualmente será nula a dação em adimplemento, sem débito anterior (2002, p. 152). Em ambos os exemplos faltou a causa.

São exemplos de negócios jurídicos abstratos: a promessa abstrata de dívida; a cessão de crédito; a transferência de dívida; a estipulação em favor de terceiro; a remissão de dívida; a emissão de títulos cambiários. Por exemplo, quem perdoa (remite) ou transfere uma dívida não necessita atribuir causa a seu ato; o que importa é ter querido perdoar ou transferir. Quanto ao cheque, não se cuida de aceitação ou de causa de sua emissão; apresentado, tem de ser satisfeito, sendo a abstração completa. Admite-se, como exceção, a causa no cheque vinculado a certo fato.

Quando se fala em enriquecimento sem causa, não se volve à causa como requisito sempre necessário, mas ele é tomado como fato jurídico ensejador da restituição do indébito.

Quando a causa é proibida, a lei expressamente o diz, sempre em caráter excepcional.

1.7. Obrigações de Meio e Obrigações de Resultado

É corrente no meio jurídico brasileiro a distinção doutrinária entre obrigações de meio e obrigações de resultado, com repercussões na prática judiciária. Não há no direito legislado brasileiro qualquer norma legal que a positive; contudo, é forte a distinção na doutrina e na jurisprudência, que a recebe como um *topos* ou um axioma indiscutível. Algumas obrigações teriam como causa final a atividade em si, independentemente do resultado obtido, concentrando-se na prestação de agir com diligência, boa-fé e de acordo com o que determinem a técnica e a ciência que devam ser empregadas; outras obrigações teriam como causa final o resultado esperado, para o que a atividade empregada seria simples meio necessário para alcançá-lo. As primeiras seriam obrigações de meio, de diligência ou de prudência e as segundas seriam obrigações de resultado.

A distinção teve origem na doutrina francesa, com a obra de 1925 do jurista René Demogue, que partiu da premissa de que o sistema de prova é o mesmo em caso de falta delitual ou contratual. O que sucede, segundo o autor, é que a obrigação que pode pesar sobre um devedor não é sempre da mesma natureza, podendo "ser uma obrigação de resultado ou uma obrigação de meio" (1925, § 1237). Essa dicotomia vincula o inadimplemento com a ideia de conduta devida pelo devedor.

Para essa doutrina, as obrigações de resultado constituem a regra e as de meio, as exceções. Seriam consideradas de resultado as obrigações de dar e de restituir uma coisa, certas obrigações de reparação de coisas, obrigações de enviar ou transportar pessoas e coisas, obrigações de segurança e, ainda, as obrigações de não fazer e as de fazer que não se enquadrem como obrigações de meio. Exemplos: "o diagnóstico inexato fornecido por laboratório radiológico levando a paciente a sofrimento que poderia ter sido evitado, dá direito à indenização. A obrigação da ré é de resultado, de natureza objetiva" (STJ, REsp 594962); "o condomínio, embora incumbido de exercer a vigilância do prédio, não assume uma obrigação de resultado, pagando pelo dano porventura sofrido por algum condômino; sofrerá pelo descumprimento da sua obrigação de meio se isso estiver previsto na convenção" (STJ, REsp 149653); "o contrato de corretagem não impõe simples obrigação de meio, mas sim uma obrigação de resultado" (STJ, REsp 208508).

As obrigações de meio encontram-se notadamente em três casos: a) nos contratos de vigilância, que não podem garantir a ausência de roubos; b) nas obrigações relativas a um serviço a efetuar ou a fornecer, como a de um agente de negócios, que não pode garantir que tudo vá correr bem; c) nos contratos que tendem a um fim de realização incerta, dependente de certa álea ou da atuação pessoal do devedor, a exemplo do serviço médico; em todas essas hipóteses pesa sobre o devedor uma presunção de culpa, que ele poderá provar não ter ocorrido (Weill e Terré, 1986, p. 402).

No Brasil, a doutrina tem maior incidência nas prestações de serviços dos profissionais liberais, principalmente da atividade médica, que seria essencialmente obrigação de meio, exceto a do cirurgião plástico, qualificada como obrigação de resultado. Na primeira hipótese, o médico seria responsável pela correção e adequação dos meios técnicos que empregou, independentemente de ter alcançada a cura do paciente; na segunda, seria civilmente responsável pelos danos que a cirurgia causasse ao paciente, por não ter alcançado o resultado estético por este pretendido. Os reflexos dessa doutrina são fortes na jurisprudência brasileira: "segundo doutrina dominante, a relação entre médico e paciente é contratual e encerra, de modo geral (salvo cirurgias plásticas embelezadoras), obrigação de meio e não de resultado. Em razão disso, no caso de danos e sequelas porventura decorrentes da ação do médico, imprescindível se apresenta a demonstração de culpa do profissional (...)" (STJ, REsp 196306). Todavia, diferentemente da experiência francesa, não se tem aplicado a presunção de culpa, impondo-se à vítima-credora todo o peso da carga probatória. A exceção tem sido a cirurgia estética, na qual a responsabilidade do médico permanece subjetiva, com inversão do ônus da prova, cabendo-lhe comprovar que os danos suportados pelo paciente advieram de fatores externos e alheios a sua atuação profissional (REsp 985888).

Tal distinção das obrigações não mais se sustenta, pois contradiz um dos principais fatores de transformação da responsabilidade civil, ou seja, a primazia do interesse da vítima. Por outro lado, estabelece uma inaceitável desigualdade na distribuição da carga da prova entre as duas espécies: na obrigação de meio, a vítima não apenas tem de provar os requisitos da responsabilidade civil para a reparação, mas também que o meio empregado foi tecnicamente inadequado ou sem a diligência requerida, o que envolve informações especializadas, que o autor do dano dispõe e ela não; na obrigação de resultado, basta a prova dos requisitos. O tratamento desigual para danos reais, em virtude da qualificação do conteúdo da obrigação como de meio ou de resultado, conflita com o princípio constitucional da igualdade, que é uma das conquistas modernas da responsabilidade civil.

Essa orientação dominante resultou em dificuldades quase intransponíveis para as vítimas de prejuízos causados pelos profissionais liberais, quando não conseguem provar que a obrigação por eles contraída é de resultado. Na atuação dos profissionais liberais, a configuração de sua obrigação como de resultado era e é quase impossível. Assim, restam os danos sem indenização, na contramão da evolução da responsabilidade civil, no sentido da plena reparação.

Afinal, é da natureza de qualquer obrigação negocial a finalidade, o fim a que se destina, que nada mais é que o resultado pretendido. O resultado é o interesse do credor. Quem procura um profissional liberal não quer a excelência dos meios por este empregados, quer o resultado, no grau mais elevado de probabilidade. Quanto mais renomado o profissional, mais provável é o resultado pretendido, no senso comum do cliente. Todavia, não se pode confundir o resultado provável com o resultado necessariamente favorável. Além da diligência normal com que se houve na prestação de seu serviço, cabe ao profissional provar que se empenhou na obtenção do resultado provável, objeto do contrato que celebrou com o cliente. Assim também pensa a doutrina portuguesa, cuja crítica demonstra o "fracasso da distinção", com o argumento de que "mesmo nas obrigações de meios existe a vinculação a um fim, que corresponde ao interesse do credor, e que se o fim não é obtido presume-se sempre a culpa do devedor" (Leitão, 2002, p. 131).

O cliente que demanda o serviço do advogado para redação de algum ato jurídico (parecer, contrato, estatuto de sociedade etc.) tem por finalidade evitar que algum problema futuro venha a lhe causar prejuízo. Tem-se assim obrigação de meio e de resultado, o que torna inviável a dicotomia. Cabe ao profissional liberal provar que não agiu com imprudência, imperícia, negligência ou dolo, nos meios empregados e no resultado, quando de seu serviço profissional redundar dano. A inversão do ônus da prova decorre da natureza de presunção de culpa, em razão de não se alcançar o resultado, assegurando ao devedor a possibilidade de provar o contrário.

É verdade que o médico não promete curar o paciente, a segura obtenção do resultado, mas atendê-lo e tratá-lo para que cure sua enfermidade. Mas, não é menos certo que, antes de toda investigação sobre a conduta do médico, há que se saber se o paciente curou-se ou não, ou se seu mal foi agravado ou apenas aliviado. Aristóteles (*Retórica*, 2012, p. 11) já dizia que "não é função da medicina dar saúde ao doente, mas avançar o mais possível na direção da cura", que, para os fins do direito das obrigações pode ser considerado o resultado.

No plano da realidade, "o ponto de partida não é a análise da conduta médica, mas a frustração do fim a que essa conduta devia orientar-se: curar o enfermo". Se o paciente se recupera, apesar da má conduta médica, não haverá responsabilidade, por ausência de dano, o que demonstra a fragilidade da ideia de obrigação de meio. Todo aquele que procura o serviço médico persegue um resultado: a cura, o alívio da doença, a extirpação da dor. Esse é o interesse para o adimplemento, que está sempre presente. Toda obrigação tem por objeto um plano, um projeto, um programa de prestação, em outras palavras, um resultado, ainda que sejam considerados outros fatores aleatórios ou circunstâncias de fato que alteram os melhores propósitos do devedor, sua atuação prudente ou diligente, frustrando o resultado esperado, e, consequentemente, exonerando-o da responsabilidade, sem necessidade de recurso à qualificação da obrigação como de meio. A despreocupação com o resultado, nas obrigações de meio, reformula totalmente o fator de atribuição da responsabilidade somente a deveres de prudência e diligência (Zannoni, 1996, p. 133).

Dessarte, é irrelevante que a obrigação do profissional liberal classifique-se como de meio ou de resultado. Pretendeu-se que, na obrigação de meio, a responsabilidade dependeria de demonstração antecipada de culpa; na obrigação de resultado, a inversão do ônus da prova seria obrigatória. Não há qualquer fundamento para tal discriminação, além de prejudicar o contratante, que estaria com ônus adicional de demonstrar ser de resultado a obrigação do profissional.

A exigência à vítima de provar que a obrigação foi de resultado, em hipóteses estreitas, constitui o que a doutrina denomina *prova diabólica*. Inclusive em sua terra de origem (França), essa distinção tem sido objeto de rejeição doutrinária, considerada relativa, sem reflexo da realidade, evocando querelas bizantinas.

A sobrevivência dessa dicotomia, por outro lado, é flagrantemente incompatível com o princípio constitucional de defesa do contratante consumidor (CF, art. 170, V), alçado a condicionante de qualquer atividade econômica, em que se insere a prestação de serviços dos profissionais liberais.

Somente é possível harmonizar a natureza de responsabilidade subjetiva ou culposa do profissional liberal, que o próprio CDC consagrou, com o princípio constitucional de defesa do consumidor, se houver aplicação de dois princípios de regência dessas situações, a saber: a presunção da culpa e a consequente inversão do ônus da prova. Ao profissional liberal, e não ao cliente, impõe-se o ônus de provar que não agiu com dolo ou culpa, na realização do serviço que prestou, exonerando-se da responsabilidade pelo dano.

No mesmo sentido, veja-se a lição de Jorge Mosset Iturraspe (1998, *passim*), para quem essa distinção não favorece a tutela do consumidor de serviços e sempre foi utilizada na doutrina e na jurisprudência para amparar os prestadores de serviços, atenuando o rigor de suas obrigações, construindo um âmbito de inadimplemento contratual admitido. Diz ainda o autor que a qualificação das obrigações como de meio desvincula o dever do devedor do compromisso de alcançar um resultado de interesse do credor, juridicamente protegido, ou seja, o de lograr um resultado benéfico. "A tutela do consumidor se reforça, na medida em que se considera cada serviço como um resultado e uma finalidade em si mesmo, que responde ao interesse do credor, e na medida em que a prova sobre a impossibilidade ou aleatoriedade deve produzi-la o devedor do serviço, pois do contrário será considerado como inadimplente responsável".

Em outra obra, o autor reforça a argumentação, considerando que toda relação obrigacional, na medida em que encerra um programa ou um plano, tem em vista "um resultado"; de onde, sempre e em todos os casos, o credor espera e confia que o devedor satisfaça esse objetivo, até porque em nenhum caso o devedor cumpre apenas "meios", sejam ou não idôneos para alcançar o resultado (2011, p. 477). Se não se alcança o resultado, cabe ao devedor prestar explicações acerca do porquê da frustração.

Capítulo II

Constitucionalização do Direito das Obrigações

Sumário: 2.1. A constitucionalização das obrigações. 2.2. As etapas do constitucionalismo e a evolução contemporânea do direito das obrigações. 2.3. Inserção do direito das obrigações no Estado social. 2.4. Repersonalização do direito das obrigações. 2.5. Fundamentos constitucionais do contrato. 2.6. Fundamentos constitucionais da responsabilidade por danos.

2.1. A Constitucionalização das Obrigações

A unidade do direito das obrigações não está mais enraizada nos códigos civis, exclusivamente, mas, também, no conjunto de princípios e outras normas jurídicas que se elevaram à Constituição e aos tratados internacionais, em torno dos quais gravitam os microssistemas jurídicos que tratam das matérias a ele vinculadas. Para a boa compreensão e aplicação do direito das obrigações, exige-se a mediação da Constituição, para a interlocução entre o Código Civil e os microssistemas jurídicos, principalmente o direito do consumidor, além de legislações sobre certos tipos de obrigações que não se enquadram na sistemática do Código. No espírito de um civilista tradicional, que não se interesse pelos últimos avanços do constitucionalismo, o tema de constitucionalização do direito civil é-lhe particularmente estranho, salvo quanto a matérias gerais de direito de propriedade, das liberdades individuais ou das garantias de bom funcionamento da justiça, mais do que aquelas que interessam ao contrato e à responsabilidade civil.

Ao longo de sua história no sistema romano-germânico, especialmente após as grandes codificações, o direito civil sempre foi identificado como o *locus* normativo privilegiado do indivíduo enquanto tal. Nenhum ramo do direito era mais distante da Constituição do que ele. A lenta elaboração do direito das obrigações vem perpassando a história do direito romano-germânico há mais de dois mil anos, parecendo infenso às mutações sociais, políticas e econômicas, às vezes cruentas, com que conviveu. Parecia que as relações jurídicas obrigacionais não seriam afetadas pelas vicissitudes históricas, permanecendo válidos os princípios e normas imemoriais, pouco importando que tipo de constituição política fosse adotado.

Na atualidade, não se cuida de buscar a demarcação dos espaços distintos e até contrapostos. Antes havia a disjunção; hoje, a unidade hermenêutica, tendo a Constituição como ápice conformador da elaboração e aplicação da legislação civil. A mudança de atitude é substancial: deve o jurista interpretar o Código Civil segundo a Constituição e não a Constituição segundo o Código, como ocorria com frequência.

A fundamentação constitucional do direito privado não é episódica e circunstancial, mas constante em sua aplicação, cumprindo-se reagir à sedução da aparente autossuficiência da legislação civil, máxime com o advento de um novo Código Civil, tradicionalmente mais estável que a Constituição, sob risco de envelhecimento precoce. Tem razão Luiz Edson Fachin, ao propor a permanente *reconstitucionalização* do direito civil, pois "compreender que um Código Civil (e por isso, o 'novo' Código Civil Brasileiro) é uma operação ideológica e cultural que deve passar por uma imprescindível releitura principiológica, reconstitucionalizando o conjunto de regras que integre esse corpo de discurso normativo" (2004, p. 18).

Pode-se afirmar que a constitucionalização do direito das obrigações é o processo de elevação ao plano constitucional dos princípios fundamentais desse ramo do direito civil, que condicionam e conformam a observância pelos cidadãos, e a aplicação pelos tribunais, da legislação infraconstitucional. As duas principais espécies de obrigações civis, o contrato e o direito dos danos, têm firmados na Constituição de 1988 seus esteios fundamentais. Na história recente do direito, a constitucionalização foi antecedida e acompanhada de forte intervenção do legislador infraconstitucional no direito das obrigações, principalmente para tutela dos contratantes vulneráveis e para proteção da vítima de danos, com a expansão da responsabilidade civil objetiva.

O Código Civil de 2002 surgiu em contexto completamente diferente de seu antecedente, principalmente em face da perda de sua função unificadora do direito privado, ante as normas constitucionais fundamentais sobre as relações civis, inexistentes no passado, e a convivência com os microssistemas jurídicos que persistirão, com destaque para o direito do consumidor, no campo das obrigações. Impõe-se ao intérprete e aos aplicadores do direito a imensa tarefa de interpretar esse Código em conformidade com os valores e princípios constitucionais. O paradigma do individualismo e do sujeito de direito abstrato foi substituído pelo da solidariedade social e da dignidade da pessoa humana, notadamente no direito das obrigações, que impulsionou intensa transformação de conteúdo e fins.

2.2. As Etapas do Constitucionalismo e a Evolução Contemporânea do Direito das Obrigações

O constitucionalismo e a codificação (especialmente os códigos civis) são contemporâneos do advento do Estado liberal e da afirmação do individualismo jurídico. Cada um cumpriu papel determinado: o constitucionalismo, o de limitar profundamente o Estado e o poder político; a codificação, o de assegurar o mais amplo espaço de autonomia aos indivíduos, nomeadamente no campo da atividade econômica.

Os códigos civis tiveram como paradigma o cidadão dotado de patrimônio, vale dizer, o burguês livre do controle público. Nesse sentido é que entenderam o homem comum, deixando a grande maioria fora de seu alcance. Para os iluministas, a plenitude da pessoa dava-se com o domínio sobre as coisas, com o ser proprietário. A liberdade dos modernos, ao contrário dos antigos, é concebida como não impedimento. Livre é quem pode deter, gozar e dispor de sua propriedade, sem impedimentos, salvo os ditados pela ordem pública e os bons costumes, mas sem interferência do Estado e sem consideração aos interesses sociais. Na antiga Roma os escravos exerciam a atividade econômica (eram "livres" para exercê-la); alguns enriqueceram, mas a cidadania era-lhes vedada. Entre os modernos, ocorreu a inversão: livre é o que detém a livre-iniciativa econômica, pouco importando que seja submetido a uma autocracia política: o exemplo frisante foram as ditaduras militares que exasperaram o liberalismo econômico. Hannah Arendt (1979, p. 188-220) sublinhou que o liberalismo, não obstante o nome, colaborou para a eliminação da noção de liberdade no âmbito político.

As primeiras constituições, portanto, nada regularam sobre as relações privadas, principalmente as obrigacionais, cumprindo sua função de delimitação do Estado mínimo. Ao Estado coube apenas estabelecer as regras do jogo das liberdades privadas, no plano infraconstitucional, de sujeitos de direitos formalmente iguais, abstraídos de suas desigualdades reais. Como a dura lição da história demonstrou, a codificação liberal e a ausência da constituição econômica serviram de instrumento de exploração dos mais fracos pelos mais fortes, gerando reações e conflitos que redundaram no advento do Estado social.

Em verdade, houve duas etapas na evolução do movimento liberal e do Estado liberal: a primeira, a da conquista da liberdade; a segunda, a da exploração da liberdade (Lôbo, 1986, p. 11). Como legado do Estado liberal, a liberdade e a igualdade jurídicas, apesar de formais, incorporaram-se ao catálogo de direitos das pessoas humanas, e não apenas dos sujeitos de relações jurídicas, e nenhuma ordem jurídica democrática pode delas abrir mão. Os Códigos cristalizaram a igualdade formal de direitos subjetivos, rompendo a estrutura estamental fundada no *jus privilegium*, ou nos espaços jurídicos reservados às pessoas em razão de suas origens. Antes do advento do Estado social, ao longo do século XX, o direito das obrigações conteve-se na liberdade e na igualdade formais, sem contemplar os figurantes vulneráveis e as exigências de justiça social.

2.3. Inserção do Direito das Obrigações no Estado Social

O Estado social, no plano do direito, é todo aquele que tem incluído na Constituição a regulação da ordem econômica e social, máxime da atividade econômica. Além do controle do poder político, que caracterizava o Estado liberal, controlam-se os poderes econômicos e sociais e projeta-se para além dos indivíduos a tutela dos direitos, incluindo o trabalho, a moradia, a educação, a cultura, a saúde, a seguridade social, o meio ambiente, todos com inegáveis reflexos nas dimensões materiais do direito das obrigações. Na síntese de Pietro Perlingieri (2008, p. 14), o Estado social de direito "representa a tentativa de conjugar legalidade e justiça social".

A ideologia do social, traduzida em valores de justiça social ou de solidariedade social, passou a dominar o cenário constitucional do século XX. A sociedade exige o acesso aos bens e serviços produzidos pela economia. Firmou-se a opinião entre os juristas de que as razões do direito são muito mais amplas que as razões do mercado. Daí a inafastável atuação do Estado, para fazer prevalecer o interesse social, evitar os abusos e garantir o espaço público de afirmação da dignidade humana. Nem mesmo a onda de neoliberalismo e globalização econômica, que agitou o último quartel do século XX, abalou os alicerces do Estado social, permanecendo cada vez mais forte a necessidade da ordem econômica e social, exprimida em sua regulação, inclusive com o advento de direitos tutelares de novas dimensões da cidadania, a exemplo da legislação de proteção do consumidor.

Apreciando as transformações havidas no direito privado, especialmente no direito das obrigações, Franz Wieacker demonstra que o acontecimento mais importante quanto aos aspectos fundamentais da viragem do direito civil para o social foi o regresso do direito ao princípio da equivalência material. O individualismo liberal desprezou a antiga tradição, que vinha da ética social de Aristóteles, da equivalência material das prestações, para o que contribuíram a ética da liberdade e da responsabilidade de Kant e Savigny, a recusa do liberalismo em relação a uma relativização das obrigações assumidas pelas alterações de valor verificadas no mercado, e a expectativa da previsibilidade da evolução da economia. No Estado social houve o alargamento da responsabilidade solidária das partes e da competência do juiz para revisão dos negócios jurídicos, em razão da mutação funcional do ordenamento normativo numa sociedade dominada pela solidariedade social (1980, p. 598-626).

A emersão do direito do consumidor, nas últimas décadas do século XX, paradoxalmente quando o Estado social entrou em crise, talvez por essa mesma razão, e a do controle do contrato de adesão a condições gerais fizeram despontar a necessidade da prevenção e repressão dos abusos de poder dos fornecedores e predisponentes em detrimento dos contratantes vulneráveis, em virtude de sua proeminência no plano do conhecimento (técnico ou jurídico) ou da economia (monopólios, informação, superioridade financeira). O direito tradicional encontrava-se mediocremente armado para sancionar os abusos e muito menos para preveni-los. A teoria dos vícios do consentimento não permitia remediar todas as situações injustas, principalmente em face da violência econômica (Mazeaud, Mazeaud e Chabas, 1998, p. 28). A proteção do consumidor e as consequentes restrições à liberdade contratual traduzem-se "por um renascimento do formalismo e pelo desenvolvimento da ordem pública de proteção do consentimento do consumidor"; a *ordem pública de proteção*, entendida como de tutela das categorias de contratantes que se encontram em posição de inferioridade e que demandam a garantia de justiça contratual, distingue-se da *ordem pública de direção*, voltada a impor certa concepção de interesse geral e de utilidade pública (Ghestin, 1993, p. 119).

2.4. Repersonalização do Direito das Obrigações

A codificação civil liberal tinha, como valor necessário da realização da pessoa, seu patrimônio, em torno do qual gravitavam os demais interesses privados, juridicamente tutelados. O patrimônio, o domínio incontrastável sobre os bens, inclusive em face do arbítrio dos mandatários do poder político, realizava a pessoa humana.

É certo que as relações obrigacionais têm um forte cunho patrimonializante. Todavia, a prevalência do patrimônio, como valor individual a ser tutelado, fez submergir a pessoa humana, que passou a figurar como simples e formal polo de relação jurídica, como sujeito abstraído de sua dimensão real.

A patrimonialização das relações obrigacionais, no sentido de primazia, é incompatível com os valores fundados na dignidade da pessoa humana, adotados pelas Constituições modernas, inclusive pela brasileira (art. 1º, III). A repersonalização reencontra a trajetória da longa história da emancipação humana, no sentido de repor a pessoa humana como centro do direito civil, ficando o patrimônio a seu serviço. O direito das obrigações, ainda que essencialmente voltado às relações econômicas da pessoa, tem relação com essa função instrumental, além de estar conformado aos princípios e valores constitucionais que a protegem.

O desafio que se coloca aos civilistas é a capacidade de ver as pessoas em toda sua dimensão ontológica e, através dela, suas relações patrimoniais e econômicas. Impõe-se a materialização dos sujeitos de direitos, que são mais que apenas titulares de bens ou polos abstratos de relações jurídicas. A restauração da primazia da pessoa humana, nas relações civis, é a condição primeira de adequação do direito à realidade e aos fundamentos constitucionais. O homem abstrato do liberalismo econômico cede espaço para o homem concreto da sociedade contemporânea, na busca de um humanismo socialmente comprometido (Amaral, 1998, p. 160).

Orlando de Carvalho (1981, p. 90) julga oportuna a repersonalização de todo o direito civil – seja qual for o invólucro em que esse direito se contenha –, isto é, a acentuação de sua raiz antropocêntrica, da sua ligação visceral com a pessoa e os seus direitos. É essa valorização do poder jurisgênico do homem comum, é essa centralização em torno do homem e dos interesses imediatos que faz o direito civil, para esse autor, o *foyer* da pessoa, do cidadão mediano, do cidadão puro e simples. Nessa mesma direção, esclarece Pietro Perlingieri que não se projeta a expulsão ou a redução quantitativa do conteúdo patrimonial no sistema jurídico e especialmente no civilístico, porquanto o momento econômico, como aspecto da realidade social organizada, não é eliminável. A divergência concerne à avaliação qualitativa do momento econômico e à disponibilidade de encontrar, na exigência da tutela do homem, um aspecto idôneo para atribuir-lhe uma justificativa institucional de suporte ao livre desenvolvimento da pessoa (1997, p. 33). Firma-se a convicção de que o domínio sobre as coisas não é um fim em si mesmo, mas a concepção de um patrimônio mínimo, constituído de bens e créditos, que garanta a sobrevivência de cada um, é imprescindível como suporte de realização do princípio da dignidade humana (Fachin, 2001, p. 303).

Extrai-se da Constituição brasileira, em razão dos valores incorporados em suas normas, que, no plano geral do direito das obrigações convencionais, o paradigma liberal de prevalência do interesse do credor e do antagonismo foi substituído pelo equilíbrio de direitos e deveres entre credor e devedor, não apenas na dimensão formal, da tradição dos juristas, mas, sobretudo, na dimensão da igualdade ou equivalência material, fundado no princípio da solidariedade social.

Para o desenvolvimento da personalidade individual é imprescindível o adimplemento dos deveres inderrogáveis de solidariedade, que implicam condicionamentos e comportamentos interindividuais realizados num contexto social (Ciocia, 2000, p. 12). E o direito privado cumpre papel imprescindível nessa direção, na funcionalização de seus institutos centrais, dentre os quais as obrigações em geral.

A crítica do direito das obrigações acentuou, com razão, a falta de consideração às relações sociais de poder e de dependência; nesse posicionamento esconde-se uma porção de *pathos* liberal, segundo a ideia de livre jogo das forças, superior à ordenação pelo Poder Público (Westermann, 1983, p. 24). Certamente, o distanciamento de seus fundamentos constitucionais muito contribuiu para a crítica dirigida à doutrina tradicional.

2.5. Fundamentos Constitucionais do Contrato

A ordem econômica realiza-se, principalmente, mediante contratos. A atividade econômica é um complexo de atos negociais direcionados a fins de produção e distribuição dos bens e serviços que atendem às necessidades humanas e sociais. É na ordem econômica e social que emerge o Estado social, sob o ponto de vista jurídico-constitucional, e cristaliza-se a ideologia constitucionalmente estabelecida.

Os fundamentos jurídicos essenciais do direito contratual estão, assim, estabelecidos na Constituição, além do macroprincípio da dignidade da pessoa humana: arts. 1º, IV (valores sociais do trabalho e da livre, iniciativa); 3º, I (solidariedade social); 5º, XXXII (defesa do consumidor); 5º, XXXVI (garantia do ato jurídico perfeito); 170 (princípios do trabalho humano, da liberdade de atividade econômica, da justiça social, da propriedade privada, da função social da propriedade, da livre concorrência, da defesa do consumidor, da defesa do meio ambiente); 173, § 4º (repressão do abuso do poder econômico); 174 (Estado como agente normativo e regulador da atividade econômica).

Os princípios gerais da atividade econômica, contidos nos arts. 170 e s. da Constituição brasileira de 1988, demonstram que o paradigma de contrato neles vertido e o paradigma da codificação liberal não são os mesmos da contemporaneidade. Na acepção tradicional e liberal tem-se o contrato entre indivíduos autônomos e formalmente iguais, realizando uma função individual de harmonização de interesses antagônicos, segundo o esquema clássico da oferta e da aceitação, do consentimento livre e da igualdade formal das partes. O contrato assim gerado passa a ser lei entre as partes, na conhecida fórmula *pacta sunt servanda*. O contrato encobre-se de inviolabilidade, inclusive em face do Estado ou da coletividade. Vincula-se o contratante ética e juridicamente; vínculo que tanto é mais legítimo quanto fruto de sua liberdade e autonomia. "A autonomia privada, com a liberdade contratual, a liberdade de exercício da propriedade e a liberdade de comércio e profissional, foram as principais reivindicações do programa liberal que se proponha a alcançar o bem-estar liberando as forças morais, políticas e econômicas do indivíduo" (Reiser, 1990, p. 54). Ante esse paradigma, compreende-se que, na Constituição liberal, o contrato esteja ausente; não apenas ele, mas toda a ordem econômica. Essa visão idílica da plena realização da justiça comutativa, que não admitia qualquer interferência do Estado-juiz ou legislador, pode ser retratada na expressiva petição de princípio da época: quem diz contratual, diz justo.

A Constituição Federal brasileira apenas admite o contrato que realiza a função social, a ela condicionando os interesses individuais, e que considera a desigualdade material das partes. O CC/2002, em viragem completa, introduz a regulamentação geral dos contratos com o princípio da função social, determinante do conteúdo e dos limites da liberdade contratual. Com efeito, a ordem econômica tem por finalidade "assegurar a todos existência digna, conforme os ditames da justiça social" (art. 170 da CF). A justiça social importa "reduzir as desigualdades sociais e regionais" (art. 3º e inciso VII do art. 170 da CF). São, portanto, incompatíveis com a Constituição as políticas econômicas públicas e privadas denominadas neoliberais, pois pressupõem um Estado mínimo e total liberdade ao mercado, dispensando a regulamentação da ordem econômica, a qual só faz sentido por perseguir a função social e a tutela jurídica dos vulneráveis e por supor a intervenção estatal permanente (legislativa, governamental e judicial), para realização desses superiores interesses e valores sociais e de realização da dignidade humana. "As ideias que se exprimem sob a forma de obrigação de lealdade, de cooperação e de boa-fé na execução dos contratos podem ser consideradas sob a noção de solidarismo contratual" (Grynbaum, 2004, p. 33), em que se inscrevem os autores comprometidos com o movimento visando a estabelecer uma compreensão social do direito contratual, fundada nos valores constitucionais.

Uma das mais importantes realizações legislativas dos princípios constitucionais da atividade econômica é o CDC, que regulamenta a relação contratual de consumo. Seu âmbito de abrangência é enorme, pois alcança todas as relações havidas entre os destinatários finais dos produtos e serviços lançados no mercado de consumo por todos aqueles que a lei considera fornecedores, vale dizer, os que desenvolvem atividade organizada e permanente de produção e distribuição desses bens.

Talvez uma das maiores características do contrato, na atualidade, seja o crescimento do princípio da equivalência material das prestações, que perpassa todos os fundamentos constitucionais a ele aplicáveis. Esse princípio preserva a equação e o justo equilíbrio contratual, seja para manter a proporcionalidade inicial dos direitos e obrigações, seja para corrigir os desequilíbrios supervenientes, pouco importando que as mudanças de circunstâncias pudessem ser previsíveis. O que interessa não é mais a exigência cega de cumprimento do contrato, da forma como foi assinado ou celebrado, mas se sua execução não acarreta vantagem excessiva para uma das partes e desvantagem excessiva para outra, aferível objetivamente, segundo as regras da experiência ordinária. Esse princípio conjuga-se com os princípios da boa-fé objetiva e o da função social, igualmente referidos no Código Civil.

Outro interessante campo de transformação da função dos contratos é o das negociações ou convenções coletivas, já amplamente utilizadas no meio trabalhista. À medida que a sociedade civil se organiza, o contrato coletivo apresenta-se como um poderoso instrumento de solução e regulação normativa dos conflitos transindividuais. O CDC, por exemplo, prevê a convenção coletiva para regular os interesses dos consumidores e fornecedores, através de entidades representativas. Na perspectiva do pluralismo jurídico, acordos são firmados estabelecendo regras de convivência comunitária, desfrutando uma legitimidade que desafia a da ordem estatal.

Na economia oligopolizada existente em nossas sociedades atuais, o contrato, em seu modelo tradicional, converte-se em instrumento de exercício de poder, que rivaliza com o monopólio legislativo do Estado. As condições gerais dos contratos, verdadeiros códigos normativos privados, são predispostas pela empresa a todos os adquirentes e utentes de bens e serviços, constituindo em muitos países o modo quase exclusivo das relações negociais. Em certas áreas, as condições gerais dos contratos podem alcançar números gigantescos de destinatários, como se dá com os planos de saúde. Nessas situações, o consentimento livre é substituído por uma relação de poder e submissão. A legislação contratual clássica é incapaz de enfrentar adequadamente esses problemas, o que torna imperiosa a concretização dos princípios constitucionais aplicáveis à atividade econômica, voltados à proteção dos contratantes vulneráveis. No Brasil, os contratos de adesão a condições gerais, no plano infraconstitucional, estão contemplados pelo CDC, quando vinculados a relações de consumo, e, para os demais, pelos arts. 423 e 424 do Código Civil e pela Lei n. 11.280/2006, que estabelece a nulidade de eleição de foro no contrato de adesão, para prevalecer o juízo do domicílio do réu, encerrando longa controvérsia jurisprudencial.

O principal giro de perspectiva que se observa na compreensão do contrato, no contexto atual, é a consideração do poder que cada participante exercita sobre o outro; do poder contratual dominante que nunca deixou de haver, mas que o direito desconsiderava, porque partia do princípio da igualdade formal dos contratantes, sem contemplar as suas potências econômicas; ou, como hoje já tratamos de modo muito mais jurídico, o poder dominante de um e a vulnerabilidade jurídica de outro, que é pressuposta ou presumida pela lei, a exemplo do inquilino, do trabalhador, do consumidor, do aderente.

A doutrina frequentemente localiza o fundamento constitucional da autonomia privada no princípio da livre-iniciativa (art. 170 da Constituição). Na concepção atual, todavia, a autonomia privada abrange universo muito mais amplo que a atividade econômica, onde ficou insulada pelo individualismo jurídico. Os atos de autonomia têm fundamentos e fins variados. Consentir no transplante de órgão é ato de autonomia privada, mas sem dimensão econômica; por igual, os atos de autonomia nas relações familiares, p. ex., consentimento dos pais para o casamento de filho menor de dezesseis anos (art. 1.517 do Código Civil), ou o reconhecimento voluntário de filho havido fora do casamento (art. 1.609), ou o pacto antenupcial para escolha do regime matrimonial de bens (art. 1.639).

No âmbito econômico, há muitos atos que se celebram entre particulares (p. ex., vender um objeto usado para outrem) que não se inserem em atividade econômica, sendo estranhos ao princípio da livre-iniciativa. Assim, autonomia privada e até mesmo liberdade contratual não se confundem com livre-iniciativa, entendida como a liberdade de empreendimento ou de empresa, conquistada historicamente pela revolução liberal, contra o absolutismo monárquico, esta sim de fundamento constitucional. Por tais razões, a liberdade contratual não pode ser concebida como direito fundamental (Reiser, 1990, p. 92), como afirmou explicitamente o Conselho Constitucional francês, em 1994, algo inteiramente aplicável ao Brasil: "nenhuma norma de valor constitucional garante o princípio da liberdade contratual", para admitir que o legislador possa, no interesse geral, modificar, ab-rogar ou completar legislação anterior, intervindo nas relações privadas (Molfessis, 1997, p. 73). Se a liberdade contratual fosse princípio constitucional estaria imune à intervenção do legislador infraconstitucional que lhe impusesse limites negativos e positivos, no interesse social, como ocorre com o CDC, que estabelece profundas restrições ao poder negocial dos fornecedores de produtos ou serviços.

Uma das grandes transformações operadas no conceito de contrato, na contemporaneidade, é sua substituição como instrumento de composição de interesses opostos – antagonismo – para o de cooperação, tendo em vista os fins comuns. O contrato, concebido como processo, impõe deveres de cooperação a ambos os contratantes, principalmente quando sua execução for duradoura, com consideração às vicissitudes do tempo. Nessas circunstâncias, o contrato é um ato jurídico em constante construção e atualização. No dominante setor dos serviços, nos dias atuais, os contratos acompanham a existência das pessoas humanas, ou parte substancial dela, a exemplo dos fornecedores de serviços públicos, dos contratos bancários, dos contratos de cartão de crédito ou débito, dos seguros, dos transportes, dos planos de saúde, dos provedores da rede mundial de computadores. Os contratos de adesão a condições gerais, os contratos massificados, os contratos de consumo, os contratos eletrônicos integram o cotidiano das pessoas. Os contratos entre as empresas, por igual, são cada vez mais exigentes de cooperação e não de antagonismo.

2.6. Fundamentos Constitucionais da Responsabilidade por Danos

A Constituição Federal destinou vários dispositivos legais dispersos à responsabilidade civil, abrangente da responsabilidade por danos (negativa, voltada à reparação) e da responsabilidade sem danos (positiva, conducente à assunção dos deveres de prevenção, cuidado, preservação, precaução), permitindo ao intérprete deles extrair um sistema básico que informa e conforma a legislação aplicável, especialmente o Código Civil. No âmbito dos direitos e garantias individuais, podem ser listados os incisos V (danos materiais, morais e à imagem), X (danos a direitos da personalidade) e LXXV (reparação de erro judiciário) do art. 5º. Outros dispositivos específicos: arts. 21, XXIII, *c*, (danos nucleares); 24, VII (danos a interesses difusos); 37, § 6º; 141 (responsabilidade do Estado e de concessionárias privadas); 173, § 1º, V e § 5º (responsabilidade de administradores de empresas); 225 (futuras gerações); 225, §§ 2º e 3º; 236, § 1º; 245 (responsabilidade civil de autor de crime doloso).

A Constituição adota diversas modalidades de reparação, que não se resume apenas à tradicional indenização pecuniária. Dentre elas: a) fica assegurado o direito de resposta, proporcional ao agravo recebido pelo ofendido, que em determinadas situações pode ser mais adequado e reparador que a indenização em dinheiro, máxime em se tratando de violação à dignidade da pessoa humana; b) a reparação deve ser completa, não se atendo aos danos materiais; c) a reparação pode consistir em prestação de fazer, ainda que decorrente de fato lícito, a exemplo da recuperação do meio ambiente, depois de concluída a exploração de jazida mineral, mediante atividade empresarial lícita e autorizada; d) a responsabilidade preventiva ocupa espaço cada vez maior, revolucionando o modelo tradicional voltado a fato passado, pois o interesse a ser tutelado diz respeito também ao futuro, inclusive às futuras gerações (CF, art. 225); em vez de apenas a reparação civil do dano, exige-se igualmente que o dano seja evitado, tanto para abstenção de condutas quanto para efetivação de condutas com tais finalidades.

A ideia de reparação, que domina a concepção clássica de responsabilidade civil, ancora-se no fato passado, como consequência ao dano já consumado. Contudo, para certos danos, especialmente os que ultrapassam sujeitos determinados e atingem coletividades, como os danos nas relações de consumo e os danos ambientais, além dos decorrentes de conflitos de vizinhança, ou de concorrência desleal, ou de direitos da personalidade, notadamente os relativos à privacidade, os deveres de prevenção, precaução e preservação, que se voltam ao futuro, são imprescindíveis. Os antigos romanos já tinham criado a caução de dano infecto, voltada para prevenir o dano futuro.

A Constituição (art. 5º, X) consagrou no direito brasileiro, definitivamente, o direito irrestrito à reparação ao dano extrapatrimonial ou moral, que sempre foi objeto de reações e controvérsias quanto à sua admissibilidade, podendo ser cumulado com o dano material. Nesse dispositivo ressalta-se o vínculo que há de ser observado entre dano moral e violação de direitos da personalidade (vida, liberdade, intimidade, vida privada, honra, imagem, identidade pessoal, integridade física e psíquica), indicando ao intérprete o parâmetro hermenêutico a ser seguido, na linha da primazia da dignidade humana, não podendo ser instrumento de primazia do interesse patrimonial. Por outro lado, não permite a Constituição que os danos extrapatrimoniais sejam objeto de limitação de valor pelo legislador infraconstitucional nem, de modo predeterminado, pelo Poder Judiciário, cabendo ao juiz fixá-los no caso concreto, com ponderações de razões e segundo as regras de experiência comum e razoabilidade.

Dos preceitos constitucionais denota-se a preferência pela responsabilidade objetiva, em razão do risco criado ou do risco da atividade, ainda que lícita. As hipóteses tratadas pela Constituição são voltadas essencialmente à afirmação de três valores, que marcam a transformação contemporânea da responsabilidade civil: a primazia do interesse da vítima, a máxima reparação do dano e a solidariedade social.

A culpa, que marcou a natureza da responsabilidade civil tradicional, apenas é referida pela Constituição de modo indireto, para definir a responsabilidade subsidiária do agente cuja ação ou omissão deu causa à imputação objetiva da responsabilidade do Estado ou da empresa concessionária de serviços públicos (cf. art. 37, 6º). Nessa direção, encontra-se o art. 931 do Código Civil, que imputa responsabilidade totalmente objetiva à empresa, em virtude de dano causado por produto que lançar em circulação, independentemente de culpa. No passado, ao contrário, entendia-se que eventuais danos pelo uso ou aquisição de produtos fabricados pela indústria deviam ser assumidos inteiramente pela vítima, pois seria o preço a pagar pelo progresso e desenvolvimento industrial. A imputabilidade descolou-se da culpa, do nexo causal subjetivo, para a imputação da responsabilidade, que nem sempre recai sobre o efetivo causador do dano.

A primazia do interesse da vítima tem sido valorizada pela afirmação específica do princípio constitucional da igualdade, mediante o qual não pode o legislador ou o intérprete dar tratamento desigual aos danos, segundo considerações que importem variação da carga probatória exigida da vítima ou exclusão de imputabilidade do responsável. O modelo da responsabilidade civil, na modernidade liberal e burguesa, foi o da garantia de menor risco e maior previsibilidade para os negócios, ainda que sacrificando os outros ou a natureza. Consequentemente, a vítima não era o objeto da tutela legal, cujo interesse era secundário. Na dimensão atual da ética da responsabilidade (e da liberdade ética – Frota, 2014, p. 233), não pode o aplicador do direito enredar-se nas construções retóricas do nexo de causalidade, para que as consequências dos danos não sejam mais suportadas pela vítima e pela sociedade em geral.

A intensa transformação do direito à reparação civil, da responsabilidade por danos, ou, simplesmente, da responsabilidade civil, na perspectiva da sociedade democrática e de efetivos exercícios de direitos sociais, demonstra que o "instituto é eminentemente contemporâneo e marcado por algumas contradições" de ordem ética (Hironaka, 2002, p. 97), pela ausência de papéis claros da sociedade e do Estado, em suma, da responsabilidade social que o envolve.

Capítulo III

Fontes das Obrigações

Sumário: 3.1. Classificação das fontes. 3.1.1. A antiga classificação quadripartida das fontes. 3.1.2. A classificação das obrigações adotada pelo Código Civil brasileiro. 3.2. Nossa posição.

3.1. Classificação das Fontes

A classificação das fontes das obrigações, cuja controvérsia doutrinária sempre a caracterizou, é mais enunciativa ou didática, porque todas as obrigações são efeitos de fatos jurídicos. Quando os fatos naturais ou humanos convertem-se em fatos jurídicos, é porque houve uma norma que previu hipoteticamente seus elementos e que incidiu sobre eles, provocando necessariamente efeitos, tais como direitos e deveres, pretensões e obrigações.

Tradicionalmente, a doutrina indica como fontes – imediatas ou mediatas – as principais espécies de fatos jurídicos, na ordem de importância das ocorrências práticas da vida, ou acontecimentos vitais merecedores de ordenação, a saber:

a) contratos (obrigações contratuais);

b) atos ilícitos (obrigações extracontratuais);

c) atos unilaterais (obrigações unilaterais).

Na doutrina brasileira reina grande divergência sobre o que se entende por fontes das obrigações, que seriam: a) a vontade humana e a lei (Orozimbo Nonato, Caio Mário da Silva Pereira, Maria Helena Diniz, Álvaro Villaça Azevedo); b) a lei como fonte imediata e vontade humana e ilícito como fontes mediatas (Silvio Rodrigues, Sílvio de Salvo Venosa, Pablo Stolze Gagliano e Rodolfo Pamplona Filho, Carlos Roberto Gonçalves); c) os contratos, as declarações unilaterais de vontade, os atos ilícitos e criminais e a lei (Paulo Nader); d) o ordenamento jurídico (Arnaldo Rizzardo); e) os fatos jurídicos e a lei (Rubens Limongi França); f) os fatos jurídicos (Pontes de Miranda, Marcos Bernardes de Mello, Fernando Noronha).

A mais sedutora das classificações das fontes, por sua simplicidade, a vontade humana e a lei, é a mais controvertida. Como diz Orlando Gomes, quando se indaga a fonte de uma obrigação procura-se conhecer o fato jurídico ao qual a lei atribui efeito de suscitá-la; é que entre a lei, esquema geral e abstrato, e a obrigação, relação singular entre pessoa, medeia sempre um fato, considerado idôneo pelo ordenamento jurídico para determinar o dever de prestar (1998, p. 25).

O contrato é uma espécie de negócio jurídico, mas não a única. Há negócios jurídicos que não são contratos, como os negócios jurídicos unilaterais (p. ex., a promessa de recompensa, CC, arts. 854 a 860; a oferta para contratar, enquanto não houver aceitação da outra parte, CC, art. 427; os títulos de crédito; o assentimento a ato de outrem) e até mesmo negócios jurídicos bilaterais não contratuais, a exemplo do acordo de transmissão da propriedade, que se integra ao contrato de compra e venda de imóvel, e que se perfaz com o registro público. E há obrigações nascidas de outros tipos de fatos jurídicos não negociais. A lei não é fonte direta das obrigações não convencionais, pois está presente em todas elas, quando incide no suporte fático concreto e faz irradiar entre os efeitos as obrigações, assim que os deveres possam ser exigíveis pelo credor.

Os contratos (espécies de negócios jurídicos, que por sua vez são espécies de atos jurídicos, que por sua vez são espécies de fatos jurídicos), em todas as épocas, exerceram importantes funções de relação entre os homens. Foram concebidos na prática cotidiana, de acordo com as necessidades e complexidades das relações econômicas e sociais. Na atualidade, os contratos dificilmente partem de um núcleo comum. Uma grande dicotomia se formou, no que respeita ao conteúdo, substituindo a classificação tradicional dos contratos de direito privado em contratos civis e comerciais, por contratos comuns e de consumo, com características e finalidades distintas. Quanto à forma, os contratos ou são paritários ou são não paritários (contratos de adesão a condições gerais, contratos massificados, contratos de consumo, contratos com dever de proteção do contratante vulnerável, contratos eletrônicos); nos primeiros, a vontade individual declarada e o consentimento desempenham papel criador, nos segundos é relevante o controle do poder negocial dominante ou a vontade é substituída pela conduta negocial típica.

Como diz Karl Larenz (1958, p. 14), o significado vital dos contratos é muito diferente, porque há contratos, como a locação de imóveis urbanos, que ao menos para uma das partes pode ter importância vital, enquanto outros só fundamentam uma relação fugaz entre os interessados e não afetam interesse algum de importância existencial. Nos primeiros por-se-ia de manifesto a "missão social do direito privado", a saber, estabelecer condições e ditar normas que façam possível um equilíbrio razoável das forças sociais e dos interesses humanos, tomando em consideração a necessidade de proteção dos economicamente débeis. Em verdade, dizemos nós, dos juridicamente vulneráveis, que eventualmente podem não ser os economicamente débeis ou hipossuficientes, pois tudo depende do poder contratual dominante e da situação de sujeição do contratante vulnerável, como ocorre com os contratos de consumo e de adesão.

No ato ilícito, a relação jurídica obrigacional surge sem convenção do credor ou do devedor, em virtude de ofensa culposa a direito alheio. O ato ilícito (CC, art. 186) é insuficiente para abranger toda a gama de danos imputáveis, pois o direito distanciou-se do subjetivismo individualista, que marcou o desenvolvimento da responsabilidade civil, para absorver os imperativos de solidariedade social (CF, art. 3º, I) e imputar responsabilidade pelos danos oriundos de situações ou fatos objetivos, seja pelos riscos criados, seja pela atividade desenvolvida, independentemente de sua licitude ou ilicitude. Nem todo dano gera imputação de responsabilidade a alguém, mas a trajetória do direito é na direção de realização da máxima reparação dos danos; em outras palavras, a cada dano deve corresponder uma reparação, ainda que o fato que o causou seja lícito, como se vê no amplo enunciado do art. 931 do Código Civil: "... os empresários individuais e as empresas respondem independentemente de culpa pelos danos causados pelos produtos postos em circulação". Imputável é quem responde pelo dano (devedor), que pode ser quem não o causou, por exemplo, os pais pelos filhos menores, o empregador por seu empregado. Daí dizer-se dano imputável.

Além dos contratos e dos danos imputáveis, cogitam-se de obrigações oriundas de atos jurídicos unilaterais (promessas unilaterais, outros negócios jurídicos unilaterais, pagamento indevido, enriquecimento sem causa).

Há, ainda, situações jurídicas derivadas do moderno tráfico em massa que dispensam as manifestações de vontade negocial, mas que produzem efeitos obrigacionais semelhantes aos atribuídos ao negócio jurídico. São condutas negociais típicas às quais o direito imputa consequências próprias dos negócios jurídicos, distanciando-se dos requisitos de existência, validade e eficácia destes e que estão previstos na Parte Geral do Código Civil. A massificação negocial é fruto da massificação social, que se aguçou a partir da segunda metade do século XX, com a urbanização avassaladora e a oferta impessoalizada de produtos e serviços, a exemplo dos transportes públicos urbanos e dos grandes centros de compras. Nesses casos, as pessoas realizam suas necessidades vitais, inclusive os menores civilmente incapazes, sem lhes poder ser aplicáveis os requisitos de validade do negócio jurídico, previstos no CC, art. 104 (agente capaz, objeto lícito, possível e determinado e forma prevista ou não defesa em lei). As condutas e não as manifestações de vontade são suficientes, prevalecendo até mesmo quando as segundas foram contrárias aos efeitos negociais objetivamente imputáveis (se entrar no ônibus, ainda que por engano quanto ao destino, terá de pagar a tarifa, não podendo alegar anulação por erro; se o menor absolutamente incapaz, às vezes por conta própria, ofertar publicamente na rua produtos ou serviços, não se poderá alegar nulidade).

A doutrina cogitou das relações contratuais de fato, em virtude da falta de consciência da declaração de vontade ou mesmo de sua desnecessidade; no caso do transporte coletivo, ter-se-ia uma relação jurídica obrigacional não porque o usuário teria querido ou declarado, mas porque, de acordo com os pontos de vista gerais do tráfico jurídico, sua conduta estaria unida a essa consequência. Karl Larenz (1978, p. 734) atenuou os excessos dessa teoria aproximando-a do regime contratual comum; a inexistência do consentimento seria compensada pela imputação de efeitos semelhantes às "condutas socialmente típicas". Exemplo de repercussão favorável dessa doutrina na jurisprudência brasileira é a Súmula 130 do STJ, cujo enunciado estabelece que "a empresa responde, perante o cliente, pela reparação de dano ou furto de veículo ocorridos em seu estacionamento". Não se trata aí de relação contratual presumida ou implícita de depósito de coisas, mas de incidência de dever autônomo de prestação de segurança e reparação derivado de conduta negocial típica, independentemente da vontade da empresa (loja, supermercado, *shopping center*) ou do detentor do veículo. O STJ avançou no sentido de imputar responsabilidade até mesmo a órgãos públicos, a exemplo dos estacionamentos de universidades públicas (REsp 615282), ainda que não haja relação de consumo de serviço, pela ausência de remuneração atual ou potencial, requisito exigido pelo § 2º do art. 3º do CDC. Em solução muito próxima, Pontes de Miranda entende que há "dever de custódia que não deriva da relação jurídica de depósito, mas sim da lei ou das circunstâncias" – nas quais podemos incluir a conduta negocial típica – e que, em todas essas espécies, à relação jurídica existente corresponde o dever de prestação, "dentro do qual se incrustra o de custodiar" (1972, v. 42, p. 328).

3.1.1. A antiga classificação quadripartida das fontes

Os romanos referiam-se aos contratos, aos quase contratos, aos delitos e aos quase delitos, mas essa classificação deixou de contar com o apoio da doutrina atual. Assim está em conhecido trecho do Livro Terceiro das *Instituições* de Justiniano (13, 2), após estabelecer a principal divisão das obrigações em civis (estabelecidas pelas leis) e pretorianas ou honorárias (constituídas pelo magistrado em virtude de sua jurisdição): "outra divisão as classifica em quatro espécies, segundo nascem de contrato, ou como de um contrato (quase contrato), de um delito, ou como de um delito (quase delito)" (1979, p. 171). Todavia, Gaio, em suas *Institutas*, escritas no século II depois de Cristo, refere-se apenas ao contrato e ao delito (III, 88). O delito é o campo atual da responsabilidade civil extranegocial e o quase delito é dano que não foi causado pela própria pessoa que assume a responsabilidade, exemplificando Justiniano (Livro Quarto, 5) com o juiz que fez sua a lide, com o habitante de uma casa de onde foi derrubada ou derramada alguma coisa, com as coisas derrubadas ou caídas de habitação de filho de família, com o mestre de navio, o estalajadeiro, e o estabulário, pelos danos causados por pessoas a seu serviço.

O Código Civil francês repercutiu essa tradição, tendo permanecido intacta ao longo dos dois séculos de sua vigência, com influência na legislação de outros povos. Com efeito, o Título III do Livro III (Das diferentes maneiras de aquisição da propriedade) destina-se aos "contratos ou obrigações convencionais em geral", enquanto o Título IV do mesmo Livro volta-se às obrigações "que se formam sem convenção", a saber, os quase contratos, os delitos (responsabilidade civil) e os quase delitos. O art. 1.371 considera quase contratos "os fatos puramente voluntários do homem, que resultam em vínculo com terceiro por alguma razão, e às vezes em compromisso recíproco entre as duas partes", incluindo-se o enriquecimento sem causa, o pagamento indevido e a gestão de negócios alheios. Enquadra-se como quase delito (art. 1.383) a responsabilidade civil decorrente de danos causados por negligência ou imprudência, sem caráter intencional.

Impressiona como o Código Civil francês, a mais influente codificação civil do mundo moderno, mantenha até hoje essa classificação das fontes, apenas explicável pelo forte traço individualista que o marcou. Para muitos, a noção de quase contrato é historicamente falsa, irracional e inútil (Carbonnier, 2000, p. 527). Forte em Emilio Betti, João de Matos Antunes Varela (1986, p. 210) acredita que, no fundo, a ideia que explica, senão a formação da categoria dos quase contratos, pelo menos a persistência dela ao longo dos séculos, "é o chamado dogma da vontade, traduzido na preocupação individualista de reconduzir todas as obrigações à força criadora da vontade dos cidadãos e na relutância em aceitar que elas possam nascer, por imperativo legal, das exigências da solidariedade social e das relações de cooperação entre os homens".

3.1.2. A classificação das obrigações adotada pelo Código Civil brasileiro

O Código Civil não explicita o que considera fontes das obrigações, no livro próprio (arts. 233 a 420), optando por disciplinar diretamente as modalidades (obrigações de dar, de fazer, de não fazer, alternativas, divisíveis, solidárias), que não são, propriamente, espécies de fontes, mas modos de ser das variadas obrigações. O Código Civil italiano de 1942, e os que por ele foram influenciados, destinou um capítulo introdutório ao livro Das Obrigações, definindo explicitamente as fontes das obrigações (contrato, fato ilícito e outros eventos indicados pelo ordenamento), o caráter patrimonial da obrigação e o princípio da boa-fé objetiva (*regole della correteza*). Igualmente, os Códigos Civis que lhe sucederam tendem a defini-las. Código português (1966): contratos, negócios unilaterais, gestão de negócios, enriquecimento sem causa e responsabilidade civil. Código peruano (1984): contratos, gestão de negócios, enriquecimento sem causa, promessa unilateral e responsabilidade extracontratual. Código Paraguaio (1987): contratos, promessas unilaterais, gestão de negócios alheios, enriquecimento sem causa, pagamento indevido, responsabilidade civil. Código de Québec (1994): contratos e todos os atos ou fatos a que a lei atribua efeitos de obrigação.

No Livro I da Parte Especial (arts. 421 a 965), o Código Civil brasileiro regula determinadas obrigações, a saber, o contrato, a responsabilidade civil por danos imputáveis (doravante, por conveniência didática, apenas denominada responsabilidade civil), os atos unilaterais e os títulos de crédito. Não são fontes, mas espécies ou tipos abertos de obrigações. Outras espécies podem ser consideradas, desde que se enquadrem nas modalidades gerais. Por outro lado, o Livro III da Parte Geral do Código Civil (arts. 104 a 232), destinado aos fatos jurídicos, fornece os requisitos mais gerais de identificação das obrigações civis.

As espécies de contratos previstas no Código Civil não esgotam a ampla possibilidade criativa de outras, pelas partes contratantes, em virtude do princípio do autorregramento da vontade e da regra de tutela da atipicidade (art. 425), estejam ou não disciplinadas em leis especiais. Ou seja, podem as partes criar novas espécies de contratos, não previstos em lei, desde que observem as normas gerais, inclusive os princípios da função social, da boa-fé e da equivalência material. A atipicidade não se confunde com arbitrariedade, pois cada espécie contratual nova haverá de contar com um mínimo de "tipicidade social", segundo expressão de Emilio Betti (1969, v. 1, p. 373), assim entendida a que se desenvolve e é acolhida no tráfico jurídico, remetendo para as valorações econômicas ou éticas da consciência social, para além dos interesses meramente individuais, contingentes, variáveis, contraditórios, socialmente imponderáveis.

A responsabilidade civil (também predicada como extranegocial ou aquiliana, sendo esse termo adjetivação da romana *Lex Aquília* de 572 a.C., ou, contemporaneamente, como responsabilidade por danos) é obrigação derivada da violação do dever de não causar dano a outrem. O direito brasileiro consagrou, definitivamente, a reparação não apenas do dano material, mas igualmente do dano moral, máxime com o advento da Constituição Federal (art. 5º, X), do CDC (art. 6º, VI) e do art. 186 do Código Civil. Todavia, não é o dano a fonte da obrigação, mas o fato jurídico que se constituiu com a violação do dever de não causar dano, do qual derivou a relação jurídica obrigacional entre o credor (a vítima) e o devedor (o imputável pelo dano).

As espécies de atos unilaterais tratadas pelo Código Civil (arts. 854 a 886), sob essa denominação genérica, são diferentes entre si, tendo em comum apenas o fato de não se enquadrarem nos contratos ou na responsabilidade civil extranegocial. Com efeito, a promessa de recompensa é negócio jurídico unilateral; a gestão de negócio pode ser ato jurídico em sentido estrito (ou ato jurídico lícito, segundo a terminologia utilizada pelo art. 185 do Código Civil), quando realizada segundo a vontade presumida do dono do negócio, ou pode ser ato ilícito (art. 186 do Código Civil), quando realizada contra a vontade presumida do dono do negócio; o pagamento indevido é ato ilícito em relação a quem o recebeu; e o enriquecimento sem causa é fato jurídico em sentido estrito, pois pode decorrer sem qualquer manifestação de vontade das partes envolvidas, a exemplo da avulsão (art. 1.251 do Código Civil).

Os títulos de crédito são, também, atos unilaterais, nesse sentido amplo. Na atualidade, assumiram natureza eminentemente empresarial, razão por que melhor se qualificariam como obrigações mercantis ou empresariais.

O CC/2002 unificou, no plano legal, as obrigações de direito privado. Contudo, no plano didático, permanece adequada a classificação entre obrigações eminentemente civis e obrigações mercantis, cuja natureza radica em sua inserção predominante na atividade empresarial. Assim, são contratos mercantis aqueles nos quais o direito exige que um dos figurantes seja empresa (sociedade empresária ou empresário individual). Por exemplo, o CC/1916 incluía o contrato de seguro entre os contratos civis, mas a legislação subsequente tornou esse contrato objeto exclusivamente de atividade empresarial fiscalizada; o parágrafo único do art. 757 do CC/2002 é a culminância dessa trajetória, ao estabelecer que somente possa ser parte, no contrato de seguro, como segurador, entidade para tal fim legalmente autorizada.

3.2. Nossa Posição

Fontes das obrigações são apenas os fatos jurídicos lícitos ou ilícitos. Os fatos jurídicos em sentido amplo classificam-se em fatos jurídicos em sentido estrito, atos-fatos jurídicos e atos jurídicos (atos jurídicos em sentido estrito e negócios jurídicos) e podem todos ser lícitos ou ilícitos. Dos fatos ilícitos, assim considerados pelo direito, dimana sempre obrigação de reparar. Às vezes o direito pré-exclui a ilicitude, mas impõe o dever e a consequente obrigação de reparar, a exemplo do dano causado em estado de necessidade para remover perigo iminente (CC, arts. 188, II, e 929). Os fatos lícitos podem dar origem a obrigações sempre que se estabelecer relação jurídica de credor e devedor, a exemplo dos negócios jurídicos. Nem todos os fatos jurídicos lícitos dão causa a obrigações, mas a outras situações jurídicas, como a aquisição da personalidade pelo nascimento com vida, a aquisição de direito real, a sucessão hereditária, a atribuição ou perda de capacidade ou legitimidade.

Tome-se o exemplo de um empréstimo de coisa infungível (comodato). *A* empresta uma casa a *B*, e este a recebe para usá-la durante o tempo que ajustarem. A esse fato humano a lei confere juridicidade, pois concretiza o suporte fático previsto no CC, art. 579, que sobre aquele incidiu quando ocorreu. A incidência dessa norma sobre o suporte fático concreto converteu-o no fato jurídico qualificado como comodato, espécie do fato jurídico contrato, que, por sua vez, é espécie do fato jurídico negócio jurídico. Daquele fato jurídico (comodato) promanam efeitos, dentre os quais os direitos do dono da casa, comodante (p. ex., o de exigir a devolução, quando o prazo se encerrar), os deveres de quem recebeu a casa, comodatário (p. ex., o de restituí-la e o de pagar um aluguel, se ultrapassar o prazo da restituição), a pretensão do comodante, para exigir a devolução da coisa findo o prazo, e finalmente a obrigação do comodatário de restituir. Somente nesse estágio, após descumprir o dever e de submeter-se à pretensão do credor, é que surge a obrigação do devedor, como um dos efeitos do fato jurídico. Como demonstrado, apenas o fato jurídico pode ser qualificado como fonte das obrigações, pois o contrato e seus efeitos são consequências dele.

Assim, não é a lei, por si mesma, nem a convenção, nem os atos unilaterais que configuram isoladamente as fontes de obrigação. As convenções e os atos unilaterais são espécies de fatos jurídicos, não sendo correto identificar as fontes das obrigações nas espécies em que se desdobram os fatos jurídicos. Entre a lei e a obrigação há o fato jurídico. A obrigação é efeito do fato jurídico, que é antecedido de outro efeito, ou seja, o dever (ou dívida). Sem dever não há obrigação em sentido estrito e preciso. O dever antecede a obrigação, até mesmo nos negócios jurídicos instantâneos. Quem compra à vista tem o dever e, logo, a obrigação de pagar o preço. A sequência é mais visível quando a obrigação desponta no tempo: se o comprador deve pagar dias após a entrega da coisa, já tem o dever, mas não nasceu, ainda, a obrigação; em contrapartida, a obrigação já tinha nascido para o vendedor, que prometeu entregar imediatamente a coisa. Porém, se ambos (comprador e vendedor) consentiram que a entrega da coisa dar-se-á quando do pagamento do preço, tem-se hipótese de negócio jurídico bilateral, cujo vínculo se formou para um e outro (deveres), sem terem nascido ainda as obrigações respectivas.

Somente por metonímia as espécies de obrigações (plano da eficácia), principalmente o contrato e a responsabilidade civil, podem ser consideradas suas fontes, e sim os fatos jurídicos (plano da existência) de onde promanam. Mais grave é afirmar que a fonte do contrato é a vontade e a da responsabilidade civil, a lei. Para que uma pessoa possa considerar-se obrigada juridicamente a prestar algo a outra pessoa, é mister que o direito preveja que determinado fato (ou conjunto de fatos) seja admitido como fato jurídico, a partir do qual surjam seus efeitos, dentre eles a obrigação ou as obrigações imputáveis ao devedor. As espécies explicitamente previstas pelo Código Civil (negócios jurídicos, responsabilidade civil, atos unilaterais) apenas geram obrigações quando ingressam no mundo do direito como fatos jurídicos concretos. A lei as estabelece como hipóteses, ou suportes fáticos, segundo a terminologia de Pontes de Miranda, mas apenas quando se realizam na vida real, na situação concreta, é que sobre esses suportes fáticos incidem as normas legais, levando ao nascimento dos fatos jurídicos respectivos (o contrato, a responsabilidade civil, o ato unilateral determinados) e, com eles, os direitos e deveres jurídicos.

A incidência da lei sobre o suporte fático que se concretizou leva ao nascimento do fato jurídico, do qual promana a obrigação. A própria obrigação dita *ex lege*, ou seja, a que a lei estabelece em determinadas situações, como a obrigação alimentar, entre parentes, é obrigação que supõe fato que entre no mundo do direito como fato jurídico, quando se concretiza. A vontade, quando muito, é elemento do suporte fático das chamadas obrigações convencionais, que pode ser desconsiderada nos contratos de massa e em todas as situações negociais em que basta a conduta negocial típica.

No que respeita aos direitos absolutos, isto é, os direitos oponíveis a todos, há deveres imputáveis a todas as pessoas submetidas à ordem jurídica brasileira. A obrigação é imediatamente subsequente ao dever, pois o titular tem direito e pode exigir sempre de todos os outros que não o violem. A violação, por sua vez, engendra direito e dever distintos, frequentemente de reparar. Um é o direito absoluto do titular (direito à incolumidade, direito da personalidade, direito real) oponível a todos, a que corresponde o dever de abstenção ou a obrigação de não fazer, que a doutrina denomina obrigação passiva universal; outro é o direito relativo que o titular passa a deter contra quem o violou, cujo dever exigível converte-se em obrigação determinada. São as hipóteses de violação ao direito à incolumidade (*neminen laedere*), que gera a obrigação de reparar, principalmente de indenizar, remetendo ao campo da responsabilidade civil em geral; de violação aos direitos da personalidade, que gera a obrigação de compensar o correspondente dano moral; de violação do direito real sobre determinada coisa, que gera obrigação de restituir ou de indenizar perdas e danos.

Uma mesma situação pode levar ao surgimento de fatos jurídicos distintos com obrigações de natureza diversa. No exemplo do contrato de compra e venda, se o vendedor destrói a coisa antes da data da entrega ao comprador, incide em obrigação de indenizar o valor equivalente mais perdas e danos (art. 234 do Código Civil), sem ter havido ainda obrigação de prestar a coisa vendida.

Capítulo IV

Relação Jurídica Obrigacional

Sumário: 4.1. Relação jurídica pessoal e relativa. 4.2. Distinção com a relação jurídica vinculada a direitos absolutos. 4.3. Inexistência de eficácia real das obrigações no direito brasileiro. 4.4. Repercussão da relação jurídica obrigacional em interesses de terceiros. 4.5. Tutela externa do crédito. 4.6. A relação obrigacional como processo.

4.1. Relação Jurídica Pessoal e Relativa

A relação jurídica obrigacional é a que se dá entre uma ou mais pessoas, sujeitos de direito ao crédito (credor ou credores), e uma ou mais pessoas, sujeitas ao débito correspondente de realizar determinada prestação (devedor ou devedores), em virtude de um fato jurídico lícito ou ilícito do qual promanou. A doutrina costuma identificar a relação jurídica obrigacional na exigibilidade da prestação, ou seja, é aquela em que uma parte tem o direito de exigir uma determinada prestação e a outra tem a obrigação de cumpri-la. Mas a exigibilidade é desdobramento ou efeito da relação de crédito e débito, quando o primeiro se converte em pretensão e o segundo em obrigação em sentido estrito. Nas obrigações que não são instantâneas (direito e pretensão, bem como dívida e obrigação não se resolvem imediatamente), o débito só pode ser exigível no tempo estipulado; pense-se na locação de bens, ou no plano de saúde. As obrigações ilíquidas e as dívidas de valor, cuja determinação depende de decisão judicial, são exigíveis quando esta se dá, mas a relação entre credor e devedor já estava constituída. Não se pode enxergar a relação obrigacional apenas quando a dívida se convolou em obrigação, ou quando o dever de prestar já é exigível.

É pessoal a relação jurídica obrigacional, no sentido de ter por objeto a atividade do devedor, positiva ou negativa. O direito das obrigações é, geralmente, relativo às pessoas vinculadas à relação jurídica obrigacional. A relação jurídica obrigacional pode ser vista tanto da perspectiva do credor (polo ativo) quanto da perspectiva do devedor (polo passivo), porque não há credor sem que alguém deva e não há devedor sem alguém a quem se deva.

A relação obrigacional supõe crédito (ou direito do credor) e seu correlativo débito ou dívida. O crédito gera a pretensão de exigir do devedor a prestação devida (dê, faça ou não faça); a dívida gera a obrigação. Assim, o crédito é direito que se dirige à pessoa do devedor para que preste o que ele deve; se não presta, gera-se a pretensão, que tem por fito exigir a obrigação decorrente. Exemplificando: o comprador (credor) que adquiriu coisa móvel não pode apanhá-la do vendedor (devedor), mas exigir que este cumpra o prometido (sua prestação de entregá-la); se não cumpre, sujeita-se à execução forçada e responde inclusive por danos.

Na responsabilidade extranegocial por danos, a relação jurídica obrigacional instaura-se desde a ocorrência do dano imputável, por força de lei. A relação é entre o imputável pela reparação (devedor) e o ofendido ou vítima do dano (credor). Nesse caso, dá-se instantaneamente a conversão do direito do credor em pretensão e da dívida em obrigação, pois esta é imediatamente exigível a partir do momento do dano.

No negócio jurídico unilateral, o declarante (devedor) obriga-se pela simples manifestação de vontade individual, tendo por finalidade fato de outrem. A relação jurídica já existe, ainda que o credor seja indeterminado. A oferta ou proposta de contrato é negócio jurídico unilateral que obriga o ofertante (CC, art. 427) desde quando exteriorizada ou expedida ao pretendido aceitante (credor potencial ou indeterminado); cessa sua eficácia se for revogada antes ou se não for aceita. Na sua espécie mais conhecida, a promessa de recompensa, o credor é outrem, pessoa indefinida, sujeito ativo indeterminado. Quem realiza promessa de recompensa, divulgando-a em jornal, assume o dever de prestar o que estipulou, perante o público destinatário, determinando-se o credor quando alguém preencher a condição ou desempenhar o serviço nela previsto, ou nunca se determinando, se nenhum destinatário potencial o fizer.

A relação jurídica, no campo da teoria geral do direito, é considerada por muitos como uma das mais importantes categorias jurídicas, e, até mesmo, como macrocategoria. No precioso estudo dedicado ao tema, Lourival Vilanova entende que, "onde quer que se dê norma e fato, sobrevém relação jurídica" (sentido amplo), e que também resulta de fato jurídico produtor de efeitos (sentido estrito, que estamos empregando). "O direito é relacional porque é um fato social e o fato social é interacional". Por outro lado, "a relação jurídica é entre sujeito e sujeito, não entre sujeito e objeto", que é relação de fato imediata, apenas juridicamente relevante se mediatamente existe a relação sujeito/sujeito; e o sujeito pode ser atual ou com "potencialidade de sê-lo", uma vez que indeterminação não equivale a inexistência. "A sociedade não tem ponto de partida no sujeito-indivíduo, mas na relação mínima". Cita o exemplo da relação jurídica que se dá entre o remetente e a empresa postal-telegráfica (a taxa é a contraprestação de uma relação jurídica negocial), ou entre a empresa e o destinatário. Mas não é relação jurídica a existente entre o remetente e o destinatário, salvo se o telegrama declarasse a vontade de vincular-se negocialmente. Condena o conceito de situação jurídica, que não pode suplantar o de relação jurídica (1985, p. 73-94).

Sob outra perspectiva, crítica e criativa, Pietro Perlingieri propõe que a relação jurídica, que deve "ser colocada ao centro do direito civil", é a ligação entre situações subjetivas, entendidas estas como interesses ou centros de interesses. Fazem parte do conceito geral de situação jurídica não apenas o direito subjetivo, mas o poder jurídico, o interesse legítimo, a obrigação, o ônus etc. Argumenta que "o sujeito não é elemento essencial para a existência da situação", porque podem existir interesses que são tutelados pelo ordenamento apesar de não terem ainda um titular, citando como exemplo a doação a favor de nascituro. Mais importante que a noção de sujeito seria a de titularidade, concebida como "ligação entre situação e objeto". A titularidade pode ser atual ou potencial, ocasional (um sujeito qualquer) ou institucional (*intuitu personae*), substancial ou formal (para os direitos reais). Explicando o conceito de titularidade potencial, mais adequado ao direito das obrigações, diz que o sujeito não tem a titularidade atual da situação subjetiva, mas já tem um título para adquiri-la. Na promessa de recompensa há duas situações jurídicas, uma com titular e outra à espera da individuação do sujeito e titular. Três noções seriam necessárias para a situação jurídica, em momentos cronologicamente sucessivos: existência, titularidade e exercício da situação jurídica. Somente o titular da situação pode exercê-la, buscando sua tutela em juízo, ainda que existam hipóteses nas quais o legitimado ao exercício é um sujeito diverso (p. ex., o herdeiro que defende o direito da personalidade do falecido). Ressalte-se que para esse autor, fundando-se no princípio da solidariedade social, o conceito de relação jurídica representa a superação da tendência que exaure a construção dos institutos civilísticos em termos exclusivos de atribuição de direitos, porque deve compreender ao mesmo tempo os deveres, as obrigações, os interesses dos outros (1997, p. 105).

Concordamos com a crítica essencial de Perlingieri ao individualismo e ao patrimonialismo que marcaram a elaboração teórica da relação jurídica, mas substituir os sujeitos formais, objeto da crítica, por situações jurídicas para as quais os sujeitos (inclusive concretos) são estranhos, resulta no mesmo dilema. Se o direito civil encaminha-se no sentido da repersonalização, de ter a pessoa e sua dignidade como primazias, não nos parece adequado pôr no lugar da pessoa seu hipotético centro de interesses. A relação jurídica obrigacional não é uma relação entre patrimônios, como também não é uma relação entre interesses, mas entre pessoas (físicas ou jurídicas) com todas suas vicissitudes concretas e existenciais, que o direito não pode desconsiderar.

A inevitável interação entre fato social e fato jurídico, na constituição da relação jurídica, é bem destacada por Luiz Edson Fachin, para quem a relação jurídica nasce de um fato jurídico, "o que, no plano lógico, exclui o fato como elemento da relação; é, antes, um dos seus pressupostos. Esta posição poderia ser integralmente acatada, se não fosse o problema que pode emergir daí". Os fatos constituem a mola propulsora da relação. A conclusão é que só haverá relação jurídica se houver, como antecedente, um fato que seja valorado pelo direito como constitutivo de uma dada relação jurídica (2003, p. 101).

A doutrina, tradicionalmente, atribui ao vínculo jurídico o papel de núcleo da relação, ou de elemento irredutível, operando a ligação entre credor e devedor (Varela, 1986, p. 101). Para Orlando Gomes a afirmação de que a obrigação constitui um vínculo jurídico não é redundante, uma vez que seria necessária para distingui-la de outras relações que não configuram sujeição de direito, como os deveres puramente morais (1998, p. 9). Os romanos o tinham como essencial, como se vê em conhecida passagem das *Instituições de Justiniano* (3, 13) que definem a obrigação como *iuris vinculum*: "A obrigação é um vínculo de direito, formado segundo o nosso direito civil, que nos coage a pagar alguma coisa" (1979, p. 171). O vínculo estabelece uma relação de subordinação do devedor ao credor, no sentido de o segundo exercer o poder de exigir do primeiro a prestação. A relação jurídica obrigacional não é mais concebida como estrutura de subordinação ou de antagonismo, sublimada no ambiente histórico do individualismo liberal, mas de cooperação, em virtude do princípio constitucional da solidariedade, máxime quando duradoura. A Constituição não impõe apenas deveres negativos ou limites ao exercício do poder do credor, mas também deveres positivos de agir em colaboração com o devedor, tanto para o adimplemento quanto para os fins comuns e sociais que se irradiam de qualquer obrigação. Assim, em grande medida, o vínculo jurídico perdeu sua função prestante de núcleo irredutível, referido por João de Matos Antunes Varela.

A tendência para humanização das relações obrigacionais, com superação da ideia tradicional de submissão do devedor, também é substancialmente determinante da doutrina do *favor debitoris*, de origem romana, mas adaptada à realidade atual. Para José Carlos Moreira Alves o *favor debitoris* é um princípio geral de direito nos ordenamentos jurídicos que consagram normas que inequivocamente revelam a inclinação para o favorecimento do devedor, sem negar o direito de crédito, para tornar menos gravosas as restrições à sua liberdade que a relação obrigacional lhe impõe. Aponta o autor, como exemplos dessa tendência de favorecimento do devedor, as normas relativas ao contrato de adesão, às condições gerais dos contratos, ao direito do consumidor, ao inquilino, à vedação ao anatocismo e à usura, à lesão, à onerosidade excessiva, à proibição da prisão por dívida (2004, p. 15 e 19).

4.2. Distinção com a Relação Jurídica Vinculada a Direitos Absolutos

Por oposição, os direitos absolutos (direito à incolumidade, direitos reais e direitos da personalidade) são oponíveis a todas as pessoas que estejam submetidas à ordem jurídica brasileira. Não incidem em ato positivo ou negativo de determinada pessoa. Todos estão obrigados a não violar o direito absoluto de cada titular; quem o violar fica obrigado, pessoalmente, cessando para ele a indeterminação. Direito absoluto não significa direito ilimitado. A relação jurídica real tem por objeto a coisa, sobre a qual o titular exerce poder oponível a todos, nos limites e condições definidos pelo direito, máxime no quadro amplo da função social da propriedade (arts. 5º, XXIII, 182 e 186 da Constituição).

Do mesmo modo, são absolutos os direitos da personalidade (direitos à vida, à liberdade, à intimidade, à vida privada, à honra, à imagem, à identificação pessoal, à integridade física, à integridade psíquica, ao sigilo, aos direitos morais de autor), de que tratam os arts. 11 a 21 do Código Civil. Esses direitos são inerentes à pessoa humana, sem os quais esta não se revela juridicamente, irradiando características de intransmissibilidade, impenhorabilidade, irrenunciabilidade, indisponibilidade, imprescritibilidade. São insuscetíveis de relação jurídica obrigacional voluntária. Todavia, de sua violação surge obrigação distinta em sentido estrito, como direito relativo. Se alguém viola ou lesa direito da personalidade, tem o titular (credor) pretensão contra o ofensor (devedor determinado), cuja obrigação nasceu justamente da violação. "A utilização da imagem de cidadão, com fins econômicos, sem a sua devida autorização, constitui locupletamento indevido, ensejando a indenização. Em se tratando de direito à imagem, a obrigação da reparação decorre do próprio uso indevido do direito personalíssimo, não havendo que se cogitar de prova da existência de prejuízo ou dano. Em outras palavras, o dano é a própria utilização indevida da imagem com fins lucrativos, não sendo necessária a demonstração do prejuízo material ou moral" (STJ, REsp 45305).

A qualificação dos direitos da personalidade como absolutos, no sentido que estamos empregando de oponibilidade a todos, não esconde a origem dessa categoria na apropriação privada das coisas, ou seja, no direito de propriedade individual, tal como concebido na modernidade, de domínio exclusivo sobre as coisas. Por tais razões, como adverte Fachin, se as relações só são entre pessoas, significa que todas as coisas, por não terem vontade, estariam sempre submetidas ao poder de alguém, legitimando os indivíduos a se apropriarem de quase tudo, inclusive para destruição (2003, p. 102). Essa perspectiva, assim justamente criticada, não é mais sustentável, na contemporaneidade, ante a elevação ao plano constitucional do direito ao meio ambiente, como direito-dever de todos. O meio ambiente é oponível a todas as pessoas, inclusive aos titulares de domínio. Quando o Ministério Público ingressa com ação civil pública, ou o particular ajuíza ação popular, para defesa do meio ambiente, investem-se na representação processual adequada deste, pois não agem em defesa de direito próprio. Da mesma maneira quando se cuida de patrimônio histórico, paisagístico ou turístico.

4.3. Inexistência de Eficácia Real das Obrigações no Direito Brasileiro

O direito brasileiro não admite a eficácia real ao direito das obrigações, existente em alguns direitos estrangeiros, notadamente quanto ao contrato de compra e venda.

No direito brasileiro, o contrato não transfere ou transmite a propriedade da coisa vendida. O vendedor obriga-se a transmiti-la. O cumprimento dessa obrigação dar-se-á mediante um dos modos de adquirir a propriedade (tradição, para as coisas móveis, e registro público para as coisas imóveis). A compra e venda é título de adquirir que dá causa ao modo de adquirir a propriedade. Esse esquema complexo difere do que foi adotado pelas legislações da maioria dos países, para as quais o contrato reúne as duas funções, o que resulta em eficácia real à obrigação. Exemplo frisante dessa profunda diferença de efeitos do contrato de compra e venda é o Código Civil de Portugal, cujo art. 874 estabelece que esse contrato "transmite a propriedade de uma coisa ou outro direito". Transmitir é muito mais que obrigar a transmitir, como faz o direito brasileiro.

A simultaneidade que ocorre nos contratos de compra e venda de execução instantânea, especialmente das coisas materiais móveis, com sua imediata tradição, pode provocar a ilusão de produzir o contrato efeito real. A tradição existiu, ainda que instantânea, cumprindo sua função de modo de transmissão e aquisição da propriedade.

Pontes de Miranda chama atenção para a existência necessária de dois negócios jurídicos, que podem ser simultâneos, o da compra e venda e o acordo de transmissão. Nunca, por si só, o contrato de compra e venda transfere, simultânea ou imediatamente, a propriedade e a posse da coisa. Para que isso se dê é preciso que tenha havido o acordo de transmissão, explícito ou implícito (1972, v. 39, p. 14 e 60).

A transmissão da propriedade (modo) pode ser inválida sem que o seja o contrato de compra e venda (título). Como exemplo tem-se a hipótese de vendedor que era solteiro ao tempo da conclusão do contrato, em que não houve o acordo de transmissão, e este veio a ocorrer quando já era casado. Inversamente, a transmissão pode ser válida e eficaz sem que o tenha sido o contrato, pois são dois atos distintos. Todavia, o direito brasileiro estabelece relação de causalidade entre o modo e o título. Se este for invalidado, aquele também o será, por consequência. No direito alemão, distintamente, o modo é abstrato, não sendo contaminado pela invalidade ou ineficácia do título.

O contrato de compra e venda não é translativo, pois apenas promete a transferência da posse e da propriedade. Translatício é o acordo de transmissão. O contrato apenas gera deveres e obrigações pessoais, ou seja, o vendedor não transfere a propriedade, mas sim promete transferir. O descumprimento do acordo de transmissão, em não se concluindo o registro ou a tradição, leva ao inadimplemento, com suas consequências, inclusive de resolução do contrato do qual foi oriundo.

O que caracteriza a compra e venda no direito brasileiro é que o vendedor se vincula a transmitir, fazendo-se devedor, obrigando-se no tempo fixado. O comprador vincula-se a pagar e obriga-se no tempo ajustado. Se um ou outro não cumpre sua obrigação nascem as pretensões decorrentes dos respectivos inadimplementos. Nas compras e vendas à vista o tempo é mínimo, mas as obrigações correspectivas nasceram, com eficácia pessoal.

Na América Latina os códigos civis do Chile, do Uruguai, do Paraguai e da Argentina seguem a orientação do direito brasileiro, o que aponta para uma base comum de harmonização, no âmbito do Mercosul. A distinção de efeitos (obrigacional ou real) seria fator de dificuldades para ampliar a pretendida circulação franca de produtos nesses países, tendo em conta que a compra e venda é o contrato mais importante para tal fim.

4.4. Repercussão da Relação Jurídica Obrigacional em Interesses de Terceiros

Em princípio, a relação jurídica obrigacional, por ser relativa, não vincula terceiros. No ensinamento de Pontes de Miranda: "o crédito é direito relativo: em princípio, a direção do crédito, ou das obrigações e ações que dele se irradiam, é contra o devedor, ou obrigado, ou sujeito passivo da ação. Os terceiros, ainda quando tenham de considerar existente e eficaz a relação jurídica entre o credor e o devedor, ou possam opor a eficácia *erga omnes* de outra relação jurídica em que se acham, não estão na relação jurídica pessoal. Portanto, nem têm dever pessoal, nem obrigação pessoal" (1971, v. 22, p. 9).

Todavia, o direito admite hipóteses em que terceiro tenha interesse legítimo derivado de relação jurídica obrigacional, de que não tenha sido parte, no sentido de salvaguarda de direitos ou mesmo de seu exercício. O parágrafo único do art. 436 do Código Civil permite que o terceiro, em favor de quem se estabeleceu a obrigação contratual (p. ex., o beneficiário de contrato de seguro ou de contrato de constituição de renda), possa exigi-la. Assim, "o terceiro beneficiário, ainda que não tenha feito parte do contrato, tem legitimidade para ajuizar ação direta contra a seguradora, para cobrar a indenização contratual prevista em seu favor" (STJ, REsp 401718).

A obrigação, concebida como relação jurídica relativa, é bem salientada nos negócios jurídicos concluídos, cuja validade e eficácia não dependem da entrega da coisa objeto da prestação. O Código Civil admite, por exemplo, que a compra e venda se conclua tendo por objeto da prestação do vendedor coisa futura (art. 483), que ainda esteja no domínio de terceiro. Se a coisa não for transferida ao vendedor pelo terceiro, este não responderá pelo inadimplemento daquele. Igualmente, se o vendedor tiver vendido e transferido a terceiro a mesma coisa móvel prometida ao comprador: o terceiro que adquiriu a coisa é estranho à relação jurídica entre vendedor e comprador.

Certas relações obrigacionais ultrapassam os limites da relatividade aos participantes, gerando oponibilidade a terceiros, com característica muito próxima à dos direitos reais. Dois critérios normalmente atribuídos aos direitos reais, a saber, o direito de sequela e o direito de preferência, podem estar em relações obrigacionais. Em virtude do direito de sequela, o titular do direito real tem asseguradas a inerência deste ao bem, onde quer que ele esteja, e a oponibilidade contra quem o detenha injustamente. Todavia, encontra-se sequela no direito do locatário de opor-se ao adquirente da coisa alugada, para fazer valer o contrato de locação, se este contiver cláusula de vigência em caso de alienação e tiver sido registrado no registro competente (CC, art. 576). Nas locações de imóveis urbanos, o locatário tem direito de preferência, com eficácia real, para aquisição do imóvel alugado, em igualdade de condições com terceiros, podendo havê-lo para si se for preterido, depositando o preço pelo qual foi vendido, se o requerer no prazo de seis meses, a contar do registro do ato no Cartório de Imóveis (art. 33 da Lei n. 8.245/91).

4.5. Tutela Externa do Crédito

Questão muito debatida na doutrina é a extensão dos efeitos da obrigação a terceiros, no que concerne à oponibilidade do crédito. Terceiros estariam obrigados a respeitar o crédito, considerando que são estranhos à relação jurídica obrigacional? Terceiros deveriam ser responsabilizados por atos voltados a dificultar ou impedir o crédito? São hipóteses desses atos a atitude de terceiro que impede o devedor de fazer a prestação, ferindo-o ou incapacitando-o, de modo a impossibilitar a obrigação; ou a cumplicidade do terceiro com o devedor, para impedir o adimplemento; ou a oferta de terceiro ao devedor de vantagens para que este viole o negócio jurídico celebrado com o credor; ou a destruição da coisa que o devedor deveria entregar ou restituir ao credor. Exemplo muito conhecido é o do contrato que estipula direito de exclusividade entre um fornecedor e seus distribuidores ou concessionários, quando um terceiro contribui para sua violação negociando com estes a comercialização de produtos concorrentes. Outro exemplo é o do art. 608 do Código Civil, para o qual o terceiro que aliciar pessoas obrigadas em contrato de prestação de serviço a outrem pagará a este a importância equivalente a dois anos do que receberiam aqueles.

Tornou-se célebre a disputa entre agências de publicidade de duas companhias de cerveja, julgada pelo STJ (REsp 1361149), tendo em vista que uma delas foi acusada de aliciar o cantor Zeca Pagodinho a mudar de lado. O cantor tinha contrato para protagonizar campanha de determinada cerveja e, após a investida, rompeu-o e passou a fazer publicidade da outra. No novo filme, ele cantava uma música cujo refrão ironizava sua passagem pela anterior: "Fui provar outro sabor, eu sei, mas não largo meu amor, voltei". A agência aliciadora foi condenada a pagar indenização, confirmada pelo STJ, que fixou o valor a partir do previsto no art. 210 da Lei n. 9.279/96, segundo o qual "os lucros cessantes serão determinados pelo critério mais favorável ao prejudicado, dentre os seguintes: os benefícios que o prejudicado teria auferido se a violação não tivesse ocorrido ou os benefícios que foram auferidos pelo autor da violação do direito".

Uma das grandes dicotomias do direito – os direitos relativos e os direitos absolutos – radica no alcance de suas oponibilidades. O direito é relativo quando oponível apenas ao devedor determinado. O direito é absoluto quando oponível a todos os que estão submetidos ao ordenamento jurídico nacional; todos têm o dever de abstenção, ou seja, de não violá-lo. Quando se dá a violação do direito absoluto determina-se o devedor, advindo relação jurídica nova, de direito relativo ao dever de reparar. Se uma pessoa viola o direito de propriedade (direito absoluto) de outra pessoa, exsurge o direito de crédito da primeira à prestação de reparar ou indenizar imputável à segunda (direito relativo).

A teoria da tutela externa do crédito subverte esse esquema binário, ao introduzir a possibilidade de o crédito ser diretamente oponível a terceiro, ainda que mantendo sua natureza de direito relativo. Não faz sentido que terceiro possa interferir na relação obrigacional para realizar o adimplemento, até mesmo em nome próprio (CC, art. 305), e não seja responsabilizado quando interfere para prejudicar essa relação.

Ante os princípios da solidariedade social e da função social da obrigação, adotados pelo direito brasileiro, é inadmissível que terceiro viole o direito de crédito sem lhe ser imputada responsabilidade. Quem deu causa à insuficiência ou à impossibilidade da prestação, ou contribuiu para tal fim, deve responder ao titular do crédito pela indenização correspondente aos danos que sua atitude ensejou. O dever de solidariedade social impõe conduta positiva de colaboração, para que os atos lícitos alcancem seus fins sociais, e conduta negativa de abster-se de violar direta ou indiretamente o direito de crédito e o direito-dever de adimplemento. O princípio da função social imprime uma dimensão *ultra partes* à relação jurídica obrigacional no sentido de também obrigar terceiros a respeitá-la, ao lado dos deveres cometidos às partes de agirem em conformidade com os interesses sociais.

O tema, apesar de novo, já era cogitado pela doutrina civilista. Karl Larenz questionava se caberia proteger o credor perante um terceiro, ao menos quando este interviesse ilicitamente não só no objeto da prestação, mas sobre o direito de crédito mesmo. Para ele, a situação do credor (na qual terceiro interveio de modo ilícito) seria uma posição jurídica que todos estão obrigados a respeitar. Quanto à natureza do direito, diz que "não é, certamente, um direito absoluto, mas, igualmente a este, é digno de proteção" (1958, p. 27). Condenava, todavia, o paralelismo com o direito de propriedade sobre coisa, pois a coisa, como objeto corporal, é um bem fisicamente perceptível; o crédito, ao contrário, pertence a um *substractum* ou aspecto do ser de "espírito objetivo", ou mais concretamente ao "juridicamente válido". O ato dispositivo sobre o crédito, concebido como alienação da propriedade existente sobre ele, implica desnecessária duplicidade do direito que o expõe a confusões. É preferível qualificar o direito sobre o crédito como *pertinência jurídica*, que não se confunde com direito absoluto, mas que impõe a necessidade de proteção do titular, análoga àquele, contra os ataques antijurídicos de terceiros (1958, p. 451).

Pietro Perlingieri cogita da ampliação das fronteiras da responsabilidade extracontratual, em relação ao princípio da solidariedade constitucional, se o comportamento do sujeito é lesivo de uma situação jurídica relevante, seja ela configurável como direito absoluto ou relativo. Cita o exemplo de terceiro que provoque a morte do devedor, impedindo que o credor satisfaça o próprio interesse; o dano de terceiro não configura inadimplemento, mas um fato jurídico relevante, suficiente para imputar-lhe responsabilidade em face do credor. Entrevê nesses casos a perda da justificação histórica entre direitos (situações subjetivas) absolutos e relativos (1997, p. 142).

Esclareça-se que a tutela externa do crédito não diz respeito à oponibilidade do contrato, mas da obrigação em si. Quando se trata de inadimplemento, é da obrigação que se cuida, e não do contrato. "Logo, se violação houver, é do direito correlato à obrigação, e não propriamente do contrato, razão pela qual não está diretamente em causa o princípio da relatividade das convenções, e sim o da relatividade dos direitos de crédito". Se o terceiro não sabe, mas deveria saber com um mínimo de diligência, da existência da obrigação do devedor, para cujo inadimplemento está colaborando, deve responder (Azevedo, 2004a, p. 220).

A oponibilidade do direito de crédito esbarra na escassa publicidade das relações obrigacionais, ao contrário da presunção de publicidade dos direitos reais. O CC, art. 221, estabelece que o instrumento particular não se opere a respeito de terceiro antes de registrado no registro público. Mas essa regra é de presunção legal de publicidade. Todavia, para efeito da tutela externa do crédito, não há necessidade de se gerar uma obrigação passiva universal, bastando que um ato concreto de alguém lese ou danifique o crédito, independentemente de seu prévio conhecimento.

A tutela externa do crédito também é considerada na dimensão do benefício do terceiro ou da utilização da relação obrigacional por terceiro. O STJ (REsp 97590), em caso de seguro, admitiu que a vítima pudesse executar diretamente a seguradora, uma vez que o segurado, causador do dano, não tinha condições econômicas de indenizar. A decisão buscou fundamento, dentre outros, no art. 101 do CDC, que prevê a possibilidade de o réu que houver contratado seguro de responsabilidade chamar ao processo o segurador, o que denotaria "flexibilização do sistema". A doutrina cogita, nessas hipóteses, do terceiro ofendido. Outro exemplo é o dos conhecidos "contratos de gaveta", utilizados para transferência de financiamento de imóveis do sistema habitacional entre o mutuário e o cessionário, sem concordância da instituição financeira; a jurisprudência dos tribunais tem admitido sua validade e eficácia contra a instituição financeira (terceiro). Luiz Díez Picazo denomina essa hipótese "utilizabilidade" do crédito pelo terceiro contra as partes da relação obrigacional, afirmando que "o terceiro pode sempre servir-se do negócio alheio frente às pessoas que o realizaram" (1996, p. 429).

Na contramão da corrente doutrinária favorável à tutela externa do crédito, Marcos Bernardes de Mello entende que o terceiro "jamais pode praticar ilícito relativo; pode ser corresponsável, juntamente com o devedor, nunca, porém, responsável". E, assim, não haveria hipótese em que o terceiro pudesse responder pessoalmente e sozinho pelo inadimplemento da obrigação, que seria sempre do devedor (2004, p. 193). Como vimos, a tutela externa do crédito não tem por fito responsabilizar o terceiro pelo inadimplemento, no lugar do devedor, mas pela violação do direito do credor, ao impedir, impossibilitar ou dificultar sua satisfação pelo adimplemento. Nesse sentido, o direito que exsurge com a violação é relativo: o credor tem pretensão e o terceiro obrigação de reparar.

4.6. A Relação Obrigacional como Processo

Por tudo que já expusemos, a relação jurídica obrigacional não pode ser concebida como um esquema estático, para o que seriam bastantes a identificação e os limites do crédito e do débito e dos respectivos sujeitos. Ao contrário, é processo, movimento, máxime quando perdurar no tempo. Na atualidade, a maior parte das obrigações negociais está vinculada a condições gerais dos contratos, predispostas unilateralmente pelos fornecedores de produtos e serviços, no mercado de consumo, de modo abstrato, geral e uniforme (p. ex., contratos com bancos, administradoras de cartão de crédito, fornecedores de serviços públicos – água, luz, telefonia, Internet –, transportes, supermercados, lojas de vendas a crédito, imobiliárias, construtoras, seguradoras, planos de saúde, previdência privada). As condições gerais dos contratos funcionam como regulação geral de conduta, aplicável a cada contratante individual. Variados contratos interempresariais têm por finalidade a regulação privada das atividades econômicas envolvidas, com prazos indeterminados, e que se ajustam ao advento de circunstâncias ou das diretrizes emanadas de quem detém o controle, a exemplo dos contratos de franquia, cujos conteúdos uniformes são predispostos pelo franqueador. Nesses casos e em muitos outros, é evidente a natureza processual da obrigação, no sentido de ação continuada, de movimento, de unidade constituída de sequência de atos e etapas. Na obrigação mais simples esse fenômeno também se dá, ainda que de modo não tão evidente, pois sempre há início, execução e extinção, até mesmo nas obrigações de execução instantânea.

Como esclarece Karl Larenz, a relação obrigacional, como relação jurídica concreta entre pessoas determinadas, existente no tempo, é, certamente, um conjunto de direitos, obrigações e situações jurídicas, mas não é simples soma desses elementos. É muito mais um todo, um conjunto. Subsiste como tal, ainda que alguns deveres que contém tenham-se extinguido com o adimplemento, ou alguns dos direitos de formação tenham desaparecido, por terem sido exercidos, ou tenham caído em prescrição, por não terem sido exercidos no tempo previsto. Pode, sem perder sua identidade de relação obrigacional, ser modificada por convenção das partes, ou em virtude de lei (1958, p. 38) – p. ex., art. 6º, V, do CDC, qualificando como direito básico do consumidor "a modificação das cláusulas contratuais que estabeleçam prestações desproporcionais"). As próprias partes podem ser modificadas, nas hipóteses de cessão do crédito para terceiro, de assunção da dívida por terceiro (CC, arts. 286 e 299), da assunção da posição contratual por outra pessoa, no contrato com pessoa a declarar (CC, art. 467).

No direito brasileiro, Clóvis V. do Couto e Silva dedicou ao tema precisa investigação, ressaltando na expressão "obrigação como processo" o ser dinâmico da obrigação, "as várias fases que surgem no desenvolvimento da relação obrigacional e que entre si ligam com interdependência". Na linha de Karl Larenz, o autor sustenta que a obrigação deve ser entendida como totalidade, na qual os atos do credor e do devedor ingressam no mundo jurídico e são dispostos e classificados segundo uma ordem, tendendo a um fim. É a finalidade que determina a concepção de obrigação como processo; mas o processo da obrigação liga-se diretamente com as fontes (como nascem os deveres) e com o desenvolvimento do vínculo (1976, p. 10 e 73). A relação obrigacional como totalidade e processo rompe a ideia tradicional de vínculo, que nos legaram os romanos, porque este expressa uma situação estática incompatível com o dinamismo atual do fenômeno obrigacional (Martins-Costa, 2004, p. 253).

A obrigação como processo movimenta-se na direção indicada por seu fim, que é a satisfação do crédito, pelo adimplemento ou outros modos de sua extinção. É ele que dá coerência e sentido ao conjunto de elementos que constituem a obrigação. Esta encerra seu ciclo, extinguindo-se, justamente quando seu fim é alcançado. O inadimplemento frustra seu fim, redirecionando o curso processual para obtê-lo de outro modo, ou compensar a demora, incorporando-lhe acessórios, como juros moratórios e cláusula penal. O próprio fim pode ser modificado, para satisfazer o credor, como na hipótese da impossibilidade da prestação imputável ao devedor, o que faz ressaltar sua natureza de processo.

A dinâmica processual da obrigação pode ultrapassar até mesmo a extinção da relação obrigacional, com o adimplemento da prestação. Há deveres pós-contratuais que não podem ser negligenciados, gerando responsabilidade por sua inobservância (também denominados responsabilidade pós-contratual). Em contratos de prestação de serviço, por exemplo, pode o ex-contratante deter informações sobre a outra parte ou segredos de negócio (*inside informations*), cuja revelação acarretará danos inevitáveis. Cogite-se do encerramento dos serviços do advogado em ação de família, que detém dados da vida privada de seu cliente; ou do contador, que lidou com informações da vida financeira de cliente empresarial. Sob outro ângulo, os efeitos da obrigação podem não se encerrar definitivamente, cuja invalidade posteriormente declarada acarretará modificações em situações estabelecidas, como na nulidade de escritura de compra e venda de bem imóvel, que afetará igualmente o direito de propriedade transmitido ao comprador. Portanto, o processo da relação obrigacional, notadamente da negocial, configura-se em cinco fases, a saber: a pré-negocial, a do nascimento da obrigação, a do desenvolvimento da obrigação, a do adimplemento ou de seu equivalente e a pós-negocial.

Capítulo V

Prestação

Sumário: 5.1. A prestação como objeto da obrigação. 5.2. Direito à prestação ou direito de crédito. 5.3. Licitude da prestação. 5.4. Determinação da prestação. 5.5. Possibilidade e impossibilidade da prestação. Superendividamento. 5.6. Prestações instantâneas e duradouras. 5.7. Imputação de responsabilidade.

5.1. A Prestação como Objeto da Obrigação

A prestação é o único objeto da obrigação, consistindo sempre em uma ação humana tanto do credor quanto do devedor, no sentido de dar, fazer ou não fazer. Se o objeto da obrigação é a restituição de uma coisa, o devedor cumpre-a realizando a ação humana correspondente. Do mesmo modo se é o de dar a coisa vendida ou o de fazer algo. A prestação deve ser determinada ou, ao menos, determinável, para que possa ser exigida.

O que é essencial no objeto da obrigação, ou prestação, é a atividade, o serviço, o esforço corporal ou mental do devedor. Sob a perspectiva da prestação, as três espécies essenciais de obrigações, ou seja, dar, fazer e não fazer, podem ser remetidas a uma só, que é fazer (não fazer é, ainda, fazer) (Carbonnier, 2000, p. 34). No sentido imediato, a obrigação tem como objeto uma prestação, um comportamento, e só mediatamente passa a ser objeto corpóreo. É por isso que a destruição da coisa corpórea não implica o perecimento do direito (Fachin, 2003, p. 100).

Segundo a orientação majoritária da doutrina, pode haver interesse somente moral da prestação, mas deve ser suscetível de valoração econômica. Essa é a regra do Código Civil italiano, para o qual tudo que se não possa prestar em pecúnia não pode ser objeto de obrigação. Contudo, Pontes de Miranda entende que, se a prestação é lícita, não se pode dizer que não há obrigação se não é suscetível de valoração econômica, como na hipótese da prestação de enterrar o morto segundo o que ele, em vida, estabelecera, ou estipularam os descendentes, amigos ou pessoas caridosas. "Se foi estabelecida pena convencional [para o interesse exclusivamente não patrimonial da prestação – esclarecemos], nem por isso se deu valor econômico à prestação: estipulou-se pena para o caso de inadimplemento. No direito brasileiro, não há regra jurídica que exija às prestações prometidas o serem avaliáveis em dinheiro" (1971, v. 22, p. 40). Karl Larenz comunga desse entendimento, ao asseverar que a prestação há de ser em algum aspecto vantajosa para o credor, mas "não se exige que se trate de uma vantagem patrimonial", pois "nada se opõe a que alguém se obrigue frente a outro a fazer uma retratação pública, ainda que não concorra qualquer interesse patrimonial" (Larenz, 1958, p. 20).

Na linha da desnecessidade do requisito da valoração econômica, é também a orientação adotada explicitamente pelo art. 398 do Código Civil português ao estabelecer que a prestação não necessite ter valor pecuniário, mas deve corresponder a um interesse do credor, digno de proteção legal. Comentando essa norma, João de Matos Antunes Varela argumenta que a lei portuguesa pretendeu: a) afastar as prestações que correspondam a um mero capricho ou a uma simples mania do credor (escrever um livro de exaltação pessoal deste; não usar cabelos compridos; trajar o devedor de certa forma; não usar presente dado por inimigo do credor); b) excluir as prestações que, podendo ser dignas embora da consideração de outros sistemas normativos, como a religião, a moral, a cortesia, todavia não merecem a tutela específica do direito. A prestação há de, em suma, satisfazer uma necessidade séria e razoável do credor, que justifique socialmente a intercessão dos meios coercitivos do direito (1986, p. 100).

No que respeita aos danos morais, a prestação devida, pelo que seja considerado responsável, expressa-se em valor pecuniário. Porém, o direito lesado do credor corresponde a um ou diversos direitos da personalidade, que são destituídos de valor pecuniário, em virtude de sua natureza de direito absoluto indisponível, intransmissível e irrenunciável (CC, art. 11). Os danos materiais constituem valor a menos no patrimônio do lesado, enquanto os danos morais compensam pecuniariamente a lesão de direitos eminentemente não patrimoniais. Esses direitos sem valor econômico correspondem "a um interesse do credor, digno de proteção legal", na dicção do Código Civil português, cuja regra é aplicável ao direito brasileiro, porque amparados na Constituição e na legislação brasileiras, com oponibilidade a todas as pessoas, cada uma sujeitando-se a prestação de abstenção de violá-los.

5.2. Direito à Prestação ou Direito de Crédito

O dever de prestar ou de fazer a prestação que incumbe ao devedor é correlativo do direito a receber a prestação, cujo titular é o credor. Um não existe sem o outro, ainda quando o dever de prestar seja imposto por lei. Não há débito sem crédito. Pode acontecer de o credor ser indeterminado (p. ex., na promessa de recompensa, quando e se alguém realizar o fato, cuja recompensa é prometida), ou ser indeterminado o devedor (p. ex., nos direitos da personalidade, oponíveis a todos, cuja violação faz certo o devedor de prestar a reparação pelo dano); essa indeterminação não nos autoriza dizer que o crédito inexista.

Karl Larenz, ao estabelecer a comparação com o direito de propriedade, no qual haveria submissão de uma coisa a seu titular e seria dotado de oponibilidade contra todos, assevera que o direito de crédito não é um direito "sobre" uma coisa determinada, mas um direito "contra" determinada pessoa. "Não é o crédito um direito de senhorio sobre uma pessoa determinada. Esse estaria em contradição com a liberdade e a igualdade de direitos que constitui a base do direito das obrigações. O credor não está autorizado a intervir diretamente sobre o devedor, exigindo-lhe a prestação mediante a violência" (1958, p. 23). Tem razão Larenz em rebater opinião de Savigny, para quem o direito de crédito seria um direito de domínio, ainda que não fosse sobre a totalidade da pessoa, mas sobre determinadas atividades dela. Diz, com exatidão, que o credor tem direito à prestação (a recebê-la), mas não tem direito sobre a prestação (como tem o proprietário sobre a coisa), muito menos sobre a pessoa do devedor.

Todavia, dois pontos merecem reflexão: a) o direito de crédito também é oponível a terceiros sem haver senhorio do titular sobre a prestação, como demonstramos acima ao cuidarmos da tutela externa do crédito, o que torna relativa sua distinção, a partir da oponibilidade, porque pode o devedor ser indeterminado e pode o crédito ser também oponível a terceiros; b) o direito de crédito nem sempre é direito "contra" pessoa determinada, pois, na atualidade, o contrato tem abandonado sua estrutura tradicional de relação de interesses antagônicos, para converter-se necessariamente em relação de cooperação, no interesse comum dos contratantes, máxime quando for de longa duração ou de duração indeterminada, a exemplo de plano de saúde ou de prestação de serviço público (educação, fornecimento de água, luz, telefonia, acesso à Internet). Por outro lado, a relação intersubjetiva antagônica é incompatível com o princípio constitucional da solidariedade e com o princípio da função social que regem as obrigações.

5.3. Licitude da Prestação

Para as obrigações negociais, ou seja, derivadas de negócio jurídico, a regra geral de validade deste exige (CC, art. 104), além da capacidade das partes ou agentes, a licitude, a possibilidade e a determinabilidade do objeto. A regra aplica-se, igualmente, aos atos jurídicos em sentido estrito (ou "atos jurídicos lícitos", na dicção do art. 185 do Código Civil). O objeto da obrigação (prestação) há de ser lícito, isto é, permitido em direito e conforme a moral. Se o objeto não for lícito ou implicar imoralidade, nulo será o ato ou negócio jurídico (CC, art. 166, II): o negócio pode existir juridicamente, mas será considerado nulo. A ilicitude decorre de normas jurídicas cogentes proibitivas. A ilicitude existe desde o momento mesmo da manifestação de vontade, antes de irradiar direitos, deveres, pretensões, obrigações. É ilícita a prestação, por exemplo, de fornecer drogas proibidas, contaminando o negócio jurídico integralmente.

Consequentemente, não há obrigação nula, pois a nulidade nenhuma obrigação gera. A obrigação é efeito do fato jurídico, e, em princípio, o nulo não produz efeitos. Costuma-se referir a obrigação nula quando da ocorrência de prestação ilícita, indeterminável ou impossível. Todavia, a obrigação em sentido jurídico estrito nunca se constituiu, porque o direito a impediu. Corretamente, o que houve foi negócio jurídico nulo, do qual não promana, como efeito, qualquer obrigação.

5.4. Determinação da Prestação

A prestação há de ser determinada no momento da conclusão do negócio jurídico, ou ao menos determinável por algum meio posteriormente, máxime quando seja exigível. Não é necessário que seja determinada ao nascer a pretensão. Quando se tratar de responsabilidade civil por dano, a determinabilidade da reparação – prestação de reparar – será fixada segundo critérios estabelecidos na lei ou mediante arbitramento judicial. Se há possibilidade de determinação, pouco importa o meio que seja empregado para tal. O Código Civil estabelece que a coisa incerta seja indicada ao menos pelo gênero e quantidade (p. ex., dois computadores, sem especificar a qualidade e a marca). A compra e venda pode ter por objeto a prestação de coisa futura, dependente do advento de alguma circunstância. "Por ser a compra e venda um contrato consensual, tanto se pode prometer a venda de coisa atual quanto de coisa que ainda não existe. Obriga-se a transferir a coisa após a existência do bem vendido, pois não se pode transferir o inexistente no mundo sensível. A doutrina costuma utilizar exemplos do reino animal, embora seja amplo o campo de abrangência da venda de coisa futura, na atualidade. Vende-se o bezerro da vaca prenhe, obrigando-se a transferir a propriedade dele após o nascimento provável. A compra e venda já se perfaz com o consenso das partes" (Lôbo e Lyra Jr., 2003, p. 29).

Não se admite que a determinação seja entregue ao arbítrio exclusivo de uma das partes do negócio jurídico, a exemplo da nulidade do contrato de compra e venda que preveja a fixação unilateral do preço (CC, art. 489). Do mesmo modo, é ilícita a condição potestativa, isto é, a que sujeitar o negócio jurídico ao "puro arbítrio de uma das partes" (CC, art. 122). Contudo, é lícita a condição que atribui a uma das partes a escolha ou determinação da prestação, entre duas ou mais previamente definidas, como veremos adiante ao tratar das obrigações alternativas.

A indeterminação permanente e absoluta do objeto da prestação contamina a própria prestação. Não há obrigação se não é determinável por qualquer meio a prestação ou o objeto desta. Nessa hipótese, não há débito e, consequentemente, obrigação.

A indeterminação relativa da prestação é possível quando houver obrigação genérica, ou seja, se a coisa for referida segundo o gênero e a quantidade (p. ex., dez ovos, que podem ter qualquer qualidade ou espécie; vinte celulares, que podem ser de qualquer marca). De acordo com o art. 243 do Código Civil, a coisa deve ser determinável ao menos a partir do gênero e da quantidade. Se só indicar a quantidade ou o gênero será indeterminável. Na prestação indeterminada o devedor assume riscos maiores até a determinação da coisa, respondendo pela perda ou deterioração, ainda que por força maior, não podendo invocar a impossibilidade de prestar para eximir-se da responsabilidade.

A extensão da prestação, no espaço ou no tempo, é determinada pelo negócio jurídico ou pela lei. A lei, principalmente no Estado social paradigmático da Constituição Federal, limita a extensão da prestação quando o interesse social passa à frente, ou quando se impõe a tutela da parte vulnerável, como o consumidor, o inquilino, o mutuário, o aderente. O CDC, no intuito de assegurar o equilíbrio material da relação de consumo, expande a prestação do fornecedor e reduz a do consumidor. O Código Civil também se alinha nessa direção, em determinadas situações, a exemplo da limitação da taxa de juros compensatórios no contrato de mútuo, que não podem exceder a taxa que estiver em vigor para o pagamento dos impostos devidos à Fazenda Nacional (art. 591). Às vezes, o montante ou a extensão da prestação depende de decisão judicial, que precisa levar em conta elementos probatórios, perícias, avaliações, estimativas, como o valor da reparação do dano. Nesses casos, a extensão da prestação depende de liquidação judicial, para que o valor possa ser objeto de execução. As dívidas certas e líquidas são as que constam de modo preciso no documento, título ou negócio jurídico e não dependem de qualquer exame judicial para a fixação de seu montante.

5.5. Possibilidade e Impossibilidade da Prestação. Superendividamento

A prestação deve ser possível. Quando for considerada impossível, o devedor exime-se da responsabilidade. A impossibilidade pode ser natural ou jurídica. Em princípio há de ser objetiva. A impossibilidade é natural quando o objeto não é alcançável ou realizável pelo devedor normal, nas circunstâncias atuais; é jurídica quando o objeto é impedido pelo direito (exemplo de impossibilidade natural: remédio que ainda não foi desenvolvido pela ciência; exemplo de impossibilidade jurídica: inalienabilidade temporária de imóvel distribuído em programa de reforma agrária).

A impossibilidade da prestação deverá ser objetiva, a saber, impossível para todos, não importando se o devedor determinado na obrigação específica não possa cumpri-la (desconsideração da impossibilidade subjetiva). O que interessa é que a prestação seja impossível, sem se perquirir se o devedor não pode executá-la e outrem sim. Pontes de Miranda diz, utilizando exemplo extremo para sublinhar essa característica, que, se *B* prometeu ir à estratosfera, correu o risco de tal obrigação, que – no momento em que lançou a promessa – não é de prestação impossível, posto que, pelo que se sabe, *B* não pode adimplir (1971, v. 22, p. 43). Considera-se, igualmente, impossibilidade objetiva quando a recuperação da coisa perdida, afundada, ou caída em lugar pouco acessível, sem culpa do devedor, importe gastos ou desembolsos que excedam seu valor. Por igual, se a coisa vendida foi furtada antes de sua entrega.

A impossibilidade da prestação pode ser anterior à manifestação da vontade ou posterior a esta. Se é anterior, o negócio jurídico é nulo, não irradiando dever ou obrigação. Em outras palavras, não há obrigação se a prestação for impossível no momento em que o ato jurídico for constituído.

A impossibilidade superveniente, ou seja, ocorrida após a obrigação ser contraída pelo devedor, leva à sua extinção. Não se podem impor ao devedor as consequências pelo advento de um fato que não podia prever ou a que não deu causa, se não estiver em mora. A impossibilidade total pode ter sido provocada por caso fortuito ou força maior. O Código Civil (art. 393) estabelece que o devedor não responda pelos prejuízos resultantes de caso fortuito ou força maior, salvo "se expressamente não se houver por eles responsabilizado". Nas relações de consumo, essa ressalva é considerada cláusula abusiva e, nos contratos de adesão, nula, por importar renúncia antecipada de direito (art. 424 do Código Civil).

A impossibilidade relevante para o direito é a que se qualifica como impossibilidade inicial absoluta; em princípio, não se considera a impossibilidade meramente relativa, para fim de nulidade de negócio jurídico (CC, art. 106). Impossível relativo não constitui impossibilidade da obrigação. Todavia, em razão de princípios constitucionais relevantes como o da dignidade humana (CF, art. 1º, III), tem sido admitida a impossibilidade relativa, desde que temporária e enquanto persistir sua causa. Por exemplo, a prestação dos serviços públicos há de ser contínua, principalmente com fundamento no art. 22 do CDC, não podendo ser interrompida em razão do inadimplemento do usuário, devendo a cobrança ser feita pelos meios processuais normais, até mesmo em obediência ao princípio de vedação de justiça de mão própria.

É absoluta a impossibilidade de natureza técnica. Não há obrigação se a lei estabelece que, para determinados serviços, o prestador esteja habilitado mediante licenciamento ou registro prévio de sua atividade. O art. 606 do Código Civil determina que não possa prestar serviços nem cobrar qualquer remuneração aquele que atuar sem possuir título de habilitação, legalmente exigível. E assim é por não se consumar a obrigação.

O CC/2002 não deu tratamento sistemático à matéria da impossibilidade da prestação, optando por referências tópicas a cada modalidade de obrigação. Para as obrigações de dar coisa certa, os arts. 234 e 236 estabelecem que fica resolvida a obrigação se a coisa se perder, sem culpa do devedor, antes da tradição, mas se este for culpado poderá o credor exigir o equivalente da prestação mais indenização por perdas e danos. Se a obrigação for de dar coisa incerta, estabelece o art. 246 que antes da escolha não poderá o devedor alegar perda da coisa, ainda que por caso fortuito ou força maior. A obrigação de não fazer, estabelece o art. 250, considera-se extinta se o devedor, sem culpa, esteja impossibilitado de abster-se do ato que se obrigou a não praticar. Para as obrigações alternativas, preveem os arts. 253 a 256 que, se uma das prestações se tornar impossível, subsistirá o débito na outra, mas, se todas se impossibilitarem por culpa do devedor, ficará obrigado a pagar o valor da última que se impossibilitou; se não tiver culpa, extinguir-se-á a obrigação. Quanto às obrigações solidárias, estabelece o art. 279 que, impossibilitando-se a prestação por culpa de um dos devedores solidários, subsiste o encargo para todos de pagar o equivalente. Finalmente, de acordo com o art. 396, a impossibilidade superveniente por fato ou omissão que não seja imputável ao devedor impede que este incorra em mora. Mas, se o devedor estava em mora, assume a responsabilidade pela impossibilidade advinda depois dela, inclusive na hipótese de caso fortuito ou força maior, salvo se demonstrar que o dano teria ocorrido ainda que a dívida tivesse sido adimplida.

A impossibilidade da prestação conduz à nulidade da obrigação. Essa é a lição dos antigos: *impossibilium nulla est obligatio*. A reforma alemã do direito das obrigações, de 2001-2002, revolucionou essa diretriz, reduzindo substancialmente a importância da impossibilidade. Assim, estabelece o § 311a do Código Civil alemão, considerado como a mudança mais importante da reforma, que não se invalida o contrato ainda que a impossibilidade da prestação já exista no momento em que ele se celebrou. O credor pode escolher entre o ressarcimento do dano, no lugar da prestação impossibilitada, ou o reembolso das despesas que efetuou, quando o devedor tiver conhecido a impossibilidade, e, segundo Horst Ehmann e Holger Sutschet (2006, p. 57), em razão de deveres de proteção, que surgiram desde as negociações preliminares, dos interesses positivos.

Nas relações de consumo, admite-se a impossibilidade subjetiva, na hipótese de superendividamento, cuja situação de quase insolvência torna impossível o adimplemento da obrigação por parte do devedor consumidor, ante sua vulnerabilidade à publicidade dos fornecedores. Cabe ao fornecedor o ônus de averiguar as reais condições financeiras do consumidor, como risco de seu negócio, não podendo prevalecer o contrato sem consideração a esse fato e à responsabilidade do fornecedor pela indução ao consumo.

O superendividamento é definido por Cláudia Lima Marques como sendo "a impossibilidade global do devedor-pessoa física, consumidor, leigo e de boa-fé, de pagar todas as suas dívidas atuais e futuras de consumo (excluídas as dívidas com o Fisco, oriundas de delito e de alimentos)" (2006, p. 256); segundo a autora, a economia de mercado é por natureza uma economia de endividamento, mais do que economia de poupança (2010, p. 13). Na doutrina estrangeira, tem-se como caracterizado o superendividamento – como falência da pessoa comum ou do consumidor, segundo Manuel Leitão Marques (2000, p. 2) –, quando se compromete mais de 50% de sua possibilidade atual e futura de pagamento.

A jurisprudência dos tribunais tem admitido a resilição do contrato, por parte do devedor, quando ele não dispuser mais de condições econômicas para manter a obrigação. "A C. 2ª Seção do STJ, em posição adotada por maioria, admite a possibilidade de resilição do compromisso de compra e venda por iniciativa do devedor, se este não mais reúne condições econômicas para suportar o pagamento das prestações avençadas com a empresa vendedora do imóvel e, aqui, recaiu em inadimplência contratual" (STJ, REsp 615300).

A execução por quantia certa contra devedor insolvente, prevista na legislação processual, é imprestável para o enfrentamento do fenômeno do superendividamento, em virtude das peculiaridades do consumidor, juridicamente vulnerável, máxime pela imposição constitucional de sua defesa (art. 170, V, da Constituição) e do princípio da solidariedade. Igualmente imprestável é a insolvência civil, que tem por objeto a satisfação dos credores e não o interesse e a resolução do estado em que se encontra o devedor superendividado. O instituto que mais se aproxima, por analogia, do adequado enfrentamento jurídico do superendividamento é o da recuperação judicial da empresa devedora (Lei n. 11.101/2005), que vincula, à continuidade da vida econômica desta, os interesses dos credores. Como estabelece o art. 47 dessa Lei, a "recuperação judicial tem por objetivo viabilizar a superação da situação de crise econômico-financeira do devedor, a fim de permitir a manutenção da fonte produtora, do emprego dos trabalhadores e dos interesses dos credores, promovendo, assim, a preservação da empresa, sua função social e o estímulo à atividade econômica".

A doutrina cogita de dois tipos de superendividamento, um ativo e outro passivo. No superendividamento ativo, o consumidor concorre para sua situação de insolvência, por ausência de autocontrole e abuso do crédito, mas não se pode olvidar a responsabilidade dos fornecedores, pela massiva indução ao consumo, mediante a publicidade. No superendividamento passivo, o consumidor tem sua vida econômica agravada por circunstâncias externas, tais como desemprego, nascimento de filhos, doenças, acidentes, mortes de familiares, crises familiares. Ambos os tipos levam objetivamente a situações de insolvência, com repercussões sociais.

O direito do superendividamento que se constrói nas ordens jurídicas ocidentais, em especial na União Europeia, tem por fito a superação dessa circunstância e devolver ao consumidor o acesso regular ao crédito e ao consumo. Principalmente dos produtos e serviços essenciais à realização de sua dignidade humana. Na França, por exemplo, o consumidor superendividado procura a Comissão Administrativa Departamental, que fará uma análise de sua situação econômica, para verificar se cumpre os requisitos de ser pessoa física, estar em boa-fé, não ter ocultado bens, não ter feito declarações falsas, não ter agravado as dívidas, ter dívidas pessoais ou não profissionais. A Comissão tenta a fase amistosa de transação com os credores; não tendo êxito, passa para a fase contenciosa, que possibilita aos credores impugnar os dados do consumidor, antes da remessa ao magistrado. Não havendo impugnação, o magistrado homologa a decisão da Comissão. A Comissão pode recomendar o reescalonamento das dívidas, a redução da taxa de juros, a imputação dos pagamentos ao capital em vez dos juros (como é no Código Civil brasileiro), a redução do saldo devedor de imóvel financiado, a moratória para pagamento das dívidas por até três anos, o estabelecimento de limites ao consumidor para novas dívidas e a imposição de restrições para que não agrave seu endividamento. Diferentemente do modelo europeu, que privilegia a reeducação do consumidor, mediante planejamento de seus débitos e orientação para evitar o superendividamento, o modelo norte-americano opta pelo denominado *fresh start*, que é um procedimento de liquidação e perdão de dívidas, no limite do possível, de modo a tornar o devedor apto a retornar ao mercado de consumo.

5.6. Prestações Instantâneas e Duradouras

As prestações são instantâneas ou duradouras. No cotidiano, as pessoas vinculam-se a obrigações de prestações instantâneas, para o atendimento às necessidades vitais. Nas obrigações bilaterais e sinalagmáticas, à prestação de uma sucede imediatamente a prestação da outra. Assim ocorre na maioria das aquisições e utilizações de produtos e serviços de consumo, das refeições, dos transportes coletivos urbanos. As prestações duradouras dependem do tempo, durante o qual devem ser feitas periodicamente.

As prestações duradouras são de dois tipos: diferida e continuada. Dá-se a primeira quando a prestação do devedor, que poderia ser instantânea, divide-se em parcelas periódicas. Dá-se a prestação continuada quando for de sua natureza a permanência no tempo, e seu cumprimento em períodos contínuos, a exemplo dos alugueres nos contratos de locação, das mensalidades dos planos de saúde, dos alimentos. Em ambos os tipos, a relação jurídica obrigacional é unitária e as prestações pluralizadas.

As obrigações de execução duradoura exigem conduta dos figurantes fundada na confiança e na cooperação. Nessas obrigações são muito mais fortes as demandas de comportamento segundo os deveres gerais de conduta, porque as relações jurídicas não se mantêm estáticas e são afetadas pelas vicissitudes e as mudanças de circunstâncias que não podem ser antevistas, ante a inevitabilidade das modificações sociais e econômicas. A permanente adequação do valor do contrato, em razão do princípio da equivalência material, é uma dessas exigências.

5.7. Imputação de Responsabilidade

O dever de prestar, dependendo da espécie ou da modalidade de obrigação, é atribuído a quem o direito qualifica como devedor. Essa é a situação normal, cuja satisfação se dará com o adimplemento, em seus variados modos. Todavia, o correspondente direito de crédito poderá ser violado, não se realizando a prestação em, pelo menos, três situações: a) deixando-se de adimplir, ou adimplindo-se de modo insatisfatório; b) em virtude de impossibilidade anterior ou posterior da prestação, por culpa do devedor ou do credor; c) por violação da obrigação, quando o devedor pratica atos ou omissões que contrariam ou não correspondem aos deveres assumidos.

A violação do direito de crédito ou do dever de prestar leva à necessidade de se atribuir ou determinar a responsabilidade pelas consequências legais de tal fato. Denomina-se imputação de responsabilidade, que pode recair no devedor, como regra geral, no credor e até mesmo em terceiro. Como diz Pontes de Miranda, "tudo se passa objetivamente. Por isso, pode-se imputar ao devedor, ou ao credor, a responsabilidade ou carga de riscos. Não importa quem o causou, nem a imputação depende de dolo, ou de culpa" (1971, v. 22, p. 70). Como exemplo, estabelece o art. 246 do Código Civil que, nas obrigações de dar coisa incerta, ao devedor sem culpa imputa-se a responsabilidade pela perda ou deterioração da coisa, antes da escolha, ainda que por força maior ou caso fortuito.

No âmbito das obrigações decorrentes de responsabilidade civil, o Código Civil brasileiro (art. 932) imputa a responsabilidade pela reparação civil a terceiros que não causaram pessoal ou diretamente o dano. Essa responsabilidade é inteiramente objetiva (art. 933), não mais cabendo qualquer consideração sobre culpa *in vigilando* ou *in eligendo*. São as hipóteses dos pais pelos filhos menores que estejam em sua companhia, do empregador por seus empregados ou prepostos, dos hotéis por seus hóspedes. Exemplo: "dependendo das circunstâncias de cada caso concreto, o médico-chefe pode vir a responder por fato danoso causado ao paciente pelo terceiro que esteja diretamente sob suas ordens. Hipótese em que o cirurgião-chefe não somente escolheu o auxiliar, a quem se imputa o ato de acionar o pedal do bisturi, como ainda deixou de vigiar o procedimento cabível em relação àquele equipamento" (STJ, REsp 200831).

Capítulo VI

Deveres Gerais de Conduta

6.1. Deveres Anexos à Prestação e Deveres Gerais de Conduta

Há deveres que excedem do próprio e estrito dever de prestação, especialmente nas obrigações negociais, mas que são com ele necessariamente anexos, unidos ou correlacionados. Larenz denomina-os "deveres de conduta", que resultam do que as partes estipularam, ou do princípio da boa-fé, ou das circunstâncias, ou, finalmente, das exigências do tráfico, que podem afetar a conduta que de qualquer modo esteja em relação com a execução da obrigação. Para ele, esses deveres não podem ser demandados autonomamente, mas sua violação fundamenta obrigação de indenização ou, ante certas circunstâncias, a resolução do negócio jurídico. Esses deveres resultam naturalmente da relação jurídica obrigacional, mas se diferenciam por seu caráter secundário ou complementar do dever primário de adimplemento. Toda obrigação recebe seu caráter distintivo (sua configuração como contrato de locação, de compra e venda, de empreitada) precisamente através do dever primário de adimplemento, mas seu conteúdo total compreende, ademais, deveres de conduta mais ou menos amplos (1958, p. 22).

Sem embargo da excelência dessa construção doutrinária, que dilatou os efeitos das obrigações, no sentido da solidariedade social e da cooperação, com positiva influência na doutrina brasileira, atente-se para duas importantes restrições que delas resultam: a) os deveres de conduta seriam imputáveis apenas ao devedor; b) seriam derivados do dever primário da prestação de adimplemento, neste sentido qualificando-se como secundários, ou complementares, ou acessórios, ou conexos, ou laterais, ou anexos, segundo variada terminologia adotada na doutrina.

A doutrina jurídica portuguesa opta pela denominação deveres acessórios de conduta, conforme se vê em João de Matos Antunes Varela e em António Manuel da Rocha e Menezes Cordeiro. João de Matos Antunes Varela distingue os deveres acessórios de conduta, assim entendidos os que estão dispersos no Código Civil e na legislação avulsa, a exemplo de não se vender coisa com vício, e o "dever geral de agir de boa-fé", que seria muito mais que um dever acessório. A generalidade dos deveres acessórios de conduta não daria lugar à exigibilidade da prestação ou do adimplemento, mas sua violação pode obrigar à indenização dos danos causados à outra parte ou dar mesmo origem à resolução do contrato ou à sanção análoga (1986, p. 117). Para António Manuel da Rocha e Menezes Cordeiro são deveres acessórios: a) os deveres *in contrahendo*, impostos aos contraentes durante as negociações que antecedem o contrato, revelados pelos deveres de proteção, de esclarecimento e de lealdade; b) deveres de eficácia protetora de terceiros; c) deveres *post pactum finitum*, que subsistiriam após a extinção da relação obrigacional; d) deveres que subsistem na nulidade (1997, p. 603-31). Esses deveres remetem, de um modo ou de outro, ao princípio ou dever geral de boa-fé.

Preferimos denominar acessórias as obrigações não autônomas que existem em função da obrigação principal, seguindo a sorte desta, como a fiança, a garantia de evicção, a responsabilidade por vício do produto ou do serviço.

Todavia, a evolução do direito fez despontar deveres gerais de conduta, cujos fundamentos axiológicos se revestiram da dignidade de princípios normativos, de caráter constitucional e infraconstitucional, que deixaram de ter "caráter secundário, complementar, do autêntico dever de adimplemento", referido por Karl Larenz. Os deveres de conduta, hauridos de equivalentes princípios normativos, não são simplesmente anexos ao dever de prestar adimplemento. A evolução do direito fê-los deveres gerais de conduta, que se impõem tanto ao devedor quanto ao credor e, em determinadas circunstâncias, a terceiros. Esses deveres não derivam da relação jurídica obrigacional, e muito menos do dever de adimplemento; estão acima de ambos, tanto como limites externos ou negativos, quanto como limites internos ou positivos. Derivam diretamente dos princípios normativos e irradiam-se sobre a relação jurídica obrigacional e seus efeitos, conformando e determinando, de modo cogente, assim o débito como o crédito. Os deveres gerais de conduta exigem interpretação de seus efeitos e alcances diretamente conjugada aos dos princípios de onde promanam. A compreensão de uns implica a dos outros.

É corrente no Brasil a terminologia alemã de cláusula geral, ora com significado semelhante ao de princípio, ora com significado mais restrito de valor ou conjunto de valores, cujo conteúdo se concretiza na aplicação da norma que a contém. Preferimos tratar as duas hipóteses como princípios, assumindo os riscos da generalização, como o faz Pontes de Miranda. O verdadeiro sentido de princípio é de algo que contém o fundamento primeiro. A própria doutrina civilista alemã emprega a expressão cláusula geral e princípio com significados semelhantes, ou no sentido de a primeira realizar o segundo. Jan Schapp, desenvolvendo tema destinado às "cláusulas gerais do direito contratual e do direito delitual", diz que em uma relação obrigacional as partes estão ligadas uma à outra pela boa-fé, que ele qualificou antes como cláusula geral, mas que "ela é, em verdade, um 'princípio'" (2004, p. 129). A preferência por princípios é crescente no direito atual, como se vê na denominação adotada na União Europeia para o projeto de código unificado de direito contratual, da chamada Comissão Lando: "Princípios do Direito Contratual Europeu" (Hartkamp, 2002, p. 53). Nesse caso, os princípios terão natureza dispositiva ou supletiva, podendo as partes integrá-los ou não ao contrato. No direito brasileiro, os princípios têm caráter normativo cogente, com primazia sobre a convenção das partes e integração necessária ao ato ou negócio jurídico, salvo quando se tratar de contrato internacional, cuja lei nacional aplicável pode ser escolhida.

No Código Civil os princípios assumem primazia, com enunciações frequentes no conteúdo de suas regras, às vezes ao lado de conceitos indeterminados. Os conceitos indeterminados (p. ex., "desproporção manifesta" e "valor real da prestação", do art. 317) complementam e explicitam o conteúdo das regras jurídicas, mas não têm autonomia normativa. Já os princípios são espécies de normas jurídicas, hierarquicamente superiores, podendo ter enunciações autônomas ou estar contidos como expressões em outras normas jurídicas. No art. 187, as expressões "boa-fé" e "bons costumes" são princípios, pois o ato jurídico que exceder os limites por eles impostos será considerado ilícito e, consequentemente, nulo. Relativamente ao contrato, o Código Civil faz menção expressa à "função social do contrato" (art. 421) e, nesse ponto, foi mais incisivo que o CDC. Consagrou-se, definitivamente e pela primeira vez na legislação civil brasileira, a boa-fé objetiva, exigível tanto na conclusão quanto na execução do contrato (art. 422). A referência feita ao princípio da probidade é abundante, uma vez que se inclui no princípio da boa-fé. No que toca ao princípio da equivalência material, o Código o incluiu, de modo indireto, nos dois importantes artigos que disciplinam o contrato de adesão (arts. 423 e 424), ao estabelecer a interpretação mais favorável ao aderente (*interpretatio contra stipulatorem*) e ao declarar nula a cláusula que implique renúncia antecipada do contratante aderente a direito resultante da natureza do negócio (cláusula geral aberta, a ser preenchida pela mediação concretizadora do aplicador ou intérprete, caso a caso).

O CDC é uma lei eminentemente principiológica, com vasta utilização não só dos princípios, mas de conceitos indeterminados. De seus variados dispositivos podem ser colhidos os princípios da transparência, da harmonia das relações de consumo, da vulnerabilidade do consumidor, da boa-fé, da segurança do consumidor, da equivalência material entre consumidores e fornecedores, da informação, de modificação de prestações desproporcionais, de revisão por onerosidade excessiva, de acesso à justiça, da responsabilidade solidária dos fornecedores do produto ou do serviço, da reparação objetiva, da interpretação favorável ao consumidor, da equidade. Desses princípios defluem deveres gerais de conduta correspondentes, nas relações jurídicas de consumo.

Os deveres gerais de conduta, ainda que incidam diretamente nas relações obrigacionais, independentemente da manifestação de vontade dos participantes, necessitam de concreção de seu conteúdo, em cada relação, considerados o ambiente social e as dimensões do tempo e do espaço de sua observância ou aplicação. Essa é sua característica, razão por que são insuscetíveis ao processo tradicional de subsunção do fato à norma jurídica, porque esta determina a obrigatoriedade da incidência da norma de conduta (p. ex., a boa-fé) sem dizer o que ela é ou sem defini-la. A situação concreta é que fornecerá ao intérprete os elementos de sua concretização, de acordo com as circunstâncias que objetivamente se apresentem. Não se confunde com sentimentos ou juízos de valor subjetivos do intérprete, porque o conteúdo concreto é determinável em sentido objetivo, até com uso de catálogo de opiniões e lugares comuns (*topoi*) consolidados na doutrina e na jurisprudência, em situações semelhantes ou equivalentes. O lugar e o tempo são determinantes, pois o intérprete deve levar em conta os valores sociais dominantes na época e no espaço da concretização do conteúdo do dever de conduta. Não deve surpreender que o mesmo texto legal, em que se insere o princípio tutelar do dever de conduta, sofra variações de sentido ao longo do tempo.

Na lição de Clóvis do Couto e Silva (1997, p. 42), a extensão do conteúdo relacional já não se mede com base apenas na vontade, mas sim pelas circunstâncias e pelos fatos a ele referentes, permitindo-se construir objetivamente o regramento do negócio jurídico, com admissão de um dinamismo que escapa até mesmo ao controle das partes. Essa concepção objetiva da relação obrigacional assemelha-se, muito embora a diversidade conceitual, à interpretação objetiva da lei.

Exemplo de aplicação dos deveres gerais de conduta é decisão do STJ em caso envolvendo contrato de aquisição de imóvel, pelo sistema financeiro da habitação, para fazer valer o plano de equivalência salarial como critério de reajustamento do saldo devedor, em vez dos índices de poupança. O tribunal fundamentou-se, simultaneamente, nos deveres de boa-fé, de função social, de equivalência material, de equidade, de informar (REsp 85521).

A violação dos deveres gerais de conduta não se enquadra no conceito tradicional de responsabilidade negocial, ancorado no inadimplemento do dever de prestação. Vai além, e se aproxima muito do dever geral de incolumidade, como dever oponível a todos, que lastreia a responsabilidade civil extranegocial. A teoria tradicional do inadimplemento cinge-se à violação do dever de prestação objeto do negócio jurídico, que o singulariza, derivado das manifestações de vontades concordes. Os deveres gerais de conduta independem destas, pois decorrem diretamente da lei.

6.2. Dever de Boa-Fé Objetiva nas Obrigações

A boa-fé objetiva é dever de conduta dos indivíduos nas relações jurídicas obrigacionais, especialmente no contrato. Interessam as repercussões de certos comportamentos na confiança que as pessoas normalmente neles depositam. Confia-se no significado comum, usual, objetivo da conduta ou comportamento reconhecível no mundo social.

A boa-fé objetiva é tratada em suas possíveis dimensões, como regra de interpretação do negócio jurídico, ou como integração necessária a este, e, principalmente, como dever jurídico, máxime como dever geral de conduta, que recai não apenas sobre o devedor, mas, também, sobre o credor.

A boa-fé objetiva importa conduta honesta, leal, correta. É a boa-fé de conduta. Para António Manuel da Rocha e Menezes Cordeiro (1997, p. 1234), a confiança exprime a situação em que uma pessoa adere, em termos de atividade ou de crença, a certas representações, passadas, presentes ou futuras, que tenha por efetivas. O princípio da confiança explicitaria o reconhecimento dessa situação e a sua tutela. Por suas múltiplas interferências nas relações obrigacionais e sua potencialidade de aplicação, a boa-fé objetiva já foi denominada, positivamente, "*topos* subversivo do Direito Obrigacional" (Martins-Costa, 1999, p. 409). No direito brasileiro, a boa-fé é sempre presumida; a má-fé é que deve ser comprovada (STJ, AgRg no Ag 1244022).

A boa-fé objetiva, por dizer respeito à conduta obrigacional típica, é a dimensão externa da boa-fé em geral. Diferentemente, a boa-fé subjetiva importa demonstração da dimensão interna, pois resulta da crença real e concreta da pessoa na existência do direito pretendido ou na ignorância de obstáculo jurídico a este.

De acordo com a sistematização da jurisprudência alemã, difundida no meio luso-brasileiro por António Manuel da Rocha e Menezes Cordeiro, do princípio da boa-fé derivam três deveres específicos: a) os deveres de *proteção*, que determinam que as partes devem evitar qualquer atuação suscetível de causar danos à outra parte, sejam eles pessoais ou patrimoniais; b) os deveres de *informação*, em especial quanto às circunstâncias que possam ser relevantes para a formação do consenso da outra parte e com especial intensidade quando uma das partes se apresenta como mais fraca; c) deveres de *lealdade*, para evitar comportamentos que traduzam deslealdade para com a outra parte.

Cada relação obrigacional exige um juízo de valor extraído do ambiente social, considerados o momento e o lugar em que se realiza; mas esse juízo não é subjetivo, no sentido de irradiar-se das convicções morais do intérprete. Segundo esclarece Karl Larenz (1958, p. 143), deve ser tomado como módulo o pensamento de um intérprete justo e equitativo, isto é, "que a sentença há de ajustar-se às exigências geralmente vigentes da justiça, ao critério refletido na consciência do povo ou no setor social a que se vinculem os participantes (p. ex., comerciantes, artesãos, agricultores)", desde que observados os valores de fidelidade e confiança. Esclareça-se que a concentração da boa-fé nos valores de lealdade ou fidelidade e confiança, comum nos autores alemães, resulta da expressão equivalente *Treu und Glauben* utilizada pelo art. 242 do Código Civil alemão.

O Código Civil brasileiro estabelece, no art. 113, que "os negócios jurídicos devem ser interpretados conforme a boa-fé e os usos do lugar de sua celebração". Essa regra é cogente, não podendo ser afastada pelas partes. Cada figurante (devedor ou credor) assume o dever próprio e em relação ao outro de comportar-se com boa-fé, obrigatoriamente. Como se vê, vai além do simples dever anexo à prestação. Ao regular o abuso do direito, o art. 187 qualifica como ato ilícito, gerador de dever de indenizar, exercer o direito contrariamente à boa-fé. No art. 422 refere-se a ambos os contratantes do contrato comum civil ou empresarial, não podendo o princípio da boa-fé ser aplicado exclusiva ou preferencialmente ao devedor. Essas normas jurídicas revelam três dimensões da boa-fé no direito positivo brasileiro: 1. Critério de interpretação; 2. Requisito de validade; 3. Dever geral de conduta.

Nas relações de consumo, ainda que o inciso III do art. 4º do CDC cuide de aplicá-lo a consumidores e fornecedores, é a estes que ele se impõe, principalmente, em virtude da vulnerabilidade daqueles. Além dos tipos legais expressos de cláusulas abusivas, o CDC fixou a boa-fé como princípio geral, que permite ao aplicador ou intérprete a análise de compatibilidade das específicas cláusulas ou condições gerais de cada contrato de consumo.

Por seu turno, o art. 422 do CC/2002 associou ao princípio da boa-fé o que denominou princípio da probidade ("... os princípios da probidade e boa-fé"). No direito público a probidade constitui princípio autônomo da Administração Pública, previsto explicitamente no art. 37 da Constituição como "princípio da moralidade", a que se subordinam todos os agentes públicos. No direito contratual privado, todavia, a probidade é qualidade exigível sempre à conduta de boa-fé. Quando muito, seria explicitação de um dos sentidos emergentes da boa-fé. Pode-se dizer que não há boa-fé sem probidade.

A boa-fé não se confunde com o dever de observância dos bons costumes, os quais têm sentido mais amplo de condutas socialmente aceitas, como tradução da moral comunitária dominante no plano jurídico, que lhe empresta juridicidade. A boa-fé objetiva oferece dimensão mais específica, como dever de conduta dos participantes da relação obrigacional segundo fundamentos e padrões éticos. Sabe-se que a moral e as normas morais, existentes em cada comunidade, não se confundem com a ética, sublimada como padrões ideais de conduta. A moral extrai-se da realidade social, com suas contingências e vicissitudes (por isso fala-se de moral cristã e moral burguesa, por exemplo), enquanto a ética é um dever-ser otimizado, ideal, que orienta a conduta humana à máxima harmonia e perfectibilidade. Com risco de simplificação dizemos que os bons costumes estão mais próximos da moral e a boa-fé da ética.

A aplicação da boa-fé à situação concreta depende do grau de intensidade da autonomia privada efetiva dos figurantes do negócio jurídico, do que Judith Martins-Costa denominou horizontalidade ou verticalidade, simetria ou assimetria da relação jurídica. Quanto maior o peso da horizontalidade, maior o espaço da autonomia privada, e, consequentemente, menor a intensidade da aplicação da boa-fé. Ao contrário, quanto mais diminuto o espaço de autonomia, maior a intensidade da boa-fé. Os graus de intensidade, para ponderação do julgador, decorrem também do fato de a boa-fé não indicar a conduta devida (o que deve ser prestado), mas o seu "como", isto é, a maneira pela qual a conduta deve ser desenvolvida. Cita como exemplo de assimetria ou verticalidade a relação entre consumidor e fornecedor, que impõe mais intensidade da boa-fé (2004, p. 247); acrescentamos: em todas as hipóteses de presunção legal de vulnerabilidade do contratante, a exemplo do aderente.

Inclui-se no princípio da boa-fé objetiva o dever do contratante credor de mitigação das perdas do devedor (*duty to mitigate the loss*), quando o agravamento destas decorre de ato ou omissão do primeiro. A doutrina da mitigação das perdas tem origem no direito anglo-americano, significando que uma pessoa que tenha sofrido dano ou perda deve tomar medidas razoáveis, sempre que possível, para evitar seu agravamento. Assim, uma pessoa que afirma ter sido ferida por um motorista deve procurar ajuda médica e não deixar que o problema se agrave. Nesse sentido, decidiu o STJ (REsp 758518) que o promitente vendedor de um imóvel tinha de suportar a redução do valor da indenização por inadimplemento do promitente comprador, pelo fato de deixá-lo na posse do imóvel por quase sete anos, sem que ele cumprisse seu dever contratual (pagamento das prestações relativas ao contrato de compra e venda), "o que evidencia a ausência de zelo com seu patrimônio e o agravamento significativo das perdas, uma vez que a realização mais célere dos atos de defesa possessória diminuiria a extensão do dano". Com igual objeto é o Enunciado 169 das Jornadas de Direito Civil, realizadas no CJF/STJ: "O princípio da boa-fé objetiva deve levar o credor a evitar o agravamento do próprio prejuízo".

6.2.1. Deveres pré e pós-contratuais

Questão relevante é a dos limites objetivos do princípio da boa-fé nos contratos. A melhor doutrina tem ressaltado que a boa-fé não apenas é aplicável à conduta dos contratantes na execução de suas obrigações, mas aos comportamentos que devem ser adotados antes da celebração (*in contrahendo*) ou após a extinção do contrato (*post pactum finitum*). Para fins do princípio da boa-fé objetiva são alcançados os comportamentos do contratante antes, durante e após o contrato. O CDC avançou mais decisivamente nessa direção, ao incluir na oferta toda informação ou publicidade suficientemente precisa (art. 30), ao impor o dever ao fornecedor de assegurar ao consumidor cognoscibilidade e compreensibilidade prévias do conteúdo do contrato (art. 46), ao tornar vinculantes os escritos particulares, recibos e pré-contratos (art. 48) e ao exigir a continuidade da oferta de componentes e peças de reposição, após o contrato de aquisição do produto (art. 32).

O Código Civil não foi tão claro em relação aos contratos comuns, mas, quando se refere amplamente (art. 422) à conclusão e à execução do contrato, admite a interpretação em conformidade com o atual estado da doutrina jurídica acerca do alcance do princípio da boa-fé aos comportamentos *in contrahendo* e *post pactum finitum*. A referência à conclusão deve ser entendida como abrangente da celebração e dos comportamentos que a antecedem, porque aquela decorre destes. A referência à execução deve ser também entendida como inclusiva de todos os comportamentos resultantes da natureza do contrato. Em suma, em se tratando de boa-fé, os comportamentos formadores ou resultantes de outros não podem ser cindidos.

Independentemente do alcance da norma codificada, o princípio geral da boa-fé obriga, aos que intervierem em negociações preliminares ou tratativas, o comportamento com diligência e consideração aos interesses da outra parte, respondendo pelo prejuízo que lhe causarem. A relação jurídica pré-contratual submete-se à incidência dos deveres gerais de conduta. Construiu-se, no século XIX, remontando-se ao jurista alemão Rudolf von Ihering, em 1861, a teoria da culpa *in contrahendo*, reelaborando os antigos textos romanos, para imputar a quem deu causa à frustração contratual o dever de reparar, fundando-se na relação de confiança criada pela existência das negociações preliminares; nessa época de predomínio da culpa, procurou-se arrimo na responsabilidade civil extranegocial culposa, gerando pretensão de indenização. A teoria recebeu consagração no art. 1.337 do Código Civil italiano: "as partes, no desenvolvimento das tratativas e na formação do contrato, devem comportar-se segundo a boa-fé". Do mesmo modo, no art. 227 do Código Civil português, para o qual devem os contratantes proceder segundo as regras da boa-fé, "tanto nas preliminares como na formação dele", respondendo pelos danos em caso contrário.

Esse tema faz aflorar a função prestante da distinção entre responsabilidade contratual (ou negocial) e extracontratual (ou extranegocial) em muitas situações do tráfico jurídico atual. Quando o direito positivo for insuficiente, o caso concreto indicará a melhor solução, que não pode ser exclusivamente remetida para a responsabilidade extranegocial subjetiva. Karl Larenz entende que não apenas procede a indenização do dano em favor da parte que tenha confiado na validade do contrato, mas todo dano que seja consequência da infração de um dever de diligência contratual, segundo o estado em que se acharia a outra parte se tivesse sido cumprido o dever de proteção, informação e diligência. Ou seja, na prática, a infração de dever de conduta pré-contratual deve ser regida pelos mesmos princípios da responsabilidade por infração dos deveres de conduta contratual (Larenz, 1958, p. 110). A doutrina brasileira mais recente tem acompanhado essa diretriz, com razão, afastando-se da ideia de culpa e da responsabilidade civil subjetiva extranegocial, que estão na raiz da teoria da *culpa in contrahendo*. Por todos, Antônio Junqueira de Azevedo, para quem o fundamento da responsabilidade não é o dever genérico de não prejudicar, pois os que estão prestes a contratar têm deveres específicos e próprios impostos pela norma de boa-fé, "por isso, obedece às regras da responsabilidade contratual, antes que da responsabilidade extracontratual" (Azevedo, 1996, *passim*). Uma solução dogmaticamente satisfatória para o problema da natureza dos deveres pré-contratuais não se encontrou até hoje, como afirmam H. Ehmann e H. Sutschet (2006, p. 117), mas se nota a tendência de serem obrigações de caráter negocial ou contratual.

Nessa última direção, encaminha-se o direito positivo brasileiro, principalmente quanto aos efeitos da informação que antecede a conclusão do contrato. O art. 30 do CDC estabelece que toda informação obriga o fornecedor e "integra o contrato que vier a ser celebrado". Portanto, os dados de informação que antecedem o contrato de consumo são partes integrantes deste, independentemente da vontade ou culpa das partes.

A Lei de Modernização do Direito das Obrigações da Alemanha, de 2002, ao dar nova redação ao § 311 do Código Civil, introduziu norma expressa de deveres pré-negociais, estabelecendo que uma relação obrigacional surja também mediante: "1. A assunção de negociações (tratativas) contratuais; 2. A preparação de um contrato pelo qual uma parte, com vista a uma eventual relação negocial, conceda à outra parte a possibilidade de agir sobre os seus direitos, bens jurídicos ou interesses, ou confia nela; ou 3. Contatos negociais similares".

A consolidação dessa orientação resulta em verdadeira erosão do princípio do consenso, radicado na autonomia individual, em virtude do surgimento de deveres assemelhados aos contratuais, sem haver ainda contrato. Da mesma forma que este, se o devedor de deveres pré-contratuais não os cumpre, pode o credor exigir indenização por danos em lugar da prestação. A doutrina alemã os enquadra, atualmente, nos deveres de proteção, dirigidos à prevenção e à proteção dos bens jurídicos do credor. Isso vale também para os deveres de informação.

Os deveres pós-contratuais, pelas mesmas razões, são próprios e fundados na boa-fé, consistindo em transeficácia do contrato, independentemente de sua extinção formal. São deveres positivos ou negativos, podendo ser citados como exemplos: o dever do profissional liberal (advogado, médico, contador) de guarda e de não revelação dos segredos recebidos do cliente, não se liberando com o encerramento de seus serviços; o dever de fornecer informações e documentos necessários ao adquirente de coisa para regularização do título; ou o dever de não prestar informações que prejudiquem a atividade da outra parte do contrato extinto. O inadimplemento desses deveres origina pretensão à reparação pecuniária ou específica e à pretensão inibitória da continuidade da violação. Outro exemplo, extraído de legislação específica, é o do advogado de manter-se no patrocínio da causa, durante o prazo de dez dias após sua renúncia ao mandato judicial notificada ao cliente, salvo se for substituído antes do término desse prazo (art. 5º, § 3º, da Lei n. 8.906/94 – Estatuto da Advocacia; art. 112 do CPC/2015). No âmbito do CDC, além do referido dever de continuidade de oferta de peças e equipamentos de reposição dos produtos adquiridos pelo consumidor, impõe-se ao fornecedor o dever de informar a periculosidade do produto (art. 10), quando desta tiver conhecimento superveniente ao lançamento no mercado de consumo, e adotar as providências de segurança pertinentes (*recall*).

O marco do acolhimento do dever geral de responsabilidade pós-contratual, sob a denominação de *culpa post pactum finitum*, no direito estrangeiro, foi a decisão do tribunal superior alemão em 1925 determinando que, após uma cessão de crédito, o cedente deveria continuar a não impor obstáculos ao cessionário. No ano seguinte, a mesma corte decidiu o caso dos herdeiros do escritor francês Gustave Flaubert, em litígio com uma editora alemã, entendendo-se que, ainda que findo o contrato de edição, os herdeiros, titulares dos direitos autorais, estavam impedidos de fazer concorrência com a editora, por meio de publicação de novas edições, enquanto não esgotadas as anteriores, permanecendo o dever de lealdade (Donnini, 2004, p. 86).

Três outros casos da jurisprudência alemã tornaram-se paradigmáticos da doutrina da *culpa post pactum finitum*, relatados por António Manuel da Rocha e Menezes Cordeiro (1991, p. 143) e que podemos assim sumariar: a) no primeiro, a autora comprou do réu um terreno para construção, tendo o segundo, durante as negociações preliminares, assegurado que não construiria no terreno vizinho de sua propriedade qualquer edificação que impedisse a bela vista de um monte próximo; após a construção feita pela autora, o réu iniciou construção no terreno vizinho, impedindo a visão. No contrato entre a autora e o réu nada havia a respeito, mas aquela alegou grande prejuízo com a perda da paisagem, exigindo vultosa indenização, perdendo na primeira instância, mas tendo êxito no tribunal de revista; b) no segundo caso, a autora encomendou aos réus a fabricação de cento e vinte casacos de pele segundo modelo recomendado. Os réus satisfizeram a autora, mas, em seguida, fabricaram outra quantidade do mesmo modelo e os venderam a um concorrente daquela. Ainda que o contrato não contivesse cláusula de exclusividade, a autora alegou prejuízos, ganhando na primeira instância, perdendo na segunda e ganhando no tribunal de revista; c) no terceiro caso, o réu contratou alcatifa para seu hotel, que, depois de aplicada por outra empresa indicada pela autora, apresentou manchas, em virtude da cola utilizada. O réu reteve o pagamento e foi acionado pela autora, mas contra esta ganhou no tribunal de revista. Os três casos têm em comum a celebração de contratos devidamente cumpridos, sem violação ou inadimplemento, e o fato de não terem solução clara no ordenamento jurídico. Tem-se entendido que o adimplemento extingue as obrigações, mas os casos sumariados reclamam solução, porquanto atentatórios da conduta de boa-fé. Por essa razão, o tribunal, no caso da vista panorâmica, decidiu que "não existe mais nenhum dever de prestar fundado no contrato que o réu pudesse ainda violar. O termo de um contrato resultante do cumprimento pleno admite, contudo, certos pós-efeitos da ligação contratual que, por outro lado, podem resultar já da preparação do contrato", nomeadamente dever de conduta ou de omissão. No caso dos casacos, invocou "o princípio da lealdade contratual", e, no caso da alcatifa, segundo a boa-fé, a autora tinha o dever de ensinar o réu sobre o manejo do produto novo.

Para António Manuel da Rocha e Menezes Cordeiro, o recurso à boa-fé para a solução dos casos de responsabilidade pós-contratual, que denomina "pós--eficácia das obrigações", deve estar fundado em ao menos um dos "elementos mediadores", que seriam os princípios da confiança, da lealdade e da proteção. A confiança constitui as partes em deveres mútuos, tendentes a não permitir defraudar a crença pacífica do parceiro contratual num decurso, sem incidentes, da relação negocial, até mesmo findo o contrato. A lealdade traduz-se na necessidade jurídica de, para além da realização formal da prestação, providenciar a efetiva obtenção e manutenção do escopo do contrato, que se mantém após a extinção deste. O princípio da proteção impõe que, entre pessoas que se encontrem no espaço jurídico, não na qualidade de meros estranhos, existem obrigações específicas de não atentar contra os bens jurídicos umas das outras; findo o contrato, as antigas partes não ficam na situação de meros estranhos dos deveres de proteção (1991, p. 168).

Nos casos citados emerge a responsabilidade pós-contratual, pois a extinção dos contratos não impede o surgimento de certos deveres gerais de conduta para ambas as partes, fundados na boa-fé. A violação desses deveres leva à reparação dos danos materiais e morais. No caso da alcatifa, há solução expressa no direito brasileiro para a responsabilidade pós-contratual, para além da aplicação do princípio da boa-fé, se o contrato for de consumo, ou seja, celebrado entre fornecedor e consumidor final, mediante a aplicação do regime de responsabilidade por vícios do produto e do serviço (arts. 18 e 20 do CDC), que resulta em variadas pretensões para o consumidor; quanto ao produto (alcatifa): a substituição do produto, a restituição atualizada da quantia paga, o abatimento proporcional do preço, a substituição por outro produto de espécie ou modelo diversos; quanto ao serviço de aplicação da alcatifa, se esta puder ser reutilizada: a reexecução dos serviços, a restituição da quantia paga ou o abatimento proporcional do preço.

6.2.2. Dever de não agir contra os atos próprios

Entre tantas expressões derivadas do princípio da boa-fé pode ser destacado o dever de não agir contra o ato próprio. Significa dizer que a ninguém é dado valer-se de determinado ato, quando lhe for conveniente e vantajoso, e depois voltar-se contra ele quando não mais lhe interessar. Esse comportamento contraditório denota intensa má-fé, ainda que revestido de aparência de legalidade ou de exercício regular de direito. Nas obrigações revela-se, em muitos casos, como aproveitamento da própria torpeza, mas a incidência desse dever não exige o requisito de intencionalidade.

Essa teoria radica no desenvolvimento do antigo aforismo *venire contra factum proprium nulli conceditur*, significando que a ninguém é lícito fazer valer um direito em contradição com sua anterior conduta, quando essa conduta, interpretada objetivamente segundo a lei, os bons costumes e a boa-fé, justifica a conclusão que não se fará valer posteriormente o direito que com estes se choque. No direito anglo-americano é longa a tradição do instituto do *estoppel*, em razão do qual "uma parte é impedida em virtude de seus próprios atos de exigir um direito em detrimento da outra parte que confiou em tal conduta e se comportou em conformidade com ela" (Black, 1990). Puig Brutau sustenta que quem deu lugar a uma situação enganosa, ainda que sem intenção, não pode pretender que seu direito prevaleça sobre o de quem confiou na aparência originada naquela situação; essa aparência, afirma-se, deu lugar à crença da "verdade" de uma situação jurídica determinada (1951, p. 102). A teoria encontra-se consolidada na doutrina e na jurisprudência. Exemplos desta, no STJ: REsp 95539, no caso de falta de assinatura do cônjuge em promessa de compra e venda admitida pacificamente durante dezessete anos e recusa do contrato definitivo após esse tempo, e REsp 60129, no caso das consequências danosas do remédio Talidomida, cuja licença foi concedida pelas autoridades sanitárias com base em informações do próprio laboratório, tendo este ajuizado ação regressiva contra a Fazenda Pública com fundamento em tal licença.

O conteúdo desse dever é também versado doutrinariamente sob a denominação de teoria dos atos próprios, "que sanciona como inadmissível toda pretensão lícita, mas objetivamente contraditória com respeito ao próprio comportamento anterior efetuado pelo mesmo sujeito". O fundamento radica na confiança despertada no outro sujeito de boa-fé, em razão da primeira conduta realizada. A boa-fé restaria vulnerada se fosse admissível aceitar e dar curso à pretensão posterior e contraditória. São requisitos: a) existência de uma conduta anterior, relevante e eficaz; b) exercício de um direito subjetivo pelo mesmo sujeito que criou a situação litigiosa devida à contradição existente entre as duas condutas; c) identidade de sujeitos que se vinculam em ambas as condutas (Borda, 1993, p. 12). Já Anderson Schreiber, sob a ótica do direito brasileiro, considera como pressupostos de incidência da vedação de *venire contra factum proprium*: a) um *factum proprium*, isto é, uma conduta inicial; b) a legítima confiança de outrem na conservação do sentido objetivo dessa conduta; c) um comportamento contraditório com esse sentido objetivo; d) um dano ou, no mínimo, um potencial de dano a partir da contradição (2005, p. 271).

O CC/2002, nos preceitos destinados ao lugar do adimplemento, introduziu norma (art. 330) cuja natureza corresponde ao dever de não contradizer o ato próprio: "*O pagamento reiteradamente feito em outro local faz presumir renúncia do credor relativamente ao previsto no contrato*". Em outras palavras, o credor não pode fazer valer o estipulado no contrato contrariando a conduta que adotou, ao admitir que o adimplemento se fizesse em outro lugar, pois gerou a confiança do devedor que assim se manteria. Outra norma que realiza esse dever é o parágrafo único do art. 619, relativamente ao contrato de empreitada, mediante o qual o dono da obra é obrigado a pagar ao empreiteiro os aumentos e acréscimos, segundo o que for arbitrado, se, sempre presente à obra, por continuadas visitas, não podia ignorar o que se estava passando, e nunca protestou; não pode prevalecer o contrato contrariando essa conduta assim consolidada.

A aplicação da teoria é ampla em situações práticas variadas; no direito das obrigações podem ser referidas: a) quando uma parte, intencionalmente ou não, faz crer à outra que tal forma não é necessária, incorrendo em contradição com seus próprios atos quando, mais tarde, pretende amparar-se nesse defeito formal para não cumprir sua obrigação; b) quando, apesar da nulidade, uma parte considera válido o ato, dele se beneficiando, invocando a nulidade posteriormente por deixar de interessá-la; c) quando um fornecedor oferece bonificações nas prestações ajustadas, cancelando-as sem aviso prévio; d) quando uma parte aceita receber reiteradamente as prestações com alguns dias após os vencimentos, sem cobrança de acréscimos convencionados para mora, passando a exigi-los posteriormente.

Próximo do dever de não agir contra o ato próprio, com este frequentemente se confundindo, é o instituto denominado pela doutrina *tu quoque*, mediante o qual uma pessoa que viole uma norma jurídica não pode exigir de outrem seu acatamento (Cordeiro, 1997, p. 837). No sistema de *common law* é conhecida a expressão *equity must come with clean hands*.

A doutrina também destaca a situação do credor que deixa de observar a norma legal que lhe seja aplicável, beneficiando o devedor com essa conduta, não podendo modificá-la posteriormente, porque gerou a confiança no devedor de que essa conduta seria mantida, ou seja, não mais faria valer a norma legal afastada. Para Franz Wieacker, essa modalidade de exercício inadmissível de direito exige conduta prévia de inatividade e duração no tempo (1986, p. 62). A conduta é aferida objetivamente, sem necessidade de investigar ocorrência de culpa. António Manuel da Rocha e Menezes Cordeiro denominou-a *supressio* (1997, p. 797), de natureza subsidiária porque aplicável quando o ordenamento jurídico não determine outra solução, mas não deixa de ser uma manifestação específica de *venire contra factum proprium*. Exemplifique-se com o já citado art. 330: o lugar contratual do pagamento é abandonado – renúncia presumida (*supressio*) – em favor do lugar de fato onde se dá o pagamento, que deve prevalecer, pois houve a constituição de novo direito subjetivo (*surrectio*). Ambos os conceitos, assim delineados por António Manuel da Rocha e Menezes Cordeiro, têm por fito a rejeição dos comportamentos contraditórios (violação da boa-fé), convertendo-se um direito subjetivo inativo em outro (constituição *ex novo*). Exemplo de aplicação jurisprudencial da *supressio* é o REsp 214680, do STJ, no caso de ocupação consentida pelos condôminos do final de corredor de cada andar do edifício, considerada área morta, ainda que comum, contra a qual se insurgiu posteriormente uma condômina.

6.3. Dever de Realizar a Função Social

O princípio da função social determina que os interesses individuais sejam exercidos em conformidade e harmonia com os interesses sociais. Qualquer obrigação contratual repercute no ambiente social, ao promover peculiar e determinado ordenamento de conduta e ao ampliar o tráfico jurídico. O princípio da força obrigatória do contrato "sofre mitigação, uma vez que sua aplicação prática está condicionada a outros fatores, como, p. ex., a função social, as regras que beneficiam o aderente nos contratos de adesão e a onerosidade excessiva" (STJ, REsp 573059). Nas demais espécies de obrigações o dever de realizar a função social também as integra; assim, nos negócios jurídicos individuais (p. ex., o testamento), na responsabilidade por dano (notadamente para prevenção e precaução).

Antes da construção da doutrina da função social, principalmente na viragem do século XIX para o século XX, influentes juristas já cogitaram do "caráter social dos direitos privados". Assim Rudolf von Ihering denominou o fenômeno, em uma de suas mais conhecidas obras, dedicada ao fim do direito (1946, p. 256). Em sua época, disse Ihering que todos os direitos privados estão influenciados e vinculados por considerações sociais.

Para Miguel Reale o contrato nasce de uma ambivalência, de uma correlação essencial entre o valor do indivíduo e o valor da coletividade. "O contrato é um elo que, de um lado, põe o valor do indivíduo como aquele que o cria, mas, de outro lado, estabelece a sociedade como o lugar onde o contrato vai ser executado e onde vai receber uma razão de equilíbrio e medida" (1986, p. 10).

A função social ingressa no direito com o advento do Estado social, quando o modelo moderno e liberal de autonomia da vontade revelou-se como instrumento de iniquidades e de exploração da liberdade em benefício dos mais poderosos. A função social é o marco da viragem da concepção individualista para a concepção solidária. No período do Estado liberal a inevitável dimensão social do contrato era desconsiderada para que não prejudicasse a realização individual, em conformidade com a ideologia constitucionalmente estabelecida; o interesse individual era o valor supremo, apenas admitindo-se limites negativos gerais de ordem pública e bons costumes, não cabendo ao Estado e ao direito considerações de justiça social.

Com exceção da justiça social, a Constituição não se refere explicitamente à função social do contrato e das demais obrigações. Fê-lo em relação à propriedade, em várias passagens, como no art. 170, quando condicionou o exercício da atividade econômica à observância do *princípio da função social da propriedade*. A função social da propriedade afeta necessariamente os negócios jurídicos, como instrumentos que a fazem em circular.

Tampouco o CDC o explicitou, mas não havia necessidade porquanto ele é a própria regulamentação da função social nas relações de consumo.

No CC/2002 a função social surge relacionada à "liberdade de contratar", como seu limite fundamental. A maximização da liberdade de contratar, ou da autonomia privada consistiu na expressão mais aguda do individualismo jurídico, entendida por muitos como o toque de especificidade do direito privado. São dois princípios antagônicos que exigem aplicação harmônica. No Código a função social não é simples limite externo ou negativo, mas também determinação do conteúdo da liberdade de contratar. Esse é o sentido que decorre dos termos "exercida em razão e nos limites da função social do contrato" (art. 421).

Os contratos que não são protegidos pelo direito do consumidor devem ser interpretados no sentido que melhor contemple o interesse social, que inclui a tutela da parte mais fraca no contrato, ainda que não configure contrato de adesão. Segundo o modelo do direito constitucional, o contrato deve ser interpretado em conformidade com o princípio da função social.

O princípio da função social do contrato harmoniza-se com a modificação substancial relativa à regra básica de interpretação dos negócios jurídicos introduzida pelo art. 112 do CC/2002, que abandonou a investigação da intenção subjetiva dos figurantes em favor da declaração objetiva, socialmente aferível, ainda que contrarie aquela.

O princípio da função social do contrato importa a especialização, no âmbito das relações negociais, do princípio constitucional da justiça social. O contrato pode ser expressão da liberdade e pode ser também da desigualdade e da exploração dos vulneráveis. A justiça social não se satisfaz com a consideração das circunstâncias existentes, pois é justiça promocional, no sentido de promover as reduções das desigualdades materiais na sociedade. Toda atividade econômica, grande ou pequena, que se vale dos contratos para a consecução de suas finalidades, somente pode ser exercida "conforme os ditames da justiça social" (art. 170 da Constituição). Conformidade não significa apenas limitação externa, mas orientação dos contratos a tais fins. Em outras palavras, a atividade econômica é livre, no Brasil, mas deve ser orientada para realização da justiça social. É nesse quadro amplo que se insere o princípio da função social dos contratos.

A função social não é excludente da função individual do contrato. A função social não exclui, mas conforma a função individual. Porém, quando o contrato, especialmente se inserido em atividade econômica, ou parte dele, não puder ser interpretado em conformidade com o princípio constitucional da justiça social e do princípio decorrente da função social, deve ser considerado nulo.

Segundo Gustavo Tepedino (2008, p. 398), a função social, em última análise, implica imposição de deveres extracontratuais, socialmente relevantes e tutelados constitucionalmente. Não deve significar, todavia, uma ampliação da proteção dos próprios contratantes, "o que amesquinharia a função social do contrato, tornando-a servil a interesses individuais e patrimoniais que, posto legítimos, já se encontram suficientemente tutelados pelo contrato". Indo além da consagrada correlação da função social com deveres com os outros, sustenta Carlos Eduardo Pianovski Ruzyk (2011, p. 167) que os institutos de direito civil têm entre suas funções a proteção da liberdade coexistencial, que difere da ideia abraçada por Duguit de liberdade como cumprimento de dever social; daí concluir pela "responsabilidade recíproca entre os indivíduos pela liberdade dos outros" (p. 199), interligando-a à diretriz da emancipação real das pessoas, no sentido da obtenção de suas liberdades substanciais.

6.4. Dever de Equivalência Material das Prestações

O princípio da equivalência material busca realizar e preservar o equilíbrio real de direitos e deveres do contrato, antes, durante e após sua execução, para harmonização dos interesses. Esse princípio preserva a equação e o justo equilíbrio contratual, seja para manter a proporcionalidade inicial dos direitos e obrigações, seja para corrigir os desequilíbrios supervenientes, pouco importando que as mudanças de circunstâncias pudessem ser previsíveis. O que interessa não é mais a exigência cega de cumprimento do contrato, da forma como foi assinado ou celebrado, mas se sua execução não acarreta vantagem excessiva para uma das partes e desvantagem excessiva para outra, aferível objetivamente, segundo as regras da experiência ordinária. O princípio clássico *pacta sunt servanda* passou a ser entendido no sentido de que o contrato obriga as partes contratantes nos limites do equilíbrio dos direitos e deveres entre elas.

No Código Civil o princípio teve introdução implícita nos contratos de adesão. Observe-se, todavia, que o contrato de adesão disciplinado pelo Código Civil tutela qualquer aderente, seja consumidor ou não, pois não se limita a determinada relação jurídica, como a de consumo. Esse princípio abrange o princípio da vulnerabilidade jurídica de uma das partes contratantes, que o CDC destacou.

O princípio da equivalência material rompe a barreira de contenção da igualdade jurídica e formal, que caracterizou a concepção clássica do contrato. Ao juiz estava vedada a consideração da desigualdade real dos poderes contratuais ou o desequilíbrio de direitos e deveres, pois o contrato fazia lei entre as partes, formalmente iguais, pouco importando o abuso ou a exploração da mais vulnerável (jurídica, técnica ou econômica).

O princípio da equivalência material desenvolve-se em dois aspectos distintos: subjetivo e objetivo. O aspecto subjetivo leva em conta a identificação do poder contratual dominante das partes e a presunção legal de vulnerabilidade. A lei presume juridicamente vulneráveis o trabalhador, o inquilino, o consumidor, o aderente de contrato de adesão, dentre outros. Essa presunção é absoluta, pois não pode ser afastada pela apreciação do caso concreto. O aspecto objetivo considera o real desequilíbrio de direitos e deveres contratuais que pode estar presente na celebração do contrato ou na eventual mudança do equilíbrio em virtude de circunstâncias supervenientes que levem à onerosidade excessiva para uma das partes.

6.5. Dever de Equidade

A equidade, entendida como justiça do caso concreto, tem este como sua razão de ser, na contemplação das circunstâncias que o cercam; cada caso é um caso. O apelo à equidade é o reconhecimento pela própria lei de que a prestação pode ser injusta. Já Aristóteles, em lição imemorial, dizia que a própria natureza da equidade é a retificação da lei onde esta se revela insuficiente pelo seu caráter universal, porque "a lei leva em consideração a maioria dos casos, embora não ignore a possibilidade de falha decorrente dessa circunstância" (1995, p. 109). Nesses casos a equidade intervém para permitir o julgamento, não com base na lei, mas naquela justiça que a mesma lei deve realizar.

A equidade não tem fundamento no arbítrio do juiz, mas sim na ponderação dos valores e na síntese dos princípios do ordenamento jurídico, que devem ser considerados parâmetros que concorrem para sua determinação. O juízo de equidade deve fazer parte da legalidade constitucional e se caracterizar por uma adequada motivação (Perlingieri, 2008, p. 225-9).

Durante o predomínio do individualismo jurídico, a equidade praticamente desapareceu do direito civil, principalmente do direito das obrigações, em virtude da concepção dominante de insular as relações privadas em campo imune à interferência do Estado ou dos interesses sociais. A aplicação da equidade, milenarmente construída como valor constituinte da justiça, envolve necessariamente a intervenção do juiz, que é o agente do Estado, e retomou sua força no Estado social. Essa atitude de relativa resistência legislativa à equidade reflete-se no enunciado do art. 140, parágrafo único, pelo qual o juiz "só decidirá por equidade nos casos previstos em lei"; porém, lei deve ser entendida para os fins da norma como abrangente de qualquer norma jurídica, inclusive a de matriz constitucional.

O juízo de equidade conduz o juiz às proximidades do legislador, porém, limitado à decidibilidade do conflito determinado, na busca do equilíbrio dos poderes privados. Apesar de trabalhar com critérios objetivos, com *standards* valorativos, a equidade é entendida no referido sentido aristotélico da justiça do caso concreto. O juiz deve partir de critérios definidos referenciáveis em abstrato, socialmente típicos, conformando-os à situação concreta, mas não os podendo substituir por juízos subjetivos de valor. Segundo Westermann, uma objetivação da equidade, a serviço da segurança do direito, erige em critério normativo as ideias de justiça de círculos amplos, em dados casos, também as concepções peculiares de determinados grupos (comerciantes, profissionais liberais), aos quais pertençam as respectivas partes contratuais (1983, p. 45).

O Código Civil determina explicitamente a formação do juízo de equidade, para solução de certas situações com potencialidade de conflito, o que obriga o juiz a buscar os elementos de decisão fora da simples e tradicional subsunção do fato à norma. São exemplos dessa viragem à equidade, aplicáveis ao direito das obrigações: a) se os juros de mora não cobrirem o prejuízo do credor, e não havendo pena convencional, pode o juiz conceder equitativamente indenização suplementar (art. 404); b) se a pena civil ou cláusula penal for manifestamente excessiva, deve ser equitativamente reduzida pelo juiz (art. 413); c) se a obrigação de o locatário pagar o aluguel pelo tempo que faltar, pelo fato de devolver a coisa antes do encerramento do contrato, for considerada excessiva, o juiz fixará a indenização "em bases razoáveis", ou seja, equitativamente (art. 572); d) se o aluguel arbitrado pelo locador, depois de notificado o locatário a restituir a coisa em razão do encerramento do prazo, for considerado manifestamente excessivo, poderá o juiz reduzi-lo (art. 575); e) se a prestação de serviços for feita por quem não possua título de habilitação, mas resultar benefício para a outra parte, o juiz atribuirá uma "compensação razoável", o que apenas será feito mediante a equidade (art. 606); f) se ocorrer diminuição do material ou da mão de obra superior a dez por cento do preço convencionado, no contrato de empreitada, poderá ser este revisto (art. 620); g) se as pessoas imputáveis pela reparação dos danos causados pelo incapaz não dispuserem de meios suficientes, o juiz fixará indenização equitativa, que será respondida diretamente pelo incapaz, de modo a não privá-lo do necessário (art. 928); h) se houver excessiva desproporção entre a gravidade da culpa e o dano, poderá o juiz reduzir equitativamente a indenização (art. 944).

O contrato pode estar submetido à arbitragem por opção das partes, seja mediante cláusula compromissória nele incluída, seja mediante específico contrato de compromisso (arts. 851 a 853 do Código Civil), subtraindo-se da administração regular de justiça ou do juiz de direito, para solução de eventuais conflitos. O art. 2º da Lei n. 9.307, de 1996 (que regula a arbitragem), estabelece que a arbitragem poderá ser de direito (definindo qual) ou de equidade, a critério das partes, e o art. 18 define o árbitro como juiz de fato e de direito, sendo que a sentença que proferir não fica sujeita a recurso ou homologação do Poder Judiciário. Como juiz de fato, o árbitro decide segundo o largo alcance da equidade, sem se ater a qualquer norma de direito. Mas, ainda que as partes tenham vinculado a arbitragem a normas jurídicas, o dever geral de agir segundo a equidade integra o contrato.

6.6. Dever de Informar

O direito à informação e o correspectivo dever de informar têm raiz histórica na boa-fé, mas adquiriram autonomia própria, ante a tendência crescente do Estado social de proteção ou tutela jurídica dos figurantes vulneráveis das relações jurídicas obrigacionais. Indo além da equivalência jurídica meramente formal, o direito presume a vulnerabilidade jurídica daqueles que a experiência indicou como mais frequentemente lesados pelo poder negocial dominante, tais como o trabalhador, o inquilino, o consumidor, o aderente. Nessas situações de vulnerabilidade, torna-se mais exigente o dever de informar daquele que se encontra em situação favorável no domínio das informações, de modo a compensar a deficiência do outro. O dever de informar é exigível antes, durante e após a relação jurídica obrigacional.

O ramo do direito que mais avançou nessa direção foi o do consumidor, cujo desenvolvimento aproveita a todo o direito privado. A concepção, a fabricação, a composição, o uso e a utilização dos produtos e serviços atingiu, em nossa era, elevados níveis de complexidade, especialidade e desenvolvimento científico e tecnológico, cujo conhecimento é difícil ou impossível de domínio pelo consumidor típico, ao qual eles se destinam. A massificação do consumo, por outro lado, agravou o distanciamento da informação suficiente. Nesse quadro, é compreensível que o direito avance para tornar o dever de informar um dos esteios eficazes do sistema de proteção.

O dever de informar impõe-se a todos os que participam do lançamento do produto ou serviço, desde sua origem, inclusive prepostos e representantes autônomos. É dever solidário, gerador de obrigação solidária. Essa solidariedade passiva é necessária, como instrumento indispensável de eficaz proteção ao consumidor, para que ele não tenha de suportar o ônus desarrazoado de identificar o responsável pela informação, dentre todos os integrantes da respectiva cadeia econômica (produtor, fabricante, importador, distribuidor, comerciante, prestador do serviço). Cumpre-se o dever de informar quando a informação recebida pelo contratante consumidor típico preencha os requisitos de adequação, suficiência e veracidade. Os requisitos devem estar interligados. A ausência de qualquer deles importa descumprimento do dever de informar.

A adequação diz com os meios de informação utilizados e com o respectivo conteúdo. Os meios devem ser compatíveis com o produto ou o serviço determinados e o consumidor destinatário típico. Os signos empregados (imagens, palavras, sons) devem ser claros e precisos, estimulantes do conhecimento e da compreensão. No caso de produtos, a informação deve referir-se à composição, aos riscos, à periculosidade. Maior cautela deve haver quando o dever de informar veicula-se por meio da informação publicitária, que é de natureza diversa. Tome-se o exemplo do medicamento. A informação da composição e dos riscos pode estar neutralizada pela informação publicitária contida na embalagem ou na bula impressa interna. Nessa hipótese, a informação não será adequada, cabendo ao fornecedor provar o contrário. A legislação de proteção do consumidor destina à linguagem empregada na informação especial cuidado. Em primeiro lugar, o idioma será o vernáculo. Em segundo lugar, os termos empregados hão de ser compatíveis com o consumidor típico destinatário. Em terceiro lugar, toda informação necessária que envolva riscos ou ônus que devem ser suportados pelo consumidor será destacada, de modo a que "saltem aos olhos". Alguns termos em língua estrangeira podem ser empregados, sem risco de infração ao dever de informar, quando já tenham ingressado no uso corrente, desde que o consumidor típico com eles esteja familiarizado.

A suficiência relaciona-se com a completude e integralidade da informação. Antes do advento do direito do consumidor era comum a omissão, a precariedade, a lacuna, quase sempre intencionais, relativamente a dados ou referências não vantajosas ao produto ou serviço. A ausência de informação sobre prazo de validade de um produto alimentício, por exemplo, gera confiança no consumidor de que possa ainda ser consumido, enquanto a informação suficiente permite-lhe escolher aquele que seja de fabricação mais recente. Situação amplamente divulgada pela imprensa mundial foi a das indústrias de tabaco, que sonegaram informação, de seu domínio, acerca dos danos à saúde dos consumidores. Insuficiente é, também, a informação que reduz, de modo proposital, as consequências danosas pelo uso do produto, em virtude do estágio ainda incerto do conhecimento científico ou tecnológico.

A veracidade é o terceiro dos mais importantes requisitos do dever de informar. Considera-se veraz a informação correspondente às reais características do produto e do serviço, além dos dados corretos acerca de composição, conteúdo, preço, prazos, garantias e riscos. A publicidade não verdadeira, ou parcialmente verdadeira, é considerada enganosa, e o direito do consumidor destina especial atenção a suas consequências.

Em determinadas obrigações o dever de informar é particularizado para um dos figurantes ou participantes. No Código Civil, por exemplo, o comprador, se o contrato contiver cláusula de preferência para o vendedor, tem o dever de a este informar do preço e das vantagens oferecidos por terceiro para adquirir a coisa, sob pena de responder por perdas e danos (art. 518); o locatário tem o dever de informar ao locador as turbações de terceiros, que se pretendam fundadas em direito (art. 569); o empreiteiro que se responsabilizar apenas pela mão de obra tem o dever de informar o dono da obra sobre a má qualidade ou quantidade do material, sob pena de perder a remuneração se a coisa perecer antes de entregue (art. 613); o mandante tem o dever de informar terceiros da revogação do mandato, sob pena de esta não produzir efeitos em relação àqueles (art. 686);

o corretor tem o dever de prestar ao cliente todos os esclarecimentos acerca da segurança ou do risco do negócio, das alterações dos valores e de outros fatores que possam influir na decisão do cliente (art. 723, com a redação da Lei n. 12.236, de 2010); o segurado tem o dever de informar à seguradora, logo que saiba, todo incidente suscetível de agravar consideravelmente o risco coberto, sob pena de perder o direito à garantia, se provar que silenciou de má-fé (art. 769); o promitente, na promessa de recompensa, tem o dever de informar a revogação desta, utilizando a mesma publicidade, sob pena de cumprir o prometido (art. 856); o gestor de negócio tem o dever de informar ao dono do negócio a gestão que assumiu, tanto que se possa fazê-lo, sob pena de responder até mesmo pelos casos fortuitos (art. 864). São todos deveres anexos à prestação, não se enquadrando no conceito de deveres gerais de conduta.

Antes mesmo da legislação de proteção ao consumidor, Jean Carbonnier já levantara a necessidade da análise jurídica da publicidade, ao afirmar que "o estudo do contrato na nossa época não se deveria separar de um estudo da publicidade" (1988, p. 273). Para o Código Brasileiro de Autorregulamentação Publicitária, publicidade é "toda atividade destinada a estimular o consumo de bens e serviços, bem como promover instituições, conceitos e ideias". Para atingir suas finalidades, a publicidade deve observar os princípios básicos de liberdade, identificação, veracidade, lealdade e ordem pública. Porém, há uma distinção qualitativa com a informação em sentido estrito. A publicidade tem por fito atrair e estimular o consumo, enquanto a informação visa a dotar o consumidor de elementos objetivos de realidade que lhe permitam conhecer os produtos e serviços e exercer suas escolhas. Sem embargo da distinção, ambas são espécies do gênero informação, incidindo o dever de informar. Até o advento e consolidação do direito do consumidor, a publicidade não gerava consequências jurídicas a quem dela se utilizasse ou mesmo abusasse. Entendia-se que era o preço a pagar ou a ser suportado pela sociedade, para o desenvolvimento das atividades econômicas, em favor do irrestrito princípio da livre-iniciativa. Afirmava-se que era um *dolus bonus*, tolerado ou desconsiderado pelo direito, pois sua função era apenas a de estimular e atrair ao consumo. Mas, já se disse que "a evolução contemporânea do direito positivo, caracterizado pela proteção e informação dos consumidores, a regulamentação da publicidade, a força obrigatória dos documentos publicitários e o desenvolvimento da obrigação de informar, parece deixar um lugar muito reduzido ao 'dolus bonus'" (Ghestin, 1993, p. 534). No nosso entendimento, não há mais lugar algum ao *dolus bonus*.

Para realizar o direito fundamental à informação, o direito do consumidor toma a publicidade sob dois aspectos: no primeiro, a publicidade preenche os requisitos de adequação, suficiência e veracidade, considerando-a lícita; no segundo, ultrapassa limites positivos e negativos estabelecidos na lei, para defesa do consumidor, tornando-a ilícita. A publicidade ilícita é enganosa quando divulga o que não corresponde ao produto ou serviço, induzindo ao erro; é abusiva quando discrimina pessoas e grupos sociais ou agride outros valores morais. A publicidade ilícita não produz efeitos em face do consumidor, que pode resolver o contrato por esse fundamento. A Constituição portuguesa (art. 60º) proíbe todas as formas de publicidade oculta ou indireta. Do mesmo modo, a Lei de Defesa dos Consumidores portuguesa rejeita a publicidade que não seja inequivocamente identificada e desrespeite a verdade e os direitos dos consumidores. O sentido de "inequivocamente identificada" resulta em tornar ilícito o *merchandising*. Considera-se *merchandising* a aparição ou inserção camuflada de produtos em programas de televisão, rádio, em filmes, em espetáculos teatrais, sem indicação da natureza de mensagem publicitária. No direito brasileiro não é clara a proibição, havendo entendimento doutrinário de sua possível admissibilidade, desde que seja adaptada ao princípio da identificação (Benjamin, 1998, p. 266). Pensamos, ao contrário, que não preenche o requisito de adequação do dever informar, porque não utiliza a transparência na publicidade, alcançando o consumidor de surpresa e de modo subliminar. O direito fundamental à informação visa à concreção das possibilidades objetivas de conhecimento e compreensão, por parte do contratante consumidor típico, destinatário do produto ou do serviço. Cognoscível é o que pode ser conhecido e compreendido pelo consumidor. Não se trata de fazer com que ele conheça e compreenda efetivamente a informação, mas deve ser desenvolvida uma atividade razoável que o permita e o facilite. É um critério geral de apreciação das condutas em abstrato, levando-se em conta o comportamento esperado do consumidor típico em circunstâncias normais. Ao fornecedor incumbe prover os meios para que a informação seja conhecida e compreendida.

A cognoscibilidade abrange não apenas o conhecimento (poder conhecer), mas também a compreensão (poder compreender). Conhecer e compreender não se confundem com aceitar e consentir. Não há declaração de conhecer. O consumidor nada declara. A cognoscibilidade tem caráter objetivo; reporta-se à conduta abstrata. O consumidor em particular pode ter conhecido e não compreendido, ou ter conhecido e compreendido. Essa situação concreta é irrelevante. O que interessa é ter podido conhecer e compreender, ele e qualquer outro consumidor típico destinatário daquele produto ou serviço. A declaração de ter conhecido ou compreendido as condições gerais ou as cláusulas contratuais gerais não supre a exigência legal e não o impede de pedir judicialmente a ineficácia delas. Ao julgador compete verificar se a conduta concreta guarda conformidade com a conduta abstrata tutelada pelo direito.

Pretende-se com a garantia de cognoscibilidade facilitar ao consumidor a única opção que se lhe coloca nos contratos de consumo massificados, notadamente quando submetidos a condições gerais, isto é, "pegar ou largar" ou avaliar os custos e benefícios em bloco, uma vez que não tem poder contratual para modificar ou negociar os termos e o conteúdo contratual. O Código do Consumidor brasileiro (arts. 46 e 54) estabelece que os contratos de consumo não serão eficazes, perante os consumidores, "se não lhes for dada a oportunidade de tomar conhecimento prévio de seu conteúdo", ou houver dificuldade para compreensão de seu sentido e alcance, ou se não forem redigidos em termos claros e com caracteres ostensivos e legíveis, ou se não forem redigidos com destaque, no caso de limitação de direitos.

Todas essas hipóteses legais configuram elementos de cognoscibilidade, situando-se no plano da eficácia, vale dizer, sua falta acarreta a ineficácia jurídica, ainda que não haja cláusula abusiva (plano da validade). Os contratos existem juridicamente, são válidos, mas não são eficazes. O direito do consumidor, portanto, desenvolveu peculiar modalidade de eficácia jurídica, estranha ao modelo tradicional do contrato. No lugar do consentimento, desponta a cognoscibilidade, como realização do dever de informar.

6.7. Dever de Cooperação

Tradicionalmente, a obrigação, especialmente o contrato, foi considerada composição de interesses antagônicos, do credor de um lado, do devedor de outro. Por exemplo, o interesse do comprador seria antagônico ao do vendedor. Tal esquema era adequado ao individualismo liberal, mas é inteiramente inapropriado à realização do princípio constitucional da solidariedade, sob o qual a obrigação é tomada como um todo dinâmico, processual, e não apenas como estrutura relacional de interesses individuais. O antagonismo foi substituído pela cooperação, tido como dever de ambos os participantes e que se impõe aos terceiros. Revela-se a importância não apenas da abstenção de condutas impeditivas ou inibitórias, mas das condutas positivas que facilitem a prestação do devedor.

A atuação do princípio constitucional da solidariedade implica o adimplemento pelas partes da obrigação dos deveres inderrogáveis de solidariedade social, em relação com toda a sociedade, e não somente no âmbito de uma relação interindividual. Está superada, assim, a interpretação apenas como obrigação de comportamento informado pelos princípios da confiança e da boa-fé no momento da formação e execução da relação jurídica obrigacional (Ciocia, 2000, p. 17).

Pietro Perlingieri ressalta que "a obrigação não se identifica no direito ou nos direitos do credor; ela configura-se cada vez mais como uma relação de cooperação". Isso implica mudança radical de perspectiva: a obrigação deixa de ser considerada estatuto do credor, pois "a cooperação, e um determinado modo de ser, substitui a subordinação e o credor se torna titular de obrigações genéricas ou específicas de cooperação ao adimplemento do devedor" (1997, p. 212). Já no final do século XIX (1893), E. Durkheim antevia que "o contrato é por excelência a expressão jurídica da cooperação" (1994, p. 93). A viragem do antagonismo para a cooperação já tinha sido notada pela doutrina, ao longo do século XX. O civilista francês Demogue, na década de 1930, disse que os contratantes formam uma sorte de microcosmo, "uma pequena sociedade" onde cada um deve trabalhar para um fim comum, substituindo a oposição entre si por uma "certa união", e que pesa sobre o credor uma obrigação de cooperar com a execução do contrato e de minimizar seu dano (Rémy, 2004, p. 9). O civilista italiano Emilio Betti asseverava que nas relações de direito obrigacional resolve-se um problema de cooperação, como momento subjetivo da prestação, ao lado da utilidade, como momento objetivo (1969, v. 1, p. 37). É certo que Betti atribuía a conduta de cooperação, como atitude devida, ao devedor, quando hoje é concebida como dever geral de conduta imputável a todos os participantes da relação obrigacional, inclusive o credor; mas, é merecido o registro de sua percepção dessa tendência, que não é mero exercício de especulação doutrinária, porquanto fruto das transformações econômicas e jurídicas.

Ainda que não distinga os deveres gerais de conduta (salvo quando se refere à boa-fé) dos que denomina deveres acessórios de conduta, reconhece João de Matos Antunes Varela que estes tanto recaem sobre o devedor como afetam o credor, "a quem incumbe evitar que a prestação se torne desnecessariamente mais onerosa para o obrigado e proporcionar ao devedor a cooperação de que ele razoavelmente necessite, em face da relação obrigacional, para realizar a prestação devida" (1986, p. 119). Entendemos, porém, que a cooperação não é efeito secundário dos deveres acessórios, mas dever geral de conduta que transcende a prestação devida para determinar a obrigação como um todo.

O dever de cooperação resulta em questionamento da estrutura da obrigação, uma vez que, sem alterar a relação de crédito e débito, impõe prestações ao credor enquanto tal. Assim, há dever de cooperação tanto do credor quanto do devedor, para o fim comum. Há prestações positivas, no sentido de agirem os participantes de modo solidário para a consecução do fim obrigacional, e há prestações negativas, de abstenção de atos que dificultem ou impeçam esse fim. Essa diretriz é aplicável tanto para as obrigações negociais quanto para as extranegociais.

Em certas obrigações o dever de cooperação é mais ressaltado, especialmente quanto ao credor. Atribui-se à nova posição do credor um ônus jurídico, ou mesmo a configuração de um poder-dever de cooperação, cujo não cumprimento faculta ao devedor opor exceção contratual em seu favor, além de pretensão a perdas e danos (Nalin, 2001, p. 194). Orlando Gomes, referindo-se a Von Tuhr, demonstra que em algumas obrigações "é indispensável a prática de atos preparatórios, sem os quais o devedor ficaria impedido de cumprir a obrigação", citando o exemplo clássico da escolha do credor nas obrigações alternativas. Se o credor se nega a praticar o ato preparatório, torna-se responsável pelo retardamento no cumprimento da obrigação (1998, p. 102). Outro exemplo é o do comércio internacional: quando *A* contrata com *B* a entrega de determinada mercadoria sujeita a licença de exportação, deverá providenciar, com todo o zelo, para obtê-la; o correto adimplemento dessa hipótese não há de consistir em apenas enviar a mercadoria, mas cumprir os deveres de cooperação, tais como obter a competente licença.

No âmbito da responsabilidade civil, estabelece o art. 942 do Código Civil que, se a ofensa tiver mais de um autor, todos responderão solidariamente pela reparação. Por outro lado, o art. 932 imputa a responsabilidade pela reparação civil aos pais pelos atos dos filhos menores, ao tutor pelo pupilo, ao empregador por seu empregado, aos hotéis por seus hóspedes, e o art. 933 atribuiu caráter objetivo a essa responsabilidade, antes subjetiva. Esses preceitos, dentre outros, indicam a tendência para expandir a cooperação e a solidariedade na responsabilidade civil, afastando-se da tradição individualista da culpa, para a crescente viabilização da reparação civil, em benefício da vítima. Os arts. 927, parágrafo único, e 931 elevam, ao patamar antes destinado à culpa, o risco, cuja teoria foi inicialmente cogitada por Saleilles, em 1897, em matéria de acidentes industriais a fim de evitar o sacrifício da classe operária.

O dever de cooperação é notável e mais exigente nas hipóteses de relações obrigacionais duradouras, especialmente no que a doutrina tem denominado *contratos relacionais*, que partem de interações contínuas, citando-se como exemplos o contrato de fornecimento de crédito para compra de casa própria, o contrato de fundo privado de pensão ou o contrato para participação em fundos de investimento organizado por banco. São relações de confiança e pessoais que não correspondem ao clássico antagonismo de interesses. No caso do contrato com o banco, o gerente não age como um agente anônimo e impessoal, mas, muitas vezes, como um verdadeiro consultor, que intermedeia *networks* de um complexo de relações entre as divisões do banco, os fiadores, as seguradoras etc., coordenadas por uma ampla estrutura burocrática. Para esses contratos são imprescindíveis os conceitos fundamentais de solidariedade, cooperação e comunidade. Assim, cooperar é associar-se com outro para benefício mútuo ou para divisão mútua de ônus, enquanto comunidade remete ao entrelaçamento de vínculos contratuais articulados na forma de uma rede (Macedo Jr., 1998, p. 157-77).

Capítulo VII

Obrigações Naturais, ou Obrigações Decorrentes de Direitos sem Pretensão

7.1. Direitos sem Pretensão

Há obrigações que não podem ser exigidas, seja porque a lei retirou-lhes a pretensão, seja porque determinada circunstância impede a pretensão. É exemplo da primeira hipótese a chamada dívida de jogo, e da segunda, a dívida prescrita. A doutrina costuma denominá-las "obrigações naturais". Clóvis V. Couto e Silva entende imprecisa essa denominação, por ser "espelhante" e por não abranger todas as hipóteses, preferindo denominá-las "obrigações imperfeitas" (1976, p.105). Adotamos, todavia, a denominação corrente e consagrada no uso linguístico pela doutrina. Desde sua origem, inclusive no direito romano, segundo António Santos Justo (2015, p. 17), a *obligatio naturalis* seria a obrigação que nasce duma relação de fato, independentemente da vontade humana, relação essa retirada da vida social e sancionada pela consciência social.

Esquematicamente e na perspectiva do credor, temos: a) obrigação civil em sentido estrito: direito + pretensão; b) obrigação natural: direito - pretensão. Não ficam, todavia, restritas ao campo moral, pois o direito lhes atribui consequências específicas. Nesse sentido, são deveres jurídicos. Às obrigações naturais não se aplicam as regras sobre lugar, tempo e modo de adimplemento, tampouco sobre inadimplemento. Nem todos os deveres morais estão sob a tutela das obrigações naturais, porque o direito não os considera juridicamente relevantes, como os deveres gerais de caridade, de cortesia, de amor ao próximo, de gratidão ou reconhecimento, de religião ou de imposição de consciência. Para constituir obrigação natural o dever moral há de radicar em relação específica entre pessoas e interesses determinados, cujo adimplemento não possa ser desfeito.

As obrigações naturais remetem aos direitos sem pretensões. Ou, segundo a teoria germânica que separa débito e responsabilidade patrimonial (*Schuld und*

Haftung), a obrigação natural, que é judicialmente inexigível, seria o exemplo acabado dessa separação, pois constituída apenas do débito, faltando-lhe responsabilidade patrimonial. Os direitos e os deveres jurídicos correlativos existem, mas, quando os deveres não são cumpridos, não se permite que os titulares dos direitos possam exercer suas pretensões. Louvando-se em figura de linguagem, os titulares ficam desarmados, de mãos atadas, na expectativa de que os devedores adimplam espontaneamente suas dívidas.

Por tais razões, é comum a resistência da doutrina em delas tratar. Contudo, como veremos, é injustificável essa resistência, pois não são apenas deveres morais. João de Matos Antunes Varela, após afirmar, sem razão, que as obrigações naturais não são obrigações civis, mas simples deveres morais ou sociais, admite, todavia, que o reconhecimento desses deveres pelo direito constitui causa bastante de atribuição patrimonial (1986, p. 110). Toda vez que o direito seleciona um dever moral e lhe atribui consequências jurídicas, converte-o em dever jurídico. Mais: nas obrigações naturais o credor satisfeito é tutelado pelo direito, o pagamento efetuado não pode ser objeto de repetição do indébito pelo devedor, tais obrigações podem ser garantidas e as garantias são juridicamente exigíveis, podem legitimar compensação, novação e confusão (Justo, 2015, p. 49).

A circunstância de o direito ficar desprovido de pretensão não o extingue. O fato jurídico de onde provém continua no mundo do direito, preservando-se no plano da existência e da validade (para a hipótese dos atos jurídicos, especialmente os negócios jurídicos contratuais). Apenas a eficácia encontra-se obstada. Veja-se o exemplo do direito à reparação em virtude de dano: sua pretensão deverá ser exercida no prazo de três anos contados de sua ocorrência (CC, art. 206, § 3º, V). Ultrapassado esse prazo, o direito não desaparece, mas fica impedido de ser exercido, pois prescreve a pretensão.

Porém, a falta de exercício da pretensão não faz desaparecer a obrigação. Desaparecem a pretensão e a ação, mas continuam o direito, o dever e a obrigação. No exemplo referido, há o direito a receber a reparação civil pelo dano causado; há o dever de reparar ou de indenizar por quem seja considerado imputável; e, finalmente, o imputável permanece juridicamente vinculado a fazê-lo. O pagamento feito por aquele que não estava obrigado a fazê-lo, por imposição moral ou desconhecimento do direito, não constitui obrigação natural, a exemplo do tio que paga alimentos a sobrinho, uma vez que o art. 1.697 do Código Civil limita a obrigação alimentar, na linha de parentesco colateral, ao segundo grau (irmãos), salvo se puder ser qualificado como doação, cujo desfazimento apenas seria possível com a revogação por ingratidão.

A peculiar consequência jurídica deriva do adimplemento espontâneo da obrigação. Se direito não houvesse, então o cumprimento do dever de reparar, quando já estivesse prescrita a pretensão, seria indevido. O Código Civil, no art. 876, estabelece que todo aquele que recebeu o que era indevido fica obrigado a restituir. Se não o fizer fica sujeito a repetição do indébito (pedido de restituição do "pagamento indevido", segundo expressão utilizada pelo Código). Ora, o cumprimento de obrigação natural é pagamento devido, pois decorre de dever jurídico. Portanto, quem paga espontaneamente obrigação natural paga bem, não podendo valer-se de repetição do indébito.

O cumprimento ou pagamento espontâneo independe de conhecimento do devedor de que a obrigação não lhe poderia ser judicialmente exigível. Ainda que tome ciência posterior do fato de não estar mais sujeito à cobrança ou constrição judicial para pagar, não poderá mais reaver o que pagou.

O Código Civil trata das obrigações naturais de modo acidental e indireto, no art. 882, ao estabelecer que "não se pode repetir o que se pagou para solver dívida prescrita, ou cumprir obrigação judicialmente inexigível". Mas, no art. 564, III, estabelece que não se revogam por ingratidão as doações "que se fizerem em cumprimento de obrigação natural", utilizando expressamente a denominação que adotamos, e não se resumindo às hipóteses do art. 882.

Segundo a interpretação clássica, a obrigação natural foi desenvolvida em Roma antiga para atenuar o princípio de que o escravo, não tendo personalidade jurídica, não podia obrigar-se mediante contratos segundo o direito civil; ele se obrigava segundo o direito natural, contraindo uma obrigação natural, donde o pagamento que efetuava era válido e não podia ser tratado como doação. Na contemporaneidade, a obrigação natural radica no direito positivo e não no direito natural.

7.2. Dívidas Prescritas

A dívida prescrita não se extingue pelo advento do termo final do prazo prescricional. Enquanto o direito não for satisfeito, ou extinto por outras causas jurídicas, a dívida e a obrigação decorrentes permanecem em estado latente.

Durante muito tempo, a doutrina controverteu sobre a natureza e o alcance da prescrição, com profundos reflexos na legislação e na jurisprudência. O CC/1916 tratou de modo disperso o tema, referindo-se frequentemente à prescrição da ação, dando largas ensanchas a que se entendesse como relativa ao próprio direito. Se a prescrição alcançasse o direito, então não se poderia qualificar de obrigação natural a dívida prescrita, pois seu pagamento seria indevido.

O CC/2002 instituiu adequado regime jurídico de prescrição e decadência, nos arts. 189 a 211, optando pela melhor doutrina capitaneada por Pontes de Miranda quanto às correlações necessárias entre direito/dever, pretensão/obrigação, ação/sujeição. Na linha vertical, o direito gera a pretensão, que gera a ação. O art. 189, de caráter conceitual, estabelece que, violado o direito, nasce para o titular a pretensão, a qual se extingue pela prescrição. Extingue-se a pretensão e, consequentemente, a ação, mas permanece intacto o direito. Diferentemente ocorre com a decadência, que extingue o direito potestativo, a pretensão e a ação. Assim, não haverá obrigação natural quando a lei estabelecer prazo decadencial para o exercício do direito. Nesse caso, caberá repetição do indébito.

As hipóteses de prescrição das pretensões, segundo o regime que o Código Civil adotou de *numerus clausus*, são exclusivamente as dos arts. 205 e 206. Entende-se que o devedor renunciou tacitamente à prescrição (art. 191) quando pagou ou adimpliu dívida prescrita. A prescrição somente pode ser alegada pelo devedor como exceção à cobrança ou execução da obrigação feita pelo credor, não sendo admitido que o juiz a supra de ofício. Quando o devedor fizer uso desse direito, o credor ficará com um crédito que não é exigível judicialmente, porque não constitui uma pretensão.

7.3. Obrigações Judicialmente Inexigíveis

Sob esse título estão abrangidas todas as hipóteses do que tradicionalmente a doutrina denomina obrigações naturais em sentido estrito. São de duas espécies básicas: a) as obrigações fundadas em deveres morais que não estejam convertidos na lei em deveres jurídicos; b) as obrigações efetivamente contraídas, mas que o direito rejeita a exigibilidade.

Frequentemente, o direito atribui efeitos próprios a deveres morais, como se dá quando alude à moral e aos bons costumes, cuja infração gera consequências jurídicas. Nessas hipóteses, os deveres morais convertem-se em deveres jurídicos. No entanto, há deveres morais que permanecem no campo moral, mas a cujo cumprimento espontâneo o direito empresta juridicidade, impedindo a repetição do indébito. Aplica-se a essas situações, entre outros princípios jurídicos, o da vedação de *venire contra factum proprium*, significando que ninguém pode agir contra o próprio ato. Se há um dever moral de dar algo ou fazer alguma atividade, seu cumprimento recebe a tutela jurídica, no sentido de irrepetibilidade (não poder exigir a restituição do que deu ou o desfazimento do que foi feito).

O direito rejeita os fins de certas relações creditícias, suprimindo do credor a pretensão ou a exigibilidade. Exemplifique-se com as dívidas de jogo ilegal.

Como o fim é ilícito, não admite que o credor exercite seu pretenso direito. Pode-se argumentar que, em virtude da ilicitude do fim ou do objeto, não haveria direito e dever jurídicos. Seja como for, o dever moral de pagar existe, ainda que inexigível. Se o devedor paga a dívida, não pode pretender a restituição, porque constituída a obrigação natural. Para Karl Larenz (1958, p. 30), não ocorre em tais casos uma obrigação jurídica (dizemos: nem mesmo dever jurídico) que imponha o cumprimento de prestação, como se dá com a dívida prescrita. "Se, apesar disso, a lei determina que nesses casos não cabe repetir o pagamento, considera aqui, igualmente com outros casos, a existência de um dever moral ou de uma consideração de decoro como fundamento jurídico suficiente para a prestação, sem reconhecer-lhes a qualidade de deveres jurídicos".

A doutrina brasileira costuma tratar essa matéria superficialmente, quando não a rejeita. Os fatos e argumentos acima demonstrados indicam que a obrigação natural apresenta relevância jurídica.

7.4. Dívidas de Jogo e de Aposta

Situação peculiar é a da dívida de jogo e de aposta, também enquadrável no conceito de obrigação natural. O art. 814 do Código Civil enuncia que essas dívidas "não obrigam a pagamento"; mas não se pode recobrar a quantia que voluntariamente se pagou, salvo se foi ganha por dolo, ou o perdedor é menor ou interdito. Há jogos e apostas: a) legalmente permitidos; b) legalmente proibidos (ilícitos); e c) não proibidos, mas não permitidos legalmente. Incluem-se nas obrigações naturais as hipóteses das alíneas *b* e *c*.

Quanto aos jogos e apostas legalmente permitidos, inclusive com patrocínio de entidades da Administração Pública, sempre se entendeu que, nesses casos, conferem-se ao ganhador direito, pretensão e ação, constituindo obrigações perfeitas. Tampouco equiparam-se ao jogo e aposta os contratos sobre títulos de bolsa, mercadorias ou valores, em que estipulem a liquidação exclusivamente pela diferença entre o preço ajustado e a cotação que eles tiverem no vencimento do ajuste (CC, art. 816), ao contrário do que estabelecia o CC/1916, rendendo-se à realidade dos fatos da vida financeira atual, da especulação em tipos variados de bolsas de valores ou de mercadorias.

O jogo e a aposta enquadram-se na categoria dos contratos aleatórios. As tentativas de distinguir o jogo da aposta evidenciam a íntima conexão existente entre eles. Conexão, em verdade, configurada em termos de identidade. O que é relevante não é tanto o jogo enquanto tal, mas as posições de débito ou de crédito que se originam em seguida a seu êxito. A aposta, por outro lado, apresenta dois elementos fundamentais: o jogo e a promessa do perdedor de dar ou fazer alguma coisa (Ciocia, 2000, p. 97).

Na ausência de norma clara no Código Civil anterior, Clóvis do Couto e Silva entendia que as dívidas de jogo, cuidadas pela lei, referiam-se apenas aos jogos proibidos. "Como atos nulos não produzem nem direitos, nem obrigações. Nem sempre, porém, a obrigação proveniente de jogo ou da aposta é desprovida de pretensão". Para esse autor o fundamento da negativa de eficácia ao jogo ou à aposta (não permitidos, lembremos) não é propriamente a imoralidade desse contrato, mas seu caráter, que se pode dizer puramente aleatório (1976, p. 106). Todavia, há imanente imoralidade no jogo, que não se apaga com a eventual permissão legal, ante a evidência da potencialidade de dependência ao vício, como demonstram os estudos especializados e as candentes páginas da literatura mundial. Porém, não há densidade moral em atribuir direito, pretensão e ação ao perdedor, que conscientemente praticou a conduta anterior, voltando-se contra ela sob o argumento de sua ilegalidade (alguns autores buscam inspiração na máxima *in pari causa turpitudinis cessat repetitio*). Assim, a obrigação natural independe da licitude ou ilicitude da causa que a origina. São exemplos de jogos e apostas ilícitos os que utilizam animais em luta, sendo a mais conhecida a briga de galos; o truco, a canastra (Decreto-Lei n. 9.215/46); o jogo do bicho (Decreto-Lei n. 6.259/44). É requisito para a irrepetibilidade, por parte do devedor, e da consequente retenção pelo credor, que o pagamento tenha sido feito espontaneamente, não sendo necessária a ratificação.

Os jogos e apostas sem finalidade lucrativa ou oriundos de organização empresarial, desde que não proibidos, entretidos entre pessoas comuns, como fenômeno lúdico ou para fins de arrecadação de fundos, não são considerados ilícitos ou imorais. Essa hipótese foi contemplada, como inovação, pelo § 2º do art. 814 do Código Civil, no âmbito das obrigações naturais, ou seja, as quantias pagas voluntariamente não podem ser recobradas.

Capítulo VIII

Obrigações de Fazer e de Não Fazer

Sumário: 8.1. Primazia das obrigações de fazer. 8.2. Obrigações de fazer. 8.2.1. Adimplemento da obrigação de fazer. 8.2.2. Impossibilidade superveniente da obrigação de fazer. 8.3. Obrigações de não fazer. 8.3.1. Inadimplemento da obrigação de não fazer. 8.3.2. Impossibilidade superveniente da obrigação de não fazer.

8.1. Primazia das Obrigações de Fazer

Todas as obrigações civis são, em princípio, obrigações de fazer, porque ao direito só interessa a ação, a atividade, o agir humano. Como já vimos, o objeto da obrigação é a prestação, que se realiza mediante ação ou abstenção do devedor. O objeto da obrigação de dar não é a coisa, mas a ação do devedor de entregar ou restituir a coisa.

Portanto, ainda que o Código Civil introduza o direito das obrigações com as obrigações de dar, recomenda-se que a exposição didática e científica atribua primazia às obrigações de fazer, que são, além de espécies, o gênero do instituto. Ressalte-se, como vimos no capítulo antecedente, que o foco do direito civil no Estado social, consagrado na Constituição Federal de 1988, não é mais o patrimônio, segundo a concepção do liberalismo e do individualismo oitocentistas, que predominou no CC/1916, mas a pessoa e sua dignidade, em toda dimensão.

O sistema de obrigações que privilegiava a prestação de dar apenas tinha sentido em uma sociedade pré-industrial ou pouco industrializada. Hoje o panorama é outro: "na nossa economia explode, quantitativa e qualitativamente, a prestação de serviços, e o *facere* torna-se o modelo primordial, em substituição ao *dare*" (Martins-Costa, 2004, p. 248).

É preciso advertir que nem sempre é fácil distinguir a obrigação de dar da de fazer. Para Caio Mário da Silva Pereira, os casos extremos não deixam dúvida, quando são identificáveis claramente uma entrega, ou uma ação pura. "Mas numa zona grísea existem prestações que reclamam acurada atenção, como, no exemplo clássico, o caso do artesão que manufatura a coisa para o credor", ou, em termos do direito positivo brasileiro, a empreitada, em que existe o *facere* no ato de confeccionar e um *dare* no de entregar a coisa elaborada, sendo ambos os momentos integrantes da prestação (2003, p. 46).

Para as obrigações de fazer e de não fazer, fundadas em título executivo extrajudicial, estabelece o art. 814 do CPC que na execução o juiz fixará multa por período de atraso no seu cumprimento e a data a partir da qual será devida. A multa deve ser fixada em padrão razoável, permitindo a lei que seja reduzida quando previamente tiver sido fixada no título.

8.2. Obrigações de Fazer

As obrigações de fazer envolvem ação humana, até o limite no qual a pessoa pode física e psiquicamente atingir, ou até onde o direito admita. Em sentido amplo, compreendem as obrigações de não fazer, e, como diz Pontes de Miranda, "as obrigações de tolerar, que são as de abster-se de reação ou oposição ao fazer do outorgado" (1971, v. 22, p. 48). Todo ato positivo pode consistir juridicamente em prestação de fazer, salvo se for ilícito ou impossível. A prestação de fazer pode ser um ato de ordem física, em sentido estrito, ou de ordem psíquica, podendo ser indicados os respectivos exemplos: construir uma casa ou escrever obra literária. É amplo o espectro de realizações de obrigações de fazer, especialmente no mundo atual, que presencia a primazia econômica do setor de serviços, que superou em importância os tradicionais setores da agricultura e da indústria. É o campo das prestações de serviços, dos contratos de trabalho, dos contratos de empreitada, dos contratos de depósito, dos transportes, dos direitos autorais, das comunicações, informações, inclusive mediante a Internet. A obrigação de fazer nem sempre é expressão comum de trabalho, de serviço, de aplicação de forças intelectuais e físicas; exemplifica Orozimbo Nonato com a prestação de fiança, na qual o essencial não se encontra no dispêndio de energia requerido pela constituição daquela garantia pessoal, mas nas suas consequências, nos proveitos e perigos do ato (1959, p. 288).

A prestação de fazer pode estar conjugada com uma prestação de dar, como ocorre com o depósito. O depositário obriga-se a guardar a coisa, sem poder usá-la (prestação de fazer); igualmente, obriga-se a restituí-la quando o depositante o exigir (prestação de dar). Às vezes, há prestação de fazer acessória de outra prestação de fazer ou de prestação de dar. Utilizando-se o mesmo exemplo do depósito, exige o art. 629 do Código Civil que o depositário seja também responsável pela conservação da coisa depositada, constituindo prestação acessória da prestação de restituir (dar).

8.2.1. Adimplemento da obrigação de fazer

Como regra geral, se a prestação não for realizada, o devedor indenizará o credor por perdas e danos (art. 247 do Código Civil), desde que só ele possa realizá-la, por força do contrato ou em razão de reputação profissional ou de habilidades pessoais. O conteúdo da obrigação definirá o grau de pessoalidade que o credor tenha desejado.

Realiza-se a obrigação de fazer pelo adimplemento. Como o adimplemento é ato-fato jurídico, no sentido de ser relevante o resultado factual e irrelevante a vontade do agente, qualquer ato mesmo inconsciente que realize a prestação é suficiente. Do mesmo modo, quando a prestação puder ser realizada por terceiro, qualificado como adimplemento *in natura*. Contudo, quando se convencionar que a obrigação seja executada pessoalmente pelo devedor, não está obrigado o credor a aceitá-la se executada por terceiro, mesmo que de modo satisfatório; nesse caso, cabe a indenização por perdas e danos. Essa orientação, prevista expressamente no art. 878 do CC/1916, não foi reproduzida no CC/2002, mas integra a natureza da obrigação de fazer.

O direito brasileiro prevê a possibilidade de o credor valer-se de execução da obrigação por terceiro (execução *in natura*), à custa do devedor, quando for possível e desde que ela não seja personalíssima. É resíduo de justiça de mão própria. Giselda Hironaka entende que a autotutela é aparente, porque o juiz mantém a tutela estatal em seu poder, ainda que por verificação *a posteriori*, podendo o juiz entender que não havia urgência, ou que se poderia ter melhor preço (2005, p. 23). O credor manda praticar o ato, e pelo valor das despesas nasce-lhe o crédito para poder cobrar do devedor. Assim, alugo uma casa, convencionando-se que o locador construirá a garagem; se não o faz, posso contratar empreiteiro e cobrar o custo judicialmente. Nesse exemplo, como as dívidas são compensáveis (art. 369 do Código Civil), poderá o locador abater o valor da despesa que efetuou dos aluguéis a pagar. É admissível que o credor determine a execução do ato por terceiro, mandando-o que cobre o valor do devedor. Mas se este não pagar, o credor terá de fazê-lo, cobrando-o do devedor. O credor pode optar por ajuizar diretamente a ação de indenização por perdas e danos contra o devedor, abrindo mão da faculdade legal de fazê-lo pessoalmente ou mediante terceiro, correndo contra o devedor os lucros cessantes, enquanto perdurar o processo judicial (nesse sentido o STJ, REsp 45380, para quem "a morosidade do processo a que deu causa o devedor, por resistir ao cumprimento da obrigação, não pode beneficiá-lo".

O CC/2002 (parágrafo único do art. 249) inovou em relação ao Código anterior, o qual não previa regra semelhante ao do art. 1.144 do Código Civil francês, que autoriza o credor a executar pessoal e diretamente a prestação, a expensas do devedor, entendendo a doutrina que tal possibilidade seria inadmissível no direito brasileiro. O novo preceito referido autoriza expressamente a execução pelo próprio credor, desde que haja urgência, independentemente de decisão judicial. Nesse caso, após executar ou mandar executar o fato, terá pretensão contra o devedor para o ressarcimento dos valores e despesas correspondentes. A inovação é relevante, com a cautela da urgência, ante a conhecida demora do Poder Judiciário para solução do conflito, evitando-se maiores prejuízos ao credor. A pretensão a ser ressarcido converte a originária obrigação de fazer em obrigação de dar o valor correspondente, assumida pelo devedor, salvo se provar em juízo que não se teria caracterizado a urgência. Atento aos fins sociais da norma, favorável ao credor, entende-se que a urgência para este é presumida, invertendo-se o ônus da prova para o devedor. Se ao credor fosse exigida a prova da urgência, para o ajuizamento do pedido de ressarcimento, estar-se-ia beneficiando o devedor com sua própria conduta, contrária ao direito. Pode, ainda, o devedor rejeitar o ressarcimento se provar que a prestação era ilícita ou impossível.

Já o CPC estabelece (art. 816 e 817) que, se o devedor não satisfizer a obrigação no prazo designado pelo juiz, é lícito ao credor exequente requerer a satisfação da obrigação ou sua realização por terceiro à custa do devedor, se não preferir a indenização pelas perdas e danos.

Essas soluções legais de execução própria da prestação, com direito posterior ao ressarcimento, demonstram que o direito brasileiro não admite que o devedor de obrigação de fazer seja constrangido ou coagido, ainda que por decisão judicial, a fazê-lo. Essa orientação decorre da evolução histórica de valorização da liberdade individual e da responsabilidade patrimonial pelos atos e omissões de cada um. A execução da obrigação de fazer pelo próprio credor, ou por terceiro, satisfaz o credor, sem violentar a liberdade individual do devedor. Em determinadas situações, o credor pode ser satisfeito apenas com uma decisão de suprimento do juiz, quando possível, como se dá na hipótese de não cumprimento de contrato preliminar pela recusa de uma das partes em celebrar o contrato definitivo (CC, art. 464), ou seja, o juiz suprirá a vontade da parte recalcitrante, conferindo caráter definitivo ao contrato preliminar, mediante decisão nesse sentido. Nessa hipótese, não há necessidade de execução da prestação de fazer pelo próprio credor ou por terceiro, pois o juiz, que não é terceiro, realiza a execução forçada da prestação de fazer o contrato definitivo.

Em qualquer das hipóteses é cabível a indenização por perdas e danos, independentemente dessas modalidades de execução. Porém, o credor poderá satisfazer-se apenas com o pedido de indenização, se não mais for de seu interesse a execução. Em contrapartida, não pode o devedor preferir indenizar, em vez de realizar a prestação; será obrigado judicialmente a indenizar se não cumpri-la ou a ressarcir o credor, quando não for personalíssima.

A evolução do direito brasileiro, diferentemente do que prevaleceu até recentemente, aponta para remeter à indenização por perdas e danos, em virtude do inadimplemento da obrigação de fazer, para a última opção. O CPC/2015 chega mesmo a determinar (art. 499), invertendo a orientação anterior, que a obrigação apenas será convertida em perdas e danos se o autor requerer ou for impossível a tutela específica. Deve o juiz priorizar a tutela específica, ou a obtenção do resultado prático correspondente, reforçando-se não propriamente a posição do credor, mas o interesse merecedor de tutela veiculado por tais espécies de obrigações (de fazer e não fazer) (Tepedino, Barbosa e Moraes, 2004, p. 512). Assim, o CPC, art. 497, estabelece que para concessão da tutela específica "é irrelevante a demonstração da ocorrência de dano ou da existência de culpa ou dolo". Uma modalidade de tutela específica, prevista expressamente no CPC, é a da sentença que substitui a declaração de vontade do devedor, produzindo todos os efeitos desta (por exemplo, a do promitente vendedor que se nega a outorgar a escritura pública de compra e venda do imóvel, após o integral cumprimento das obrigações pelo promitente comprador).

Pode o juiz fixar multa periódica para compelir o devedor ao cumprimento específico da obrigação de fazer ou não fazer. As multas cominatórias (*astreintes*) não têm natureza de indenização pelo inadimplemento, mas não podem ser excessivas ou desarrazoadas, como ocorreu em caso decidido pelo STJ, no qual foi imposta multa diária para que a vendedora assinasse escritura de compra e venda de uma garagem, "sabendo-se que em pouco tempo a multa alcançará valor muito superior ao do bem", cuja solução dependia de circunstâncias jurídicas de difícil desenlace (REsp 223782). Em outra decisão, relativa a caso de não realização de obra por motivos alheios à vontade do devedor, o STJ entendeu que "é pressuposto lógico da aplicação da multa, por atraso no cumprimento de obrigação de fazer, a mora, ao menos, culposa" (REsp 197377). Nas obrigações personalíssimas, esses modos alternativos de constrição não podem ser utilizados, resolvendo-se o inadimplemento exclusivamente pela indenização por perdas e danos.

8.2.2. Impossibilidade superveniente da obrigação de fazer

A prestação de fazer poderá ficar impossibilitada. A impossibilidade é natural quando fato da natureza a provoca; é pessoal quando o devedor não pode mais pessoalmente executá-la, por exemplo, em razão de doença; e é jurídica quando norma de ordem pública superveniente impede a realização da prestação. Só há impossibilidade objetiva, ou seja, a que ocorreria com qualquer pessoa que estivesse na posição do devedor.

A impossibilidade não se confunde com a mora ou com o inadimplemento. A impossibilidade que interessa ao direito é a superveniente, ou seja, posterior ao início do negócio jurídico e desde que não tenha havido mora do devedor. O devedor que já estiver em mora quando a impossibilidade da prestação ocorrer responderá inclusive pelas perdas e danos, ainda que a impossibilidade resulte de caso fortuito e força maior, salvo se estiver isento de culpa.

O direito distribui as consequências em razão da existência ou não de culpa do devedor pela impossibilidade, e até mesmo do credor. Havendo culpa do devedor, resolve-se com indenização por perdas e danos em benefício do credor (art. 248 do Código Civil). Nesse sentido, decidiu o STJ: "se a construtora alienou para outrem as unidades que o autor havia comprado e pago, a obrigação de passar-lhe a escritura e imiti-lo na posse dos imóveis se tornou impossível, devendo converter-se em indenização por perdas e danos" (REsp 190909).

Se não houver culpa do devedor, a obrigação será resolvida, não podendo ser exigível pelo credor, e sem indenização por perdas e danos. A resolução é automática; não depende de pedido do devedor. Essa mesma solução há de ser aplicada quando a impossibilidade derivar de culpa do credor. Nessa hipótese, poderá ocorrer prejuízo para o devedor, assegurando-se-lhe o pedido de indenização correspondente.

A impossibilidade também poderá ter origem em fato ou ato de terceiro, permitindo que o credor possa contra ele ter ação para indenização das perdas e danos. Exemplifique-se com a destruição por terceiro dos instrumentos de trabalho do devedor, necessários para o cumprimento da prestação de fazer, e que não podem ser substituídos em tempo hábil. Em virtude da teoria da tutela externa do crédito, não mais se concebe que a relatividade da obrigação impeça sua oponibilidade a terceiros, aos quais se imputa o dever de abstenção ou de não violação.

8.3. Obrigações de Não Fazer

Obrigação de não fazer decorre de prestação negativa, de omissão, de abstenção. Cumpre-se não agindo. O devedor que poderia realizar o ato obriga-se a não realizá-lo. O devedor deve abster-se de todos os atos ou fatos que impeçam ou dificultem o adimplemento dessa prestação negativa. A obrigação de abstenção pode decorrer de lei, independentemente da vontade das partes. No exemplo já referido do contrato de depósito, o depositário obriga-se legalmente a não servir-se da coisa depositada sem licença expressa do depositante (CC, art. 640), configurando-se prestação de não fazer. A Constituição Federal, no inciso II do art. 5º, estabelece que ninguém será obrigado a fazer ou deixar de fazer alguma coisa senão em virtude de lei. A interpretação da norma constitucional não pode levar ao absurdo de entender-se que a obrigação de fazer ou de não fazer apenas será lícita se derivar diretamente da lei. Os negócios jurídicos são previstos ou admitidos em lei, e, em razão deles, essas obrigações podem ser contraídas.

A obrigação de não fazer pode ser oriunda de negócio jurídico unilateral, como no caso de promessa de não colocar cartazes no terreno vizinho ou de não concorrer no mesmo ramo de negócio, podendo os prejudicados exigir seu cumprimento (a abstenção).

Pontes de Miranda apresenta como exemplos de prestações negativas as promessas de não adquirir algum direito (p. ex., determinado estabelecimento comercial), a de não alienar determinado bem, a de não concorrer com o credor em seu ramo de atividade, a de não usar a cobertura do edifício de apartamentos, a de não abrir ou fechar caminhos, a de não pôr cartaz à porta do edifício, esclarecendo que todas essas obrigações podem ser só pessoais (1971, v. 22, p. 114). Outro exemplo é o dos postos de combustíveis, que ficam obrigados a não vender produtos de outros distribuidores.

A obrigação de não fazer pode consistir em abstenção de prática de determinado negócio jurídico. Porém, se o negócio jurídico vem a ser concluído, é válido e eficaz, ainda que seja a causa do inadimplemento da anterior obrigação de não fazer. Por exemplo, se o devedor obrigou-se a não vender a casa *X* e a vende, válido é o contrato de compra e venda, mas sofrerá as consequências pelo inadimplemento da prestação negativa.

Há obrigações de tolerar, que são espécies do gênero obrigações de não fazer. Exemplo é o da servidão de passagem, que obriga o dono do imóvel a abster-se de impedir que o titular da servidão por ela transite.

A prestação de não fazer não se confunde com renúncia de direito. Todavia, se importar renúncia de direito, será considerada cláusula abusiva, na hipótese de relação de consumo (art. 51, I, do CDC), tendo por consequência sua nulidade. Igualmente, será nula a prestação de não fazer contida em cláusula de contrato de adesão que leve à renúncia antecipada do aderente a direito resultante da natureza do negócio (art. 424 do Código Civil).

O adimplemento, ou seja, a abstenção, extingue a dívida e a obrigação. Quando se tratar de abstenção continuada, o termo final do tempo convencionado extinguirá a obrigação. Também o distrato (CC, art. 472) opera a extinção, por acordo entre as partes, além das demais modalidades especiais de adimplemento, especialmente a remissão da dívida e a confusão.

8.3.1. Inadimplemento da obrigação de não fazer

Nas obrigações de não fazer se o devedor pratica o ato, deixa de adimplir o dever de abstenção, podendo o credor exigir o desfazimento ou a indenização por perdas e danos, ou a resolução do contrato, com as cominações legais e convencionais, se for o caso. O devedor de não fazer ou de abstenção não mais pode adimplir a obrigação se a infringiu. Ao pedir judicialmente o desfazimento, o credor investe-se no direito de fazê-lo à custa do devedor resistente, que será ainda condenado ao ressarcimento e a perdas e danos. Mediante cláusula penal, as perdas e danos podem ser pré-fixadas, mas não podem ultrapassar o valor da obrigação principal (CC, art. 412), como decidiu o STJ no caso de obrigação de não fazer imitações de etiquetas concebidas pela autora e descumprida pela empresa ré, que as fez (REsp 37191).

Pontes de Miranda (1971, v. 22, p. 48) admite que o credor possa propor *ação de abstenção* para que o devedor não viole o que prometeu. Tem razão, pois é restritivo o entendimento dos que só admitem a pretensão à abstenção quando se viola o dever de omissão. Afinal, a pretensão ou exigibilidade já existe desde o início da obrigação de não fazer, podendo ser adotadas, inclusive, medidas cautelares quando houver manifesta intenção de violá-la ou início de violação.

Segundo a regra estabelecida no art. 390 do Código Civil, nessas obrigações o devedor "é havido por inadimplente desde o dia em que executou o ato de que se devia abster". No CC/1916, a regra equivalente estabelecia que o devedor ficaria constituído em mora. Por essa razão, a doutrina admitia que também houvesse mora nas obrigações de não fazer e, consequentemente, possibilidade de o devedor purgá-la, após citado judicialmente. A purgação da mora consiste em o devedor desfazer o que não deveria ter feito, se possível, e responder pelos prejuízos que a mora tenha causado ao credor, além das custas processuais. Porém, se o desfazimento, devido à mora, se tornar inútil ao credor, este poderá exigir imediatamente a satisfação das perdas e danos, considerando-se, neste caso, ter havido inadimplemento total. Pode, igualmente, o desfazimento tornar-se impossível, como na hipótese de venda de coisa infungível, que o devedor se obrigou a não realizar. Essa orientação permanece, ainda que a lei atual não mais se refira expressamente à constituição em mora, porque em conformidade com o sistema jurídico. A obrigação de não fazer, quando imposta judicialmente, não pode ser cedida, porque infungível, como decidiu o STJ (REsp 521184).

A doutrina cogita da possibilidade de a abstenção em retardo mostrar-se útil ao credor e ao atendimento da função da relação contratual. Cita-se o exemplo de o devedor que se obriga a não concorrer com o credor e, eventualmente, o faz, nada impedindo que, purgando a mora, volte a se abster (Schreiber, 2007, p. 14).

O CC/2002 (art. 251, parágrafo único), como fez com a obrigação de fazer, introduziu mecanismo de justiça de mão própria, permitindo ao credor que, em caso de urgência, desfaça ou mande desfazer o que o devedor estava obrigado a não fazer, independentemente de autorização judicial. Nesse caso, após executar ou mandar executar o desfazimento, terá pretensão contra o devedor para o ressarcimento dos valores e despesas correspondentes. A pretensão a ser ressarcido converte a originária obrigação de não fazer em obrigação de dar o valor correspondente, assumida pelo devedor, salvo se este provar em juízo que não se teria caracterizado a urgência. De conformidade com a regra equivalente estabelecida para a obrigação de fazer, tem-se em favor do credor a presunção de urgência, invertendo-se o ônus da prova para o devedor. O ressarcimento deverá corresponder ao dispêndio do estritamente necessário para o desfazimento do objeto da obrigação, mas é cabível a indenização pelas perdas e danos, além das penalidades que o negócio jurídico tenha estipulado.

A execução judicial da obrigação de não fazer é regulada pelos arts. 822 e 823 do CPC, os quais estabelecem que o exequente requererá ao juiz que assine prazo para o executado fazê-la, findo o qual poderá ser requerido que seja desfeito o ato à custa do executado, se isso for possível, que também responderá por perdas e danos.

8.3.2. Impossibilidade superveniente da obrigação de não fazer

A abstenção pode ficar impossibilitada, por algum fato externo, sem culpa do devedor, a saber, por impossibilidade objetiva após a conclusão do negócio jurídico. Em ocorrendo tal situação, a obrigação se extingue. A impossibilidade da obrigação de não fazer caracteriza-se quando o devedor tem de fazer aquilo de que se obrigou a abster-se, por imposição legal, ou por razão que independa de sua vontade, ou para evitar onerosidade excessiva superveniente a que não deu causa.

Ao contrário, é imputável a responsabilidade ao devedor se a abstenção tornou-se impossível por sua culpa. Nessa hipótese, o devedor sofre as consequências equivalentes ao do inadimplemento, principalmente quanto à indenização por perdas e danos e penas convencionais. Exemplo: *A* obrigou-se com *B* a não fazer-lhe concorrência em loja vizinha; contudo, ao vender sua loja a *C*, não incluiu a obrigação que tinha com *B*, que passou a sofrer concorrência do novo empresário. Há impossibilidade de *A* continuar a abstenção, mas por culpa sua.

A impossibilidade da prestação de não fazer já existente no momento da conclusão do negócio jurídico importa nulidade do ato. O direito brasileiro considera requisito indispensável de validade de qualquer negócio jurídico a possibilidade da prestação (CC, art. 104, II). Portanto, apenas interessa a impossibilidade superveniente.

A impossibilidade, ainda que objetiva, pode ser parcial. Tem o credor a opção de exercer o direito à resilição ou às perdas e danos correspondentes, desde que se mantenha a abstenção do restante da prestação.

Capítulo IX

Obrigações de Dar

Sumário: 9.1. Obrigações de dar. 9.2. Obrigações de dar coisa certa. 9.2.1. Responsabilidade pela perda ou deterioração da coisa. 9.2.2. Direito às benfeitorias e melhoramentos. 9.3. Obrigação de restituir. 9.4. Obrigação de dar coisa futura. 9.5. Obrigações de dar coisa incerta. 9.5.1. Impossibilidade superveniente da obrigação de dar coisa incerta.

9.1. Obrigações de Dar

De regra, das dívidas de dar irradiam-se obrigações de dar quando o credor possa exigi-las. Quem vende obriga-se a dar. Quem toma emprestado alguma coisa obriga-se a restituir (dar). Assim, haverá obrigação de dar quando houver pretensão ou puder ser exigida pelo credor a dívida de dar.

As obrigações de dar ou são obrigações de dar coisa certa ou obrigações de dar coisa incerta. A certeza ou a incerteza são relativas à coisa e não à dívida ou à obrigação decorrente. O objeto da dívida (e da obrigação) é a prestação de dar, e, portanto, certa; o objeto da prestação pode ser coisa incerta. A incerteza nunca é total porque a coisa será indicada ao menos pelo gênero (exemplo, papel) e quantidade (exemplo, *x* resmas de papel).

Às vezes, pode haver dúvidas se a obrigação é de dar ou fazer. A encomenda de um quadro a um pintor é obrigação de fazer. A obrigação de entregar um quadro já pintado é uma obrigação de dar. Por vezes a obrigação de dar é acessória da de fazer, como na hipótese de escrever um livro, em que o principal é escrevê-lo, podendo acessoriamente existir o dever de dar, de entregá-lo a um editor. No exemplo do quadro, não se pode constranger alguém, inclusive judicialmente, a que pinte um quadro, nem terceiro pode fazê-lo, mas, realizada a obra, surge a obrigação de entregar (dar) o quadro; esta última prestação é exigível, inclusive mediante execução forçada.

A obrigação de dar realiza-se por ato humano, *a fortiori* de fazer algo (dar a coisa). Pode-se então dizer que a obrigação de fazer é gênero, do qual são espécies a obrigação de fazer, em sentido estrito, e a obrigação de dar. Pontes de

Miranda preferiu inverter a ordem do Código Civil, pondo-se o geral antes do especial, argumentando que muito tempo hesitou em só se referir às obrigações de fazer, de que as obrigações de dar seriam espécie, porque "dar é fazer, porém fazer que se trata de modo especial, porque supõe o bem que se desloca" (1971, v. 22, p. 48). Porém, conclui que não encontrou razão suficiente para afastar a tripartição romana.

Acompanhando a forte tendência que se observa no sentido de se atribuir maior eficácia à execução das obrigações de dar, deixando-se a indenização das perdas e danos para a hipótese de solução derradeira, a Lei n. 10.444/2002 introduziu norma na legislação processual, repetida no CPC/2015 (art. 806), com o fito de municiar o juiz de providências que assegurem o resultado prático conducente aos efeitos do adimplemento nas obrigações de dar. O juiz fixará o prazo de quinze dias para que o devedor cumpra a obrigação, além de multa por dia de atraso; não cumprida no prazo fixado, expedir-se-á em favor do credor ordem de busca e apreensão ou de imissão de posse, conforme se tratar de coisa móvel ou imóvel, cujo cumprimento se dará imediatamente. Se a coisa já tiver sido alienada, após o ajuizamento da ação, será expedido mandado contra o terceiro adquirente, para que a deposite em juízo, salvo se o credor preferir receber o valor da coisa e das perdas e danos.

9.2. Obrigações de Dar Coisa Certa

Coisa certa é coisa móvel ou imóvel individualizada e identificada, com características determinadas e inconfundíveis (p. ex., o computador *x*, de número de fabricação *y*). Se a coisa que se há de prestar contiver todas as características de outra, é espécie de gênero, não podendo ser considerada coisa certa. A distinção é importante para o direito, porque o Código Civil (art. 313) estabelece que o credor de coisa certa não pode ser obrigado a receber outra, ainda que mais valiosa. De modo geral, as coisas fungíveis são incertas, mas a fungibilidade pode ser afastada por ato das pessoas (o vinho é fungível, porém, pode a garrafa de determinada safra ser individualizada), qualificando-se como obrigação de dar coisa certa. Por isso, a divisão entre coisas fungíveis e infungíveis não é determinante para identificação da obrigação de dar coisa certa. Incluem-se entre as espécies de obrigações de dar coisas certas a entrega ou restituição de títulos de crédito.

A referência comum no tráfico jurídico à dívida líquida e certa significa obrigação certa de coisa incerta, e de valor que não depende de liquidez ou de arbitramento judicial. Exemplo: o devedor obriga-se a pagar *x* reais; a prestação é certa (pagar *x* reais) e a coisa é incerta, porque o dinheiro é coisa que se indica pelo gênero e quantidade, que são as características previstas no art. 243, e também é líquida, pois o valor está claramente determinado.

A obrigação de dar coisa certa inclui tudo o que nela se contém, particularmente os denominados acessórios. O Código Civil (art. 92) conceitua principal como a coisa que existe sobre si, abstrata ou concretamente, ou seja, que não depende de outra, enquanto acessória é a coisa cuja existência supõe a do principal. Assim, a compra de um sítio inclui as plantações, cercados, equipamentos, construções, frutos, salvo se forem excluídos expressa ou tacitamente.

9.2.1. Responsabilidade pela perda ou deterioração da coisa

Que ocorre se a coisa se perder antes de sua entrega ou tradição ao credor? O direito utiliza-se do conceito de culpa, resultando em duas soluções distintas em relação ao devedor: se não teve culpa pela perda da coisa, estará livre de responsabilidade, e a obrigação ficará resolvida para ambas as partes; se teve culpa, responderá pelo valor da obrigação mais perdas e danos, devendo ainda restituir o que recebeu do credor. As perdas e danos e a restituição do que recebeu do credor têm por fito a reposição ao estado anterior, no equivalente pecuniário, para que o credor não sofra o prejuízo pela culpa do devedor; mas o dever de pagar o equivalente da coisa perdida é pena civil, que pode ser equitativamente reduzida pelo juiz, segundo a regra geral do art. 413 do Código Civil. A referência feita no art. 234 do Código Civil à tradição deve ser entendida como abrangente do registro público, para os bens imóveis, que a ela se equipara; ou seja, a escritura pública de alienação do imóvel (compra e venda, doação, dação em pagamento, permuta) não é suficiente para liberar o devedor dos riscos, porque no direito brasileiro o contrato não transmite a propriedade, apenas contém o acordo de transmissão, que se concretizará com o registro.

Se o devedor não for proprietário e alienar ao credor apenas a posse, então coincidirá com o contrato o momento da tradição da posse, para o fim da liberação do risco da perda. A posse é uma situação de fato, no direito brasileiro, mas a que se atribui tutela jurídica específica, quando for considerada justa (que pode ser de boa ou má-fé), regulando o Código Civil, nos arts. 1.196 a 1.224, suas natureza, classificação, aquisição e perda. A obrigação de dar coisa certa inclui, portanto, a obrigação de dar posse, seja direta ou indireta.

No caso de culpa do credor, o devedor terá direito à extinção do ato jurídico e a receber de volta (ou repetir) o que prestou.

A culpa de uma das partes não se restringe a elas. Para efeito da lei, a culpa do devedor ou do credor inclui a de seus empregados, prepostos, agentes, representantes legais, mandatários, em cuja posse, guarda ou detença estivesse a coisa perdida.

Se a hipótese foi de *deterioração* da coisa, também são duas as soluções, a partir da existência de culpa do devedor: sendo culpado pela deterioração, tem o credor direito ao equivalente, mais perdas e danos, ou a receber a coisa, com abatimento do preço, mais perdas e danos; não sendo culpado, tem o credor direito à resolução ou a receber a coisa, com abatimento do preço, nesse caso sem perdas e danos.

O CPC/2015, quando trata da matéria, no plano do direito processual, estabelece que o credor exequente tem direito a receber, "além das perdas e danos, o valor da coisa, quando essa se deteriorar, não lhe for entregue, não for encontrada ou não for reclamada do poder de terceiro adquirente". Não faz referência à culpa, como exigem os arts. 234 a 236 do Código Civil. Todavia, a lei processual, ainda que posterior ao Código Civil, não é com este incompatível, impondo-se sua harmonização, permanecendo o requisito da culpa.

9.2.2. Direito às benfeitorias e melhoramentos

Até à entrega ou restituição da coisa, as benfeitorias necessárias, úteis ou voluptuárias que a melhorarem ou valorizarem pertencerão ao devedor, que poderá cobrar do credor o aumento respectivo do preço. Se o credor não concordar, nasce ao devedor o direito a pedir a resolução do negócio jurídico.

Também nasce ao devedor, qualificado como possuidor de boa-fé, o direito à indenização das benfeitorias necessárias (as que têm por fim conservar o bem ou evitar que se deteriore) e úteis (as que aumentam ou facilitam o uso da coisa) que tiver realizado, e enquanto delas não for pago pelo credor poderá exercer o direito de retê-las, o que suspende o dever de restituí-las. Quanto às benfeitorias voluptuárias, assim consideradas as de mero deleite ou recreio que não aumentam o uso da coisa, o devedor poderá exercer o direito de levantá-las, se não prejudicarem a coisa devida. As benfeitorias serão indenizadas considerando-se o valor atualizado e não o da data em que foram feitas, mediante liquidação judicial.

9.3. Obrigação de Restituir

Quem restitui dá, porém, não dá o que é seu, e sim o que é de propriedade ou posse do credor, ou de terceiro a quem o credor transferiu a coisa. Inclui-se entre as obrigações de dar. Para o direito brasileiro, a restituição diz respeito a coisa certa. Mas a obrigação de restituir valor pode ser dependente de correção monetária do valor antes recebido, consistindo em dívida de valor e não de dinheiro, a exemplo da hipótese do enunciado da Súmula 289 do STJ: "a restituição das parcelas pagas a plano de previdência privada deve ser objeto de correção plena, por índice que recomponha a efetiva desvalorização da moeda".

Há contratos em que a obrigação de restituir é de sua própria finalidade, podendo ser citados como exemplos extraídos do Código Civil a retrovenda (art. 505), a cláusula de reversão na doação (art. 547), a locação de coisas (art. 569, IV), o empréstimo sob a modalidade de comodato (art. 582), o empréstimo sob a modalidade de mútuo, nesse caso restituindo-se o equivalente (art. 586), o depósito (art. 629).

Se se perder a coisa que houver de ser restituída ou for destruída antes da restituição, sem culpa do devedor, será resolvida a obrigação, cabendo ao credor o que seria devido como contraprestação até o dia da perda. Essa resolução é *ipso iure*, não havendo necessidade de pedido do devedor para que se constitua. Em caso de desvio de bagagem, cuja restituição ao passageiro tornou-se impossível, entendeu o STJ que a conversão da obrigação de restituir em perdas e danos pode ser deferida de ofício pelo juiz, porque autorizado pela lei a assim agir quando impossível a tutela específica ou a obtenção do resultado prático correspondente; e, ainda, que não constitui julgamento diverso do pedido a sentença que converte a obrigação em perdas e danos, mesmo que não haja pedido sucessivo expresso nesse sentido (REsp 435702).

Ocorrendo culpa do devedor, segue-se a regra da prestação de dar, isto é, o credor terá direito ao valor equivalente da coisa mais perdas e danos. Ou seja, o devedor, em vez de prestar a coisa, presta o equivalente mais perdas e danos. Mas não se poderá cogitar de direito de resolução da obrigação, por sua lógica impossibilidade.

A regra é também simétrica com relação à deterioração da coisa antes de ser restituída: se culpa houve do devedor, o credor poderá exigir o equivalente, mais perdas e danos, ou receber a coisa, no estado que encontrar, mais perdas e danos; se não houve culpa do devedor, o credor receberá a coisa no estado em que se achar, sem direito a indenização.

Quanto às benfeitorias, se o devedor não tiver realizado despesas ou esforços de trabalho, nada receberá do credor. Se os realizou, considera-se possuidor de boa-fé (salvo se ficar provado que agiu de má-fé), fazendo jus a receber indenização pelas necessárias e úteis, podendo reter a coisa enquanto não for reembolsado, e levantar as voluptuárias. Essa solução difere da obrigação originária de dar, porque nesta o credor pode optar pela resolução, enquanto na restituição não é possível.

A obrigação de restituir é geral a qualquer contrato, nas hipóteses de inadimplemento de quem recebeu a coisa. Igualmente, é geral quando ficar caracterizado que a pessoa que recebeu a coisa ou valor pecuniário não era o verdadeiro credor, cabendo a repetição do indébito, em virtude do pagamento indevido (CC, art. 876), ou a restituição do indevidamente auferido, na hipótese do enriquecimento sem causa (CC, art. 884).

9.4. Obrigação de Dar Coisa Futura

Inclui-se entre as obrigações de dar coisa certa a obrigação de coisa futura, pois, ainda que não existente no momento da celebração do negócio jurídico, é certa e determinada. O Código Civil prevê regra expressa de sua admissibilidade, no art. 483, que trata do contrato de compra e venda. O contrato ficará sem efeito se a coisa não vier a existir, salvo se a intenção das partes era de concluir contrato aleatório. Nessa segunda hipótese, os riscos são do credor quanto a vir a coisa existir ou não no futuro, conforme convencionado.

Por ser a compra e venda um contrato consensual, tanto se pode prometer a venda de coisa atual quanto de coisa que ainda não existe. Obriga-se a transferir a coisa após a existência do bem vendido, pois não se pode transferir o inexistente no mundo sensível. A compra e venda já se perfaz com o consenso das partes.

A evolução da economia foi mais forte e os contratos futuros passaram a constituir espécie frequente no mundo dos negócios, movimentando valores expressivos em transações, inclusive em bolsas de valores mobiliários, conjugados com instrumentos financeiros. Sobre uma mesma coisa ou mercadoria futura vários contratos são negociados, de modo encadeado ou em espiral, como se fossem títulos de crédito. O primeiro contrato de venda de um produtor rural de sua futura colheita fundamenta as circulações de transações posteriores, contando com resultados prováveis, que dependerão de variados fatores futuros, tais como clima, variação cambial, aumento ou redução de encargos financeiros, quebra de safra em outros países, aumentos e redução de demandas do produto nos mercados interno e internacional. Essas vicissitudes influenciarão no preço na data da entrega da coisa, ou seja, após sua existência.

Sua origem, segundo Rachel Sztajn (1999, p. 157), estaria nas feiras medievais, com a criação de documento denominado *lettre de faire*, que nada mais era que um contrato a termo que previa a entrega dos bens adquiridos em determinada feira em data futura. Esses títulos, representativos de mercadorias, permitiam "sua transferência a diferentes e sucessivos adquirentes antes que fossem apresentados ao armazém onde elas estavam depositadas". Os títulos eram baseados na confiança nos mercadores e facilitavam a transferência das mercadorias entre duas ou mais praças. Na atualidade, os contratos futuros, no sentido estrito, devem conter os elementos necessários, predeterminados pelas bolsas, que reduzam os riscos, tais como quantidade de bens, especificação da qualidade, data de execução, local de entrega e meses de negociação.

Três são os tipos de contratos de compra e venda de coisa futura: dois aleatórios ou de risco, segundo as áleas que assumem, ou seja, a *emptio spei* e a *emptio rei speratae*, e um sob condição resolutiva, dependente da efetiva existência futura da coisa. O primeiro significa que a coisa é uma esperança de vir a existir no futuro, podendo ser frustrada (p. ex., toda colheita foi dizimada por uma praga). O segundo trabalha com uma álea relativa, pois o contrato somente será obrigatório se a coisa vier a existir em qualquer quantidade ou em uma mínima fixada (p. ex., houve frustração de safra, colhendo-se menos do que se esperava). Na dúvida deve prevalecer a *emptio rei speratae*, que melhor contempla a finalidade do contrato, no sentido favorável ao comprador. O contrato de coisa futura, sob condição resolutiva, reduz substancialmente a álea, pois se a coisa não vier a existir será resolvido. O contrato apenas será aleatório se as partes assim quiseram, não exigindo a lei que essa intenção tenha sido manifestada de modo expresso, podendo resultar de sua interpretação.

Na *emptio spei* atribui-se mais importância à esperança e à probabilidade do que à coisa, devendo o comprador pagar o preço ajustado em qualquer circunstância, mesmo que nada adquira. O comprador dá o preço e o vendedor a *spes*. Esse tipo de contrato é inspirado no impulso à especulação, porque se joga com probabilidades de êxito e sorte. Exemplo é a compra de imóvel objeto de litígio judicial, com pleno conhecimento do comprador, cuja titularidade vem a ser negada ao vendedor, na decisão final.

Na *emptio rei speratae* a coisa importa mais que a esperança. O comprador pagará o preço fixado se a coisa vier a existir em quantidade ou qualidade maiores ou menores que as esperadas. O contrato não produzirá efeitos se a coisa não existir no futuro.

É clara a opção legal pela *emptio rei speratae*, mesmo que as partes tenham intencionado celebrar contrato aleatório. A *emptio spei* apenas será aplicável se as partes expressamente a tiverem definido. Em sua pureza ambos são espécies de contratos aleatórios, disciplinados nos arts. 458 a 461. Entendemos que o modelo do legislador de 2002 é o da *emptio rei speratae*, admitindo, contudo, que o preço possa adequar-se à quantidade e qualidade da coisa, quando vier a existir, não mais se exigindo o pagamento integral.

9.5. Obrigações de Dar Coisa Incerta

Para efeito do direito das obrigações, a coisa incerta supõe sempre a possibilidade de ser determinada, ou seja, de se tornar coisa certa. Torna-se certa quando é determinada a partir do gênero e da quantidade. Ao direito interessa disciplinar os modos e as consequências da escolha, da determinação. Quando a coisa não pode tornar-se certa, não há obrigação, porque estaria pré-excluída a determinabilidade. São inúmeros os sinais de determinabilidade, de que o devedor poderá utilizar-se, quando promover a escolha da coisa, para prestar, podendo ser a proveniência, a qualidade, o fabricante, o lugar em que se acha. A determinabilidade genérica no negócio jurídico pode consistir na quantidade (tantos computadores de tais especificações), no ano de fabricação (tantos vinhos da região *x* do ano *y*).

A distinção estabelecida no art. 85 do Código Civil entre bens fungíveis e infungíveis não determina o conceito de obrigação de dar coisa incerta, que melhor se classificaria entre as obrigações genéricas, diferentemente das obrigações específicas, distinção esta que o Código não faz. Na maior parte dos casos, a coisa incerta é fungível, mas nada impede que seja infungível, a exemplo da prestação de dar uma escultura de determinado escultor.

A obrigação de dar coisa incerta não se confunde com a obrigação alternativa (CC, arts. 252 a 256). Na primeira, a incerteza diz respeito à coisa que será escolhida; na segunda, a incerteza é entre as próprias prestações, uma das quais deve ser escolhida. Na obrigação de dar coisa incerta a prestação já está definida, faltando a concretização de seu objeto, mediante escolha, tornando certa a coisa que era incerta.

Quando ocorre a concentração da obrigação? A doutrina controverte, indicando três soluções: a) a teoria da escolha, pela qual a concentração ocorre no momento em que o devedor procede à separação dentro do gênero das coisas que pretende usar para o cumprimento da obrigação, tornando-a de genérica em específica, não mais se responsabilizando pela perda da coisa; b) a teoria do envio, exigindo-se, além da escolha, que o devedor proceda ao envio das coisas, desobrigando-se a partir do momento em que saírem de seu domicílio; c) a teoria da entrega, após a qual se daria o cumprimento da obrigação (Leitão, 2002, p. 136). Nosso direito optou pela teoria da escolha cientificada ou comunicada, a partir de cujo momento se dará a concentração, e não pelo envio ou entrega da coisa.

Ante o art. 245 do Código Civil, quando o credor for cientificado da escolha do devedor, passa-se a observar as regras próprias da obrigação de dar coisa certa. A cientificação do credor marca o fim da incerteza, começando a incidir as regras aplicáveis às obrigações de dar coisa certa. No CC/1916, a conversão dava-se a partir da escolha feita pelo devedor, não se exigindo a ciência do credor, ainda que devesse ser presumida. A concentração da prestação faz certa a coisa e a obrigação genérica desaparece; em outras palavras, transmuda-se em obrigação de dar coisa certa, a partir da comunicação da escolha. Não é suficiente que o devedor entregue a coisa ao credor, devendo comunicar, junto com a entrega, a escolha que promoveu. Nas hipóteses de negócios jurídicos à distância, que necessitam de transporte da coisa, a escolha deve ser comunicada ao credor com antecedência, pelos meios utilizáveis pela prática negocial, a exemplo do conhecimento do transporte, da fatura ou duplicata. De qualquer forma, as partes podem estabelecer o que convierem a respeito. Com a tradição da coisa móvel, ou da transferência da posse ou do registro imobiliário, a responsabilidade pela perda da coisa passa para o credor, além das demais consequências previstas na obrigação de dar coisa certa, que acima ressaltamos.

Em princípio, a escolha é do devedor, mas pode ser ajustado que o faça o credor. Se quem pode escolher não o faz, depois de devidamente citado, perde o direito, transferindo-se a faculdade ao outro. Se o credor não fizer a escolha, quando a ele competir, poderá o devedor fazê-lo e depositar a coisa em juízo, havendo recusa. É do credor a escolha quando esta "resultar do título da obrigação" (CC, art. 244), como na hipótese de fabricante que vende produtos de sua fábrica.

A escolha deverá ser razoável ou segundo características médias de gênero e qualidade, ou seja, não pode ser a pior nem se obriga que seja a melhor. Pior é a coisa que está abaixo da média. Esse é o parâmetro que deve guiar o julgador, quando o credor rejeitar a escolha, valendo-se ainda dos usos e costumes do lugar da execução ou da conclusão do negócio jurídico, se este assim tiver estipulado. Pode ocorrer que, em virtude do negócio jurídico, o credor não queira receber a coisa melhor, se tiver sido convencionado que seria a de qualidade média.

Regras semelhantes às obrigações de dar coisa incerta são encontradas no direito das sucessões, relativamente aos legados (bens determinados deixados pelo testador a pessoas que deseje contemplar, quando falecer). O art. 1.929 do Código Civil estabelece que, se o legado consistir em coisa determinada pelo gênero, ao herdeiro (não legatário, equiparável a devedor) tocará escolhê-la, "guardando o meio-termo entre as congêneres da melhor e pior qualidade". Do mesmo modo, se a escolha for atribuída a terceiro (art. 1.930). Já o próprio legatário (credor) poderá escolher a melhor coisa que houver na herança, do gênero determinado pelo testador (p. ex., 20 cabeças de gado).

No âmbito judicial, estabelece o art. 911 do CPC que o devedor executado será citado para entregar a coisa individualizada, se lhe couber o direito de escolha. Se a escolha couber ao credor, este deverá indicar a coisa na petição inicial.

9.5.1. Impossibilidade superveniente da obrigação de dar coisa incerta

A escolha pode ser obstada pela superveniência de impossibilidade absoluta e objetiva, sem culpa do devedor, porque, de regra, não há perecimento do gênero (*genus non perit*). Assim, no caso de obrigação de *x* garrafas de vinho tinto de qualidade *y*; há impossibilidade absoluta quando o Estado proíbe que se comercialize vinho tinto, ou, ainda, quando o Estado desapropriou todos os objetos do mesmo gênero. Considera-se impossibilidade a extraordinária dificuldade de escolha ou do cumprimento da prestação, apreciável no caso concreto. O ônus da prova da impossibilidade absoluta é do devedor, além do dever de comunicá-la ao credor. Exemplifica-se com a destruição dos vinhos de determinada região vinícola, se a esta foi restrita a obrigação de dar coisa certa.

Após a escolha, a prestação observa as regras da obrigação de dar coisa certa, inclusive quanto às consequências pela perda. "Indispensável, nessa hipótese, contudo, a prévia apuração do *quantum*, por estimativa do credor ou por arbitramento. Sem essa liquidação, fica inviável a conversão automática da execução para entrega da coisa em execução por quantia certa, mormente pelo fato que a execução carecerá de pressuposto específico, a saber, a liquidez" (STJ, REsp 327650).

Fora dessa situação específica, o art. 246 do Código Civil estabelece que, antes da escolha que competir ao devedor, não poderá este alegar perda ou deterioração da coisa, ainda que por força maior ou caso fortuito, justamente pela convicção de que o gênero nunca pereceria. Enquanto há possibilidade de prestar, embora tenha desaparecido o gênero da coisa, o devedor responde, independentemente de sua culpa. Todavia, essa regra há de ser interpretada com razoabilidade, tendo em vista que o art. 317 do Código Civil admite a intervenção judicial quando, por motivos imprevisíveis, a prestação do devedor restar manifestamente desproporcional, no momento da escolha a partir do gênero e da quantidade definidos previamente.

Por outro lado, o caso fortuito pode ser expressamente admitido pelo negócio jurídico, como hipótese de impossibilidade, quando incluir cláusula relativa a greve, revoluções, distúrbios populares, ou grandes intempéries naturais e outras desse gênero. A regra do art. 246 do Código Civil não é cogente, mas dispositiva, o que significa dizer que pode ser afastada pelas partes.

Sustenta Pontes de Miranda que existe no direito brasileiro regra jurídica não escrita estabelecendo que, se o objeto devido só é determinado por seu gênero, o devedor, enquanto a prestação desse gênero é possível, também responde por sua impossibilidade ou inaptidão à prestação, ainda que não tenha culpa. Antes da concretização, o devedor responde pela prestação, quer se tenha extinguido a coisa que pretendia prestar, quer o gênero mesmo, uma vez que tal impossibilidade sobreveio (1971, v. 22, p. 104).

Capítulo X

Obrigações Alternativas

Sumário: 10.1. Obrigações alternativas e o direito de escolha. 10.1.1. Titular do direito de escolha das prestações alternativas. 10.2. Impossibilidade da prestação alternativa. 10.3. Obrigações facultativas.

10.1. Obrigações Alternativas e o Direito de Escolha

Diz-se alternativa a obrigação que contenha duas ou mais prestações, mas que apenas uma possa ser cumprida, mediante escolha do devedor, preferencialmente, ou do credor. Se a determinação depender de outra circunstância que não a vontade, não será obrigação alternativa.

O crédito é um só, uma só a obrigação, uma só a prestação. Esta é que falta ser determinada, dentre as alternativas postas, por quem pode escolhê-la. Como ficou esclarecido no capítulo antecedente, a obrigação alternativa difere da de dar coisa incerta, porque nesta a prestação é certa e incerta a coisa até ser escolhida, e naquela a incerteza é da própria prestação até ser escolhida. Se a escolha apenas diz respeito ao modo de execução do adimplemento, não há obrigação alternativa. Karl Larenz indica como exemplo dessa inexistência a escolha do devedor entre o pagamento em dinheiro e a transferência bancária (1958, p. 167), pois não há duas alternativas para prestar, mas apenas modos de fazê-lo.

A escolha tem natureza de ato jurídico em sentido estrito, ou ato jurídico lícito (CC, art. 185), pois é declaração unilateral de vontade não negocial e receptícia (deve ser conhecida e recebida pelo credor), além de informal (pode ser tácita). A escolha tácita decorre da entrega real do objeto da prestação, ou de sua remessa ao credor. O ato jurídico em sentido estrito exige consciência de conteúdo eficacial, por parte do titular da escolha, ainda que esse conteúdo seja definido em lei. Assim, se o devedor adimple, supondo que há uma única prestação, ignorando que era titular de direito de escolha em obrigação alternativa, não se tem escolha tácita, podendo requerer a declaração judicial do pagamento indevido (repetição do indébito), por interessar-lhe realizar outra prestação alternativa, ou a anulação por erro. Esclareça-se que o erro, nessa hipótese, não é do pagamento – que é ato-fato jurídico, cuja natureza dispensa a vontade, interessando apenas o resultado fático –, mas da manifestação da vontade que ignorava o direito de escolha.

A determinação do momento em que a escolha produz eficácia ou da chamada concentração do débito é controvertida na doutrina. Para alguns deve prevalecer a teoria da declaração, ou seja, do momento em que chega ao conhecimento da outra parte, até porque, como lembra Orozimbo Nonato, a eficácia da escolha depende da *notícia*, não, porém, do acordo da outra parte (1959, p. 360). Para outros, o correto seria o início da execução da prestação. Orlando Gomes (1998, p. 73) entende, com razão, que a teoria da declaração é mais favorável à segurança do tráfico jurídico, merecendo a preferência dos tratadistas.

A escolha livre da prestação pela parte a quem foi atribuída é requisito essencial para qualificar esse tipo de obrigação. Como adverte Pontes de Miranda (1971, v. 22, p. 121), se não é da vontade, mas de outra circunstância, que a determinação depende, não há obrigação alternativa, "mas relação fáctica entre dois *objetos da prestação*". São exemplos: a) se o negócio jurídico estipular que, se a prestação *x* não puder ser praticada, deverá ser substituída pela prestação *y*; b) se o devedor não executar a obrigação, terá de prestar perdas e danos, mais juros e atualização monetária (CC, art. 389). Na obrigação alternativa, ao contrário, já se deve apenas uma prestação, que ainda não está determinada, mas que o será pela escolha.

Com a escolha, determina-se o conteúdo da obrigação, tendo-se a prestação escolhida como a única devida desde o início, convertendo o estado provisório de pluralidade de prestações em unicidade da prestação, própria da obrigação simples. A escolha é de eficácia retroativa (*ex tunc*). É como se, desde o começo, somente fosse devida a prestação que se escolheu. As demais prestações alternativas (não escolhidas) desvinculam-se da obrigação, pouco importando que, eventualmente, tenham restado impossibilitadas. Se o devedor cumpre uma das prestações e o credor recebe, houve escolha tácita. Do mesmo modo, quando o titular do direito de escolha é o credor e não recusa a prestação do devedor. Todavia, escolher não é livrar-se da obrigação; só se libera com o adimplemento regular, decorrente da escolha da prestação. Exercida a escolha, não pode ser revogada. Todavia, entende-se que, nas obrigações de execução duradoura, a escolha feita para uma determinada prestação não impede de escolher de modo diferente para as prestações vindouras. Essa foi a solução adotada pelo Código Civil, art. 252, § 2º, ao enunciar que nas prestações periódicas a faculdade de escolha pode ser exercida em qualquer período.

No âmbito judicial, quando o responsável pela escolha não a fizer extrajudicialmente, estabelece o art. 800 do CPC que o devedor será citado para exercer a opção e realizar a prestação no prazo de dez dias, se outro não lhe for determinado por lei ou pelo contrato. Se não fizer dentro desse prazo, a opção será feita pelo credor.

A obrigação alternativa não se confunde com a condicional. A condição é um evento futuro e incerto, de cuja verificação depende a eficácia do negócio, mas não o seu objeto, que é certo desde logo. Nas obrigações alternativas é apenas incerta a prestação, não a eficácia do vínculo; além disso, a determinação faz-se mediante escolha, sendo esse o pressuposto sobre que assenta o regime específico das obrigações alternativas (Varela, 1986, p. 789).

10.1.1. Titular do direito de escolha das prestações alternativas

Se não houver disposição expressa em contrário, o titular do direito de escolha é o devedor. Cite-se como exemplo a cláusula frequente em apólices de seguros de veículos que permite a escolha à seguradora (devedora) em pagar o valor do seguro ou mandar fazer o conserto. Na relação de consumo, no entanto, a preferência para a escolha é do consumidor, especialmente quanto às alternativas decorrentes de responsabilidade do fornecedor por vícios do produto ou serviço, porque a proteção daquele é garantida constitucionalmente.

A opção preferencial da lei pelo devedor, ante a natureza dispositiva do art. 252 do Código Civil, justifica-se porque a escolha da prestação e seu adimplemento o libera, e não é justo que precise consultar o credor para fazê-lo. Contudo, não é lícito que o devedor obrigue o credor a receber uma parte em uma prestação e outra parte em outra. Na dúvida, sempre se decide contra o estipulante e em favor de quem contraiu a obrigação – *ambiguitas contra stipulatorem est*; a escolha cabe, assim, ao devedor, até porque o escopo fundamental da alternativa é tornar-lhe menos gravosa a situação (Nonato, 1959, p. 345).

A escolha também pode ser deferida a terceiro, em virtude de acordo do credor e do devedor, que abdicam previamente de fazê-lo, por qualquer razão. Essa era a orientação assentada na doutrina, que foi acolhida pelo § 4º do art. 252 do CC/2002. A escolha feita pelo terceiro obriga tanto o devedor quanto o credor. O ato do terceiro é de equidade, o que significa que não é de puro arbítrio, podendo ser impugnado pelo credor e revisto pelo juiz, quando escolher uma das alternativas que se tornou a pior, como no exemplo de a escolha recair sobre um dos objetos que se danificou após uma intempérie. Se o terceiro não puder ou não quiser fazer a escolha, esta não retorna a qualquer das partes, cabendo ao juiz decidir por uma das prestações, se não houver acordo entre aquelas. O pedido judicial poderá ser feito tanto pelo credor, o maior interessado no adimplemento, quanto pelo devedor, também interessado na liberação da dívida e da obrigação, mediante a determinação da prestação. Terceiro não é árbitro de conflito, mas o depositário da confiança das partes, atuando no interesse da fiel execução da obrigação. A decisão do juiz é discricionária, como é a escolha originária feita pelo devedor ou pelo credor, não podendo ser contraditada ou objeto de recurso.

Se há pluralidade de titulares do direito de escolha (p. ex., vários devedores do credor, na mesma obrigação) será indispensável que todos estejam de acordo. O § 3º do art. 252 do Código Civil refere-se a "acordo unânime", significando que todos devedores (ou credores, se forem estes os titulares do direito de escolha) devem optar por uma das prestações, não sendo admissível a decisão por maioria. Se não houver unanimidade, caberá ao juiz a escolha.

O direito de escolha transmite-se. Considerando-se que a escolha cabe ao devedor, se outra coisa não se estipulou, quando terceiro assumir a obrigação do devedor, com o consentimento do credor (CC, art. 299), o direito de escolha será igualmente transferido.

A ocorrência de mora do devedor não lhe retira o direito de escolha, salvo se o negócio jurídico tiver assim determinado. O credor que desejar executar judicialmente a obrigação, requererá que o devedor a cumpra, sem substituí-lo na escolha da prestação. Se a mora for do credor, e a este couber a escolha, o devedor poderá promover a consignação em adimplemento. No Código Civil, art. 342, diz-se que, se a escolha da coisa competir ao credor, será ele citado para tal fim, sob pena de perder esse direito e ser depositada a coisa que o devedor escolher, regra essa aplicável à obrigação alternativa.

10.2. Impossibilidade da Prestação Alternativa

O direito devota particular atenção às consequências da impossibilidade da prestação nas obrigações alternativas. Se uma prestação tornar-se impossível sem culpa dos figurantes, restará a outra, e, desde que seja exequível, o negócio jurídico continuará eficaz. Nesse caso, é como se a escolha tivesse sido feita, tornando-se simples a prestação. Se forem mais de duas prestações, o desaparecimento de uma não impede a alternatividade da obrigação, pois a escolha ainda será possível.

A redação do art. 253 do Código Civil enuncia duas normas jurídicas, a saber, uma sobre a impossibilidade superveniente ("tornar-se inexequível") e outra sobre a nulidade da prestação ("não puder ser objeto"), seja por ser ilícito, seja por ser impossível o objeto desde o início da obrigação, que remete para a invalidade do negócio jurídico, segundo hipótese do art. 166, II, do Código Civil. Consequentemente, se uma das prestações alternativas não puder ser objeto da obrigação, ela é nula, restando a outra ou as outras, aplicando-se a mesma solução prevista para a impossibilidade superveniente. Como regra geral, a prestação impossível originária leva à nulidade do negócio jurídico, porque o Código Civil considera nulo o ato quando for impossível seu objeto. Todavia, na obrigação alternativa, a nulidade é apenas relativa à prestação que resultar impossível, não sendo o negócio jurídico contaminado por ela, porque subsiste outra prestação exequível, pois prevalece o princípio da conservação do negócio jurídico no direito brasileiro. Pode, entretanto, o negócio jurídico prever cláusula definindo que a impossibilidade de qualquer das prestações, ainda que superveniente, seja suficiente para sua resolução, afastando as regras dispositivas do Código Civil.

Se a culpa da impossibilidade das prestações for do credor, quando detiver o direito de escolha, incorre em responsabilidade pela indenização por perdas e danos. Porém, pode escolher a prestação que não se impossibilitou, liberando-se da indenização por perdas e danos, que seria devida ao devedor. Quando a culpa for do credor, cabendo o direito de escolha ao devedor, pode este realizar a prestação que ainda puder ser realizada e exigir perdas e danos, se houver (p. ex., é mais onerosa que a prestação que se impossibilitou).

Se todas as obrigações tornarem-se impossíveis, a obrigação considerar-se-á resolvida, não havendo culpa do devedor. Quando o devedor for culpado pela impossibilidade de todas as prestações, cabendo a ele a escolha, pagará o valor correspondente à última, mais indenização por perdas e danos. Quando o devedor for culpado pela impossibilidade de todas as prestações, cabendo ao credor a escolha, a regra muda ligeiramente: poderá o credor exigir o valor de qualquer delas, mais indenização por perdas e danos.

Pode ocorrer a impossibilidade de parte da prestação. Se a prestação ficar totalmente imprestável, não poderá ser escolhida. O devedor poderá escolher o que restar da prestação, se não houver prejuízo para o cumprimento da obrigação, mesmo que haja outra ou outras prestações por que pudesse optar.

Se a escolha couber a terceiro e a impossibilidade for imputável ao credor, a obrigação tem-se por adimplida, salvo se aquele optar pela prestação possível restante. Se for imputável ao devedor, o terceiro poderá optar por qualquer das prestações possíveis ou pela indenização correspondente à impossibilidade da outra (Varela, 1986, p. 800).

10.3. Obrigações Facultativas

Alguns autores aludem às obrigações facultativas, quando o devedor poderia se exonerar mediante prestação diferente da que foi determinada. Ao contrário das obrigações alternativas, em que há diversidade de prestações, faltando sua determinação, na obrigação facultativa há apenas uma prestação já determinada.

João de Matos Antunes Varela denomina-as "obrigações com faculdade alternativa", que têm por objeto uma só prestação, mas em que o devedor tem a faculdade de se desonerar mediante a realização de outra, sem necessidade de aquiescência posterior do credor (1986, v. 1, p. 800). Cita o exemplo do bibliófilo colecionador que vende a um amigo um exemplar de certa obra de data muito antiga, mas reserva-se a faculdade de, em lugar desse, entregar outro exemplar de edição mais recente, embora de melhor aspecto gráfico. A denominação é contraditória, pois congrega dois termos opostos entre si. Obrigação é incompatível com faculdade. Não se obriga a faculdade, cuja conduta depende de decisão potestativa. A doutrina brasileira majoritária rejeita essa espécie de obrigação. Antunes Varela adverte que a designação obrigação facultativa pode induzir em erro, por dar a entender que a existência do vínculo dependeria da vontade do devedor, quando o vínculo existe, e é certo, e facultativa é apenas a substituição do objeto devido por outro (1986, v. 1, p. 801).

Na obrigação alternativa já existe o dever de prestar, pois a alternatividade não radica em realizar ou não realizar a prestação, mas sim na escolha entre as prestações previamente estipuladas. Diferentemente, a obrigação facultativa admitiria o não cumprimento da prestação estipulada, a única que o credor pode exigir; o devedor não detém o direito de escolher entre prestações alternativas, mas de substituir a prestação estipulada com o credor por outra estranha ao objeto da dívida.

Capítulo XI

Obrigações Indivisíveis e Divisíveis

Sumário: 11.1. Obrigações indivisíveis. 11.2. Obrigações divisíveis. 11.3. Pluralidade de participantes. 11.3.1. Indivisibilidade da prestação em relação a vários credores. 11.4. Conversão da obrigação indivisível em divisível.

11.1. Obrigações Indivisíveis

A indivisibilidade da obrigação consiste em não se poder fracionar seu objeto, ou seja, a prestação. Há uma comunidade do crédito ou do débito, significando que a posição é comum. Na obrigação indivisível, o adimplemento da prestação não pode ser por partes. A indivisibilidade ou divisibilidade não é da obrigação, porque não se divide a relação jurídica, mas a prestação; a obrigação divisível não se divide em duas ou mais obrigações. A prestação é que se divide. No Código Civil brasileiro, a regra ou o princípio é a indivisibilidade, sem nenhum vínculo de solidariedade entre os devedores. A divisibilidade deve ser expressamente prevista pelos figurantes do negócio jurídico ou estabelecida em lei. Há, também, obrigação naturalmente indivisível, quando a divisibilidade afeta a substância ou valor da prestação. Na obrigação divisível o adimplemento parcial extingue proporcionalmente a obrigação; na obrigação indivisível o pagamento parcial não é considerado adimplemento.

O objeto da prestação (a coisa, por exemplo) pode ser dividido, por sua natureza, mas a prestação ser indivisível. A obrigação de transportar tem por objeto prestação de fazer indivisível, porque transporta-se a coisa de um lugar para outro, ainda que ela – por exemplo, uma carga de telhas – seja naturalmente divisível. Do mesmo modo, a obrigação de guardar determinada quantidade de garrafas de bebida, em razão de um contrato de depósito, é indivisível, salvo se os contratantes tiverem convencionado em contrário. Para a construção de uma casa, o dono da obra contrata apenas um empreiteiro (prestação indivisível) ou vários, para partes da obra (prestações divisíveis).

Em linha de princípio, se existe um só devedor e apenas um credor, a obrigação, qualquer que seja o seu objeto, qualquer que seja a natureza da sua prestação, é indivisível. O problema somente surge quando ocorre pluralidade de sujeitos (Nonato, 1959, v. 2, p. 18).

Como já salientamos, ao tratar do conceito de obrigação, o objeto desta, a saber, a prestação, mesmo na obrigação de dar, não é a coisa ou o fato em si, mas a ação ou omissão do devedor, o dar, o fazer ou não fazer, em suma, o ato positivo ou negativo. A prestação, pouco importando a divisibilidade do objeto fático, é divisível ou indivisível.

Todavia, costuma-se (equivocadamente, como se demonstrou) confundir o objeto da prestação com o objeto fático, quando se procura conceituar a obrigação indivisível, como fez o art. 1.316 do Código Civil italiano: "a obrigação é indivisível quando a prestação tem por objeto uma coisa ou um fato não suscetíveis de divisão, por sua natureza, ou pelo modo em que foi considerado pelas partes contratantes". Nesse equívoco, e sob clara influência do direito italiano, incorreu o art. 258 do CC/2002, ao estabelecer que a obrigação "é indivisível quando a prestação tem por objeto uma coisa ou um fato não suscetíveis de divisão", situando a indivisibilidade não na própria prestação, mas no objeto desta, retomando a errônea referência que estava superada na doutrina. A indivisibilidade do objeto da prestação é considerada, nessa norma legal, à semelhança de sua equivalente italiana, em razão de sua natureza, ou de motivo de ordem econômica, ou da causa determinante do negócio jurídico. Por razão de sua natureza, aplica-se a regra contida no art. 87 do Código Civil em sentido contrário, considerando-se indivisível a prestação que tenha por objeto algum bem que não possa fracionar-se sem alteração de sua substância; por motivo de ordem econômica, quando houver considerável diminuição de valor do bem ou de comprometimento de sua utilidade; por razão determinante do negócio jurídico, quando este estipular que o objeto da prestação, ainda que naturalmente divisível (p. ex., os livros de uma biblioteca), seja considerado como um todo único. Por outro lado, a lei pode tornar indivisível bem naturalmente divisível, como ocorre com a indivisibilidade do imóvel rural, cujas partes possam resultar em áreas menores que o módulo rural, correspondente à dimensão mínima para sobrevivência e produção de uma família rural, estendendo-se a indivisibilidade até mesmo à sucessão hereditária (art. 65 do Estatuto da Terra, Lei n. 4.504/64); ou na hipótese da herança ou do espólio, cujo patrimônio deixado pelo falecido é considerado indivisível até a partilha (art. 1.791 do Código Civil). No condomínio geral, ainda que a coisa seja indivisível, a parte ideal de cada condômino pode ser objeto de prestação autônoma (art. 1.314 do Código Civil), o que demonstra que, nem sempre, a indivisibilidade do objeto fático determina a prestação.

Neste ponto, cabe a advertência de Pontes de Miranda, para que, ao menos no plano doutrinário, não repercuta o equívoco legal:

> "A formação filosófica, defeituosa, dos juristas levou-os a teorias que perturbaram o estudo das obrigações indivisíveis. Somente se pode chegar a conclusões precisas e claras, partindo-se dos conceitos tantas vezes encarecidos nesta obra: *mundo fáctico*, onde há os *objetos fácticos*; *mundo jurídico*, onde os fatos jurídicos, fatos que entraram no mundo jurídico, irradiam relações jurídicas, em que há sujeitos ativos e sujeitos passivos e objeto que entrou no mundo jurídico (*objeto jurídico*). A equivocidade de termos, desde os glosadores, foi aflitiva. Nenhuma coisa entra no mundo jurídico como objeto de obrigação: o que é objeto da obrigação é a *prestação*" (1971, v. 22, p. 151).

A obrigação de fazer ou de não fazer é indivisível, em regra, mas pode ser divisível. O contrato de empreitada para construir um prédio é uma obrigação indivisível, porque contratou-se o todo. Nada impede, contudo, que o dono do prédio resolva dividir a construção em partes ou frações, com o mesmo empreiteiro, de acordo com suas disponibilidades financeiras; a prestação é divisível nesse caso. Depende, portanto, da vontade dos interessados. Quando a indivisibilidade da obrigação decorre da lei, proíbe-se a manifestação de vontade em contrário.

Não afasta a indivisibilidade a alegação de ser irrelevante para o credor que a prestação seja realizada por partes. Não precisa o credor justificar a recusa. Para o art. 314 do Código Civil (correspondente ao art. 889 do CC/1916, que se incluía entre os artigos destinados às obrigações divisíveis e indivisíveis), ainda que a obrigação tenha por objeto prestação divisível, não pode o credor ser obrigado a receber, nem o devedor a pagar, por partes, se assim não se ajustou. Não tem o credor de justificar por que recusa receber a prestação parcial quando ela é indivisível. Assim, em princípio, é indivisível a obrigação. A indivisibilidade é pré-excluída se as partes convencionaram em contrário, desde que a prestação não seja indivisível por sua natureza, por motivo de ordem econômica ou dada a razão determinante do negócio jurídico (CC, art. 258).

Havendo mais de um credor, a indivisibilidade legitima que apenas um exija a prestação do devedor. Mas, ao contrário da obrigação solidária, não legitima que ele receba a totalidade da prestação, com exclusão dos demais. Se o devedor paga toda a prestação a um só dos credores, sujeita-se a novo pagamento. Os credores não se substituem, não se representam nem assumem responsabilidades por fatos uns dos outros. Por essa razão, estabelece o art. 260, II, do Código Civil que o devedor apenas se libera quando paga a um dos credores, na obrigação indivisível, se este lhe der caução (garantia real ou fidejussória) de ratificação dos outros credores. Sem a caução não será eficaz o adimplemento. Se houver recusa de qualquer dos credores de obrigação indivisível, o devedor liberar-se-á valendo-se da consignação em adimplemento.

11.2. Obrigações Divisíveis

Obrigação divisível é obrigação que se pode cumprir por partes, que permite a divisão do adimplemento. A divisibilidade é sempre jurídica, porque ou depende de convenção dos interessados ou da lei. O direito brasileiro presume que, havendo pluralidade de devedores ou de credores, e sendo a prestação divisível, esta será "dividida em tantas obrigações, iguais e distintas, quantos os credores ou devedores" (art. 257 do Código Civil). Assim, nesses casos, a opção da lei, como norma dispositiva (que admite convenção em contrário) é pela divisibilidade. É divisível a obrigação quando o objeto da prestação for soma em dinheiro, suscetível de cumprimento parcial (STJ, REsp 41109). Na hipótese de um devedor e vários credores, o devedor deve dividir a prestação em tantas partes iguais quantos sejam os credores. Para afastar a presunção legal, as partes podem convencionar que a obrigação seja indivisível.

A divisibilidade é objetiva (a prestação se cumpre por partes pelo único devedor) ou é subjetiva (pluralidade de credores ou de devedores). Havendo pluralidade de devedores ou de credores, presume-se que a obrigação é divisível, ou melhor, divide-se a obrigação, desde que seja possível. Se são vários os devedores, e não se dispôs sobre a parte de cada um na dívida, presume-se que são tantas prestações quanto são os devedores, em partes iguais e distintas. Do mesmo modo, quando se tratar de vários credores. Os três donos de um imóvel alugado têm, em princípio, partes iguais no crédito sobre os aluguéis.

A divisibilidade da obrigação é relativa a seu objeto, ou seja, à prestação, e não ao objeto desta (a coisa, a atividade, a abstenção). O objeto fático pode ser divisível, mas a vontade das partes pode ter feito a prestação indivisível. No que concerne às obrigações de dar, por exemplo, a coisa (objeto da prestação) pode ser divisível (um terreno), mas a prestação (a restituição) tenha de ser realizada por inteiro, por todos ou por qualquer dos devedores; nesse exemplo tem-se a obrigação indivisível.

As obrigações cujas prestações são realizadas de uma vez são indivisíveis, como a de restituir a coisa emprestada, a de entregar a coisa vendida, a de pagar título cambial, salvo se de outro modo as partes convencionaram. Diferentemente, as obrigações com prestações continuadas são divisíveis. Nas prestações continuadas o devedor obriga-se a conduta ininterrupta, realizando cada uma no espaço de tempo correspondente. Há pluralidade de prestações, nesse sentido divisíveis, ainda que haja unidade da obrigação, irradiando-se do mesmo negócio jurídico. Tome-se o exemplo do contrato de locação de imóvel urbano, cujos aluguéis constituem prestações próprias e relativas aos meses respectivos.

Igualmente, em todas as hipóteses em que o pagamento da prestação seja periódico, que resultam dos contratos de fornecimento de serviços públicos, como água, luz, telefonia, gás.

A convenção das partes ou a lei podem determinar a indivisibilidade, além da natureza da coisa ou do fato objeto da prestação. Um animal criado para abate, enquanto vivo, determina a prestação indivisível, mas já abatido tanto pode ser objeto de prestação divisível quanto indivisível.

11.3. Pluralidade de Participantes

Na relação jurídica obrigacional pode haver vários participantes, tanto na posição de credores quanto na de devedores. As obrigações divisíveis e as solidárias são as ocorrências mais frequentes.

Como vimos, no direito brasileiro, a presunção é da indivisibilidade das obrigações, inclusive quando o objeto fático da prestação seja divisível. Todavia, tem-se a presunção legal de a pluralidade de devedores levar à divisibilidade da prestação, e, consequentemente, da obrigação, o que excetua a regra geral da indivisibilidade. Segundo o art. 257 do Código Civil, havendo mais de um devedor em obrigação divisível (*rectius*: prestação divisível), esta presume-se dividida em tantas obrigações iguais e distintas quantos forem os devedores. A obrigação é múltipla, plural, dividindo-se entre os devedores. A obrigação é divisível quando a prestação for objetivamente divisível, houver mais de um devedor, as partes não estipularam a indivisibilidade da prestação e não houver lei que a determine, cumprindo cada devedor a sua parte, liberando-se da dívida. Em se tratando de pluralidade de devedores, a divisibilidade se presume, ao contrário da solidariedade, que nunca pode ser presumida, de acordo com o art. 265 do Código Civil.

As obrigações podem ser parciais, quando forem divisíveis, por sua natureza ou finalidade. No contrato de mandato, o mandante pode designar os procuradores para atos específicos ou diferentes (CC, art. 672), se não desejar que os exerçam em conjunto. A fiança objeto de vários fiadores admite que estes se reservem o benefício de divisão, ou seja, cada fiador responde unicamente pela parte que, em proporção, lhe couber no pagamento (CC, art. 829).

Pode ocorrer de se ter pluralidade subjetiva (três devedores, por exemplo) em relação a coisa objetivamente indivisível (devem entregar uma joia ao credor). Tal fato impede a divisibilidade da prestação. Cada um é obrigado pela dívida toda ou todos terão sempre de cumprir integralmente a prestação. Assim, o credor tanto pode exigir de um como de todos.

Em sentido diverso, se houver mais de um devedor e a prestação for indivisível (por força de lei, da convenção ou da realidade fática), a obrigação considerar-se-á indivisível. Cada devedor será obrigado pela dívida toda, mas aquele que a adimplir sub-rogar-se-á no direito do credor, podendo exigi-la de um ou dos demais devedores. Essa regra (estabelecida no art. 259 do Código Civil) não é cogente, admitindo-se que o credor e os devedores estipulem de modo diferente. Ao contrário do direito brasileiro, o direito alemão (§ 427 do Código Civil da Alemanha) determina que, se for indivisível a prestação, a dívida presume-se solidária entre os devedores. No Brasil, cada devedor é obrigado pela dívida toda, porém, sem que haja solidariedade. Cuida-se de cumulação de obrigações parciais, pelo devedor que paga, em relação aos demais, contra os quais tem direito de regresso: tem direito a exigir de cada um dos codevedores a totalidade da dívida, excluindo-se a sua parte, ou seja, pode cobrar de um as partes acumuladas dos demais, desde que a prestação possa ser objetivamente dividida. Na obrigação solidária, como veremos abaixo, o devedor que paga a totalidade da dívida só pode cobrar de cada um dos codevedores a sua quota respectiva.

11.3.1. Indivisibilidade da prestação em relação a vários credores

Quando duas ou mais pessoas forem credores do mesmo devedor, cada uma pode exigir a dívida inteira. Todavia, o devedor poderá optar por pagar a todos, conjuntamente, ou a um deles, exigindo deste garantia de ratificação dos demais, mediante caução. A caução é um direito do devedor, que pode dispensá-la, sem prejuízo da liberação total da dívida, pois, se o outro credor não ratificar a quitação, voltar-se-á contra o que recebeu o pagamento. Presta-se tudo, uma única vez, porque a prestação é indivisível (a prestação e não necessariamente a coisa), em razão de convenção das partes, da lei ou da natureza da coisa prestada. O devedor libera-se cumprindo dessa forma o que estava obrigado.

Quando o credor receber a prestação integralmente, nas obrigações com pluralidade de credores, tornar-se-á devedor dos demais, que poderão exigir suas quotas no equivalente em dinheiro. Nesse caso, cada um exige sua quota na dívida. Por exemplo, se são três os credores, aquele que recebeu integralmente o adimplemento converte-se em devedor de um terço de cada cocredor. A obrigação converte-se em divisível, porque cada um dos demais credores passa a ser titular de crédito em dinheiro correspondente à sua parte. A dívida em dinheiro é objetivamente divisível.

Um dos credores pode perdoar a dívida, porém, ela permanecerá em relação aos demais, descontando-se a parte do que perdoou. O desconto da quota, em face dos demais credores, ocorrerá se um deles resolver ceder a sua a terceiro, ou por qualquer outra razão desvincular-se da relação obrigacional, nos casos de transação, novação, compensação e confusão, explanadas abaixo, que liberam o devedor. A remissão, assim, só pode abranger a sua parte. E, ainda aqui, o desconto somente se poderá fazer em dinheiro, por se tratar de obrigação indivisível (Nonato, 1959, v. 2, p. 68), sendo impraticável a dedução *in natura* da parte do credor remitente. Do mesmo modo, com a transação há renúncia de direito pelo credor, devendo-se apurar sua parte equivalente. Na novação, os credores que não novaram não extinguiram a dívida, e podem naturalmente exigi-la. A compensação, como extinção recíproca de dívidas, não pode alcançar os outros credores que nenhuma relação de débito tinham com o devedor. Em todas essas situações a dívida permanece em relação aos demais credores.

11.4. Conversão da Obrigação Indivisível em Divisível

Se o dono de um veículo danifica uma casa que pertence a duas pessoas, surge uma obrigação indivisível. Enquanto a reparação se tiver de prestar como reposição natural, cuida-se de obrigação indivisível. Se a prestação não for *in natura*, converte-se em indenização em dinheiro, ou seja, em obrigação divisível.

O Código Civil estabelece a conversão cogente da obrigação indivisível em divisível sempre que se resolver em perdas e danos, máxime pelo não cumprimento da prestação. Sendo vários os devedores, a responsabilidade distribui-se em razão da culpa: responde por perdas e danos o devedor culpado, ou devedores culpados, exonerando-se os demais.

Capítulo XII

Obrigações Solidárias

Sumário: 12.1. Obrigações solidárias. 12.2. Solidariedade ativa. 12.3. Solidariedade passiva. 12.3.1. Mora na solidariedade passiva. 12.4. Na fiança não há solidariedade. 12.5. Oposição de exceções comuns e exclusivas pelo devedor solidário. 12.6. Rateio entre os devedores solidários. 12.7. Impossibilidade da obrigação solidária. 12.8. Extinção da obrigação solidária.

12.1. Obrigações Solidárias

O Código Civil brasileiro conceitua adequadamente a solidariedade, que se dá quando na mesma obrigação concorre mais de um credor ou mais de um devedor, cada um com direito ou obrigado à dívida toda. A ideia fundamental é que o credor não pode receber mais que uma vez a prestação que é devida, mas pode exigi-la de qualquer devedor em sua totalidade. Para a existência de uma obrigação solidária é indispensável que todos os devedores solidários estejam obrigados à satisfação do mesmo interesse do credor na prestação (Larenz, 1958, p. 503).

Cada um dos credores solidários (solidariedade ativa) pode exigir a dívida toda. A prestação do devedor recebida por um dos credores solidários extingue a dívida. Os deveres do credor de reembolsar os demais não impedem a extinção da obrigação. Do mesmo modo, se há pluralidade de devedores solidários (solidariedade passiva), cada um está sujeito a prestar o todo, extinguindo-se a obrigação. A solidariedade está nos próprios sujeitos, e não no objeto, como ocorre com a obrigação indivisível.

A obrigação solidária é resultante de duas ou mais obrigações autônomas, reunidas em uma mesma relação jurídica e para realização de um mesmo interesse. A obrigação é extinta quando esse interesse é satisfeito por qualquer dos codevedores ao único credor ou pelo devedor a qualquer dos cocredores. Os credores solidários ou os devedores solidários estão unidos para realização do fim comum, em virtude de determinação legal ou do que entre si convencionaram: na solidariedade passiva, pela satisfação do credor por qualquer dos devedores;

na solidariedade ativa, pela satisfação de qualquer dos credores. Por exemplo, se duas pessoas causam dano a alguém são, por imposição legal, codevedores solidários da vítima, satisfazendo-se esta pelo pagamento da indenização por uma daquelas. Se não há fim comum não há solidariedade, como ocorre entre o dono do veículo que causou o dano e sua seguradora, pois ambos são responsáveis pela indenização, mas não são devedores solidários, por perseguirem interesses distintos.

O termo "solidariedade" sofreu grande transformação ao longo da história. Em latim, *solidus* significa denso, sólido, maciço, compacto, consistente; no período de Cícero, usado com o significado de inteiro, completo, totalidade de uma soma. A expressão latina *in solidum* passou a ser utilizada na Idade Média com o sentido de totalidade. No século XV o termo "solidário" aparece na linguagem jurídica para significar comum a muitos, "de maneira que responde pelo todo". No início do século XVII a palavra "solidariedade" consolidou-se como faculdade do credor de dirigir-se a qualquer um dos devedores da mesma dívida (Grynbaum, 2004, p. 26).

Controverte a doutrina acerca da natureza jurídica da obrigação solidária, ante a pluralidade de participantes e a satisfação ou liberação da totalidade da dívida a um ou por um deles. Uma corrente entende que há uma só obrigação com pluralidade de sujeitos, enquanto outra sustenta que há uma pluralidade de obrigações e uma única relação jurídica. A segunda, que perfilhamos, encontra guarida no pensamento de Pontes de Miranda e, entre outros autores, no de João de Matos Antunes Varela, para quem ela melhor se adapta a alguns dados inquestionáveis do sistema jurídico, quais sejam: "a possibilidade de os devedores estarem obrigados em termos diversos ou com diversas garantias e de ser diferente o conteúdo das suas prestações" e a eficácia restrita que têm vários dos fatos relativos a cada um dos devedores (1986, p. 748), além de que, acrescentamos, a responsabilidade patrimonial é de cada um dos devedores solidários. A única relação jurídica consolida-se na comunhão de fins das obrigações dos credores solidários ou dos devedores solidários.

Orlando Gomes diz que somente a pluralidade de obrigações (ou de vínculos, como denomina) justifica a possibilidade de ser pura a obrigação de um dos codevedores e condicional ou a termo a de outros, além de explicar a desnecessidade do litisconsórcio, uma vez que o credor comum pode dirigir-se a um só deles e exigir-lhe a prestação por inteiro. Entende o autor, no entanto, referindo-se aos artigos do CC/1916 correspondentes aos arts. 265, 266 e 275 do CC/2002, que, contrariamente aos Códigos modernos, o brasileiro teria adotado a teoria da unidade obrigacional, "sem embargo de aceitar consequências da tese pluralista, como, p. ex., a dispensa de identidade de modalidade entre as obrigações, identidade, aliás, que alguns consideram irrelevante para a unidade". Não nos parece que a lei brasileira tenha feito tal opção, ante a interpretação que se extrai do conjunto dos dispositivos legais relativos às obrigações solidárias. Há grande consenso na doutrina pátria quanto à natureza pluralista das obrigações e unicidade da relação jurídica. Porém, a unicidade não precisa ser explicada pela ocorrência de uma sociedade *sui generis* e de um mandato tácito entre os credores, no caso da solidariedade ativa, como quer Orozimbo Nonato (1959, v. 2, p. 108). A unicidade é da relação jurídica e não da prestação, ao contrário do que entendem Nelson Nery Junior e Rosa Nery (2003, p. 288).

A solidariedade não se presume; só pode ocorrer se provier de lei ou de estipulação em negócio jurídico bilateral ou unilateral. É possível cogitar de solidariedade no negócio jurídico unilateral, a exemplo da promessa de recompensa em que duas ou mais pessoas prometem solidariamente o pagamento do prêmio. A solidariedade pode resultar do próprio negócio jurídico de onde irradia a obrigação, ou de pacto especial referido a este, ou de outro negócio jurídico entre os credores ou entre os devedores, ou de adesão ou assunção solidária a dívida já existente. A lei estabelece quando a solidariedade deve ser observada, podendo ser citados como exemplos, extraídos do Código Civil: a) se duas pessoas prestarem fiança conjuntamente a um só débito há solidariedade entre elas, salvo se tiverem estabelecido expressamente a divisão da garantia, respondendo cada fiador pela parte que lhe couber no pagamento (art. 829); b) são solidariamente responsáveis pela reparação civil, em virtude de danos causados pelos segundos, os pais e o filho menor, o tutor e o tutelado, o curador e o curatelado, o empregador e o empregado, o hotel e o hóspede, o que recebeu gratuitamente o produto do crime e o criminoso (arts. 932 e 942, parágrafo único). Em contrapartida, não se têm como solidários os procuradores que são conjuntamente mencionados na procuração, porque o Código Civil (art. 672) optou por conferir a cada um a faculdade do exercício individual da totalidade dos poderes conferidos pelo mandante e a responsabilidade por seus atos. Em sentido contrário, admitindo a solidariedade: "instrumento de procuração em que consta autorização para dois advogados agirem em conjunto ou separadamente. Procuração solidária. Legitimidade ativa de cada procurador para a cautelar de arbitramento e para a ação de execução dos honorários" (STJ, REsp 246124).

A obrigação solidária é um dos mais poderosos instrumentos de tutela do consumidor. São solidariamente responsáveis todos os que contribuírem para o lançamento ou circulação de qualquer produto ou serviço, no mercado de consumo, incluindo o fabricante, o produtor, o distribuidor, o importador, o construtor, o comerciante, o prestador de serviços, qualificados como fornecedores pelo art. 3º do CDC. Nesse Código, a solidariedade passiva entre os fornecedores é eleita como diretriz fundamental para facilitar a defesa do consumidor, especialmente no que concerne à responsabilidade pelos vícios de qualidade, quantidade e informação dos produtos e serviços (art. 18). Na hipótese de danos ao consumidor, pelo uso ou utilização de produto ou serviço, "tendo mais de um autor a ofensa" (art. 7º, parágrafo único), são solidariamente responsáveis os respectivos fornecedores e terceiros, a exemplo de inserção inexata de informação em bancos de dados, entre estes e quem informou. Igualmente, são solidariamente responsáveis o fornecedor de produto ou serviço e seus prepostos ou representantes autônomos, pelos atos destes (art. 34). Exemplo: "em princípio, considerando o sistema de comercialização de automóvel, através de concessionárias autorizadas, são solidariamente responsáveis o fabricante e o comerciante que aliena o veículo. Tratando-se de responsabilidade solidária, a demanda pode ser direcionada contra qualquer dos coobrigados" (STJ, REsp 402356).

A cláusula contratual de solidariedade ativa ou passiva pode ser expressa ou tácita. Se o devedor prometeu pagar a *A* ou a *B* ou a ambos a dívida inteira, convencionou-se a solidariedade ativa. A manifestação de vontade das partes, ou sua conduta, desde que inequívocas no sentido da solidariedade, é suficiente. O exemplo mais conhecido é o de abertura de contas-correntes conjuntas em instituição financeira, quando cada correntista pode movimentá-la livremente, configurando solidariedade ativa em face daquela. Nessas hipóteses, a solidariedade só é afastada por manifestação expressa das partes.

A posição de cada credor solidário ou de cada devedor solidário não necessita ser igual ou uniforme, qualificada como solidariedade pura e simples. Um codevedor pode estar submetido a uma condição suspensiva ou resolutiva para adimplir a prestação, diferentemente dos demais. Pode um codevedor estar vinculado a determinado prazo para o adimplemento, enquanto os demais sujeitam-se a outro. Pode um codevedor obrigar-se a pagar em um lugar, distinto dos demais. Essas peculiaridades individuais podem também ser aplicáveis aos cocredores solidários.

12.2. Solidariedade Ativa

Na solidariedade ativa há dois ou mais créditos que se irradiam do mesmo fato jurídico e a que corresponde a mesma relação jurídica obrigacional, como sintetiza Pontes de Miranda (1971, v. 22, p. 325). Credor solidário é o que pode exigir e receber a prestação toda, ainda que haja outro ou outros credores titulares do mesmo crédito, extinguindo a obrigação. O devedor pode pagar a qualquer deles, exonerando-se da obrigação. Na solidariedade ativa, cada credor tem direito integral ao débito, podendo exigi-lo por inteiro. Cada um dos vários credores solidários tem um direito de crédito autônomo que o legitima individualmente para recebê-lo e de cuja legitimação ele pode dispor com autonomia. Mas, como esses créditos solidários dirigem-se a obter a mesma prestação, a satisfação desta pelo devedor extinguirá todos esses créditos, ainda que um só credor a tenha recebido. Essa característica demonstra que a autonomia dos créditos não é total ou definitiva, porque dependem uns dos outros. A solidariedade ativa tem ampla aplicação nas situações frequentes de herdeiros do credor falecido, de vários locadores do mesmo imóvel, de contratos bancários de contas conjuntas e de contratos de depósitos conjuntos de bens e valores.

Há entendimento jurisprudencial no sentido de que "o cotitular de conta corrente conjunta detém apenas solidariedade ativa dos créditos junto à instituição financeira, não se tornando responsável pelos cheques emitidos pela outra correntista" (STJ, REsp 602401), ou seja, invertendo-se os polos, não há conversão da solidariedade ativa para a passiva.

A extinção da dívida pode ser parcial ou total, segundo norma introduzida pelo CC/2002 (art. 269), contrariamente ao Código Civil anterior, que apenas previa a extinção total da dívida. Na hipótese de adimplemento parcial, com recebimento por algum dos credores, permanece a obrigação solidária com relação ao restante da dívida, podendo qualquer dos credores exigi-la. Igual solução será aplicada na hipótese de confusão (na mesma pessoa se confundem as qualidades de credor e devedor) parcial, pois estabelece o art. 383 do Código Civil que a confusão operada na pessoa do credor solidário só extingue a obrigação até a concorrência da respectiva parte no crédito, ou na dívida, subsistindo quanto ao mais a solidariedade.

A solidariedade ativa difere da obrigação indivisível porque nesta o pagamento a um só dos credores exige caução de ratificação dos demais, o perdão da dívida, por um só, bem como a transação, a confusão ou compensação não a extinguem. Na solidariedade ativa, o pagamento feito a um dos credores extingue a dívida, sem necessidade de caução de ratificação; do mesmo modo a remissão ou novação por um, ou a compensação só com um.

É da natureza da solidariedade ativa que um dos credores possa exigir a totalidade da prestação ou parte dela. Se algum credor solidário cobrar judicialmente a dívida, não poderá o devedor pagá-la a outro credor solidário, sob pena de pagar mal e assumir os riscos decorrentes, porque opera a litispendência. Se houver sentença judicial condenatória favorável, ou se o crédito for título executivo extrajudicial, poderá qualquer dos credores iniciar a execução judicial. Não se considera demanda judicial, para os fins do art. 268 do Código Civil, a interpelação judicial requerida por um dos credores, ainda que seja para constituir em mora o devedor. Portanto, o devedor pode escolher dentre os credores quem receberá o adimplemento, desde que não tenha sido ajuizada ação por qualquer deles.

Enquanto existir demanda judicial promovida por um dos credores não se liberará o devedor se efetuar o pagamento a outro credor solidário. Aplica-se aqui o princípio processual da prevenção. A norma legal referida dirige-se explicitamente ao devedor, impedindo-o de se liberar se pagar a outro credor, mas a litispendência não opera em face dos demais credores. Nada impede que outro credor solidário ajuíze ação de cobrança da mesma dívida, mas o pagamento terá de ser feito ao credor que primeiro ajuizou, salvo se a sentença lhe for desfavorável (art. 274 do Código Civil), cessando a instância, passando a prioridade para o que ajuizou em segundo lugar e assim por diante. Esclarece Pontes de Miranda (1971, v. 22, p. 328) que, se a primeira ação proposta foi ação executiva, não pode o outro credor penhorar de novo outros bens do devedor; a solução acertada é penhorarem-se os mesmos bens, como segunda penhora. É de se acolher a solução proposta por João de Matos Antunes Varela (1986, p. 750), no sentido de admitir-se ao devedor que, citado por um credor, adimpliu a outro, possa exigir deste último a restituição da prestação efetuada, alegando falta de legitimação do credor para recebê-la. O segundo credor solidário, se preferir, poderá recorrer aos meios processuais de litisconsórcio, para valer seu direito paralelo ao do cocredor autor, ou de assistência, para auxiliá-lo na causa, em virtude do interesse jurídico de que a causa seja favorável, mas a decisão desfavorável ser-lhe-á aplicável.

Na solidariedade ativa, cada credor pode dispor de seu crédito, ou seja, cedê-lo, perdoá-lo, dá-lo em pagamento. A relação jurídica obrigacional é una, mas os créditos são específicos. Cada um dos credores pode exigir o adimplemento da prestação, amigável ou judicialmente, individualmente ou consorciado com outro ou com todos. No entanto, em virtude da solidariedade, sua iniciativa não poderá prejudicar os demais credores. Assim, no caso da remissão ou perdão da dívida, esta se extinguirá para o devedor, mas o credor responderá aos outros pelas partes que lhes caberiam. Igual solução aplica-se na hipótese de compensação de dívidas entre o devedor e um dos credores solidários. A cessão do crédito feita por um dos credores não afeta os créditos dos demais, que permanecem intactos.

O Código Civil (art. 270) estabelece regra diferenciada para os herdeiros de um dos credores, quando este vier a falecer, antes do recebimento da prestação.

Cada herdeiro não pode exigir o cumprimento da prestação por inteiro, como poderia fazer o credor falecido, mas apenas a quota correspondente à sua parte na herança. Assim, se o credor deixar três herdeiros, cada um deles só poderá exigir do devedor um terço da prestação, regulando-se entre eles pelas normas aplicáveis à obrigação divisível. Aos herdeiros, portanto, não se estende a solidariedade. Se a prestação for indivisível, cada herdeiro pode exigir toda a dívida, se um dos credores já não o tiver feito. Nessa hipótese, também não se estabelece a solidariedade entre o herdeiro e os demais credores, pois não se confunde a obrigação indivisível com a solidária, como ressaltamos acima. A lei não se refere ao legatário, que é o beneficiário de bem determinado da herança em testamento feito pelo credor, mas é perfeitamente admissível que assuma posição idêntica ao de herdeiro, pois o crédito é um bem sucessível.

A solidariedade ativa não se extingue em virtude do inadimplemento do devedor ou em virtude de impossibilidade da prestação por culpa do devedor. Em qualquer dessas hipóteses, imputa-se ao devedor culpado o ônus de pagar as perdas e danos resultantes. A solidariedade entre os credores transfere-se para o crédito de que passam a ser titulares relativamente ao valor das perdas e danos.

Como vimos, na solidariedade ativa há um crédito para cada credor, ou, no sentido amplo, uma obrigação autônoma, unida às dos demais credores pela mesma relação jurídica. Assim, cada credor solidário pode ostentar situações jurídicas próprias em face do devedor, além de iniciativas que afetam o destino da obrigação. Ante essa circunstância, o art. 273 do Código Civil estabelece que a um dos credores solidários não pode o devedor opor as exceções pessoais oponíveis ao outro ou aos outros. Exemplificando: se o devedor for titular de crédito contra o credor solidário C, não poderá opor compensação contra o credor A que lhe exija o pagamento da dívida. Da mesma maneira, se um dos credores ajuizar ação contra o devedor e obtiver sentença judicial desfavorável, esta não vinculará os demais, que poderão exigir o cumprimento total da dívida. Mas, se a sentença for favorável a um dos credores, os demais serão beneficiados por ela, porque não faz sentido que tenham de repetir o pedido, sem poder valer-se de um julgado a eles favorável. Como se vê, o Código Civil adotou o princípio da beneficência do credor, ou da coisa julgada secundum eventum litis, ou seja, a decisão judicial apenas faz coisa julgada se tiver sido benéfica ao credor, de modo que os demais se aproveitem dela. Esclarece Ada Pellegrini Grinover et al. (1998, p. 711) que, vencidas as resistências doutrinárias, o direito processual moderno passou a admitir que a extensão subjetiva do julgado só seja utilizada para os casos do acolhimento da demanda. Note-se que a admissão no direito brasileiro da técnica do julgado secundum eventum deu-se, inicialmente, no campo das ações coletivas, que envolvem interesses difusos, coletivos ou individuais homogêneos, como as relativas ao direito do consumidor, objeto da referência da autora. Estabelece o art. 274 do Código Civil, com a redação dada pelo CPC/2015, que o julgamento contrário a um dos credores solidários não atinge os demais, mas o julgamento favorável lhes aproveita.

O Código Civil faculta a cada credor solidário o "direito a exigir do devedor o cumprimento da prestação por inteiro" (art. 267), mas não o impede de, abrindo mão dessa faculdade, exigir o cumprimento da quota que lhe corresponda. O devedor não pode opor-se, a não ser que o negócio jurídico lhe tenha estendido a solidariedade, sendo de seu interesse o adimplemento integral. O adimplemento parcial feito a um dos credores vale contra os demais, que só poderão exigir o restante. Porém, se o devedor tornar-se insolvente, os demais credores solidários têm direito contra o que recebeu parcialmente, para rateio do recebido.

Quando a dívida não tiver termo final claro e determinado, a mora se constitui mediante interpelação judicial ou extrajudicial (art. 397 do Código Civil), respondendo o devedor pelos prejuízos decorrentes, mais juros, atualização dos valores monetários e honorários de advogado. De acordo com o Enunciado 427 das Jornadas de Direito Civil (CEJ/STJ) é válida a notificação extrajudicial promovida por serviço de registro de títulos e documentos de circunscrição judiciária diversa da do domicílio do devedor. Em se tratando de solidariedade ativa, se algum dos credores constituir em mora o devedor, este somente em relação àquele ficará em mora, não aproveitando aos demais credores, que deverão tomar a mesma iniciativa, porque cada crédito é autônomo. A mora só interessou a um dos credores, mas produz efeitos em relação aos demais, que ficam impedidos de liberar o devedor da dívida. Em contrapartida, se o devedor constituir em mora um dos credores, pela recusa deste em receber a dívida, a mora alcança todos os credores, uma vez que a prestação é da dívida toda.

A relação entre os credores, quanto às partes de cada um ou à partilha do crédito, pode ser regulada em negócio jurídico entre eles. Ao menos em três situações o Código Civil procurou estabelecer o procedimento a seguir: a) na hipótese geral do recebimento da dívida por um dos credores (pelo que responde pelas partes que caibam aos outros – art. 269); b) na hipótese do falecimento de um dos credores, quanto à participação de seus herdeiros (art. 270); c) na hipótese da remissão total ou parcial da dívida, quando assume a responsabilidade de pagar aos demais o que deixarão de receber (art. 272). Em todos esses casos a parte de cada credor tem de ser conhecida no negócio jurídico de onde se irradia o crédito ou em outro negócio jurídico, presumindo-se, em sua ausência, a igualdade de valor.

12.3. Solidariedade Passiva

Há solidariedade passiva quando o credor pode exigir de qualquer dos devedores solidários toda a prestação, em virtude de lei ou do negócio jurídico (de contrato ou de negócio jurídico unilateral, como os títulos de crédito). Qualquer dos devedores continua obrigado até que se pague totalmente a dívida. A prestação não pode ser dividida entre os devedores, porque a divisão é incompatível com a solidariedade. O devedor passivo tem de cumprir a prestação como se fosse o único obrigado. Cada um dos devedores considera-se devedor único perante o credor ou credores, mas em face dos demais devedores é considerado como devedor somente de sua parte.

O que caracteriza a solidariedade passiva não é a unidade da dívida, ou do crédito, mas a comunidade de fim, fundada em relação jurídica única. Não se pode cogitar de várias relações jurídicas, uma para cada devedor; a relação jurídica única é que identifica a solidariedade passiva, dela defluindo tantas obrigações quantos sejam os devedores. A pretensão é única, mas corresponde a tantas obrigações quantos forem os devedores, extinguindo-se quando um obrigado satisfizer toda prestação. As obrigações podem ser distintas quanto ao tempo, ao lugar, à condição. Sumariando, na solidariedade passiva tem-se a relação jurídica única, o crédito único e a pluralidade de obrigações. Do lado do credor (ou dos credores), a unicidade; do lado dos devedores, a pluralidade. Em razão da unicidade do crédito e da autonomia de cada obrigação é que o credor pode exigir o cumprimento integral da prestação comum de um dos devedores, ou parte dela.

Pontes de Miranda esclarece que nada obsta que se dê certa ordem à exigibilidade a respeito de cada devedor solidário (primeiro, *A*; depois, *B*; só após *C*) e que os interesses sejam diferentes. Uma ou algumas obrigações podem ser garantidas com penhor, hipoteca, fiança, ou outro meio jurídico, sem que a outra ou as outras o sejam. As garantias podem ser diferentes. O penhor ou a hipoteca ou a anticrese em garantia de duas ou mais obrigações solidárias em verdade reúnem duas ou mais penhoras da mesma coisa (1971, v. 22, p. 343).

A lei estabelece a solidariedade passiva em diversas situações, não se podendo presumir que dois ou mais devedores de um mesmo credor em um negócio jurídico sejam solidários. São exemplos de solidariedade passiva legal: a) todos os fornecedores de produtos e serviços lançados no mercado de consumo, em virtude de vícios de qualidade, de quantidade e de informação, ocultos e aparentes, que apresentem (arts. 18 a 20 do CDC); b) o alienante e o adquirente de má-fé que não respeitarem o direito de preferência para aquisição do bem que tiver sido estipulado com o vendedor originário (CC, art. 518); c) duas ou mais pessoas que sejam comodatárias de uma mesma coisa (CC, art. 585); d) as pessoas referidas no art. 932, por força do art. 942, ambos do Código Civil, e os autores dos danos, como os pais e o filho menor que praticou o ato lesivo; e) os gestores de negócio e quem lhes substituir (CC, art. 867); f) os autores de condutas e atividades consideradas lesivas ao meio ambiente (CF, art. 225, § 3º), como as empresas que se situam em área poluída (STJ, REsp 18567); g) os que veiculam publicidade enganosa e os que dela se aproveitam para comercialização (STJ, REsp 327257). Há, também, solidariedade passiva entre o proprietário do veículo e o terceiro que o estiver dirigindo, quando este causar dano (STJ, AgI 574415). Mas não há entre corretora e seguradora, quanto ao pagamento do seguro, ainda que a corretora responda pela má prestação do serviço (REsp 149977).

O credor pode demandar um ou, em litisconsórcio, mais de um ou todos os devedores. Embora o credor possa demandar um dos devedores solidários pela dívida toda, não fica impedido de acionar judicialmente os demais, em ações distintas. A solidariedade passiva não pode ser obstáculo a que o credor possa receber plenamente seu crédito. Para que não haja enriquecimento sem causa, o credor só poderá exigir dos demais a diferença do quanto da prestação já recebeu do primeiro. O art. 275, parágrafo único, do Código Civil esclarece que não importará renúncia da solidariedade o ajuizamento da ação pelo credor contra um ou alguns dos devedores, e não contra todos. A ação contra um não libera os demais, pois a liberação apenas se dará quando um ou alguns cumprirem totalmente a obrigação. A decisão judicial é somente de eficácia contra o devedor acionado, ainda que envolva obrigação solidária. A decisão não faz coisa julgada, quando desfavorável, em face dos demais codevedores. O ajuizamento da ação contra um não importa litispendência, permitindo que o credor ajuíze ação contra o outro ou outros codevedores.

O STJ consolidou entendimento, mediante a Súmula 581, segundo a qual "a recuperação judicial do devedor principal não impede o prosseguimento das ações e execuções ajuizadas contra terceiros devedores solidários ou coobrigados em geral, por garantia cambial, real ou fidejussória".

O credor pode cobrar de qualquer dos devedores solidários parte da dívida, quando a prestação for divisível, ou parte de um e parte de outro. Se o adimplemento tiver sido parcial, porque o credor apenas exigiu parte da dívida, permanecerá a solidariedade passiva dos demais devedores em relação ao resto. Se apenas houver dois devedores solidários, a exigência e o adimplemento parciais levarão à extinção da solidariedade, passando o segundo devedor a responder exclusivamente pelo restante da dívida. Porém, se o credor tiver demandado a dívida toda a um dos devedores, e este tiver adimplido apenas parcialmente, permanecerá obrigado solidariamente pelo restante, juntamente com os demais. No REsp 1089444, o STJ decidiu que, se a transação firmada entre o credor e um dos devedores solidários tem a ressalva de que a quitação não abrange o outro devedor solidário (no caso, foram duas empresas devedoras solidárias de danos morais e materiais a uma pescadora, em razão da explosão de um navio), pode a credora prosseguir com a ação para obter a condenação do segundo, pelo valor de sua quota no débito remanescente (50% dos danos sofridos pela pescadora).

Do mesmo modo, o credor pode receber o adimplemento parcial de um dos devedores, liberando-o do restante da obrigação, ou perdoá-lo parcialmente. Em ocorrendo qualquer dessas hipóteses, a solidariedade permanece quanto aos demais devedores, que ficam desobrigados da parte correspondente ao pagamento recebido pelo credor, ou ao perdão por este dado a um deles. "Assim, a transação celebrada entre o credor e um dos devedores solidários, quitando explicitamente apenas metade do débito, e não a sua totalidade, permite ao credor cobrar o restante do seu crédito dos demais devedores solidários" (STJ, REsp 140150). Há extensão dos efeitos dessas duas situações, beneficiando os outros devedores. Mas, o Código Civil (art. 282) estabelece que o perdão total ou a renúncia da solidariedade em favor de um dos devedores não importa extinção dela em relação ao demais, que permanecerão obrigados integralmente.

Qualquer modificação decorrente de pacto, cláusula adicional ou acordo posterior ao início da obrigação, entre o credor e algum dos devedores, não será extensiva aos demais, salvo se lhes for favorável. A modificação que agravar as posições dos demais devedores, a exemplo do aumento do valor da prestação, depende do consentimento deles para que possa alcançá-los. Essa regra é aplicável principalmente aos negócios jurídicos bilaterais, em razão do princípio da autonomia privada, mas também incide quando o agravamento decorrer de acordo entre o credor e um dos devedores cuja solidariedade tenha sido imposta em lei.

Nas relações internas entre os codevedores prevalece o direito de regresso daquele que pagou a totalidade da dívida contra os demais, ou (CPC, art. 130) o direito de chamamento ao processo dos demais devedores solidários. Em princípio, dá-se a divisão em partes iguais entre todos os codevedores, devendo o que pagou exigir apenas a quota de cada um, pois o dever de pagar a totalidade da dívida apenas existe em face do credor. Na forma do art. 284 do Código Civil, no rateio entram inclusive os que foram exonerados pelo credor, por remissão, relativamente à quota do codevedor insolvente; ou seja, se não houver insolvente, os exonerados não participam de qualquer rateio. Exemplificando: se são quatro os codevedores, aquele que pagar a totalidade da dívida poderá exigir de cada um dos demais 1/4 ou 25%; se um deles for insolvente, poderá cobrar de cada um dos dois restantes 1/3 do valor da dívida (divide-se o total entre o que pagou e os dois solventes); se um dos quatro tiver sido exonerado pelo credor, pagará apenas 1/4 da quota do insolvente e os restantes 3/4 (75%) serão divididos entre o que pagou e os dois outros codevedores. Todavia, as quotas dos codevedores podem ser desiguais, como ocorre nos exemplos citados por João de Matos Antunes Varela (1986, p. 738) do detentor do automóvel que, sem culpa, houver pagado toda a indenização relativa aos danos provenientes de acidente devida ao locatário, comodatário ou condutor do veículo, e do comissário que age culposamente e paga toda a indenização, devendo ele suportar a totalidade da prestação, sem direito de regresso (hipótese do art. 279 do Código Civil brasileiro).

12.3.1. Mora na solidariedade passiva

A mora por ação ou omissão de um dos devedores repercute nos demais. Em princípio, os efeitos da mora do devedor só a ele atingem. Quando todos os devedores derem causa à mora, os efeitos desta serão sentidos diretamente pelo devedor ou devedores que forem acionados pelo credor, inclusive para pagamento de indenização, ainda que, posteriormente, os que pagaram tenham ação de reembolso contra os outros, para rateio do valor correspondente.

Quanto aos juros de mora, o Código Civil (art. 280) estabeleceu regras específicas de distribuição dos encargos entre os devedores solidários, em virtude da mora do adimplemento, por vencimento do termo final do prazo ou em virtude de interpelação do credor, quando o termo for indeterminado. A mora por culpa de um obriga a todos pelo pagamento dos juros correspondentes, em benefício do credor, até porque cada devedor solidário pode evitá-la realizando a prestação no tempo devido. Mas os devedores não culpados pela mora têm ação de reembolso contra o culpado para que sejam ressarcidos do que pagaram de acréscimo.

A mora do credor produz efeitos a favor de todos os devedores solidários, porque se a prestação ofertada por um devedor fosse aceita pelo credor todos os demais se liberariam. A purgação da mora por parte do credor que se oferece para receber a prestação que recusou abre a oportunidade a todos os devedores. Porém, só se dá entre o devedor que oferecer a prestação e o credor. Os demais devedores que solicitarem a purgação não serão favorecidos por ela.

Na solidariedade passiva, não é possível que a mora em que incorreu um dos devedores acarrete a resolução do negócio jurídico por inadimplemento. É necessário que comprovadamente todos os demais devedores tenham incorrido em mora. Enquanto houver um devedor solidário que não esteja em mora (pois, como vimos, as obrigações solidárias são autônomas e podem conter termos finais distintos), e seja solvente, não haverá inadimplemento da obrigação.

12.4. Na Fiança Não Há Solidariedade

Não há solidariedade necessária entre o obrigado de negócio jurídico acessório e o obrigado do negócio jurídico principal, salvo se as partes tiverem assim convencionado. A relação entre fiador e afiançado não é necessariamente de solidariedade passiva. A fiança é um contrato acessório, e as obrigações solidárias não dependem umas das outras, nem são subsidiárias. Os fiadores entre si, quando a fiança for prestada por mais de um, são obrigados solidários quando não tiverem optado pelo benefício de divisão (art. 829 do Código Civil). Segundo Orozimbo Nonato, na fiança preside o espírito de liberalidade; na solidariedade ocorre como que associação de crédito ou débito mútuo (1959, v. 2, p. 171).

Estabelece o art. 828, II, do Código Civil que não aproveita o benefício de ordem (o fiador demandado pelo pagamento da dívida tem direito de exigir que sejam primeiro executados os bens do devedor) ao fiador que se obrigou como principal pagador ou devedor solidário. Porém, adverte Pontes de Miranda (1971, v. 22, p. 345), comentando idêntica norma contida no CC/1916, que as obrigações solidárias de nenhum modo dependem umas das outras, nem são subsidiárias. Ainda quando o fiador se faz obrigado principal ("como principal pagador"), há renúncia à subsidiariedade, mas não à acessoriedade. Para esse autor, quando a norma se refere a "devedor solidário" utiliza figura apenas próxima da solidariedade.

No caso de aval, que é igualmente negócio jurídico acessório, contudo, o STJ (REsp 3830) decidiu que os avalistas, signatários de contratos de mútuo com garantia cambial, são devedores solidários. Esse entendimento foi ampliado pela Súmula 26/STJ, a qual enuncia que "o avalista de crédito vinculado a contrato de mútuo responde pelas obrigações pactuadas, quando no contrato figura como devedor solidário".

Outras diferenças têm sido anotadas pela doutrina: o fiador só é responsável na falta do devedor principal; o devedor solidário é obrigado à prestação por inteiro; a fiança pode ser inferior ao valor da dívida afiançada; a solidariedade não se divide e abrange a totalidade da obrigação; se o fiador se torna insolúvel, o credor pode exigir outro, ao passo que a porção insolúvel recai sobre os demais devedores solidários; o fiador demandado pode valer-se do benefício de ordem, ou seja, exigir que primeiro sejam executados os bens do devedor afiançado, enquanto na solidariedade não se aplica esse benefício.

12.5. Oposição de Exceções Comuns e Exclusivas pelo Devedor Solidário

Cada devedor solidário tem as suas exceções pessoais e exceções comuns aos demais codevedores, estabelecendo o Código Civil, no art. 281, que o devedor demandado pode opor ao credor quaisquer dessas exceções, mas as que lhe são pessoais não aproveitam aos demais, porque apenas dizem respeito a si, a exemplo de sua incapacidade absoluta ou relativa, que leva à invalidade de sua obrigação, ainda que permaneça válido o negócio jurídico em relação aos outros codevedores, ou de prazo especial que o credor concedeu apenas a um. A exceção que diga respeito a um dos devedores não pode ser oposta por outro, mesmo que beneficie aquele. Consideram-se pessoais as exceções que se verificam com respeito a um só codevedor, mas operam diretamente na obrigação. Como exemplo, a remissão dada pelo credor a um dos codevedores apenas a este aproveita.

São exemplos de exceções comuns a inexistência, a nulidade, a anulabilidade, a ineficácia, a resolução, a revogação do negócio jurídico de onde irradia a obrigação, porque aproveita a todos os devedores solidários e não apenas a um. É também comum a exceção do contrato não cumprido (CC, art. 476), quando o credor não cumprir a sua própria prestação, não podendo exigir a dos devedores. Mas é possível que haja a exceção de contrato não cumprido que aproveite apenas a um dos devedores, em virtude da diferença das contraprestações que assumiram. No interesse comum da liberação do débito, o devedor, sempre que demandado pelo credor, deve opor a exceção comum (p. ex., que outro devedor já pagou a dívida ou consignou em adimplemento), respondendo perante os demais se não o fizer e causar-lhes prejuízo, salvo se a desconhecia. Consideram-se igualmente exceções comuns a todos o adimplemento, a novação, a remissão, a falta de objeto.

Em princípio, a exceção de anulabilidade só pode ser alegada pelos interessados, e aproveita exclusivamente aos que a alegarem, mas, por força do que dispõe o art. 177 do Código Civil, quando se tratar de solidariedade ou indivisibilidade aproveita aos demais devedores. Seria inconcebível que a exceção de anulabilidade não fosse comum, pois a anulação retira a validade do negócio jurídico e da relação jurídica, não podendo sobreviver a solidariedade sobre o que deixou de ser válido e perdeu a eficácia no mundo jurídico, pois a obrigação é efeito.

12.6. Rateio entre os Devedores Solidários

Extinta a obrigação pelo adimplemento ou pela execução forçada, cessa a solidariedade em face do credor assim satisfeito. Mas os efeitos da obrigação persistem entre os devedores quando um ou alguns realizaram a prestação, pois a estes é conferido o direito de exigir dos demais o rateio do valor correspondente. Há ação de reembolso para recebimento da quota do devedor que não prestou ou participou da prestação. No direito brasileiro, não há sub-rogação, porque não se transfere o crédito do credor ao devedor solidário que adimple. No Código Civil alemão (§ 426) há sub-rogação para que o devedor solidário adimplente possa ir contra os codevedores como o credor iria.

Presume-se igual a quota cabível a cada devedor, dividindo-se o valor do que foi pago entre os devedores, salvo se suas partes eram originariamente desiguais, por força do negócio jurídico ou da lei. Na dúvida, prevalece a igualdade das quotas, cabendo o ônus da prova da desigualdade ao codevedor demandado.

A primeira regra diz respeito ao devedor que satisfez a dívida por inteiro. Apurados os valores das quotas individuais, excluindo a sua, tem direito de regresso contra cada um, no limite da quota respectiva. Não há, como se vê, sub-rogação da solidariedade, pois se esta a ele se transferisse poderia cobrar o valor que pagou inteiramente de qualquer dos codevedores.

A segunda regra volta-se à distribuição entre os codevedores do valor da quota do devedor que se tenha tornado insolvente. Ela é dividida igualmente entre todos, inclusive ao devedor que tenha pagado a dívida. Este acrescentará à quota dos demais codevedores a fração da quota do insolvente. Ainda com relação à quota do insolvente, impõe-se a participação no rateio do devedor que antes tinha sido exonerado da solidariedade pelo credor. Nessa hipótese, a participação do exonerado (CC, art. 282) ater-se-á exclusivamente à quota do insolvente, uma vez que sua própria quota tinha sido excluída pela renúncia do credor à solidariedade em seu favor.

A base de cálculo da quota de cada devedor para fins do reembolso ao devedor que solveu a dívida não considera necessariamente o valor nominal do crédito. Importa o que efetivamente foi pago, com os acréscimos convencionais ou legais. Se foi dada uma coisa em pagamento, deve ser avaliada, levando-se em conta como a estimou o credor. Se o devedor teve despesas para o adimplemento, inclusive judiciais, como na hipótese de consignação judicial, elas são acrescentadas ao valor para rateio. O cálculo será para menos se o devedor que solveu a dívida não tiver, por culpa sua, oposto as exceções comuns de que tinha conhecimento ou deveria conhecer.

Deixará de haver o rateio se a dívida solidária interessar exclusivamente ao devedor que pagou. Em razão dessa regra, se outro devedor solidário satisfizer a dívida por inteiro, terá ação de regresso para receber integralmente o valor do devedor interessado, sem submeter-se ao rateio. É o que ocorre, por exemplo, com a dívida paga pelo empregador em virtude de dano causado por fato de seu empregado, em razão da solidariedade que a lei estabelece entre eles (art. 942, parágrafo único, do Código Civil). Nesse caso, como diz Orozimbo Nonato, o rateio deixa de encontrar fundamento moral e jurídico, já que a um só dos devedores a obrigação interessa, no real das coisas; cita o exemplo dos fiadores solidários, pois, se um deles solve a dívida, o afiançado responderá por tudo para com ele (1959, v. 2, p. 284), excluindo-se os demais.

12.7. Impossibilidade da Obrigação Solidária

A impossibilidade superveniente da obrigação solidária pode decorrer de fato natural, de imposição legal, em suma, de fatos não voluntários, ou pode ser originada na culpa de algum dos devedores. A impossibilidade involuntária ou independente de culpa leva à extinção da obrigação, liberando todos os devedores.

A impossibilidade por culpa de todos os devedores não os libera, permanecendo no dever de pagar o equivalente e a indenização pelas perdas e danos, além dos juros de mora, podendo o credor cobrá-los de um ou de todos. A impossibilidade por culpa de um dos devedores não libera os demais, pois a solidariedade é convertida no dever para todos de pagar o equivalente em dinheiro; para o culpado, além disso, impõe-se a indenização pelas perdas e danos. Nessa hipótese, o credor poderá cobrar ambos os valores do único devedor culpado ou cobrar o equivalente de um devedor e as perdas e danos do culpado.

A culpa não pode ser atribuída genericamente a todos os devedores solidários, e, em caso de dúvida, deve proceder-se cautelosamente. Karl Larenz considera a frequente invocação a uma suposta "estipulação tácita" uma ficção mal-entendida, citando o exemplo de um caso julgado na Alemanha em que dois advogados se associaram para o exercício da profissão, sendo necessário distinguir: se o cliente havia confiado a causa a um só deles, o outro não responderá pela culpa do companheiro; o advogado ao qual foi confiada a causa responderá pela culpa do outro, se este atuou como auxiliar ou se ele permitiu que compartilhasse a representação. Pelo contrário, se o cliente confiou o assunto a ambos conjuntamente, cada um responderá pela culpa do outro (Larenz, 1958, p. 508).

Na solidariedade ativa, se a prestação se tornar impossível por culpa do devedor, todos os credores têm direito a indenização por perdas e danos, determinando-se a parte de cada um conforme o seu interesse na prestação. Nesta última hipótese, permanece a solidariedade ativa em relação ao valor da indenização e aos juros de mora em que se converteu a dívida.

12.8. Extinção da Obrigação Solidária

A obrigação solidária extingue-se pelos modos comuns às demais obrigações, principalmente pelo adimplemento, liberando os devedores, inclusive se quem o fizer for terceiro não interessado, se o fizer em nome e à conta do devedor ou dos devedores solidários, salvo oposição destes (art. 304, parágrafo único, do Código Civil). Certos efeitos persistem com a extinção da obrigação, como o direito dos demais credores solidários de receber as partes que lhes cabem do credor que receber a dívida toda, e o direito do devedor de receber de cada devedor solidário a quota correspondente em virtude do adimplemento que fez da dívida toda. Por seu turno, a solidariedade ativa ou passiva pode ser extinta sem se extinguir a dívida, se as partes alterarem o negócio jurídico nessa direção.

A extinção pela remissão ou perdão da dívida dá-se coletivamente, em benefício de todos os devedores solidários. O credor pode remitir em favor de algum dos devedores, permanecendo a obrigação com relação aos outros, abatendo-se a parte correspondente. Igualmente, extinguem a dívida a dação em adimplemento, a consignação e a compensação.

O devedor que pagar a dívida integralmente tem direito a reembolso, que não se confunde com sub-rogação, cobrando de cada um dos codevedores as quotas respectivas. Se algum deles estiver insolvente, sua quota será rateada entre os outros. De qualquer forma, o crédito foi extinto.

A transação, ainda que não seja uma modalidade de adimplemento, mas um contrato autônomo, por sua finalidade, pode resultar na extinção de obrigação solidária. Estabelece o § 3º do art. 844 do Código Civil que a transação concluída entre o credor e um dos devedores solidários extingue a dívida em relação aos codevedores. Se a transação apenas atinge parte da dívida, liberam-se os codevedores nessa parte, mas não extingue a obrigação.

A morte de um dos devedores solidários não extingue a obrigação em relação a ele, pois alcança seus herdeiros, nos limites da força da herança. Cada herdeiro é responsável pela dívida, de acordo com a proporção do quinhão hereditário que receber. Por exemplo, se a dívida total é de 900 e são três os herdeiros, o credor apenas poderá cobrar de cada um o valor de 300, se o quinhão hereditário for igual ou superior a este. Mas se a dívida for indivisível, o credor cobrará de todos os herdeiros, conjuntamente, como se fossem um único devedor solidário, se não preferir ajuizar a ação contra os demais devedores. Ocorre, nessa hipótese, a conjunção de duas figuras: há a solidariedade porque a dívida do espólio do devedor falecido é solidária com a dos outros devedores; mas a sucessão da dívida foi por partes, quando divisível, no limite dos quinhões hereditários.

Capítulo XIII

Transmissão das Obrigações

13.1. Transmissão de Créditos e Dívidas

A obrigação pode ser transmitida ou sucedida. Embora permaneça a relação jurídica, o direito admite que mudem os sujeitos. Na transmissão de crédito ou de dívida, muda-se um polo da relação jurídica sem alterá-la: o sujeito ativo ou o sujeito passivo. Se a mudança é do credor, diz-se cessão de crédito. Se a mudança é do devedor, diz-se assunção de dívida. Ambos são negócios jurídicos bilaterais. Nas duas espécies de transmissão das obrigações, o legislador preferiu a tutela essencial do interesse do credor, condicionando a assunção de dívida a seu consentimento expresso e admitindo que a cessão do crédito possa ser feita sem consentimento do devedor, bastando a notificação.

O crédito, por ser dirigido à obtenção de uma prestação, tem um valor patrimonial. Não é só relação de prestações. A perspectiva nele contida é a do recebimento efetivo da prestação devida, o que lhe atribui um valor patrimonial atual, suscetível de transmissão, como qualquer outro bem patrimonial. Por essa razão, a cessão de crédito, mais que a assunção de dívida, teve destacado papel no tráfico jurídico. O patrimônio de uma pessoa é o conjunto de seus bens econômicos, de seus créditos e de seus débitos. O direito das obrigações regula a transmissão de créditos e dívidas entre vivos; a transmissão em razão da morte de credor ou devedor é objeto do direito das sucessões.

A transmissão das obrigações é conquista do direito moderno, porque os antigos entendiam as obrigações como relações intransmissíveis entre pessoas determinadas, que não poderiam ser substituídas. No direito romano, ninguém podia tomar o lugar do credor ou do devedor. Para solução dos problemas práticos, lançavam mão ou da novação subjetiva, ou, como esclarece Enneccerus, nomeava-se procurador em causa própria o terceiro a quem se queria transferir o crédito (1954, t. 2, p. 575). A negociabilidade das obrigações é o termo final de uma revolução só completada nos fins do século XIX e início do século XX (Nonato, 1959, v. 1, p. 110).

O CC/2002 regula expressamente a cessão de crédito e a assunção de dívida. O CC/1916 não cuidou da assunção de dívida, mas o sistema jurídico nunca a vedou, pois há sempre possibilidade de um novo devedor ficar no lugar de quem o era.

13.2. Cessão de Crédito

A cessão de crédito é negócio jurídico bilateral de transmissão do crédito de um credor para terceiro, que assume sua posição. Todo crédito, em princípio, é cedível, salvo se o próprio negócio jurídico o proibir, por convenção das partes, ou se a lei estabelecer vedação, ou se a natureza da obrigação obstá-lo. Pode ser cedido tanto antes como depois do vencimento, e ainda quando esteja ajuizado. Um dos exemplos mais comuns de cessão de crédito é a que se dá mediante desconto bancário, pelo qual o titular do título de crédito o transfere ao banco, levantando o valor monetário que pretendeu. Outro é o da difusão no Brasil do sistema de faturização (*factoring*), no qual o empresário, necessitando de capital de giro, cede à empresa faturizadora os títulos representativos das prestações assumidas por seus clientes, para que a segunda os receba em seus vencimentos, antecipando o valor, com desconto ajustado, este correspondendo à remuneração da faturizadora, que assume os riscos. Também podem ser cedidos os créditos futuros, que ainda não foram determinados ou cuja constituição depende de evento futuro.

O crédito integra o patrimônio do credor, como titular do direito pessoal, que pode transmiti-lo, como transmite um direito real. Em princípio o credor pode aliená-lo, gravá-lo, transformá-lo em dinheiro. O cessionário adquire o crédito como sucessor do cedente, sem alterar a relação jurídica negocial ou extranegocial (ato-fato jurídico ou fato jurídico em sentido estrito, lícito ou ilícito, ou obrigações naturais). A cessão pode ter sido decorrência de outro negócio jurídico, mas independe deste. Os créditos litigiosos, dependentes de decisão judicial, podem ser cedidos, ainda que a cessão não seja eficaz em relação ao suposto devedor litigante, enquanto não houver trânsito em julgado da sentença.

Nesta última hipótese, o cessionário pode ser admitido como litisconsorte na ação, ao lado do cedente.

Por força do princípio da conservação dos direitos transmitidos, o crédito passa ao cessionário com todos os seus atributos, positivos e negativos. Os atributos positivos são as salvaguardas que garantem o crédito, as pretensões e ações de que o credor seja titular, salvo as exceções pessoais. Os atributos negativos são os vícios que afetam o crédito (Carbonnier, 2000, p. 559). Mas, não se transmitem os direitos que são exclusivos do cedente, como decidiu o STJ (AgRgAgI 614899) pela não legitimidade do cessionário para pleitear direitos conferidos ao primitivo subscritor das ações, em época anterior à cessão de créditos.

Lembra Pontes de Miranda que a evolução do direito tornou superada a concepção romana antiga que ligava o crédito à pessoa, à concepção do "tipo imutável" da obrigação. O tempo encarregou-se de precisar que ao credor nasce o poder de dispor daquilo que não depende ou não é dispensável à personalidade. "A pessoa, em sua posição de sujeito, passou, em muitos créditos e dívidas, a ser 'fungível'" (1971, v. 23, p. 268). Mas, adverte Karl Larenz, para que possa transmitir ou gravar o direito de crédito, é necessário que o titular tenha o poder de disposição, a saber, que possa realizar negócios jurídicos através dos quais modifique a extensão ou o conteúdo do direito de que é titular (1958, p. 445), em situação muito semelhante à dos direitos reais.

Por ser negócio jurídico bilateral abstrato (não depende de qualquer causa), a cessão é válida ainda quando a causa não exista ou seja ilícita. Independe do negócio subjacente (a obrigação cedida) ou de outro negócio a que se vincule (p. ex., quando serve de garantia a negócio jurídico do cedente). Cede-se o crédito independentemente do fim que se colimou. Por isso, não pode ser nula por ilicitude do objeto (da cessão). Todavia, se o negócio jurídico da cessão for declarado nulo, caberá repetição do indébito pelo cessionário contra o cedente, porque haveria enriquecimento injustificado do segundo (cedeu o que era nulo).

A cessão pode ser causal, se assim o quiserem cedente e cessionário, quando a conceberem condicionalmente; nesse caso, não é afetada se o negócio jurídico a ela subjacente for declarado nulo ou ineficaz. Para Rodrigo Xavier Leonardo (2014, p. 274), no entanto, a causalidade deve ser a regra e não a exceção, uma vez que o negócio jurídico de disposição é voltado diretamente à diminuição do ativo patrimonial do cedente, para propiciar o aumento patrimonial do cessionário; alega, também, eventuais resultados inconvenientes, como a doação de créditos que extrapole os limites da herança legítima, seguida da efetiva cessão.

A cessão de crédito conclui-se entre o credor cedente e o terceiro cessionário, produzindo seus efeitos entre eles assim que concluído o negócio jurídico respectivo, passando a ser credor o cessionário. Não depende do consentimento do devedor. Concluído o negócio jurídico, transmite-se imediatamente o crédito, se não tiver havido condição suspensiva ou termo, mas seus efeitos em relação ao devedor dependem da notificação deste (eficácia relativa). Assim, basta para a eficácia do negócio jurídico que haja o acordo de transmissão do crédito entre o credor e o terceiro, uma vez que a notificação do devedor é apenas para a eficácia no que lhe diz respeito. Com a cessão, o cessionário adquire o direito de crédito, as pretensões e ações decorrentes, sem alterações, porque se muda a posição de credor, mas a relação jurídica permanece, com suas vantagens, desvantagens, limitações.

Ao cedente impõe-se o dever de informar ao cessionário, de modo a que este possa exercer o direito ao crédito em toda sua integralidade. Do dever de informar irradiam-se prestações positivas de fornecer dados e informações que envolvam o crédito e negativas de omitir-se de tudo o que possa dificultar ou impedir seu recebimento. Há obrigação expressa nesse sentido no Código Civil alemão (§ 402), aplicável ao direito brasileiro, que estabelece ser o cedente obrigado "a fornecer ao novo credor a informação necessária para o exercício do crédito e entregar-lhe os documentos úteis para provar a existência do crédito, que estejam em sua posse".

Presume-se, legalmente, que a cessão de um crédito abranja seus acessórios, tais como juros compensatórios, correção monetária (considerada acessória do crédito, pois não há índice oficial exclusivo de atualização monetária), especialmente quando for dívida de valor, as penas legais ou convencionais pela mora de prestação ou de prestações, inclusive as vencidas que porventura já existam quando da cessão. A presunção é apenas *juris tantum*, pois o negócio jurídico da cessão pode ter excluído os acessórios ou parte deles, uma vez que é dispositiva a regra do art. 287 do Código Civil. A fiança é acessória do crédito, como sua garantia; do mesmo modo, o penhor. Essas garantias estão abrangidas na cessão, salvo se houve prévia proibição convencional, ou se a cessão as excluir, por renúncia do credor. Nesse caso, extinguem-se a fiança ou o penhor. Não se inclui no conceito de acessórios o que é personalíssimo do credor cedente, como as exceções que só lhe digam respeito.

Entendemos que os juros vencidos e penas convencionais em virtude de mora ocorrida antes da cessão estão nesta incluídos, porque o art. 287 do Código Civil não faz distinção entre acessórios anteriores ou supervenientes, salvo se cedente e cessionários resolverem ressalvá-los. Pontes de Miranda (1971, v. 23,

p. 295) entende, contrariamente, que os direitos já vencidos não se têm por transferidos, dispositivamente, porque essa regra jurídica não estaria no direito brasileiro, sendo preciso que se houvessem cedido expressamente, pois os juros vencidos, como frutos civis, separar-se-iam da dívida principal, constituindo bens móveis destacados.

Os créditos personalíssimos são legalmente incedíveis, como os de natureza alimentar. Há obrigações cujos créditos, por sua natureza, não podem ser cedidos, a exemplo do contrato de prestação de serviços, em que se veda àquele a quem os serviços são prestados de transferir a outrem o direito aos serviços ajustados (CC, art. 605), ou da cessão de crédito de parte de prestação indivisível.

É lícito que as partes de um negócio jurídico (credor e devedor) estipulem a proibição de cessão do crédito. Todavia, para que a proibição possa ser oposta pelo devedor ao cessionário será indispensável que conste como cláusula expressa no instrumento do negócio jurídico, de modo a permitir seu conhecimento a qualquer pessoa. Se a cláusula proibitiva estiver contida em outro documento não poderá ser oposta ao cessionário de boa-fé, ou seja, ao que dela não teve conhecimento.

Por ter natureza de direito patrimonial, o crédito pode ser penhorado, em virtude de ações ajuizadas por credores do pretendido cedente. Essa semelhança com o domínio levou alguns autores a cogitar de "propriedade do crédito", ou de compra e venda do crédito, como se fosse uma coisa, ou que o crédito fosse objeto de dois direitos, um como direito à prestação e outro como valor patrimonial (Gomes, 1998, p. 201), sendo este último suscetível de penhora. Após a penhora judicial, o credor fica impedido de cedê-lo a terceiro, porque seria desrespeito à medida constritiva. Em homenagem ao princípio da boa-fé e da aparência, se o devedor pagar a dívida ao credor cessionário, por não ter conhecimento da penhora anterior, ficará liberado. A penhora do crédito é sempre acompanhada do pedido do autor da ação para que o devedor seja dela notificado, de modo a que o pagamento se dê em juízo. Se, após receber notificação judicial, pagar ao credor cessionário, não se exonerará da dívida.

Diferente da cessão de crédito, quando se dá a substituição do titular, é a denominada "cessão fiduciária de direitos creditórios", com fins de garantia, ou seja, quando o credor oferece como garantia de certo contrato – em vez de fiança, caução, seguro, garantia real – os direitos sobre determinada dívida. Nessa modalidade, a cessão não é definitiva, extinguindo-se quando a dívida que garantir (do próprio titular do crédito ou de terceiro) for extinta, principalmente pelo adimplemento. A Lei n. 10.931, de 2004, prevê expressamente a garantia mediante cessão fiduciária de direitos creditórios decorrentes de contratos de financiamento de imóveis, que pode ser utilizada pelo financiador, construtor ou incorporador em outros contratos.

13.2.1. Forma da cessão de crédito

A cessão não exige forma determinada, salvo para eficácia em relação a terceiros. Pode haver, inclusive, cessão tácita, ante os comportamentos concludentes do devedor e do novo credor. Todos os efeitos da cessão produzem-se entre credor cedente, credor cessionário e devedor. Assim, a eficácia do contrato de cessão dá-se com sua celebração, transferindo-se imediatamente o crédito, passando o cessionário a ser o credor.

Em relação a terceiros, quando não se tratar de sentença ou de determinação legal, o direito brasileiro determina que sua eficácia depende de celebração mediante instrumento público, perante notário, ou instrumento particular assinado pelas partes, com dispensa de testemunhas, e registrado no registro civil de títulos e documentos. As exigências que cercam o instrumento particular de cessão decorrem do disposto no art. 221 do Código Civil, para o qual os efeitos do instrumento particular, "bem como os da cessão, não se operam, a respeito de terceiros, antes de registrado no registro público". O art. 288 do Código Civil remete, ainda, às "solenidades do § 1º do art. 654", relativo ao contrato de mandato, cujo enunciado determina o conteúdo mínimo para o instrumento procuratório particular, nomeadamente, a indicação do lugar onde foi passado, a qualificação do outorgante e outorgado, a data e o objetivo da outorga com a designação e a extensão dos poderes conferidos, com as devidas adaptações. Assim, outorgante e outorgado devem ser entendidos como cedente e cessionário, o objetivo da outorga como a explicitação da cessão do crédito, sem necessitar de causa ou motivo – porque, como vimos, a cessão de crédito é abstrata –, e a extensão dos poderes conferidos como limite da cessão, que pode ser total ou parcial, nesse caso quando a obrigação for divisível. Essa é a interpretação possível para o art. 288, para que não se considere equivocada e sem sentido a remissão ao art. 654. O CC/1916 remetia mais adequadamente ao art. 135, equivalente do art. 221 do CC/2002.

A inobservância da forma, seja por instrumento público seja por instrumento particular, não compromete a validade da cessão de crédito, como previa o CC/1916. Esse equívoco foi corrigido pelo art. 288 do CC/2002, que se refere à eficácia. O negócio jurídico é válido, entre cedente e cessionário, inclusive quando a cessão for apenas tácita; apenas não irradia efeitos a terceiros. Por ser regra jurídica especial sobre eficácia, não incide o art. 166, IV, que considera nulo o negócio jurídico que não revestir a forma prescrita em lei.

A cessão de crédito hipotecário, por envolver direito real, depende de forma pública e averbação no registro de imóveis, tanto para produzir efeitos entre as partes, quanto para os efeitos em relação a terceiros. O art. 289 do Código Civil enfatiza o direito do cessionário desse crédito de "fazer averbar a cessão no registro do imóvel", o que já está assegurado na Lei de Registros Públicos (Lei n. 6.015/73), no art. 167, II, n. 21.

13.2.2. Notificação do devedor

Para que a cessão do crédito possa produzir efeitos em relação ao devedor, é necessário que ele seja notificado pelo cedente ou pelo cessionário. A notificação, judicial ou extrajudicial, ato jurídico em sentido estrito, tem de ser recebida pelo devedor, bastando sua ciência para comprovação. Se feita pelo cessionário, deverá estar acompanhada de cópia da cessão, para que seja eficaz. A declaração de ciência é ato jurídico em sentido estrito simplesmente recognitivo, equivalente a recibo da notificação. A notificação é feita pelo antigo credor (cedente) ou pelo atual (cessionário), com a apresentação do documento de cessão. A manifestação de vontade contida na notificação pode ser revogada, mas sem retroagir seus efeitos, deixando intactas as prestações já cumpridas pelo devedor ante o cessionário. O art. 290 do CC/2002 refere-se corretamente à eficácia, e não à validade, como fez o CC/1916, pois a falta da notificação não invalida a cessão, apenas não permite que irradie seus efeitos ao devedor, inclusive para fins de execução judicial. Decidiu o STJ que "a cessionária do crédito não tem legitimidade para promover a execução contra o devedor se a alienação do crédito litigioso foi a título particular, sem a ciência ou o consentimento da parte devedora" (REsp 331369).

A notificação é direito indeclinável do devedor, porque homenageia o princípio da boa-fé e a eficácia da aparência. Consequentemente, o devedor ficará desobrigado ou liberado da dívida, se pagar ao cedente primitivo antes de receber a notificação ou declarar que conhecia a cessão. O ônus da prova da notificação ou da ciência é do credor cessionário, cujo êxito impedirá o devedor de opor a exceção do adimplemento e obrigá-lo-á ao cumprimento da prestação e a buscar o ressarcimento do que pagou mal ao credor originário (repetição do indébito), salvo se este transferir ao cessionário o que indevidamente recebeu. Se o devedor exige do cessionário, que lhe cobra o adimplemento da prestação, a prova documental de ter havido a cessão, só incorre em mora depois de atendida essa exigência.

A notificação é presumida quando houver qualquer documento escrito do devedor, no qual se declare ciente da cessão feita, ainda que não tenha recebido notificação regular do credor. Não há necessidade de documento específico, bastando que a declaração possa ser aferida de qualquer anotação sua que diga respeito à sua dívida com o credor cedente e quem seja o cessionário, ou da aposição de sua ciência no documento da cessão. A falta de notificação não é suprida pela citação em execução promovida pelo cessionário do crédito; o STJ assim entendeu em caso de cessão de aluguéis havida entre o locador e a administradora de imóveis, a qual executou os fiadores, tendo sido extinta a ação por ilegitimidade ativa da exequente, em virtude da falta de prévia notificação àqueles (REsp 304389).

Feita a notificação pelo cedente ou pelo cessionário, este passa a ser o credor. Daí em diante, todas as vicissitudes do crédito envolvem apenas o cessionário e o devedor, excluindo-se o cedente, inclusive o adimplemento, ainda que tenha sobrevindo decisão judicial favorável a este último, se o devedor não tiver sido chamado à relação processual.

A notificação pode ser revogada pelo notificante (cedente ou cessionário). Se a notificação foi feita pelo cessionário, não pode o cedente revogá-la, porque tira-se a voz de quem a deu. A eficácia da revogação é *ex nunc*, mantendo-se válidos e eficazes os atos anteriormente praticados pelo devedor, em cumprimento da obrigação, inclusive em razão do princípio da boa-fé.

Quanto aos títulos de crédito, a cessão dá-se mediante a entrega do título ao cessionário, nas hipóteses de títulos ao portador, dispensando-se outro instrumento escrito. Há regra especial, consignada no art. 904 do Código Civil: "a transferência de título ao portador se faz por simples tradição". Já no título à ordem, a transferência opera-se pelo endosso, lançado pelo endossante (cedente) no verso ou anverso do próprio título, completando-se com a tradição do título ao cessionário. Estabelece o § 1º do art. 910 do Código Civil que pode o endossante designar o endossatário (cessionário), assinando em seguida (endosso em preto). Para o título nominativo, assim entendido o emitido em favor de pessoa cujo nome conste do registro do emitente, a transmissão dá-se mediante termo, nesse registro privado, assinado pelo cedente e pelo cessionário (art. 922 do Código Civil). Para eficácia da transmissão dos títulos de crédito em relação ao devedor, não se faz necessária a notificação.

13.2.3. Oposição de exceções pelo devedor em virtude da cessão

A cessão não pode prejudicar a situação do devedor existente antes dela. Assim, pode opor ao novo credor as objeções e exceções que tinha contra o antigo credor, quando da conclusão do negócio de cessão, como a exceção do contrato não cumprido ou a exceção de retenção, no caso de venda de imóvel, ou a exceção do pagamento ou adimplemento já efetuado, ou a exceção de evicção ou do vício redibitório, ou a exceção de prescrição. O devedor pode opor a exceção de invalidade (nulidade ou anulabilidade) da cessão, por qualquer motivo, o que impede que o cessionário assuma a posição de credor. As exceções posteriores à cessão já são nascidas diretamente do crédito do cessionário, devendo ser contra este opostas, salvo se derivadas de situações ocorridas antes da notificação do devedor, o qual poderá opô-las tanto ao cessionário quanto ao cedente. Destarte, as exceções cujo titular seja o devedor transmitem-se com a cessão, mas sua eficácia depende da notificação em relação ao cedente. A regra do art. 294 do Código Civil não é cogente, admitindo-se que o devedor tenha dispensado a notificação da cessão no instrumento da obrigação originária, limitando sua oposição das exceções ao cessionário, liberando-se o cedente.

Ainda com relação às exceções que podem ser opostas pelo devedor, há regra especial (CC, art. 377), relativa à compensação de dívidas, quando o credor for ao mesmo tempo devedor do devedor. As consequências são distintas, dependendo da notificação da cessão ao devedor. Se não tiver sido notificado, poderá opor ao cessionário que lhe cobrar a dívida a exceção de compensação que antes tinha contra o cedente. Porém, após a notificação, não mais poderá fazê-lo contra o cessionário, se antes não fez valer seu direito contra o cedente. Se antes da notificação já tinha oposto a exceção de compensação contra o cedente, ela é eficaz contra o cessionário.

13.2.4. Cessões legais de crédito

Nas cessões por força de lei, não é preciso que se faça notificação. A transferência do crédito opera-se em virtude de lei, não sendo necessário qualquer ato do credor, a exemplo dos créditos oriundos de precatórios (art. 78 do Ato das Disposições Constitucionais Transitórias, com redação da EC n. 30/2000). Essas cessões são oponíveis aos terceiros, sem qualquer formalidade, incluindo-se entre os terceiros o devedor, o cessionário posterior e os credores do cedente. Contudo, se o devedor paga ao antigo credor sem saber que houve a cessão, fica desobrigado da dívida. A proteção da aparência, fundada na boa-fé, é de ser aplicada.

A cessão legal não é negócio jurídico, não se podendo cogitar de invalidade. A lei ou incide ou não. Por essa razão, a sentença judicial tem natureza declaratória. Comumente a norma que estabelece a cessão legal é expressa, mas é admissível que seja implícita.

Como exemplos de cessões legais têm-se: a comunhão de bens entre os cônjuges, na qual os créditos de um contra o outro se fazem comuns, não havendo necessidade de cessão voluntária; o devedor solidário que paga a dívida adquire os direitos do credor, produzindo-se a cessão legal do crédito contra os demais devedores solidários; o fiador que paga a dívida adquire legalmente o crédito contra o devedor; o proprietário do bem hipotecado, que não é o devedor pessoal da dívida garantida pela hipoteca, ao pagar a dívida, adquire-a, pois o crédito transfere-se a ele legalmente. Também é legal a cessão dos acessórios, quando houver qualquer tipo de cessão de crédito (art. 287), incluindo a negocial, salvo se as partes os excluíram expressamente.

No CC/1916 havia alusão expressa à cessão legal, no art. 1.076 ("quando a transferência do crédito se opera por força de lei, o credor originário não responde pela realidade da dívida, nem pela solvência do devedor"). Essa regra continua compatível com o sistema atual do CC/2002, que não a repetiu, preferindo referir-se à cessão legal, de modo indireto, no art. 286.

13.2.5. Responsabilidades do credor cedente

O cedente é responsável, perante o cessionário, pela existência do crédito, ao tempo em que foi celebrado o contrato de cessão. Inexiste o crédito quando já se encontrava solvido o débito, no momento da cessão, ou é objeto de algum impedimento. Essa regra decorre do princípio fundamental da boa-fé objetiva e é de caráter cogente (art. 295 do Código Civil). Assim, é nula a cláusula da cessão que exclua a responsabilidade do cedente pela existência do crédito ao tempo em que cedeu. Se a cessão for a título gratuito ou por liberalidade, isto é, se o negócio jurídico cujo crédito é objeto da cessão for gratuito (p. ex., crédito do doador na doação com encargo), o cedente apenas será responsável se tiver agido com má-fé. Como esclarece Pontes de Miranda (1971, v. 23, p. 313), a pesquisa da onerosidade ou da gratuidade é relativa ao negócio jurídico que está à base da cessão de crédito, e não relativa à cessão mesma, que é negócio jurídico abstrato.

Na cessão por título oneroso cede-se por interesse na contraprestação do cessionário. O cedente que cede o crédito inexistente, recebendo a contraprestação, enriquece sem causa. Constatando a inexistência do crédito cedido, o cessionário pode agir diretamente contra o cedente, não sendo necessário que primeiro cobre do devedor.

A referência que a lei faz (art. 295) à inexistência do crédito deve ser entendida de modo a abranger a invalidade e a ineficácia do negócio jurídico subjacente à cessão. Há inexistência do crédito cujo negócio jurídico seja inválido ou ineficaz. Por outro lado, ainda que haja o crédito, mas, por qualquer razão, não possa ser exigido, considerar-se-á inexistente para fins da lei. A regra não se aplica às cessões legais de créditos.

A existência do crédito inclui a da pretensão. Se o crédito não pode ser exigido porque o devedor opõe alguma exceção válida, é considerado inexistente, para os fins legais. Do mesmo modo, se foi objeto de compensação ou está subordinado a alguma condição que o cessionário ignorava.

Como regra geral, o cedente não se responsabiliza pela solvência do devedor. Como decidiu o STJ, "fica o cedente responsável pela existência do crédito, mas não, necessariamente, pela possibilidade prática de que seja satisfeito" (REsp 74440). Pode, no entanto, assegurar ao cessionário a solvência dele; nessa hipótese, obriga-se a devolver ao cessionário o que deste recebeu, acrescido dos juros pactuados, e a ressarcir-lhe as despesas efetuadas com a cessão e a cobrança. A responsabilidade pela solvência é até o momento da cessão, se o crédito já estava vencido, ou até a data do vencimento. No caso de transferências de crédito, por força de lei, não se responsabiliza o credor pela solvência do devedor ou mesmo pela existência da dívida.

Obriga-se, também, o cedente a facilitar a cobrança do crédito, abstendo-se de qualquer ato que a dificulte ou impossibilite. Ao cedente incide o dever de informar, incumbindo-lhe prestar ao cessionário todas as informações necessárias para o exercício do crédito, transferindo-lhe os documentos correspondentes. As despesas com a documentação da cessão correm por conta do cessionário, à semelhança dos encargos que se atribuem ao comprador (art. 490 do Código Civil), salvo cláusula em contrário.

13.2.6. Créditos intransmissíveis

O direito de cessão é disponível e amplo, mas não pode ser exercido quando a lei o impedir em determinadas situações, quando os próprios figurantes do negócio jurídico o excluírem ou quando a obrigação for naturalmente intransmissível.

O crédito de alimentos é intransferível, porque a lei assim estabelece. O crédito absolutamente impenhorável, por força de lei, é outro exemplo de incedibilidade legal. São considerados absolutamente impenhoráveis, de acordo com o Código de Processo Civil, os bens inalienáveis e os declarados, por ato voluntário, não sujeitos à execução; as provisões de alimento e de combustível necessárias à manutenção do devedor e de sua família durante um mês; o anel nupcial e os retratos de família; os salários; os equipamentos indispensáveis ao exercício da profissão; as pensões e equivalentes; os materiais necessários para obras em andamento; o seguro de vida; o único imóvel rural do devedor até o limite do módulo. Os créditos relacionados a esses bens e direitos são, consequentemente, incedíveis. Do mesmo modo, o art. 5º, XXVI, da Constituição determina que a pequena propriedade rural, assim definida em lei, desde que trabalhada pela família, não será objeto de penhora para pagamento dos débitos decorrentes de sua atividade produtiva. Em todos esses casos, a intransmissibilidade é de ordem pública, no interesse social e não apenas no interesse do devedor.

As obrigações naturalmente intransmissíveis têm a pessoa do credor como relevante. Como exemplos, a já citada vedação de, no contrato de prestação de serviços, o credor transferir a outrem o direito aos serviços ajustados, ainda que haja permissão expressa no contrato, uma vez que a norma é cogente; e, no contrato de mandato, de o mandatário substabelecer sem autorização do mandante, mas, se o fizer, assumirá o dever de indenizar os prejuízos causados pelo substituto.

A intransmissibilidade convencional do crédito pode ser total ou restrita, mediante cláusula inserta no instrumento da obrigação, ou mediante negócio jurídico autônomo e específico. É total, por exemplo, quando o fiador convencionar com o credor e o devedor que cessará a fiança se o credor ceder o crédito. É restrita se ficar ajustado que a cessão somente se dará com o assentimento do devedor, ou se for para determinadas pessoas. A convenção proibitiva da cessão tanto pode haver entre cedente e cessionário, quanto pode incluir estes ou aquele e o devedor. A proibição convencional entre o cedente e o cessionário produz efeitos pessoais apenas entre eles, o que não impede de cedente ceder o crédito, respondendo ao cessionário pelas perdas e danos. É ineficaz a cessão que contrariar a proibição convencional.

A convenção proibitiva celebrada com o devedor existe no interesse deste, mas pode ser também no interesse do credor que a considere inoportuna, ou até mesmo no interesse de terceiro. A convenção afasta a regra geral que permite ao credor ceder o crédito. O crédito fica privado de sua natural cedibilidade. Se o credor a infringe, o devedor não estará obrigado a realizar a prestação que lhe for exigida pelo cessionário; se houver resistência do credor a receber a prestação, poderá o devedor consigná-la. A ineficácia da cessão que infringir a proibição é contra todos (*erga omnes*), se houve registro público da convenção de não ceder. Todavia, se o devedor aprovar a cessão, esta passa a ser eficaz, salvo se foi estipulada em favor de terceiro (obrigação de não fazer), que pode exigir a prestação (art. 436, parágrafo único, do Código Civil).

Controverte a doutrina acerca da natureza da sanção em virtude da infração da proibição de ceder: seria nula ou ineficaz? O Código Civil brasileiro não oferece regra expressa. A infração à proibição legal de ceder leva à nulidade, por força da incidência do art. 166, VII, que considera nulo o negócio jurídico que a lei taxativamente declarar nulo, ou proibir-lhe a prática, sem cominar sanção. Já a infração à proibição convencional leva à sanção da ineficácia da cessão, porque não se enquadra em qualquer hipótese de invalidade.

Quando o próprio crédito for penhorado, não poderá ser cedido. Se o devedor não tiver conhecimento da penhora e pagar a dívida ao credor, ficará desobrigado. Terceiros podem penhorar o crédito, ficando o credor impedido de transferi-lo, porque poderia inviabilizar a medida judicial.

13.2.7. Pluralidade de cessões de crédito

Pode ocorrer que o crédito seja objeto de várias cessões sucessivas. Tal ocorre quando o cessionário cede por sua vez o crédito a outrem. Surgem, assim, dúvidas sobre a quem o devedor deve solver a dívida.

Para fins de desobrigação do devedor, considera-se como última cessão a que se completar com a tradição ou entrega do título do crédito. A hipótese é mais comum nos casos de grande mobilidade de títulos de crédito, ao portador ou endossáveis. A regra do art. 291 do Código Civil, que a prevê, atribui eficácia à cessão que se perfez com a tradição do título, afastando dúvidas.

Se o cedente, ou cessionário, registrar o instrumento de cessão no registro de títulos e documentos, produzirá efeitos contra terceiros.

Fora da hipótese dos títulos de crédito, o crédito pode ser objeto de cessões sucessivas, cujas notificações podem ter sido coincidentes com os momentos delas ou não. Por exemplo, o crédito de *A* foi cedido a *B*, que o cedeu a *C*, tendo este notificado o devedor antes de *B*, o qual o fez posteriormente. Ante situações como essas, que podem gerar dúvidas de quem seja o atual cessionário, prevê o art. 292 do Código Civil que o devedor se libera pagando a quem lhe apresenta não apenas o documento da cessão, mas o próprio título originário da obrigação.

13.3. Assunção de Dívida

Dá-se assunção de dívida quando terceiro assume a posição do devedor, sem alteração da relação jurídica obrigacional. Um devedor se libera, outro passa a ser o devedor, mantida a identidade da dívida. Seu conteúdo é que o terceiro se coloque no lugar do antigo devedor. Sobre esse ponto, resultante de um longo processo evolutivo, esclarece Pontes de Miranda (1971, v. 23, p. 362) que no direito contemporâneo "precisou-se que a eficácia translativa, na assunção da dívida alheia, é concernente ao sujeito passivo, como se dá a respeito do sujeito ativo, na cessão de crédito", não mais se perdendo tempo na discussão sobre transferência da relação jurídica ou da dívida. O crédito originário não se extingue ou é substituído por outro; o mesmo crédito permanece, dirigindo-se contra o novo devedor.

Ignorada pelo CC/1916, mas não pela doutrina, a assunção de dívida recebeu tratamento expresso do CC/2002, consagrando as características ressaltadas pelos autores, no interesse primordial da tutela do crédito. É negócio jurídico bilateral abstrato, desconsiderando-se a causa da transmissão entre devedor antigo e o novo devedor, ou a causa do negócio jurídico, cuja dívida será transmitida. A dívida pode ser transmitida mediante um contrato entre o adquirente e o credor, sem participação do devedor, ou mediante um contrato entre o adquirente e o antigo devedor, que necessita do consentimento do credor para ser eficaz.

A assunção da dívida é modo de liberação do devedor, sem adimplemento ou responsabilidade patrimonial. De modo geral, se o devedor não adimple, o seu patrimônio responde, em virtude da execução forçada. Mas pode haver interesse em que se libere, mantendo-se a dívida intacta. Quem adquire bem onerado com garantia real (hipoteca, penhor ou anticrese), por exemplo, tem interesse em assumir a dívida e solvê-la.

Pode haver assunção da dívida alheia sem obrigação. Se a dívida não é ainda exigível, não há obrigação. Em situação extrema, as obrigações naturais são dívidas inexigíveis. Há direito do crédito, há dívida, mas não há responsabilidade do devedor, temporariamente, no primeiro caso, e definitivamente no segundo. Esses tipos de dívidas são também passíveis de assunção por terceiro.

A eficácia da assunção da dívida é liberatória do devedor, ou seja, o credor não renuncia à dívida, mas libera o devedor originário, na medida em que outro assume sua posição. A liberação inclui as garantias que o devedor originário ofereceu ao cumprimento da dívida, reais ou fideijussórias, diretamente ou por terceiro, que são consideradas extintas, inclusive fiança, salvo se ele, expressamente, consentiu que permanecessem. No que respeita à fiança, depende da obrigação assumida pelo fiador, pois poderá ser extinta, se estiver condicionada à garantia da dívida do devedor, e não de seu substituto. Por envolver estritamente a substituição do devedor, todos os acessórios da dívida são igualmente assumidos pelo substituto.

Não se dá assunção de dívida quando o adimplemento não possa ser realizado validamente pelo terceiro (caso de dívidas personalíssimas) ou quando o negócio jurídico a tenha expressamente vedado.

Se a assunção de dívida vier a ser invalidada (nula ou anulada), restaurar-se-á a dívida com todas as suas características e garantias. O novo devedor pode alegar nulidade, anulabilidade ou ineficácia do próprio negócio de assunção da dívida, como dolo do antigo devedor. A invalidação do negócio de assunção de dívida desfaz a liberação do devedor, com efeito retroativo, incluindo o período em que o terceiro assumiu a dívida, que tem ação contra o devedor, pelo que pagou e eventuais perdas e danos. Não se restauram as garantias prestadas por terceiros (p. ex., fiança, penhor, hipoteca), que foram extintas com a assunção da dívida. Contudo, se o terceiro estiver de má-fé, conhecendo o vício que poderia levar à invalidade da assunção, continuará vinculado à obrigação originária.

As exceções que o devedor primitivo poderia opor contra o credor, se são estritamente pessoais, não se transmitem com a assunção da dívida pelo devedor sucessor (p. ex., a compensação de dívidas recíprocas entre o credor e o antigo devedor). O art. 302 do Código Civil é expresso a esse respeito. Ainda que seu enunciado aparente cogência ("o novo devedor não pode opor..."), trata-se de norma dispositiva, pois não impede que as partes, com o consentimento do credor, expressamente estipulem sua transferência ao novo devedor. As exceções que não são pessoais do antigo devedor podem ser opostas pelo novo devedor, como a prescrição, a exceção do contrato não cumprido, a anulabilidade.

O inadimplemento do novo devedor de obrigação assumida com o antigo devedor, que esteve subjacente à assunção da dívida, a esta não prejudica, em virtude de sua natureza abstrata. A assunção permanece intacta, uma vez que a falta de cumprimento da contraprestação diz respeito à obrigação distinta, paralelamente ajustada entre antigo e novo devedor.

Outra hipótese de assunção de dívida é aquela que se dá exclusivamente entre o credor e terceiro, sem participação ou prejuízo do devedor, e até mesmo quando este nada saiba. Assim é porque o interesse maior a ser tutelado é o crédito. O art. 305 do Código Civil admite que até mesmo o terceiro não interessado possa pagar a dívida em seu próprio nome, com direito a reembolsar-se do que pagou.

Na assunção de dívida há dois momentos. O primeiro é o que nasce com a conclusão do negócio jurídico de transmissão, com eficácia restrita ao devedor e ao terceiro que assumirá a dívida, mas sem alteração na posição de devedor. O segundo inicia com o consentimento do credor, permitindo que a assunção produza seus efeitos, retroativos ao início do primeiro.

Na I Jornada de Direito Civil (CJF/STJ), aprovou-se enunciado, entendendo-se que "o art. 299 do Código Civil não exclui a possibilidade da assunção cumulativa da dívida, quando dois ou mais devedores se tornam responsáveis pelo débito com a concordância do credor".

13.3.1. Consentimento do credor como fator de eficácia da assunção de dívida

Diferentemente da cessão de crédito, a conclusão do negócio jurídico de assunção de dívida não produz efeitos imediatos, porque depende do consentimento expresso do credor, como fator essencial de eficácia translativa. A pessoa do devedor não é indiferente ao credor. Cada pessoa é dotada de qualidades ou falta de qualidades pessoais, de idoneidade moral e financeira, o que repercute na expectativa de honrar seus compromissos e em sua solvência. Daí ser o credor o maior interessado na assunção por terceiro da dívida. Consequentemente, para que terceiro possa assumir a posição de devedor, necessário se faz que haja consentimento expresso do credor. O devedor não se libera desde quando conclui o contrato entre ele e o terceiro, pois a eficácia translativa depende de outro negócio jurídico, mediante o qual o credor consente na transmissão do débito. Assim, o acordo de transmissão entre devedor e terceiro é vinculativo entre eles, mas não translativo da dívida. Se o consentimento do credor não se der, resolve-se o negócio jurídico, com as consequências pelo inadimplemento, que as partes tiverem estipulado, inclusive as decorrentes pela promessa de fato de terceiro (consentimento do credor), respondendo o devedor pelas perdas e danos (CC, art. 439).

O consentimento é negócio jurídico unilateral, decorrente de manifestação de vontade unilateral receptícia, pouco importando a forma que seja adotada, desde que expressa. Não há qualquer acordo entre credor, devedor e substituto do devedor, ou aceitação, o que tornaria bilateral o negócio. São dois negócios jurídicos, que permanecem autônomos: o negócio jurídico bilateral da assunção da dívida, em que há oferta e aceitação, e mediante o qual o terceiro assume perante o devedor o dever de solver a dívida, e o negócio jurídico unilateral do consentimento do credor, mediante o qual o terceiro assume a posição do devedor. Porém, há orientação jurisprudencial admitindo o consentimento tácito: "passando o agente financeiro a receber do cessionário as prestações amortizadoras do financiamento, após tomar conhecimento da transferência do imóvel financiado a termo, presume-se que ele consentiu tacitamente com a alienação" (STJ, EREsp 70684).

Sem o consentimento não há transmissão da dívida. Pode, no entanto, o terceiro ou o devedor originário marcar prazo ao credor para que se manifeste, consentindo ou não na transmissão, mediante notificação judicial ou extrajudicial. Todavia, o silêncio do credor não será entendido como consentimento, mas como recusa. O credor que cala não consente, ao contrário do antigo aforismo, não podendo haver suprimento judicial, porque sua vontade é inteiramente discricionária. Ainda que tenha havido negócio jurídico entre o devedor e o terceiro, a assunção de dívida não produzirá seus efeitos.

Sem embargo do consentimento, será ineficaz a assunção de dívida se o credor constatar que o terceiro que assumiu a dívida estava insolvente ao tempo da assunção, sendo esse fato desconhecido daquele. Após a decisão judicial, desconstituindo a transmissão da dívida, retoma o devedor primitivo sua posição originária.

A manifestação de vontade do credor, consentindo na assunção da dívida, é negócio jurídico unilateral. Não há qualquer bilateralidade em sua manifestação, que não configura oferta ou aceitação. Mas é a partir dela que a assunção de dívida alcança o plano da eficácia.

O art. 303 do Código Civil abre exceção à regra de o silêncio do credor ser considerado recusa. Admite que o adquirente do imóvel hipotecado assuma o pagamento do crédito garantido, independentemente de acordo com o vendedor e devedor primitivo, até porque essa obrigação é *propter rem*, isto é, acompanha o imóvel, pouco importando quem seja seu titular no momento de sua exigibilidade. É evidente o interesse do atual adquirente em que seja solvida a dívida, para que o imóvel não venha a responder por ela. A transferência do imóvel para outra pessoa não é indiferente ao credor hipotecário, pois, apesar da garantia real atributiva de privilégio, o imóvel poderá ser objeto de penhora em decorrência de dívidas do atual adquirente e não do devedor originário. Nessa específica hipótese de assunção de dívida, o silêncio do credor, depois de notificado pelo atual adquirente do imóvel, considera-se consentimento. Para que assim não seja, o credor será obrigado a impugnar a transmissão do débito, no prazo de trinta dias, após o recebimento da notificação.

13.3.2. Assunção de adimplemento

Pode ocorrer que terceiro assuma o dever, perante o devedor, de solver sua dívida. O devedor continua obrigado a prestar. Não se estabelece relação jurídica negocial entre o terceiro e o credor.

Se o terceiro paga a dívida, não há sub-rogação do crédito. Por outro lado, nenhum direito ou pretensão tem o credor contra o terceiro.

Essa hipótese não é de transmissão de obrigação, porque não há sucessão do devedor por outro. Tampouco se confunde com a fiança, porque esta é contrato acessório de outro, com função de garantia perante o credor.

13.4. Cessão de Contrato

O Código Civil disciplina apenas a cessão de créditos e a assunção de dívidas, sob a ótica da transmissão subjetiva ou da alteração das posições dos sujeitos do contrato. Contudo, a complexidade atual do tráfico jurídico tem levado a contemplar certos interesses, que implicam a assunção objetiva do contrato, ou da relação jurídica contratual, quando integra determinada atividade. O direito avançou no sentido de admitir a distinção entre ato jurídico e atividade jurídica. O ato jurídico, especialmente o contrato, é encarado isoladamente, nos planos da existência, da validade e da eficácia. A atividade, por sua vez, é um conjunto ordenado de atos jurídicos voltado à realização de fins de produção ou circulação de produtos ou serviços. A atividade deve sempre tender a um resultado, constituindo um comportamento orientado (Lôbo, 1991, p. 58). A transferência da atividade, ou de parte dela, importa a assunção necessária de todas as relações jurídicas contratuais correspondentes, na posição que o titular da atividade ocupe em cada uma delas (credor ou devedor). Lembre-se o que ocorre com a aquisição de controle de toda uma atividade empresarial, por outra empresa, ou a sucessão de uma pessoa jurídica por outra na mesma atividade.

A cessão do contrato realiza, em ato único, o ingresso de um novo sujeito na posição jurídica ativa e passiva de um dos figurantes contratuais originais, sem necessidade de dois atos separados, um de cessão de crédito e outro de assunção de dívida. Por essa razão, Emilio Betti (2006, p. 574) considera a cessão do contrato, em virtude de operar a sucessão total na relação jurídica, o meio técnico de circulação mais avançado.

Karl Larenz adverte para a necessidade prática dessa figura, "pois não é raro que se pactue, em virtude da alienação de uma empresa, que o adquirente participe nos contratos em curso de locação, de trabalho, e também nos contratos de fornecimento e de opção". A utilização dos modos individuais de transmissão, ou seja, da cessão de créditos e da assunção de dívidas, não leva ao mesmo resultado, já que os direitos de configuração e modificação são fundados na posição da parte contratante originária. Diz o autor, com razão, que o progresso do conhecimento científico nos ensina a ver na relação obrigacional algo mais que uma "estrutura" de direitos, situações jurídicas e obrigações (1958, p. 488). Do mesmo sentir é Jean Carbonnier, que ressalta a utilidade da figura, tanto na cessão global quanto na parcial (subcontratação ou substituição do contratante original); as duas combinações produzem certo efeito de cessão que torna evidente a entrada em cena de um novo personagem, que, à sua maneira, participará do contrato (2000, p. 574).

No direito brasileiro, pode ser indicado como exemplo de cessão de contrato a previsão da Lei n. 6.766/79, sobre promessa de compra e venda de imóveis, cujo art. 31 estabelece que o contrato particular pode ser transferido "por simples trespasse, lançado no verso das duas vias em poder das partes, ou por instrumento em separado", o que basta para transferir inteiramente o contrato de um para outro promitente comprador. A jurisprudência dos tribunais tem distinguido a cessão de crédito da cessão do contrato, no caso de cessão das prestações em promessa de compra e venda, sem cessão do contrato (STJ, REsp 166415).

Na cessão das relações jurídicas contratuais, em virtude da transferência da atividade para outrem, combinam-se as cessões de créditos e as assunções de dívidas, que são presumidas. Presumem-se o conhecimento da cessão do crédito pelos devedores e o consentimento dos credores nas assunções de dívidas decorrentes, que são fatores de eficácia para os atos isolados, previstos no Código Civil. Nesse sentido, comparando a cessão de crédito com a cessão de contrato, Orlando Gomes diz que na última "transferem-se todos os elementos ativos e passivos correspondentes, num contrato bilateral, à posição do cedente", enquanto na cessão de crédito transferem-se apenas os elementos ativos, que se separam, a fim de que o cessionário os aproprie (1998, p. 213).

Capítulo XIV

Adimplemento

Sumário: 14.1. Concepção do adimplemento. 14.2. Legitimação ativa (quem deve ou pode adimplir). 14.3. Legitimação passiva (a quem se deve adimplir). 14.4. Objeto do adimplemento. 14.4.1. Dívidas de dinheiro e dívidas de valor. 14.4.2. A correção monetária do valor da prestação. 14.4.3. Índices e parâmetros de atualização monetária. 14.4.4. Proibições e limitações de índices de correção monetária. 14.4.5. Correção monetária excessiva como cláusula abusiva. 14.4.6. Revisão da prestação por motivos imprevisíveis supervenientes. 14.5. Prova do adimplemento. Quitação. 14.6. Lugar do adimplemento. 14.7. Tempo do adimplemento. 14.8. Adimplemento substancial.

14.1. Concepção do Adimplemento

O adimplemento é o cumprimento pelo devedor da prestação a que estava vinculado: dar, fazer ou não fazer. Com o adimplemento, cessa a relação jurídica obrigacional entre o devedor e o credor. O adimplemento realiza o fim da obrigação, satisfazendo o credor e liberando o devedor, extinguindo a dívida. "A obrigação é criada com o fim de se extinguir pelo cumprimento" (Aguiar Jr., 2004, p. 91). O devedor que adimple é o que assume essa posição, seja originário, seja o sucessor hereditário, seja o que assumiu a dívida. Só o devedor está obrigado ao adimplemento. Adimplir é ato do devedor que presta o que tinha de prestar. Mas, eventualmente, o adimplemento pode ser feito por terceiro, interessado ou não, no qual há satisfação do credor, mas não liberação do devedor.

Nos textos doutrinários e legislativos, o adimplemento recebe várias outras denominações: pagamento, solução, cumprimento. Adimplemento, termo técnico, cada vez mais se populariza, substituindo o tradicional pagamento. Na origem etimológica da palavra "pagamento" encontra-se a mesma raiz latina de paz e pacto, o que leva ao traço comum de pacificar. Contudo, pagamento passou a ter o sentido corrente e estrito de prestação de dar soma em dinheiro, como espécie do gênero adimplemento. É mais apropriado falar em adimplemento da obrigação de fazer do que em pagamento. Como lembra Orlando Gomes (1986, p. 88), o vocábulo "adimplemento" expressa melhor a ideia de execução satisfatória, evitando confusão, por não ser palavra corrente na linguagem comum. Por outro lado, o termo "inadimplemento" emprega-se, insubstituivelmente, para nomear a falta de cumprimento.

No antigo direito romano, a expressão latina *solutio* aludia a desfazimento da ligação (de *obligatio* = obrigação); o devedor solvia manifestando sua vontade na presença de testemunhas e do agente estatal (*libripens*) e liberava-se. É expressivo o trecho de Gaio, em suas *Institutas* (Com. III, n. 174), que reproduz as expressões que deviam ser ditas pelo devedor para solver e liberar-se: "em virtude de estar condenado em juízo a dar-te tantos mil de sestércios [moeda romana da época], eu solvo e me libero (*ego me recte solvo liberoquoe*) a respeito de ti, por meio deste cobre e desta balança de bronze. Pesas tu esta balança pela primeira e última vez de acordo com a lei pública" (1997, p. 561). O terceiro que tem interesse em liberar o devedor solve, adimple; são ainda reminiscências da tradição romanística.

São várias as doutrinas acerca da natureza do adimplemento, principalmente as que o consideram ato jurídico, seja como ato jurídico em sentido estrito, seja como negócio jurídico. O adimplemento não é ato jurídico que dependa sempre de manifestação de vontade capaz, como foi no antigo direito romano. Não se exige ânimo de adimplir em todos os casos. É irrelevante a vontade do devedor de adimplir ou extinguir a dívida (*animus solvendi*). O adimplemento não depende da aceitação do credor, em geral, pois o devedor pode depositar em consignação, se houver recusa daquele em receber, o que afasta a natureza de negócio jurídico. Ainda quando seja necessária a aceitação do credor, esta não integra o adimplemento propriamente dito. Não há qualquer elemento negocial no ato de adimplir, nem no de receber, que não se confunde com aceitação. Por outro lado, reforçando o argumento de não ser ato de vontade, não se anula o adimplemento por erro, dolo ou coação, cabendo apenas a ação de repetição do indébito. Sem razão, portanto, Jean Carbonnier, que vê no adimplemento um aspecto material (o fato da execução) e um aspecto psicológico, que seria a vontade do devedor e também do credor, como se fosse uma convenção para extinguir a obrigação primitiva (2000, p. 580).

A relevância para o direito não está no ato, na ação humana, mas na realização ou no resultado fático que ingressa no mundo jurídico. Assim, classifica-se entre os atos-fatos, que não estão sujeitos a validade ou invalidade; existe ou não existe (plano da existência), é eficaz ou não (plano da eficácia), sem se cogitar de ser nulo ou anulável. Ou, como denomina Karl Larenz, "ato real de extinção", que exige sempre a produção do resultado da prestação mediante uma atuação encaminhada a obtê-lo, e que libera o devedor porque assim converte em realidade a prestação devida (1958, p. 410). O ato-fato situa-se entre o fato jurídico em sentido estrito e o ato jurídico, porque o direito dispensa a ação humana e apenas considera o fato resultante. Quem deve *x* tanto a *A* quanto a *B*, e remete o cheque a *B* pensando ter remetido a *A*, por engano de seu empregado, adimpliu a *B*, não podendo desfazer o adimplemento. O que interessa é a obtenção do resultado que a prestação a que se obrigou o devedor tem por fito. De tudo resulta que não se pode ingressar em juízo com pedido de anulação ou nulidade de adimplemento, mas para restituir o recebido indevidamente ou para repetir o indébito (art. 876 do Código Civil).

Segundo Pontes de Miranda (1971, v. 24, p. 77), tem-se visto no conceito de *animus solvendi* obstáculo a conceber-se o adimplemento como ato-fato jurídico. "Mas sem razão: primeiro, o *animus solvendi* não é vontade negocial; segundo, querer solver é querer prestar, não querer o resultado de prestar". Com razão, pois, o Enunciado 425 das Jornadas de Direito Civil (CEJ/STJ), quando diz que o adimplemento "repercute no plano da eficácia, e não no plano da validade".

Excepcionalmente o adimplemento pode consistir na realização de negócio jurídico, para o que será necessária a manifestação de vontade válida, principalmente da capacidade negocial do devedor, hipótese expressamente prevista no Código Civil (arts. 462 a 466) para o contrato preliminar, cujo objeto é a realização do contrato definitivo. Neste, há o ato de prestar, que entra no mundo jurídico como ato-fato jurídico, e o que se presta, que é o negócio jurídico prometido. Por outro lado, o art. 307 do Código Civil prevê que só terá eficácia o adimplemento que importar transmissão de propriedade por quem seja titular do domínio; nesse caso, não é do adimplemento que se cuida, que permanece ato-fato, mas do acordo de transmissão de direito real, este, sim, ato jurídico negocial, que pode ser sujeito a anulabilidade ou nulidade. Nessas hipóteses, o negócio jurídico é parte da atuação do devedor para cumprir a prestação e não um especial negócio de adimplemento.

O adimplemento não se confunde com satisfação do credor. Pode ocorrer satisfação sem ter havido adimplemento, por fatos naturais, por fato do próprio credor ou por fato de terceiro. Por exemplo, o credor contratou o devedor para que removesse entulhos acumulados à margem do rio, mas uma enchente inesperada levou-os todos; ou se o próprio credor os removeu; ou se terceiro voluntariamente o fez. No adimplemento por sub-rogação (art. 346 do Código Civil) o credor satisfaz-se, mas o devedor não se libera, pois a sub-rogação transfere ao novo credor todos os direitos, pretensões e ações em relação à dívida. Em contrapartida, a liberação do devedor pode dar-se antes da satisfação do credor, a exemplo da consignação em adimplemento, decidida em juízo, até quando o segundo resolva receber o valor depositado, ou da cessão de crédito, em relação ao cedente.

O princípio da solidariedade social (CF, art. 3º, I) atravessa intensamente o direito obrigacional. Se ele determina um digno relacionamento social, inclusive o jurídico, é imperioso que as partes de qualquer negócio jurídico obrigacional busquem, na proporção dos esforços que lhes cabem, em cooperação, o adimplemento da obrigação assumida (Nanni, 2014, p. 288).

No adimplemento, ou cumprimento da prestação, devem tanto o credor quanto o devedor proceder de boa-fé. Em nenhuma hipótese, a malícia, o dolo, a má-fé devem beneficiar quem assim agiu. O devedor deve usar a diligência que se espera das pessoas em tais situações.

14.2. Legitimação Ativa (Quem Deve ou Pode Adimplir)

Cabe ao devedor adimplir ao credor, seja qual for a espécie de obrigação (negocial, responsabilidade civil, ato unilateral). Nas dívidas personalíssimas, apenas o devedor pode adimplir, não podendo ser substituído por terceiros ou prepostos. Exemplifique-se com o pintor encomendado para pintar um painel de parede em razão de seu estilo próprio. Igualmente, e em princípio, o procurador e o depositário são escolhidos pelo credor em virtude da confiança pessoal que neles deposita para o cumprimento das prestações ajustadas.

Se a prestação não é personalíssima, ou se não se convencionou em contrário, pode qualquer interessado adimplir a dívida. Interessado é todo aquele que, não sendo o devedor, tem interesse na extinção da dívida, porque por ela afetado, direta ou indiretamente. Nesse sentido, o interesse é jurídico, não bastando o interesse moral ou afetivo. O interesse legitima o adimplemento do terceiro, que passa a ser titular de direito de adimplir. O adquirente de imóvel hipotecado, não sendo o devedor, tem interesse na liberação do ônus; tem direito ao resgate (STJ, REsp 154457). Do mesmo modo são interessados o titular de direito real, inclusive de garantia, ou o possuidor ou o promitente comprador sobre o imóvel sujeito à execução forçada pelo credor, ou o cessionário da posição de mutuário de financiamento para aquisição de imóvel (STJ, REsp 154457). O locatário de imóvel residencial urbano, com direito de preferência no caso de alienação, é interessado no caso de a penhora recair sobre o imóvel. O interessado, assim legitimado, pode promover os meios judiciais necessários para adimplir, se houver recusa do credor, ou promover ação de embargos de terceiro, em casos como o de penhora, depósito, arresto, sequestro, alienação judicial, arrecadação, arrolamento, inventário, partilha. Quem embarga de terceiro tem direito a satisfazer a dívida. O fiador tem interesse jurídico de extingui-la. O terceiro interessado pode pagá-la ainda contra a vontade do devedor, pois esta é irrelevante. Da mesma maneira, prevalece o interesse do terceiro em adimplir se o devedor se opuser.

O adimplemento pelo terceiro interessado não extingue totalmente a dívida, exceto com relação ao credor originário. Não há liberação do devedor, que continua vinculado à dívida, porque o terceiro interessado sucede o credor, mediante sub-rogação subjetiva. Se não houvesse a sub-rogação, o terceiro ficaria na dependência da cessão de crédito, por parte do credor, ou de apenas reclamar o reembolso. Estabelece o art. 346, III, do Código Civil que a sub-rogação opera-se, de pleno direito, em favor "do terceiro interessado, que paga a dívida pela qual era ou podia ser obrigado, no todo ou em parte".

Quem promete fato de terceiro adimple se este realizar o fato prometido (CC, art. 439). A promessa de fato de terceiro não é promessa de indução ou constrangimento de terceiro, mas dívida de fato alheio, pois a vinculação é só do promitente. A prestação é desse fato, pois há duas relações jurídicas distintas, uma entre o credor e o devedor e outra entre o devedor e o terceiro. Se o terceiro não realiza o fato, incorre o devedor em inadimplemento, ficando responsável por perdas e danos, como regra geral. Exemplificando: o empreiteiro obriga-se a que determinado serviço da obra seja realizado pela empresa especializada *x*, que ele contratará para tal fim.

O terceiro não interessado, ainda que lhe falte interesse legítimo, pode adimplir a dívida, em nome e por conta do devedor, se a prestação não for personalíssima. Nessa hipótese, assume os mesmos direitos do terceiro interessado, inclusive de sub-rogação e de poder pagar em consignação. O terceiro tem de prestar da mesma maneira que o devedor estava obrigado, inclusive quanto ao valor, aos acessórios, ao tempo, ao lugar. O credor não pode recusar-se a receber a prestação, alegando a inexistência de mandato ou autorização, salvo em três hipóteses, referidas por Orlando Gomes (1998, p. 96): 1ª, se há no contrato expressa declaração proibitiva; 2ª, se lhe traz prejuízo; 3ª, se a obrigação, por sua natureza, tem de ser cumprida pessoalmente pelo devedor. No direito brasileiro, o devedor pode opor-se ao adimplemento pelo terceiro, se apresentar justo motivo, o que impede a sub-rogação, uma vez que ficará responsável apenas pelo reembolso daquilo de que teve proveito, se, apesar de sua oposição, o adimplemento se fizer. Entende-se que, se o devedor se opuser, o credor pode recusar-se a receber, não incorrendo em mora, justamente porque o devedor rejeitou a própria liberação. Há entendimento doutrinário sustentando que o adimplemento em nome do devedor, por terceiro não interessado, equivaleria a doação; sem razão, porque o adimplemento, em nenhuma hipótese, assume a natureza de contrato, derivado de oferta e aceitação. Salvo a recusa justificada do credor e a oposição do devedor, por justo motivo, essa modalidade de adimplemento resulta também em sub-rogação em favor do terceiro, para que não haja enriquecimento sem causa do devedor.

O terceiro não interessado pode adimplir em seu próprio nome, mas não terá sub-rogação nos direitos do credor. É interessado na satisfação da dívida, por alguma razão pessoal, mas não em liberar o devedor. Ante o princípio da vedação do enriquecimento sem causa, pode pleitear o reembolso do que despendeu ao devedor, se este não se opôs ao adimplemento, mas não terá as ações que teria o credor, em virtude da ausência de sub-rogação. E se adimplir antes de vencida a dívida só poderá pleitear reembolso após o vencimento. Está legitimado igualmente a ajuizar ação contra quem deu causa ao fato gerador da despesa que efetuou, a exemplo do pagamento das despesas hospitalares de pessoa acidentada e a consequente ação contra quem causou o acidente de trânsito, para fins de reembolso (STJ, REsp 332592).

O art. 306 do Código Civil introduziu regra não existente no CC/1916, estabelecendo que o adimplemento feito por terceiro, com desconhecimento ou oposição do devedor, não lhe assegura direito a reembolso se o devedor tinha meios para se opor à ação do credor, principalmente exceções, no limite destas. Com efeito, não pode ser o devedor obrigado a reembolsar o que resultou de precipitação de terceiro, que não se informou da existência de meios legais que o liberariam do adimplemento, como a exceção de prescrição da dívida ou a exceção de compensação, ou permitiriam a suspensão do adimplemento, como a exceção do contrato não cumprido. E até mesmo a exceção do adimplemento, pois o devedor já o tinha feito. Pouco importa que o terceiro tenha agido de boa-fé, cabendo-lhe ação de repetição do indébito contra o credor, que fica obrigado a restituir o que recebeu indevidamente (CC, art. 876).

O adimplemento que envolver transmissão de propriedade somente poderá ser feito por quem possa alienar o objeto. Se este é inalienável, por força de lei ou convenção, é ineficaz o adimplemento que o utilizar. A lei excepciona as coisas fungíveis que foram consumidas em boa-fé pelo credor; nesse caso, o adimplemento é eficaz.

14.3. Legitimação Passiva (A Quem Se Deve Adimplir)

O adimplemento deve ser feito ao credor ou ao legitimado a recebê-lo. O legitimado passivo, no adimplemento, é sempre o credor. Em situações excepcionais pode ser:

a) o representante do credor, nas hipóteses de representação legal (p. ex., pais, tutor, curador) e convencional (procurador);

b) a pessoa autorizada por lei ou pelo credor para receber;

c) o credor anterior, no caso de cessão de crédito não comunicada ao devedor;

d) o credor aparente ou putativo, como na hipótese do presumido herdeiro.

O representante legal ou convencional recebe *pelo* credor; a pessoa autorizada *para* o credor. O devedor deve pagar ao representante, sob pena de incorrer em mora. O banco que contrata com o credor cobrança simples de títulos do segundo, sem cessão, está autorizado a receber, mas não é representante; o devedor libera-se pagando ao banco a prestação. Mas, se o devedor for autorizado a depositar o pagamento em conta corrente do credor, este é quem estará recebendo e não o banco. Outro exemplo de terceiro autorizado e legitimado a receber é o que ocorre quando o comprador indica outra pessoa para ser-lhe enviada a coisa adquirida. O adimplemento feito a quem não era legitimado a recebê-lo, ainda que tenha afirmado com poderes bastantes, não extingue a obrigação, salvo se o credor o ratificar. A ratificação produz eficácia retroativa, desde o momento do adimplemento. Sem ratificação, somente produz efeitos nos limites das vantagens obtidas pelo credor, cujo ônus da prova é do devedor.

O direito brasileiro procura sempre proteger os que agem de boa-fé, sob os efeitos da aparência. Há regra expressa (CC, art. 309) que estabelece ser eficaz o adimplemento feito de boa-fé a credor putativo, que depois se provou não o ser. Putativo é aquele que aparenta ser o credor, como o herdeiro que aparenta ser único, o legatário aparente, o testamenteiro aparente, o procurador que abusou dos poderes recebidos, o credor que cedeu o crédito sem comunicar o devedor. Não é credor putativo aquele que apresenta procuração falsa ou que excede dos poderes recebidos; nesses casos, um mínimo de diligência é exigível. A teoria da aparência reclama do devedor prudência e diligência esperadas de qualquer pessoa em situação equivalente (tipo médio), assim como um conjunto de circunstâncias que tornam escusável o erro do devedor. Em caso julgado pelo STJ decidiu-se que "se as notas fiscais, nas quais se arrimou o devedor para efetuar o pagamento, expressamente consignavam que o negócio somente seria quitado pela empresa vendedora, lícito não era ao adquirente pagar à concessionária, especialmente quando reconhecidamente insolvente" (REsp 2584).

Para o direito brasileiro, não produz efeitos o adimplemento ao credor incapaz de quitar, quando o devedor tinha ciência desse fato. O adimplemento realiza-se, mas não é eficaz. A quitação é ato jurídico em sentido estrito. Se o credor é absolutamente incapaz (apenas o menor de dezesseis anos, de acordo com o Estatuto da Pessoa com Deficiência), o ato (quitação) é nulo; se relativamente incapaz, o ato é anulável. A invalidação é, pois, da quitação, e não do adimplemento, por ser este ato-fato jurídico que sai do plano da existência diretamente para o da eficácia, sem passar pelo da validade. O adimplemento é eficaz ou ineficaz, nunca válido ou inválido. A referência feita no art. 310 do Código Civil a "não vale o pagamento cientemente feito ao credor incapaz de quitar" deve ser entendida como "é ineficaz". Para se evitar o enriquecimento sem causa, admite-se a eficácia do adimplemento até o limite do benefício obtido pelo credor incapaz, cabendo ao devedor o ônus de prová-lo. A norma legal é relativa à incapacidade de quitar pelo credor, razão por que não se aplica ao portador da quitação, que pode ser incapaz. Se forem ambos, credor e portador, incapazes, o adimplemento do devedor apenas será correspondente ao efetivo e comprovado benefício revertido ao credor. Se não houver benefício ao credor, restará ao devedor pedir a restituição do que indevidamente pagou. Considera-se eficaz o adimplemento feito ao credor sujeito à incapacidade civil, enquanto esta não for decidida. É igualmente eficaz o adimplemento feito a credor menor, entre 16 e 18 anos, se dolosamente declarou-se maior no ato de obrigar-se (CC, art. 180). Presumem-se conhecidas, portanto, a incapacidade por idade e a proclamada por sentença judicial, em relação às quais o adimplemento é ineficaz.

Só o adimplemento do devedor ao credor extingue a dívida. O terceiro interessado que adimple sub-roga-se no credor, sem liberar o devedor. De outro modo, quem adimple a quem não era credor, ou legitimado a receber, não se libera da dívida; não há adimplemento. Aqui vale o aforismo popular: quem paga mal paga duas vezes.

Para a lei, o portador do documento de quitação presume-se credor. Portador é o que se apresenta ao devedor com o intuito de receber a prestação. Para efeitos legais, não é portador o que apresente ao devedor documentos que não sejam de quitação, como é o caso do portador de conhecimento de mercadorias despachadas. A quitação deverá estar contida em documento escrito, particular ou público, no qual estejam consignados o valor e a espécie da dívida quitada, o nome do devedor, ou por quem este pagou, o tempo e o lugar do pagamento, com a assinatura do credor, ou do seu representante (CC, art. 320). A falta ou omissão de algum ou alguns desses requisitos não invalida a quitação, se esta resultar das circunstâncias, salvo se levantar dúvidas quanto à sua autenticidade. Seja como for, a quitação nunca poderá ser inteiramente tácita. A presunção é *juris tantum*, pois pode ser contrariada. Ao credor cabe o ônus de provar que qualquer pessoa de bom-senso saberia que o portador da quitação não estaria autorizado. O portador não é representante, mas autorizado a receber o adimplemento, sem se poder discutir sua relação com o credor. No caso do título de crédito a presunção é quase absoluta, porque trata-se de uma obrigação abstrata, sem se poder indagar de sua causa. É legitimado mesmo aquele que roubou ou furtou o documento de quitação.

Se o credor tiver seu crédito penhorado, não poderá receber o adimplemento, porque o crédito está indisponível para garantia de juízo. Se o devedor, ciente da penhora, fizer o adimplemento, não se liberará e será obrigado a prestar novamente, nesse caso à ordem do juiz. Também não poderá o devedor adimplir ao credor se for cientificado de impugnação oposta por terceiros, tais como protesto judicial ou extrajudicial ou ofício do juiz, pois estaria instalada a incerteza ou litigiosidade ou eventual concurso de credores. Se efetuou o adimplemento, o devedor deverá pedir a restituição do pagamento indevido ao credor (o CC, art. 312, alude à ação regressiva).

14.4. Objeto do Adimplemento

O objeto do adimplemento é a prestação exata do que se deve (prestação de fazer, de não fazer, de dar ou restituir), em virtude do fato jurídico lícito ou ilícito do qual promana, principalmente do negócio jurídico e da responsabilidade civil extranegocial. Não está obrigado o credor a receber prestação diversa da que está determinada ao devedor (p. ex., título de dívida pública no lugar de dinheiro – STJ, REsp 323411), ainda que mais valiosa. No capítulo do Código Civil destinado ao adimplemento, as normas sobre seu objeto foram as que mais sofreram alterações em relação ao que dispunha o CC/1916. As vicissitudes do tempo na execução do contrato impuseram-nas, porque afetam a estabilidade da relação jurídica negocial duradoura, quanto ao valor e ao modo da prestação, além do advento de circunstâncias que a onerem excessivamente, com especial destaque para os arts. 315 a 318.

Estabelece o art. 314 do Código Civil que, ainda que a obrigação tenha por objeto prestação divisível, não pode o credor ser obrigado a recebê-la por partes. Do mesmo modo não pode o devedor ser obrigado a prestar por partes, salvo se assim ficar acordado entre ele e o credor. A divisibilidade da prestação, por sua natureza ou por motivo de ordem econômica, não autoriza que seu adimplemento se dê por partes, com direito à quitação de cada uma. Assim, se o devedor deve 100, apenas contando com 80 no vencimento da prestação, não obriga o credor a receber essa parte. Essa norma reforça a integralidade jurídica da prestação, no tempo e no lugar, e no interesse de um ou de outro, principalmente do credor, salvo se se tratar de adimplemento substancial ou de prestação duradoura, impondo-se a correspondência a cada período. A prestação duradoura poderá ser diferida ou continuada. A prestação continuada pode ser permanente, como se nunca acabasse, como o fornecimento de água, luz e gás ou a obrigação de não fazer construção que impeça a ventilação; cada adimplemento periódico não a extingue. A prestação continuada pode ainda ser temporária, como a locação de coisas, cuja dívida extingue-se com o termo final do tempo ajustado pelas partes ou determinado em lei.

14.4.1. Dívidas de dinheiro e dívidas de valor

As dívidas em dinheiro deverão ser pagas em moeda corrente e por seu valor nominal. Diz Karl Larenz que a dívida pecuniária não é dívida de coisa, nem obrigação genérica, mas obrigação de soma ou de quantia de valor (1958, p. 179). No direito brasileiro, não se admite a utilização, no adimplemento, de moedas estrangeiras. Essa é a regra geral, contida no art. 315 do Código Civil, em homenagem ao princípio do nominalismo monetário, sob pena de se pôr em xeque o curso legal e o curso forçado da moeda nacional. Por igual, o art. 318 declara nulas as convenções em ouro ou em moeda estrangeira, ou com variação cambial (variação entre o valor da moeda nacional e determinada moeda estrangeira, p. ex., o dólar americano, ainda que na data do pagamento este seja feito em moeda nacional). Todavia, a legislação especial pode definir situações em que o pagamento se faça em moeda estrangeira, ou a utilização de variação cambial para atualização dos valores devidos. São exemplos: obrigações decorrentes de importação e exportação de mercadorias, contratos de financiamento relativo a produtos de exportação, contratos de câmbio, obrigações com pessoas domiciliadas no exterior. Os processos de integração regional, que tendem a desenvolver comunidades de nações, tornarão cada vez mais relativa a regra do monopólio da moeda nacional. Nas comunidades de nações, ou se amplia a convivência da moeda nacional com as demais moedas nacionais, ou se encaminha para a moeda única da comunidade, que deixa de ter caráter nacional, como ocorreu com o euro na União Europeia.

O curso legal impõe a moeda nacional como meio de pagamento, não podendo ser recusada. O curso forçado impede a conversão da moeda nacional em outra, em ouro, ou outro valor de lastro, observando-se o valor nominal impresso na moeda. Quem deve soma de dinheiro deve prestar com o valor da moeda corrente. O curso legal e o curso forçado da moeda, no Brasil, derivam da antiga lei do rei português D. João I, de 1426, incorporada às Ordenações Afonsinas, Manuelinas e Filipinas, e, após a independência, da Lei n. 401/46, a qual admitiu a livre convenção em outra moeda. O CC/1916 estabelecia ser "lícito às partes estipular que se efetue em certa e determinada espécie de moeda, nacional e estrangeira", o que também era admitido pelo art. 132 do Código Comercial de 1850. A livre convenção ou convencionabilidade perdeu consistência na legislação ao longo do século XX, desembocando-se na sua proibição, reforçada pelo art. 318 do atual Código Civil.

O valor nominal é o escrito e gravado na moeda; é o que nela se diz valer. Quando o Estado emite moeda que não corresponde ao valor certo em metal ou lastro reconhecido internacionalmente, ocorre sua natural desvalorização, fazendo com que a prestação em dinheiro valha menos do que valia quando do início do negócio jurídico ou quando da ocorrência do dano. Nessas situações, o legislador é pressionado a prever atualização do valor, contrapondo-se aos argumentos dos riscos de fortalecer a inflação. Sabe-se que a moeda exerce duas funções básicas: a de pagamento (*money itself*) e a de medida geral de valor (ou de conta, *money of account*). A segunda função é realizada quando o valor econômico de qualquer bem é expresso em uma soma determinada de dinheiro, que serve de parâmetro para alienação e aquisição desse bem.

A função de medida de valor abala-se ante as vicissitudes da depreciação monetária e da inflação, em razão das quais o dinheiro fica sujeito a oscilações, levando o tráfico jurídico a procurar sua substituição por outros indicadores. É esse o papel desempenhado (ou que deveria ser desempenhado) por índices de correção monetária: relacionar o valor real da moeda com seu valor nominal. Por força da generalizada adoção da atualização monetária no Código Civil, não apenas para a determinação do adimplemento, mas para fixar as consequências do inadimplemento (art. 389), desponta a importância da distinção doutrinária entre valor nominal do dinheiro e valor de poder aquisitivo do dinheiro, sendo este último determinante. Valor de poder aquisitivo é a relação entre seu valor nominal e o preço dos bens avaliáveis em dinheiro. Não se infringe o curso legal e o curso forçado ao se admitir a variabilidade da prestação, em razão da variabilidade dos elementos que a informaram, prestando-se a final em moeda corrente.

As dívidas de valor são, segundo Pontes de Miranda, as que se hão de adimplir mediante prestação de valor, que se há de determinar em dinheiro ou em outro valor (1971, v. 26, p. 294). Essas dívidas não são adimplidas considerando-se o valor nominal; não são atingidas pela desvalorização da moeda, porque interessa o valor que se determina no momento do pagamento. O exemplo mais conhecido é o das dívidas decorrentes de reparação civil, que deve corresponder ao valor da extensão do dano (art. 944 do Código Civil), considerando não a data do fato, mas a do pagamento da indenização. Não se adimple em dinheiro previamente estabelecido, mas em valor, ainda que realizado em moeda. Outro exemplo de dívida de valor é a que decorre do enriquecimento sem causa, pois, se não pode ser restituído exatamente o que se recebera, o valor deve ser a ele correspondente, no momento da restituição ou indenização. Dispõe o art. 884 do Código Civil que "aquele que, sem justa causa, se enriquecer à custa de outrem, será obrigado a restituir o indevidamente auferido, feita a atualização dos valores monetários".

As dívidas de dinheiro são de prestação concreta, com valor determinado e preciso em moeda nacional, também entendida como prestação de coisa certa, em sentido amplo; as dívidas de valor são de prestação abstrata, devendo-se um valor a ser apurado e determinado no momento da prestação. Quem deve indenização prestará com o valor que se determinar no momento do adimplemento; quem teve seu veículo danificado não receberá o valor fixado na avaliação, mas o que corresponder ao do momento do pagamento.

O Supremo Tribunal Federal foi aos poucos admitindo a teoria das dívidas de valor, "considerando que elas estariam sujeitas ao reajustamento de acordo com as variações do poder aquisitivo da moeda, pois nelas se devia não um *quantum* determinado mas, sim, um *quid*" (Wald, 1979, p. 33). Não há correção ou atualização monetária na dívida de valor, porque dá-se apenas o restabelecimento do seu equivalente em dinheiro, enquanto a correção monetária é técnica de restabelecimento do poder aquisitivo da moeda, aviltado pelo processo inflacionário. Com efeito, deve-se o valor, que se determina no exato momento da prestação.

14.4.2. A correção monetária do valor da prestação

O Código Civil procurou situar-se entre o nominalismo monetário, que permanece como regra, e a ampla utilização da correção monetária. O art. 316 faculta às partes do negócio jurídico "convencionar o aumento progressivo de prestações sucessivas", além de, no art. 317, permitir que, por motivos imprevisíveis, o juiz assegure o valor real da prestação, no momento em que for exigível a obrigação, sempre que sobrevier desproporção manifesta com o valor nominal, gerando vantagem excessiva para o devedor. Pense-se no contrato de plano de aposentadoria de previdência privada de valor nominal desatualizado quando forem devidas as prestações, sem correspondência com seus objetivos.

A correção do valor da prestação por convenção das partes ou por decisão judicial constitui exceção ao princípio nominalístico da moeda, em virtude das vicissitudes por que passou a evolução da economia monetária brasileira ao longo do século XX. A inflação atingiu níveis incontroláveis, levando não só ao desequilíbrio dos contratos, mas a substituições sucessivas da moeda nacional de curso forçado. A convivência com a inflação obrigou os contratantes a buscar salvaguardas contra as incertezas futuras dos valores pactuados, no sentido de preservar a atualização monetária. A partir da década de sessenta do século passado, oficializou-se a correção monetária como padrão de atualização dos valores contratuais, o que veio mais tarde a revelar-se fator decisivo de realimentação da inflação. Se no início era tratada com muita reserva pela jurisprudência de nossos tribunais, e pela própria doutrina jurídica, a correção monetária por longo período cercou-se de uma auréola de inevitabilidade, passando a ser percebida como a expressão do justo contratual. Generalizou-se a afirmação de que a correção monetária não é um *plus*, mas simples atualização de valor, com repercussões em nossos tribunais (p. ex., STJ, REsp 94692).

No entanto, vive-se uma verdadeira pletora de indexadores públicos e privados, que raramente convergem nos seus resultados, com metodologias e parâmetros distintos, sendo incerta sua finalidade de atualização monetária, como reconheceu o próprio STF (ADI 493-0). Não há medida exata da inflação, mas aproximações relativas. A inflação que existe em determinados setores (como o imobiliário, por exemplo) não é a mesma de outros, e a correção em um é inadequada em outro. O índice geral (média de todos os preços), em si mesmo, não é justo e, aplicado a contratos em setores específicos, pode ser irreal e demasiado.

O longo processo legislativo do CC/2002 corresponde ao período em que a cultura da correção monetária dos valores contratuais tinha sido disseminada na legislação civil especial. Quando o Código foi sancionado, contudo, a convicção de sua imprescindibilidade já tinha fenecido, com o advento de leis que procuraram reduzi-la ou vedá-la, principalmente a partir da Lei n. 8.880/94, que instituiu o programa de estabilização econômica, o sistema monetário nacional e a unidade real de valor, complementada pela Lei n. 10.192/2001. Essas normas de caráter especial reduziram o alcance de aplicabilidade da correção monetária, até porque nem todos os índices e parâmetros podem ser utilizados.

As dívidas de dinheiro apenas são corrigidas a partir do ajuizamento da ação (STF, ACO 412), enquanto as de valor desde o momento em que se constituem (p. ex., na reparação civil, desde a ocorrência do dano – Súmula 43-STJ), e nos títulos de dívida líquida e certa, a contar do respectivo vencimento. No dano moral, a correção monetária conta-se a partir da decisão judicial, porque somente a partir dela é possível estimar o valor.

14.4.3. Índices e parâmetros de atualização monetária

O art. 487 do Código Civil estabelece que é lícito às partes, no contrato de compra e venda, fixar o preço da coisa "em função de índices ou parâmetros, desde que suscetíveis de objetiva determinação". "Em função de" não significa que a moeda legal possa ser substituída e que o preço possa ser fixado em tantos índices ou parâmetros, o que desvirtuaria sua finalidade. Tem-se critério de atualização do preço, que se fixou no contrato, em razão do tempo de sua duração. Com efeito, apenas nos contratos de execução duradoura podem ser utilizados índices e parâmetros.

Índices são os indicadores de cálculo da variação de preços e valores de determinados conjuntos de bens, que servem de base. A base de cálculo pode ser local, regional, nacional ou internacional. Os índices podem ser calculados por entidades privadas ou públicas, sendo nesse caso tidos como oficiais. Como as metodologias e bases de cálculos são diferenciadas, os índices apresentam resultados que raramente coincidem, sendo múltiplos os das diferenças da inflação ou deflação do mesmo período. O índice pode ser setorial, como o que mede o custo dos materiais de construção civil, utilizado em contratos de compra e venda de imóveis novos, nem sempre de modo adequado. Para os contratos de financiamento de imóveis, a Lei n. 10.931/2004, art. 46, admite cláusula de reajuste, com periodicidade mensal, por índices de preços setoriais ou gerais ou pelo índice de remuneração básica dos depósitos de poupança, desde que o prazo contratual seja de no mínimo 36 meses.

A expressão "coeficiente de correção monetária", tantas vezes utilizada com significado equivalente a índice, indica a variação de cálculo entre um período e outro do mesmo índice.

Parâmetros são indicadores de variação de preço de determinados objetos. Não são abrangentes como os índices, que têm base de cálculo mais ampla. O parâmetro indica apenas a variação de valor de bens econômicos ou certos setores da economia, não podendo servir como referência de custo de vida ou de inflação, salvo de modo indireto. Por exemplo, o contrato de compra e venda de derivados de petróleo pode ter como parâmetro a variação do preço do petróleo no mercado nacional.

Se as partes contratantes não definem o índice ou o parâmetro que serão aplicáveis ao valor da prestação, especialmente do preço na compra e venda, fazendo referência apenas à sua atualização de valor ou à correção monetária em geral, compete ao juiz defini-lo, dentre os que são calculados por entidades oficiais, e que seja mais pertinente às finalidades do contrato.

14.4.4. Proibições e limitações de índices de correção monetária

A lei pode proibir a correção monetária, ou determinadas formas desta, em certos tipos de contratos. Como vimos, o Código Civil proíbe o adimplemento em ouro ou moeda estrangeira, cuja variação não pode servir como índice de correção monetária. A Constituição (art. 7º, IV) proíbe a utilização do salário mínimo com tal função. Sua desobediência configura ilicitude estrita, sendo-lhe aplicável a hipótese de nulidade prevista no art. 166 do Código Civil. Todavia, há entendimento do STJ (AgRg no REsp 1105904) no sentido de ser possível vincular a pensão mensal devida em razão de dano extranegocial ao salário mínimo, tendo em vista o caráter sucessivo e alimentar da prestação, presumivelmente capaz de suprir as necessidades materiais básicas do alimentando, estendendo a este as mesmas garantias que a parte inicial do art. 7º, IV, da Constituição Federal, concede ao trabalhador e à sua família.

De acordo com a Súmula 287 do STJ, "a taxa básica financeira (TBF) não pode ser utilizada como indexador de correção monetária nos contratos bancários", mas pode ser usada a TJLP (taxa de juros de longo prazo), segundo a Súmula 288.

O art. 1º da Lei n. 10.192/2001, veda a correção monetária expressa em, ou vinculada à unidade monetária de qualquer natureza. Já o art. 6º da Lei n. 8.880/94, considera nula de pleno direito a contratação de reajuste vinculada à variação cambial, exceto quando expressamente autorizado por lei federal e nos contratos de arrendamento mercantil celebrados entre pessoas residentes e domiciliadas no País, com base em captação de recursos provenientes do exterior. Nesse caso, a instituição financeira deve provar que efetivamente captou recursos no exterior, sem o que a cláusula de reajustamento vinculada à variação cambial é nula (STJ, REsp 616096).

Assim, não pode o contrato fixar o valor da prestação em quantidades de moeda estrangeira, ainda que na data do pagamento sejam convertidas em valores correspondentes da moeda nacional. No atual sistema legal brasileiro, inclusive por força do art. 318 do Código Civil, portanto, não é mais admissível o entendimento que prevaleceu no STJ, segundo o qual legítimo era o pacto celebrado em moeda estrangeira, desde que o pagamento se efetivasse pela conversão na moeda nacional.

Quando do julgamento da ADI 493-0, ao decidir que a TR não era índice de correção monetária, porque não mede o custo de vida ou a variação inflacionária, o Supremo Tribunal Federal foi mais longe: não admitiu que qualquer índice modificasse a base negocial dos contratos de financiamento para aquisição de imóveis no sistema financeiro da habitação, emergente da equivalência salarial por categoria profissional, não se considerando, para efeito de acréscimo das prestações, as promoções e vantagens pessoais de cada mutuário. Os arts. 23 e 24 da Lei n. 8.177/91 foram considerados inconstitucionais porque alteravam a equação dos contratos em curso. Embora a doutrina e a jurisprudência dos tribunais (e de precedentes do próprio STF) admitissem o efeito imediato da lei nova de ordem pública sobre os contratos (a chamada retroatividade mínima sobre os *facta futura*), o Supremo decidiu que a garantia de direito adquirido (e do ato jurídico perfeito), de matriz constitucional, como a brasileira, era ilimitada, alcançando qualquer tipo de lei. Esse imenso esforço exegético pôs em evidência o valor intangível da base negocial, intangibilidade maior do que a do próprio contrato em si, porque, se ela não pode ser atingida por lei de ordem pública, muito menos o pode por cláusula que os particulares ajustaram. Ainda quanto à TR, o STJ passou a admiti-la "para contratos posteriores à Lei n. 8.177/91, desde que pactuada" (Súmula 295).

O STJ tem orientação uniforme, que ressalta sempre o equilíbrio contratual, inadmitindo qualquer índice de correção monetária, entre tantos tentados pelos sucessivos planos governamentais, que ultrapasse o limite da equivalência salarial (a partir do Decreto-Lei n. 2.284/86, não mais pelo salário mínimo, mas pela categoria profissional do mutuário), nos contratos para aquisição de casa própria. Para o tribunal deve ser adotada a variação dos salários dos mutuários como índice de atualização da expressão monetária, para ser mantida a equação econômico-financeira dos contratos do Sistema Financeiro da Habitação (REsp 16542).

14.4.5. Correção monetária excessiva como cláusula abusiva

Nas relações de consumo, a correção monetária da prestação do consumidor poderá ser considerada abusiva e, consequentemente, nula, se comprometer o equilíbrio contratual. Nesse caso, poderá a cláusula do contrato (art. 51, § 1º, do CDC):

I – ofender o princípio fundamental do sistema jurídico brasileiro de vedação do enriquecimento sem causa;

II – ameaçar o equilíbrio contratual;

III – mostrar-se excessivamente onerosa ao contratante consumidor.

O equilíbrio contratual mede-se pela preservação da proporcionalidade de vantagens e encargos que presidiu a celebração do contrato e também quando o valor corrigido da coisa – resultante da soma das prestações pagas atualizadas e o saldo devedor (no caso de venda de imóveis) – mantém-se equivalente ao preço de mercado praticado. Se a aplicação do índice de correção monetária, previsto no contrato, conduzir a uma diferença desarrazoada entre o valor corrigido da coisa objeto da prestação e o valor real de mercado, então essa vantagem é exagerada para o vendedor.

Nesse sentido, decidiu o STJ que aplicam-se os índices de deflação na correção monetária de crédito oriundo de título executivo judicial, preservado o seu valor nominal (REsp 1361191).

Já afirmamos alhures (Lôbo, 1991, p. 179) que o princípio da conservação do negócio jurídico, que o CDC adotou ao prever que a nulidade da cláusula abusiva não contamina o restante do contrato (art. 51, 2º), também se aplica a parte da própria cláusula, mantendo-se a validade do restante. A invalidade atinge a parte que leva à ilimitação da correção monetária.

14.4.6. Revisão da prestação por motivos imprevisíveis supervenientes

O enunciado do art. 317 do Código Civil vai além da correção monetária da prestação, decidida pelo juiz. Di-lo: "Quando, por motivos imprevisíveis, sobrevier desproporção manifesta entre o valor da prestação devida e o do momento de sua execução, poderá o juiz corrigi-lo, a pedido da parte, de modo que assegure, quanto possível, o valor real da prestação". Essa norma tem significado distinto do que prevê o art. 478, pois este é voltado à *resolução* ou extinção do contrato, em virtude de onerosidade excessiva da prestação de uma das partes, provocada por acontecimentos imprevisíveis e extraordinários, enquanto aquela não atinge o fato jurídico fonte da obrigação, inclusive o negócio jurídico, mas apenas a prestação, com o fito de sua *revisão* ou correção. Até porque a prestação não se origina apenas dos contratos, mas de outros fatos jurídicos não contratuais, lícitos ou ilícitos.

São três os requisitos objetivos da revisão da prestação: a) desproporção manifesta e superveniente do valor da prestação; b) causa fundada em motivos imprevisíveis; c) limitação no valor real da prestação. Só é possível a revisão se houver algum tempo entre o nascimento da dívida e o momento em que a prestação deva ser executada, dentro do qual a desproporção do valor se manifeste; nesse sentido, superveniente. Desproporção manifesta é a que seja objetivamente aferível entre um valor e outro, ou seja, entre o valor nominal ou indicado e o valor real da prestação. Motivo imprevisível é o que não poderia ser antevisto pelas partes, credor e devedor, quando do surgimento do fato jurídico gerador da dívida, o que é estranho à relação jurídica obrigacional, de modo a afetar substancialmente o valor da prestação, para mais ou para menos. O motivo pode ser fato da natureza, fato da administração pública, fato de terceiro, não podendo ser considerado o que tenha sido oriundo de fato provocado por uma das próprias partes, especialmente pela vedação de *venire contra factum proprium*, lesivo da boa-fé. Não se exige que o motivo seja extraordinário, podendo ser qualquer acontecimento ordinário da vida, desde que imprevisível no nascimento do fato gerador da dívida. A inflação é previsível nas relações econômicas, mas suas variações são sempre imprevisíveis, porque dependem de fatores diversos, que podem levar a agravamentos em uma época e depreciações em outra. Valor real da prestação é aquele que se observa em situações semelhantes ou equivalentes, ou o valor praticado no mercado da coisa objeto da prestação de dar ou restituir ou da prestação de fazer, devendo o juiz valer-se de informações acessíveis, de preços divulgados ou de avaliação de especialistas ou peritos.

Para José de Oliveira Ascensão, a preocupação principal do art. 317, diferentemente do art. 478, "está na posição do credor. Prevê a desproporção manifesta entre o valor da prestação no momento inicial e no momento da sua execução. É a inflação que está em causa". Para ele, se a equação contratual for gravemente desequilibrada, a parte lesada pode recorrer ao art. 478 e pedir a resolução do contrato. Entendemos que o preceito não apenas se destina ao credor, podendo o devedor também dele se valer para assegurar "o valor real da prestação", que tanto pode variar para mais quanto para menos em relação ao que foi estipulado, por força das mudanças de circunstâncias. A finalidade da norma é a equivalência material das prestações, em situação muito próxima ao determinado pelo inciso V do art. 6º do CDC, como direito básico do consumidor: a revisão das cláusulas contratuais em razão de fatos supervenientes que as tornem excessivamente onerosas.

No âmbito da relação de consumo, considera-se direito básico do consumidor exigir do fornecedor a modificação das cláusulas contratuais que estabeleçam prestações desproporcionais (art. 6º do CDC). Igual direito não é assegurado ao fornecedor, porque a lei pressupõe que as cláusulas e condições contratuais, especialmente quando derivadas de condições gerais dos contratos, são por ele próprio predispostas no interesse de sua atividade, ou seja, o consumidor não participa de sua elaboração. Por outro lado, e para melhor realizar o princípio constitucional de defesa do consumidor (CF, art. 170, V), não são exigíveis os requisitos de imprevisibilidade de motivo (nem mesmo o motivo), de superveniência e de valor real da prestação, bastando apenas a constatação objetiva da desproporção das prestações em desfavor do consumidor.

A I Jornada de Direito Civil, promovida pelo CJF/STJ, em 2002, entendeu que "a interpretação da expressão 'motivos imprevisíveis', constante do art. 317 do novo Código Civil, deve abarcar tanto causas de desproporção não previsíveis, como também causas previsíveis, mas de resultados imprevisíveis".

O art. 317 do Código Civil, ainda que seja louvado o avanço na direção da justiça contratual e do princípio da equivalência material do contrato (Lôbo e Lyra Jr., 2003, p. 24), não configura regra de correção de desequilíbrio de direitos e obrigações entre as partes, que porventura esteja presente desde a celebração. É correção de desequilíbrio superveniente provocado por fato novo, estranho ao início da obrigação. Mas, ao mesmo tempo, vai além do contrato, ou mesmo do negócio jurídico em geral, matéria a que se voltaram as atualizações modernas da antiga cláusula *rebus sic stantibus*, principalmente a teoria da imprevisão, de origem francesa, e da base do negócio, de origem alemã, pois alcança todos os fatos jurídicos lícitos e ilícitos geradores de obrigações e pode ser invocada tanto pelo credor quanto pelo devedor. Ressalte-se que a cláusula *rebus sic stantibus*, em sua pureza, não exigia os requisitos de imprevisibilidade e excepcionalidade, sendo suficientes a onerosidade excessiva e a superveniência do fato que a causou, cuja simplicidade foi recuperada pelo CDC na segunda parte do inciso V do art. 6º. O ônus de provar a imprevisibilidade e a excepcionalidade, com toda a carga de controvérsias judiciais que acarretam, foi disseminado no direito brasileiro pela adoção da teoria da imprevisão, afastada pelo CDC para as relações de consumo, mas reintroduzida pelo CC/2002, tanto na regra mais ampla do art. 317 quanto propriamente no art. 478, este voltado aos contratos.

Há regras especiais, no direito brasileiro, que visam ao mesmo objetivo do art. 317, em situações determinadas. Estabelece o art. 620 do Código Civil que, no contrato de empreitada, se ocorrer diminuição no preço do material ou da mão de obra "superior a um décimo do preço global convencionado, poderá este ser revisto, a pedido do dono da obra, para que se lhe assegure a diferença apurada". A partir desse limite objetivo, fica manifestada a desproporção entre o valor da prestação devida pelo dono da obra e o do momento da execução, permitindo-se fixar seu valor real na medida da redução proporcional ao da diminuição dos custos referidos e que serviram de base para o preço do empreiteiro. A nota distintiva com a regra do art. 317 fica por conta da dispensa do requisito de imprevisibilidade. No mesmo sentido, a Lei do Inquilinato urbano (Lei n. 8.245, de 1991, art. 19) faculta ao locador ou ao inquilino residencial ou não residencial o direito de revisão do aluguel, após três anos da locação, independentemente de ter havido reajustamento periódico, para que ele seja ajustado ao valor locativo real, praticado no mercado imobiliário, cujo tipo médio pode ter subido mais (no interesse do locador) ou descido (no interesse do locatário), em virtude de fatores diversos, previsíveis ou não.

14.5. Prova do Adimplemento. Quitação

Além dos modos de adimplemento, que também envolvem sua prova, impende ressaltar os pressupostos e características da quitação. O adimplemento feito pelo devedor prova-se por qualquer meio, enquanto a quitação é prova produzida pelo próprio credor, como dever seu de fazê-lo e direito do devedor de obtê-la. A quitação não é a prova única do adimplemento, havendo outros modos que alcançam o mesmo fim, a exemplo do cheque nominal e do depósito em conta corrente do credor.

A quitação é ato jurídico em sentido estrito do credor, declaratória do cumprimento da prestação. A quitação apenas declara que a prestação se deu, não havendo nela manifestação de vontade negocial. Mas não é só meio de prova, pois gera eficácia própria de reconhecimento do adimplemento.

A quitação é ato escrito. Não há quitação tácita. A sentença do juiz terá efeito de quitação. Qualquer forma escrita é admissível, ainda que a obrigação esteja contida em instrumento público, pois o art. 320 do Código Civil estabelece que a quitação "sempre poderá ser dada por instrumento particular". Pode ser por escritura pública, ou outra forma especial, se assim a lei exigir. Pode ser, igualmente, por lançamento no próprio documento da dívida. Para que possa ser aceito, a lei exige que o documento de quitação deverá conter o valor, a espécie da dívida quitada, o nome do devedor, o tempo e lugar do adimplemento e a assinatura do credor. Esses requisitos, contudo, não são essenciais para a validade e a eficácia da quitação, pois, se a redação não os contiver, em parte ou até totalmente, mas dela puder inferir-se que o declarante pretendeu quitar a dívida, produzirá os efeitos pretendidos. Desse modo, a introdução do parágrafo único do art. 320, inexistente na legislação anterior, legitima a intenção de quitar, informalizando e democratizando sua expressão, pouco importando que o declarante não utilize os termos adequados. Pode ser considerada eficaz a quitação cujo documento não tenha sido assinado pelo credor ou seu representante, mas que se possa provar que dele foi oriundo. A quitação pode ser sem nome do credor, sem indicação de quem pagou, não conter o lugar ou o tempo do pagamento. O interesse maior protegido é o do devedor, para que não seja prejudicado por deficiência de forma do instrumento de quitação, cabendo o ônus de provar o contrário ao credor. Nesse sentido, o STJ admitiu que a prova do adimplemento fosse suprida "pelo conjunto probatório dos autos, assim a prova testemunhal e a natureza das operações" (REsp 329533), em caso de compra e venda de suínos.

Por outro lado, a informalidade contempla a realidade da rapidez do tráfico jurídico na sociedade massificada atual, com uso de recibos impressos, informatizados, automatizados, ou *tickets*, ou carimbos. No caso dos documentos eletrônicos, a quitação por esse meio será válida quando utilizado o processo de certificação disponibilizado pela Infraestrutura de Chaves Públicas Brasileira – ICP-Brasil, presumindo-se verdadeira em relação ao signatário, na forma do art. 131 do Código Civil (art. 10 da MP 2.200-2, de 2001).

A quitação é direito do devedor. Estabelece o art. 319 do Código Civil que "o devedor que paga tem direito a quitação regular". Se o devedor pagar ou adimplir e não receber a quitação poderá requerer judicialmente a citação do credor, ficando quitado pela sentença que a este condenar, como estabelecia o art. 941 do CC/1916, cuja regra continua operante. Se não quiser propor ação para obter a quitação, poderá valer-se de ação declaratória negativa, pela qual pede a declaração da inexistência da dívida. O direito à quitação diz respeito não apenas ao adimplemento direto, mas a qualquer modo especial no qual se dê, liberando o devedor, como a consignação em adimplemento, a imputação do pagamento, a dação em adimplemento, a compensação. O direito à quitação não é apenas do devedor, mas do terceiro que tenha adimplido em nome próprio ou em nome e por conta do devedor.

O direito à quitação é garantido por medida enérgica, pois assegura a lei ao devedor o direito à retenção do adimplemento, se aquele não for respeitado pelo credor. É ônus do devedor provar que, no tempo e lugar da prestação, o credor negou-se a dar a quitação. Pelo exercício desse poder, segundo Orlando Gomes, não incorre o devedor em mora, podendo citar o credor para fornecer a quitação em forma hábil, ou demorar o pagamento até que seja passado regularmente (1998, p. 108). Poderá o devedor, igualmente, opor o direito de retenção à ação do credor, se provar que este recusou a quitação.

Nos negócios de massa, como as compras feitas em lojas e supermercados ou o transporte coletivo urbano, a retenção não pode ser exercida, em virtude de sua grande intensidade e mobilidade; haveria abuso ao direito à quitação ou mesmo pré-exclusão. Há igualmente abuso do direito à quitação nas pequenas compras e pequenos serviços para as necessidades do cotidiano da pessoa, porque excede manifestamente os limites impostos pelo seu fim econômico ou social (CC, art. 187).

A quitação não se confunde com o recibo. Recibo é declaração de haver recebido alguma coisa. Pode receber quem não pode dar quitação. Quitação é o recibo do adimplemento e reconhecimento de que o devedor solveu o que devia. É comum que ambas as declarações estejam contidas no mesmo documento: o credor declara que recebeu a prestação do devedor, e em seguida declara que lhe dá quitação. Se ao procurador tiver o credor outorgado poderes apenas para receber, aquele não poderá quitar; para tanto, será necessário que a procuração especifique que tem poderes para "receber e dar quitação". Também não se confunde com quitação a emissão de notas fiscais, devendo ambas ser entregues ao adquirente ou utente de bens e serviços de consumo. O fato de se aceitar recibo que não contenha a quitação, nem que dele possa ser aferida, não significa que tenha havido renúncia tácita. O STJ tem consolidado o entendimento de que o recibo de quitação passado de forma geral, mas relativo à obtenção de parte do direito legalmente assegurado, não traduz renúncia a esse direito e, muito menos, extinção da obrigação (REsp 195492). O mesmo tribunal entende, ainda nessa linha de relativização do recibo em benefício do credor, que aquele que assina, a pedido do devedor, recibo de quitação sem ressalvas, mas imediatamente lhe comunica sua inconformidade com a falta de correção do débito, não fica impedido de pleitear em juízo a diferença que lhe foi negada.

A quitação pode ser plena ou parcial. A quitação plena, declarada pelo credor ou pela pessoa por ele legitimada, libera da obrigação integralmente o devedor. Se o credor tiver utilizado termos genéricos (p. ex., "dou-lhe quitação"), entende-se como plena ou geral, salvo se provar que o devedor não cumpriu integralmente sua prestação. A quitação parcial é relacionada à parte da prestação que foi executada pelo devedor, não o liberando do restante da obrigação. Nesse sentido, decidiu o STJ que a quitação da metade do débito, mediante transação entre credor e um dos devedores solidários, permite ao credor cobrar o restante do crédito dos demais devedores (REsp 140150).

Na obrigação de prestações periódicas, o adimplemento da última prestação ou quota gera a presunção de extinção da dívida. Essa presunção é *juris tantum*, cabendo ao credor o ônus da prova de contraditá-la ou da recusa justificada do pagamento. O credor pode recusar a última prestação periódica, estando em débito anteriores, para evitar a presunção (STJ, REsp 225435). O procedimento comum das pessoas é o de somente receber o adimplemento de uma parcela quando as anteriores já foram cumpridas, mas podem ocorrer erros, antecipações ou mesmo recebimento consciente de prestação atual, permanecendo outras vencidas. Ocorrem prestações periódicas nos aluguéis (normalmente mensais), nas contas de luz, água, telefone, gás, nas contribuições a entidades e associações, nas prestações de bens adquiridos a prazo, nas mensalidades escolares ou nos planos de saúde. O credor poderá ressalvar a existência eventual de prestações anteriores, com anotação nas contas, o que afasta a presunção. São requisitos: a) que haja pluralidade e periodicidade sucessiva das prestações: b) que todas estejam vinculadas ao mesmo negócio jurídico. Não há necessidade de que o credor faça ressalva de prestações vencidas se receber a atual, mas, assim procedendo, afastará a presunção de estarem solvidas as anteriores. Havendo várias prestações vencidas, o pagamento de uma delas, sem que o devedor indique qual, será imputado à mais antiga, por força do art. 355 do Código Civil. No que concerne às obrigações condominiais, decidiu a Segunda Seção do STJ que nelas não prevalece a presunção contida no CC, art. 322, de a quitação da última parcela alcançar as anteriores.

O documento ou recibo de quitação não será necessário quando o adimplemento consistir na devolução do título da dívida ao devedor, bastando o ato de transferência e sua posse. A devolução gera presunção *juris tantum* de adimplemento. O credor que assim age firma a presunção de que houve o adimplemento e está liberado o devedor. Nesse caso, a lei estabelece prazo decadencial para que possa ser elidida, ou seja, dois meses, dentro do qual o credor deverá provar que, apesar de entregue o título, não houve o adimplemento. Ou então prova que não entregou o título, mas que foi roubado ou furtado. Ultrapassado esse prazo, não se discutirá mais a existência da dívida. Na vida prática, não é comum que o credor entregue o título para que a prestação só se faça mais tarde. Sendo assim, não há rigorosamente quitação, mas presunção, passível de contraprova. Se o título tiver sido extraviado, furtado ou roubado ou não saiba o credor onde se encontre, o devedor poderá sustar o adimplemento até que o credor forneça declaração que torne sem efeito o título desaparecido. Se a declaração não for prestada, o devedor tem ação para provar que o documento ficou com o credor, cabendo a este provar a impossibilidade da devolução, sob pena de perdas e danos que àquele causar. Para Pontes de Miranda (1971, v. 24, p. 143), a entrega do título não é quitação tácita, mas prova do adimplemento, "com efeitos quitatórios", considerando impropriedade de linguagem os termos utilizados pelo parágrafo único do art. 324 do Código Civil, "quitação assim operada", referindo-se à entrega do título, repetindo-se o que previu o art. 945 do CC/1916. Para esse autor, quem entrega o título da dívida não quita; presume-se apenas que foi pago, porque a quitação é ato jurídico escrito. Haveria presunção de pagamento, que, com a expiração do prazo decadencial de dois meses, tornar-se-ia inelidível, emanando efeitos equivalentes ao da quitação.

Quando se tratar de título de crédito, a quitação, estabelece o art. 321 do Código Civil, consiste na sua devolução ao devedor. Mas o devedor que paga tem o direito de, além da devolução do título, exigir a quitação escrita, ou apenas esta. O direito à quitação é total e insubstituível quando o título tiver sido perdido. A perda referida nesse artigo é abrangente da destruição e do roubo. Igual direito tem o terceiro que pagou a dívida.

Decidiu o STJ que a entrega do título pelo cartório de protesto ao devedor, em virtude do pagamento que fez do respectivo valor nominal, não impede o credor de cobrar a diferença relativa à correção monetária e aos acréscimos contratados, desde que legítimos. A entrega do título não geraria presunção de adimplemento desses acessórios (REsp 81891).

As despesas com o adimplemento e quitação são do devedor, porque o interesse é dele. Pode, no entanto, ter havido ajuste em sentido contrário ou disposição de lei especial. Se as despesas crescerem em razão de mudança de residência ou domicílio do credor, ou do lugar do adimplemento, correrá por sua conta, ou de seus herdeiros, o acréscimo. Situação corrente é a do inventário que se abre em lugar diferente daquele onde vivia o credor.

O STJ consolidou o entendimento, enunciado na Súmula 548, que incumbe ao credor a exclusão do registro da dívida em nome do devedor no cadastro de inadimplentes no prazo de cinco dias úteis, a partir do integral e efetivo pagamento do débito. Pouco importa que o adimplemento tenha sido tardio. A exclusão do registro não depende de solicitação do devedor, pois é dever atribuído ao credor e à entidade responsável; se não o fizerem, respondem por perdas e danos.

14.6. Lugar do Adimplemento

A regra geral é de ser o domicílio do devedor o lugar do adimplemento. O lugar do adimplemento define a natureza da dívida, quanto a esse aspecto: pode ser quesível (de ir buscar) ou portável (de ir levar). É quesível quando o credor é quem deve procurar o devedor, para receber o adimplemento (regra geral). É portável quando o devedor deve trasladar-se ao domicílio ou lugar indicado pelo credor, para que possa efetuar o adimplemento. Para o STJ, "para que se torne exigível a dívida sendo esta quesível, é indispensável que o credor demonstre que diligenciou a recepção do seu crédito, pois deve buscá-lo no domicílio do devedor. Sem o atendimento dessa formalidade, quanto ao lugar do pagamento, não se tem a dívida como vencida. A existência de previsão contratual de pagamento do restante do débito em data certa não transforma a dívida antes quesível em 'portable' (portável); continua sendo obrigação de o credor diligenciar o pagamento da dívida no domicílio do devedor, ainda que domiciliados na mesma cidade" (REsp 363614).

O lugar do adimplemento pode ser alterado em virtude de lei, ou da natureza da obrigação, ou ainda das circunstâncias que envolverem o adimplemento (CC, art. 327). Às vezes, a própria lei abre a possibilidade de escolha, a exemplo da que regula a locação de imóvel urbano, que determina ser o próprio imóvel alugado o lugar do pagamento dos aluguéis, mas permite que o contrato indique outro lugar. Prestação de fazer relacionada a determinado bem, como a realização de serviço na sede de uma empresa, tem nesta, por natureza, o lugar do adimplemento. Circunstâncias graves podem determinar a alteração, a exemplo da mudança de domicílio do devedor, por motivo de doença, sendo este o lugar do adimplemento.

Se o adimplemento resultar em entrega ou restituição de imóvel, deverá ser feito no lugar onde este se encontre. Igualmente, se as prestações estiverem relacionadas a um imóvel, a exemplo da venda com reserva de domínio, com pagamento parcelado, ou do pagamento dos alugueres pelo inquilino. Entende-se que a referência do art. 328 do Código Civil a "prestações relativas a imóveis" só são atinentes a direitos reais limitados (p. ex., direito do promitente comprador, hipoteca, penhor) ou a direito pessoal de uso do imóvel (p. ex., locação). O locador tem de entregar o prédio no lugar em que este é situado; o locatário tem de recebê-lo onde está situado. Os aluguéis prestam-se no lugar da situação do imóvel, e não no lugar do domicílio do devedor, que pode não ser o do imóvel (Pontes de Miranda, v. 24, p. 125). Porém, essas regras são dispositivas, ou seja, podem ser modificadas por acordo, ou em razão da conveniência de ambas as partes. Por exemplo, *A* vende uma fazenda a *B*, residindo ambos em lugares diferentes do interior do Estado, mas ficando acordado que o adimplemento de *B* (pagamento das prestações pecuniárias ajustadas) será realizado na Capital, onde ambos sempre se encontram e onde realizaram a escritura pública. A alteração do lugar do adimplemento é comum quando a cobrança é entregue a instituições bancárias. O contrato pode estipular determinado lugar, mas permitir que o credor o altere, comunicando previamente ao devedor.

Em determinadas obrigações, sobretudo de prestações de execução duradoura, costuma-se determinar lugares alternativos (residência do credor, seu escritório, residência de terceiros ou instituições financeiras). Nesses casos, cabe ao credor a escolha, mas o negócio jurídico pode dispor de modo diverso. Na dúvida, prevalece o domicílio do devedor porque ele é sempre o beneficiário do prazo.

A alteração do lugar do adimplemento pode ser tácita, quando a prestação passa a ser reiteradamente feita em lugar diverso ao previsto no contrato, sem resistência ou até mesmo no interesse do credor. Protegem-se a aparência e a boa-fé, evitando-se que o credor possa *venire contra factum proprium*, quando a situação consolidada não mais lhe convier. Essa conduta reiterada faz presumir renúncia do credor ao local ajustado, ainda que a presunção seja *juris tantum*, podendo restar provado que houve tolerância temporária, atendendo a eventual pedido do devedor. Não constitui reiteração o recebimento do adimplemento em lugar diverso, quando não for continuado e sucessivo. A intermitência descaracteriza a reiteração, bastando uma única interrupção para tanto.

O Código Civil (art. 329) prevê que, ocorrendo motivo grave para que não se efetue o adimplemento no lugar determinado, poderá o devedor fazê-lo em outro, desde que não haja prejuízo ao credor. Esse modo de alteração do lugar do adimplemento é direito subjetivo do devedor, ao qual incumbe o ônus de provar a gravidade do motivo para a decisão judicial. O motivo pode ser de caráter pessoal, de fato emergencial, de circunstâncias supervenientes. Exemplifique-se com o deslocamento do devedor artista plástico para tratamento de saúde, tendo necessidade de remeter o quadro por avião ao domicílio do credor, local ajustado para o adimplemento. Por outro lado, as despesas decorrentes do adimplemento são assumidas pelo devedor, pouco importando que os motivos sejam relevantes e que não tenham causa em fato meramente pessoal ou de sua conveniência. Se o juiz não se convencer da gravidade do motivo, o adimplemento será considerado ineficaz, incorrendo o devedor nas consequências da mora, já que terá de refazê-lo após o vencimento do prazo.

Em princípio, tendo as partes do negócio jurídico bilateral domicílios diversos, há liberdade para escolher o lugar do adimplemento e da execução das obrigações, conhecida como cláusula de eleição de foro do contrato, conforme enunciado da Súmula 171 do Supremo Tribunal Federal. Todavia, quando se tratar de contratante que a lei considere vulnerável, como o consumidor (art. 4º, I, do CDC) ou o aderente (CC, art. 423), a fixação do lugar do contrato não decorre de eleição, porque inexiste consentimento livre ou prévia negociação, sendo predisposta pelo fornecedor ou pelo predisponente das condições gerais, respectivamente. Considera-se nula a cláusula de eleição de foro no contrato de consumo que fixe o lugar da sede do fornecedor ou do predisponente e não o da execução do contrato, por ser abusiva, ao dificultar a defesa dos direitos do consumidor (CDC, arts. 6º, VIII, e 51, IV), e no contrato de adesão, por implicar renúncia do aderente a direito (CC, art. 424). Por outro lado, é incompatível com o princípio da justiça social (CF, art. 170) que a prefixação do lugar do adimplemento pelo titular de atividade econômica dirigida à coletividade, exercendo o poder contratual dominante, seja equiparada à eleição de foro, apenas admissível em contratos paritários, como decidiu o STJ em caso envolvendo revisão de contrato celebrado por consumidor com instituição financeira (REsp

445214). No âmbito processual, fortalecendo a orientação já adotada no direito material, a Lei n. 11.280/2006 estabeleceu que a nulidade da cláusula de eleição de foro, em contrato de adesão, inserto em relação de consumo ou não, pode ser declarada de ofício pelo juiz, assegurando-se a competência do juízo do domicílio do aderente.

14.7. Tempo do Adimplemento

O tempo é fundamental para grande parte dos fatos jurídicos. Não há obrigação atemporal, em que se faça abstração do tempo. Precisa-se saber em que momento pode o credor exigir a prestação, convertendo-se a dívida em obrigação. O adimplemento terá de ser feito sempre em tempo determinado ou determinável, segundo fatores estabelecidos pela lei ou pela convenção das partes. Antes do tempo do adimplemento não há mora do devedor ou do credor. Diz Pontes de Miranda (1971, v. 24, p. 121) que no tempo nascem as relações jurídicas; nele é que se opera a irradiação de efeitos, portanto, nele nascem os créditos e as dívidas, as pretensões e as obrigações, as ações e as exceções; nele duram as relações, os direitos e os deveres; e nele se extinguem.

As obrigações convencionais podem fixar o tempo em que exigível o adimplemento da prestação, também conhecido como vencimento, seja em data prefixada, seja no termo final de prazo, seja no implemento de alguma condição. Se há prazo, a obrigação apenas é exigível após sua ultimação. No que concerne aos prazos, o art. 132 do Código Civil estabelece que são computados excluído o dia do começo e incluído o do vencimento, salvo se este cair em feriado, prorrogando-se até o dia útil seguinte. As relações jurídicas obrigacionais ou são instantâneas ou duráveis; durável é a obrigação cuja dívida não pode ser imediatamente exigida no seu início.

Se a data do adimplemento não estiver expressa, o credor pode exigi-lo a qualquer tempo. Essa regra, contida no art. 331 do Código Civil, aplicável a todas as obrigações, reproduz a prevista no art. 134, relativamente aos negócios jurídicos entre vivos, sem prazo, que são exequíveis desde logo, salvo se a execução tiver de ser feita em lugar diverso ou depender de algum tempo, ante a natureza da obrigação (p. ex., obrigação de entrega de coisa futura, para o que terá de aguardar-se sua existência). A exigibilidade da prestação em que não se fixou a data, para surtir efeito, requer seja feita a interpelação judicial ou extrajudicial do devedor. A mora não se inicia imediatamente, mas com a interpelação. O credor não pode exigir a obrigação (e, portanto, seu adimplemento) se não tiver nascido a pretensão. Como já vimos, o crédito (o direito do credor) pode estar dependente de alguma circunstância para ser exigível (pretensão) do devedor, ainda que não haja vencimento determinado, como o implemento de uma condição. A obrigação de reparar nasce com a ocorrência do dano, razão por que pode ser imediatamente exigida; por se tratar de dívida de valor, terá de ser liquidada, mas a liquidação apenas indica o montante da dívida e não o tempo de seu adimplemento.

As obrigações condicionais são subordinadas a eventos futuros e incertos, afetando o tempo do adimplemento. Ainda que incerta, a condição há de ser possível, pois sua impossibilidade a torna inválida, permitindo que a prestação possa ser imediatamente exigida. Mas a condição possível pode não ocorrer, a exemplo de prestação dependente de seu objeto deixar de ser ilícito, por ato do legislador, ou dependente de o próprio devedor obter graduação universitária, cujas duas hipóteses deixam de ser implementadas. No momento em que a condição é implementada, a obrigação deve ser cumprida, cabendo ao credor a prova de que o devedor tomou conhecimento do fato. A data do conhecimento pelo devedor firma o termo final da obrigação. Se o credor não provar que deu ciência ao devedor, a obrigação ainda não será exigível, salvo se o fato for notório, a cujo conhecimento não se poderia escusar.

A lei admite que a pretensão do credor seja antecipada, antes do tempo do adimplemento fixado pelas partes ou pela lei, em determinadas hipóteses, tais como: a) contrato de depósito com prazo fixado para restituição da coisa, mas que o depositante queira exigi-la antes; b) insolvência do devedor, quando for executado e abrir-se concurso de credores; c) bens dados em garantia de hipoteca, penhor ou anticrese quando penhorados em execução promovida por outro credor; d) fiança ou garantia real (hipoteca, penhor, anticrese) insuficiente para garantir a dívida (o fiador teve decréscimo sensível em seu patrimônio), e o devedor, depois de regularmente intimado, negar-se a reforçá-la. Nas três últimas hipóteses, não haverá antecipação do vencimento da dívida se houver devedores solidários, para os quais permanecerá o tempo ajustado, se o credor optar por exigir a totalidade da dívida contra um deles ou contra todos.

Na perspectiva da humanização do direito das obrigações, e no interesse da paz social, o direito estrangeiro prevê o chamado *prazo de graça* (*délai de grâce*), que é o prazo adicional para o adimplemento, concedido pelo juiz ao devedor com dívida vencida. O juiz suspende as medidas de execução forçada com respeito a um devedor infeliz, vítima de circunstâncias, inclusive econômicas. O prazo de graça não suspende a exigibilidade da dívida, nem os efeitos da mora; seu efeito é somente o de sustar a execução judicial (Weill e Terré, 1986, p. 914). A doutrina e a jurisprudência encontram fundamento para o prazo de graça no art. 1.244 do Código Civil francês, que, aparentemente, dispõe o contrário: "o devedor não pode forçar o credor a receber em parte o pagamento de uma dívida, mesmo divisível". No Código Civil brasileiro, o art. 314 é correspondente: "ainda que a obrigação tenha por objeto prestação divisível, não pode o credor ser obrigado a receber, nem o devedor a pagar, por partes, se assim não se ajustou". A norma brasileira é ainda mais abrangente, pois explicita o direito do devedor de pagar por partes, o que nos leva a entender como cabível, pelos mesmos fundamentos, o prazo de graça, que realiza o princípio constitucional da solidariedade. De mesma natureza é o recebimento pelo credor das prestações pagas com atraso, especialmente quando for prática reiterada; não é possível, sem *venire contra factum proprium*, considerar o devedor em mora, ou resolver o negócio jurídico, quando lhe for conveniente fazê-lo, contrariando a conduta antes aceita. Neste último sentido, decidiu o STJ: "assentado pelas instâncias ordinárias que as seguradoras receberam o pagamento do prêmio efetuado com atraso, conferindo regular quitação, sem qualquer ressalva, por intermédio de instituição financeira a tanto autorizada, não é de ser acolhida, ante a superveniência do evento morte objeto da cobertura securitária, a alegação de *exceptio non adimpleti contractus* fundada na falta de cumprimento, no tempo devido, da obrigação assumida pela segurada" (REsp 36022).

14.8. Adimplemento Substancial

Considera-se substancial o adimplemento parcial em nível suficiente a satisfazer o crédito, não se lhe aplicando as consequências da mora, principalmente a da resolução do negócio jurídico. Não há inadimplemento sempre que o devedor possa provar que a dívida já foi solvida, se não em sua integralidade, ao menos em sua parte substancial. Essa espécie de adimplemento extingue a dívida e libera o devedor, no limite do que foi efetivamente prestado, considerado substancial, e desde que o restante não adimplido, por razões justificáveis ou de litígio, não comprometa a satisfação de toda a dívida. O restante não adimplido deve ser considerado insignificante ou residual.

Ao adimplemento substancial não se aplica a regra do art. 389 do Código Civil, mediante o qual, "não cumprida a obrigação, responde o devedor por perdas e danos". Com efeito, a obrigação foi cumprida, ainda que não no modo integral estipulado no negócio jurídico, mas atendendo às suas causa e função social, que o determinam.

O adimplemento substancial é construção doutrinária e jurisprudencial, que realiza os princípios da função social do negócio jurídico e da equivalência material de direitos e deveres dos participantes, com fortes repercussões nos tribunais. Desde os primórdios de sua construção, firmou-se a orientação de que, se o contrato foi adimplido substancialmente, não se admite a resolução, com perda do que foi realizado pelo devedor, mas atribui-se um direito de indenização ao credor.

Inverte-se a primazia do inadimplemento para o adimplemento ou satisfação objetiva e essencial do crédito, segundo o princípio da conservação do negócio jurídico. Não tem por finalidade legitimar a mora ou o inadimplemento, mas restabelecer a equidade contratual, que não pode ser desconsiderada, para que, em contrapartida, não se legitime o enriquecimento sem causa, quando se considera de modo absoluto a regra formal de *pacta sunt servanda*.

Na lição de Clóvis do Couto e Silva, um dos primeiros civilistas a levantar o tema no Brasil, constitui "um adimplemento tão próximo ao resultado final, que, tendo-se em vista a conduta das partes, exclui-se o direito de resolução" (1997, p. 45). Ausente do Código Civil brasileiro, foi recepcionado explicitamente pelo art. 1.455 do Código Civil italiano, com o seguinte enunciado: "o contrato não pode ser resolvido se o inadimplemento de uma das partes tiver importância insignificante, observado o interesse da outra". Do mesmo modo, o art. 802, 2, do Código Civil português estabelece que "o credor não pode, todavia, resolver o negócio, se o cumprimento parcial, atendendo ao seu interesse, tiver escassa importância". O § 232,5 do Código Civil alemão, com a redação da reforma de 2001-2002, consagra o adimplemento substancial nesses termos: "se o devedor não executar a prestação em conformidade com o contrato, o credor não pode resolver o contrato se a violação da obrigação for irrelevante". A legislação estrangeira pode ser aplicada, por analogia, tendo em vista a omissão da legislação brasileira. A doutrina aponta para a distinção entre inadimplemento fundamental e inadimplemento substancial, como em Fabíola Santos Albuquerque (2005, p. 196), entendendo cabível a resolução do contrato apenas na primeira hipótese.

Qualifica-se como adimplemento substancial o que foi efetivado em contratos de longo prazo, quando o devedor demonstrar que a aplicação de critérios ou índices de reajustamento considerados razoáveis e aplicáveis a negócios jurídicos equivalentes satisfez a atualização monetária da dívida. Nesses contratos, principalmente os de adesão, o contratante credor, em virtude de seu poder negocial dominante, estipula ou predispõe modos de reajustamento, cuja aplicação, ao longo do tempo, provoca desequilíbrio e desvantagem excessiva para a outra parte. Não há fundamento jurídico razoável para situações retratadas na jurisprudência dos tribunais em contratos para financiamento de aquisição de bens, cujos reajustamentos provocam saldos devedores superiores várias vezes aos valores atuais desses mesmos bens.

O adimplemento substancial não pode servir de pretexto para o descumprimento sistemático dos contratos, pondo em risco a segurança jurídica. Sua finalidade, ao contrário, é valorizar o adimplemento, em sua substancialidade ou essência, porque o negócio jurídico não pode converter-se em instrumento de opressão a um e ganho indevido de outro, pois sempre foi entendido como expressão do equilíbrio, da justiça comutativa, dos antigos, ou da justiça social dos contemporâneos. Por essa razão, é substancialmente satisfeito o interesse do credor que, "ao pedir a resolução em virtude de incumprimento que não interfere no proveito que tira da prestação, não exerce interesse considerado digno de tutela jurídica para o drástico efeito resolutório" (Martins-Costa, 2003, p. 112).

Ainda que sem denominar o instituto de adimplemento substancial, Pontes de Miranda enfrentou-o em seu conteúdo essencial, em diversas passagens do *Tratado de direito privado*, como nesse trecho, relativo à mora do devedor: "o credor não pode recusar a prestação se o que lhe falta é mínimo e não diminui o valor do que se lhe quer entregar, ou se nada se opõe a que a receba" (1971, v. 26, p. 9). A desconsideração da insignificância do que falta ao adimplemento e a substancial e objetiva satisfação do credor são constantes na doutrina especializada, ainda quando não se refira expressamente à teoria do adimplemento substancial. Assim, disse Karl Larenz que não se deve recusar uma prestação que não seja oferecida em sua totalidade, "mas que só falta uma pequena parte em relação com o todo, e sem que haja interesse algum objetivamente fundado que se oponha à aceitação da parte (maior) oferecida"; uma "transgressão insignificante" do prazo de entrega fixado no contrato não é suficiente para dar lugar à sua resolução (1958, p. 150). Como adverte Clóvis do Couto e Silva, não se permite a resolução, com a perda do que foi realizado pelo devedor, mas atribui-se um direito de indenização ao credor (1997, p. 55), relativamente à parte restante, ainda que insignificante.

Os autores indicam a origem da teoria na doutrina da *substancial performance*, elaborada na Inglaterra, desde o século XVIII (desde o caso *Boone v. Eyre*, de 1779), cuja aplicação pelos tribunais ingleses e americanos consolidou-se a partir de três requisitos essenciais: a) proximidade entre o efetivamente realizado e aquilo que estava previsto no contrato; b) a prestação imperfeita deve satisfazer os interesses do crédito; c) o esforço ou a diligência do devedor em adimplir integralmente. Este último requisito é questionável, se o adimplemento substancial for considerado apenas sob a ótica objetivista, que é a tendência atual (Becker, 1993, p. 63).

No Código Civil italiano, o instituto foi introduzido por meio de disposições expressas relativas a *importanza dell'inadempimento* (art. 1.455). O Direito português afasta a resolução do negócio "se o não cumprimento parcial, atendendo ao seu interesse (do credor), tiver escassa importância" (art. 802, 2, do Código Civil).

A regra da insignificância do inadimplemento não é decisiva para configurar a admissibilidade do adimplemento substancial. Nas relações de consumo, por exemplo, o adimplemento incompleto do fornecedor, ainda que insignificante, pode caracterizar vício do produto ou do serviço, sendo do interesse do consumidor o exercício de uma das pretensões asseguradas pela lei.

Na jurisprudência dos tribunais brasileiros, a doutrina tem tido boa acolhida. A título de exemplo, o STJ utilizou-a como fundamento, no caso de seguro, considerando que a falta de pagamento da última prestação, quando ocorreu o sinistro, seria insignificante para o adimplemento, não podendo a seguradora deixar de cumprir sua obrigação, além de que "sempre recebeu as prestações com atraso, o que estava, aliás, previsto no contrato, sendo inadmissível que apenas rejeite a prestação quando ocorra o sinistro" (REsp 76362). Em outras decisões, o STJ não admitiu a busca e apreensão requerida por instituição financeira, para apreender veículo adquirido mediante alienação fiduciária em garantia, em face do valor insignificante da dívida em relação ao valor total do bem e de ser este essencial à atividade da empresa devedora (REsp 469577), ou por falta de pagamento da última prestação, tendo havido consignação judicial em pagamento desta (REsp 272739), ou que, em razão da doutrina do adimplemento substancial que ancora na preservação da relevância social do contrato e da boa-fé objetiva, o simples atraso no pagamento do prêmio do seguro não é o bastante para a negativa da indenização, sendo necessária a interpelação do devedor para lhe dar oportunidade de acertar os atrasados (REsp 877965). Neste último caso, o atraso decorreu da recusa da seguradora em receber as parcelas em atraso, antes do sinistro, porque cancelara administrativamente o contrato, sem interpelação do devedor. Ainda, o STJ buscou fundamento na abusividade de cláusula que admite resolução do contrato de execução duradoura pelo atraso de apenas uma prestação, com os mesmos efeitos do adimplemento substancial (REsp 343698); aplicou a doutrina, também, em contrato de arrendamento mercantil (*leasing*), em virtude do pagamento de 31 das 36 prestações e o valor residual garantido, considerando desproporcional a resolução do contrato e a reintegração de posse do veículo (REsp 1051270), e, contrariando o uso desequilibrado do direito de resolução, tendo em conta o pagamento de 30 das 36 prestações em arrendamento mercantil para aquisição de 135 carretas (REsp 1200105).

Porém, o STJ decidiu que a teoria do adimplemento substancial não se aplica aos contratos de alienação fiduciária de bem móvel, para admitir a busca e apreensão quando o pagamento da dívida não for integral (REsp 1622555). Também não aplicou a teoria no caso de contrato de compra e venda de imóvel cuja dívida correspondia a 30% do total, para não "inverter a ordem lógico-jurídica do contrato, que prevê o integral e regular cumprimento de seus termos como meio esperado de extinção das obrigações" (REsp 1581505).

No âmbito dos contratos internacionais, a Convenção Internacional sobre Venda de Mercadorias (Convenção de Viena), de 1980, desenvolveu instituto próximo ao do adimplemento substancial, na posição oposta, denominado inadimplemento fundamental do contrato (*fundamental breach*), mas que resulta em solução semelhante, embora exija requisitos distintos, a saber: prejuízo substancial, imprevisão, pessoa razoável. São conceitos indeterminados, que ensejam conteúdos variados, segundo a perspectiva dos juristas de sistemas diferentes e, sobretudo, a partir do caso concreto. Diferentemente de nosso direito interno, o inadimplemento terá de ser provado fundamental, sob pena de apenas caber reparação do dano, sem resolução do contrato. Estabelece seu art. 25: "uma violação do contrato cometida por uma das partes é fundamental quando causa à outra parte um prejuízo tal que a prive substancialmente daquilo que lhe era legítimo esperar do contrato, salvo se a parte faltosa não previu esse resultado e se uma pessoa razoável, com idêntica qualificação e colocada na mesma situação, não o teria igualmente previsto". Essa norma leva às últimas consequências o princípio da conservação do negócio jurídico, pois, se um contratante faltoso demonstrar que ele e qualquer pessoa razoável não tinham possibilidade de prever o resultado negativo, não incorrerá em inadimplemento.

Capítulo XV

Modos Eventuais de Adimplemento

Sumário: 15.1. A razão de serem modos eventuais. 15.2. Consignação em adimplemento. 15.3. Adimplemento com sub-rogação. 15.4. Imputação do adimplemento. 15.5. Dação em adimplemento. 15.6. Compensação. 15.6.1. Efeitos da causa do negócio jurídico na compensação. 15.6.2. Hipóteses de exclusão da compensação. 15.7. Confusão. 15.8. Novação. 15.9. Remissão de dívida.

15.1. A Razão de Serem Modos Eventuais

Algumas situações jurídicas voluntárias ou legais produzem efeitos semelhantes aos do adimplemento, notadamente quanto à extinção da dívida, à liberação do devedor e à satisfação do credor, a saber: a consignação em adimplemento, o adimplemento com sub-rogação, a imputação do adimplemento, a dação em adimplemento, a compensação e a confusão. O Código Civil brasileiro as considera pura e simplesmente como adimplemento (pagamento).

Outras situações jurídicas, também tidas no Código Civil como modos de adimplemento, não podem ser assim tecnicamente classificadas, ainda que produzam efeitos semelhantes, a saber: a novação e a remissão da dívida. Há extinção da dívida e liberação do devedor, mas não satisfação do credor. Seriam mais bem denominadas "modos de extinção não necessariamente satisfativos", na terminologia criativa de Pontes de Miranda (1971, v. 25, p. 46). Por razões didáticas, optamos por enquadrá-las sob o mesmo gênero de modos eventuais de adimplemento. O CC/1916 incluía a transação, indevidamente, uma vez que é tipo de contrato que tem por fito a extinção amigável de litígio.

15.2. Consignação em Adimplemento

Considera-se consignação em adimplemento ou adimplemento em consignação (pagamento em consignação, preferido pelo Código Civil, ou consignação em pagamento, no CPC) o depósito da coisa devida, à disposição do credor, quando houver dificuldade para o devedor em adimplir a dívida e dela liberar-se.

A coisa devida poderá ser bem imóvel ou móvel, inclusive dinheiro ou coisas incorpóreas, como os direitos autorais patrimoniais; o que importa é ter valor. A consignação em adimplemento extingue a obrigação, e não apenas a dívida. A consignação não é adimplemento; substitui o adimplemento. O depósito não é apenas judicial, porque o direito brasileiro admite que se faça de modo extrajudicial, utilizando-se estabelecimentos bancários oficiais, quando se tratar de dívida de dinheiro. Nesse tema, é difícil separar o direito material do direito processual, tantas são as interferências.

A consignação atende à necessidade de facilitar o adimplemento pelo devedor, estorvado por dificuldade que a lei considere relevante. Desde que satisfaça os pressupostos de qualquer das hipóteses, passa a ter direito ao adimplemento, mediante depósito do devido. Em situações excepcionais, a lei pode obrigar a consignação (dever de consignar), a exemplo do depósito da indenização do seguro ou do ressarcimento do dano pela destruição da coisa objeto de hipoteca, em benefício do credor (CC, art. 1.425, § 1º), ou do depósito da indenização do seguro da coisa destruída, sujeita a direito real de usufruto, para que fique assegurado ao usufrutuário o direito de sub-rogação (CC, art. 1.407, § 2º).

Como diz Pontes de Miranda (1971, v. 24, p. 192-196), na consignação, especialmente na modalidade judicial, ao contrário da execução forçada da dívida, o "Estado não executa forçadamente, retirando do patrimônio do devedor, a pedido do credor, o que há para solver a dívida", mas recebe do devedor, para que o credor obtenha o que foi depositado, ou para que a decisão contra o credor equipare-se ao adimplemento. A ação do devedor é para liberar-se da dívida, para livrar-se das consequências danosas do não recebimento pelo credor, inclusive dos riscos. Em razão disso, a ação é meramente declarativa e liberatória, não podendo obrigar o credor a receber ou renunciar à dívida. "O Estado deposita, a pedido do devedor, como sub-rogado da execução voluntária, que é a execução por depósito em consignação para adimplemento". Daí se explica que o credor, sem qualquer ato seu, adquira o direito ao que foi consignado.

O Estado-juiz (ou o estabelecimento bancário) recebe do devedor, a seu pedido, para que o credor receba, ou para que a sentença judicial tenha eficácia de adimplemento, em caso de recusa. A consignação não pode modificar as características e condições exigíveis ao adimplemento regular, o que a torna ineficaz. Estabelece o art. 336 que, para que a consignação tenha força de adimplemento, será mister concorram, em relação às pessoas, ao objeto, modo e tempo, todos os requisitos sem os quais não produz os efeitos do adimplemento. Esses requisitos de legitimação ativa e passiva, de conferência do objeto depositado com o devido, do lugar em que deve ser feito o adimplemento, do tempo, especialmente se não ultrapassou o vencimento da dívida, devem ser apreciados pelo juiz quanto à existência e exatidão. Será ineficaz a consignação que se efetuar em lugar distinto do fixado para a prestação. A consignação deve ser promovida no lugar onde se deve prestar, salvo se foi previsto outro para o caso de consignação. O requisito do lugar é indeclinável, pois sua observância (CC, art. 337) fará cessar para o depositante ou consignante os juros da dívida e os riscos. A lei presume que o imóvel ou a coisa material (corpo certo) deva ser entregue no lugar em que se encontre, salvo convenção em contrário; sendo assim, poderá o devedor notificar o credor para recebê-la, sob cominação de consigná-la em juízo.

A consignação não é faculdade potestativa do devedor, porque terá de ser motivada, segundo as hipóteses previstas em lei. O credor seria prejudicado se a lei permitisse que o devedor, em vez do adimplemento regular, pudesse livremente consigná-lo. A consignação atende à necessidade de facilitar a liberação do devedor por causas diretamente ligadas ao credor. São as seguintes as hipóteses legais de causas que possibilitam o direito à consignação:

a) recusa injustificada do credor;

b) impedimento ou impossibilidade do credor para receber a prestação do devedor;

c) mora do credor que não for receber nem mandar receber a coisa devida, quando a dívida for quesível;

d) credor desconhecido, declarado ausente ou de endereço incerto, difícil ou perigoso;

e) dúvida sobre quem seja o credor;

f) objeto do adimplemento sujeito a litígio.

Nas hipóteses da alínea “d”, para fins de consignação, pouco importa que o ausente já tenha curador, porque ao devedor não se impõe o dever de informar-se da existência e dos poderes da curatela. A incerteza sobre a pessoa do curador pode decorrer dos termos do negócio jurídico ou ser superveniente, como no caso de morte e dúvidas quanto aos herdeiros, que o homem comum teria. A incerteza do endereço do credor, a dificuldade de acesso ou periculosidade são bastantes para a consignação. Não sabe o devedor onde o credor está residindo ou morando, em virtude de mudança não comunicada a ele, salvo se o credor provar o contrário. Na periculosidade do endereço, o devedor o conhece, mas estará sujeito a perigo para chegar lá.

A dúvida sobre quem seja o credor há de ser razoável, segundo as mesmas circunstâncias que levariam o homem comum a tê-la, considerando que a norma visa ao fim social de proteção do devedor. Não se trata de ignorância de direito, porque o direito não a admite, mas de situações de fato que suscitam a incerteza. A dúvida pode não ser quanto à pessoa do credor, mas sobre quem tem poder de receber a prestação, como na hipótese de ser-lhe apresentadas duas procurações com os mesmos poderes.

Nas hipóteses da alínea "f", a penhora judicial faz a coisa litigiosa, máxime se for do próprio crédito, mas a litigiosidade pode caracterizar-se antes da penhora, bastando o ajuizamento de qualquer ação, a exemplo de anulação judicial de cessão da obrigação. Se o devedor for cientificado do litígio e mesmo assim adimplir, pagará mal.

Segundo a jurisprudência pacificada no STJ, é possível, na ação consignatória, a discussão sobre a validade das cláusulas contratuais em razão das quais a dívida é cobrada pelo credor, "se a verificação do direito do devedor à quitação do débito é disso dependente" (REsp 345568), ou a revisão das cláusulas contratuais, "eis que necessária à correlação entre o valor depositado e o efetivamente devido" (REsp 264592).

No caso das dívidas em dinheiro, por força do art. 539 do CPC/2015, por remissão do art. 334 do Código Civil, o devedor poderá optar pelo depósito em consignação em estabelecimento bancário oficial, onde houver, mediante conta especial em nome do credor, com correção monetária para que não se desvalorize, em agência situada no lugar do adimplemento. A consignação bancária origina uma relação jurídica entre o devedor como depositante, o estabelecimento bancário no qual se dá o depósito e o credor, que adquire o direito de dirigir-se diretamente ao banco depositário para obter a entrega do que foi consignado. O banco oficial, i. e., o que é controlado pela Administração Pública, não poderá recusar o depósito em consignação. Após o depósito, o banco remeterá carta com aviso de recepção ao credor, concedendo-lhe o prazo de dez dias para receber ou recusar. Se não houver recusa escrita encaminhada ao estabelecimento bancário, considerar-se-á extinta a obrigação e liberado o devedor, ficando a quantia depositada à disposição do credor. Se este encaminhar ao banco recusa escrita, o depósito não produzirá todos os efeitos do adimplemento, cabendo ao devedor ingressar em juízo com a ação judicial, no prazo de trinta dias contados da ciência da recusa, cujo pedido será instruído com a prova do depósito bancário e a recusa do credor. Nesse caso, os efeitos da consignação extrajudicial persistem, pois o depósito bancário permanecerá, sem necessidade de ser substituído por depósito judicial, além de obstar a mora do devedor. Se a ação judicial não for proposta, após a ciência da recusa, o depósito ficará sem efeito, podendo o devedor levantá-lo. O procedimento extrajudicial sumário, nas situações mais comuns de consignação, simplificou grandemente esse importante modo de extinção de obrigação.

Não se equipara à consignação extrajudicial o depósito do valor da dívida em conta corrente do credor, salvo se este a tiver designado como lugar do adimplemento. Todavia, o STJ, antes da inovação legal que permitiu a consignação para adimplemento em conta bancária especial, já entendia que a ação de consignação em adimplemento não constitui um dever jurídico, mas mera faculdade do devedor, admitindo como válido o adimplemento mediante depósitos efetuados na conta corrente bancária do credor, no caso de prestações de promessa de compra e venda (REsp 10634).

Se o devedor está em mora, e ainda é possível receber o adimplemento, configurada alguma das hipóteses legais, poderá consignar, mas com os acréscimos correspondentes, inclusive indenização, penas e juros moratórios. Esse direito é assegurado ao devedor em mora, para que esta não se agrave e para que não assuma os riscos posteriores à consignação. Note-se que, no caso de obrigações provenientes de ato ilícito, o devedor já está em mora desde o instante em que o praticou. Se já houver ação de resolução por inadimplemento ajuizada pelo credor, a ação de consignação, com intuito de liberar o devedor dos efeitos da mora, deverá ser àquela apensada como ação incidental, a ser julgada após a decisão contrária da primeira.

Como legitimados ativos, não apenas o devedor pode consignar, mas o seu sucessor ou representante legal ou voluntário, o terceiro interessado (STJ, REsp 57766), que o faz em nome próprio, ou o terceiro não interessado, que o faz em nome e por conta do devedor. Quem pode adimplir pode consignar, incluindo-se o procurador que recebeu poderes para adimplir ou pagar, ou o terceiro. A lei refere-se a "meios conducentes à exoneração do devedor" (CC, art. 304). O credor não pode opor-se à consignação sempre que o terceiro seja interessado. Cite-se o exemplo do sublocatário, terceiro interessado, que, em nome próprio, faz depósito em consignação para pagamento dos aluguéis devidos pelo locatário, para não perder a posse sobre o imóvel. Ou o possuidor de bem do devedor que tenha sido penhorado, pois corre o risco de perdê-lo. Do mesmo modo, como decidiu o STJ, em caso de mútuo hipotecário, na cessão de direitos, o cessionário é terceiro interessado na extinção da dívida, podendo consignar para adimplemento, se o credor se opuser (REsp 57766). O terceiro não interessado pode também consignar em adimplemento, se o fizer em nome e por conta do devedor, se este não se opuser.

O legitimado a receber é o credor ou alguém que o represente, voluntária ou legalmente. Se são dois ou mais credores, o depósito há de ser em nome de todos. Morto o credor, legitimado é o espólio. A consignação consiste em pôr-se à disposição do credor o que se deposita. Depende a consignação de o credor poder levantar o que foi depositado, como o receberia do devedor, de acordo com a obrigação.

O depósito é do objeto da dívida, que pode ser dinheiro ou coisa móvel ou imóvel, títulos, documentos, desde que tenham valor. A dívida ilíquida pode ser objeto de consignação. Não há impedimento legal para que se deposite bem imóvel, que fica à disposição do juízo. No direito brasileiro não há regra que determine a liquidez da dívida, para que possa ser consignada. O devedor faz em consignação o depósito daquilo que acha que é devido, podendo o credor impugná-lo por considerá-lo insuficiente. Pode mesmo depositar mais; não pode depositar menos, pois acarretaria justa recusa do credor. Se a dívida é indicada apenas pelo gênero e quantidade, cabendo ao credor a escolha, o devedor poderá requerer ao juiz que o cite, para promover a escolha, dentro de cinco dias. Se o credor não atender, o devedor fará a escolha e a depositará em consignação, no prazo que o juiz fixar. Procede-se do mesmo modo se a obrigação for alternativa e a escolha couber ao credor.

Em caso julgado pelo STJ, discutiu-se a possibilidade de, em contrato para entrega de coisa certa (no caso, sacas de soja), utilizar-se a via consignatória para depósito de dinheiro com força liberatória de adimplemento. O Tribunal entendeu que o credor não é obrigado a receber a prestação diversa da que lhe é devida, ainda que mais valiosa. Dessarte, a consignação em pagamento só é cabível pelo depósito da coisa ou quantia devida (REsp 1194264).

As prestações periódicas podem ser depositadas em uma única consignação, no mesmo processo judicial, sem requerimentos adicionais ou formalidades, até o trânsito em julgado da decisão final, ou na conta bancária especial, no caso de obrigações em dinheiro.

Os riscos da coisa depositada em consignação correm por conta do credor, após o depósito, ainda que ele não a receba. Desde o momento em que o devedor entrega a posse da coisa ou do dinheiro ao Estado, libera-se dos riscos, iniciando-se a mora do credor a partir da citação determinada pelo juiz. Após o depósito, se o bem depositado vier a se perder ou se deteriorar, o devedor conservará o direito à prestação que incumbia ao credor. Ao lado da liberação do devedor, esse é outro efeito importante da consignação. A transferência dos riscos independe da posse sobre a coisa depositada.

Feito o depósito, ainda é possível ao devedor levantá-lo, mediante requerimento ao juiz, até quando o credor o receba ou o impugne. Deferido o levantamento, o depósito é considerado como não feito, com eficácia *ex tunc*, subsistindo a dívida integralmente (STJ, REsp 583354). O direito de levantar é irrenunciável até que a sentença seja proferida. Também o credor poderá levantar o depósito, sem extinguir a dívida, quando contestar a insuficiência, prosseguindo-se o processo relativamente ao restante; se requerer o levantamento do depósito, sem contestá-lo, a obrigação será considerada inteiramente extinta. Na consignação em estabelecimento bancário, como vimos, não cabe controvérsia; se o credor não a recusar no prazo de dez dias depois de notificado, será considerada perfeita e poderá levantar o valor quando o queira. O devedor também poderá levantar o objeto do depósito, se o fizer antes da recusa do credor, ou do transcurso do prazo de dez dias, na consignação extrajudicial.

Na consignação judicial não há relação jurídica entre consignante e consignado, mas entre o primeiro e o Estado; na extrajudicial, entre o consignante e o estabelecimento bancário. A transferência da posse da coisa depositada só se dá por ato do credor, pois com o depósito apenas ocorre a transferência dos riscos que são por ele assumidos. A dívida não se extingue imediatamente com o depósito, mas depende do recebimento sem recusa ou contestação do credor ou do trânsito em julgado da sentença quando for impugnado; antes dessas ocorrências, a liberação do devedor fica pendente. Se o credor receber o depósito ou o juiz julgá-lo procedente, o devedor ficará liberado como se tivesse feito a prestação diretamente ao credor e este a tivesse recebido.

15.3. Adimplemento com Sub-rogação

Adimplemento com sub-rogação é o feito por outra pessoa que não seja o devedor, sem liberação deste. Quem adimple sucede o credor, que fica satisfeito sem extinguir a dívida, a que se vincula o devedor; o credor sai da relação jurídica, mas outrem fica em seu lugar. Assim, no que respeita ao devedor, não há qualquer alteração, pois continua a dever. A dívida e a obrigação permanecem intactas, mudando-se o polo ativo da relação jurídica. A sub-rogação excepciona a regra da extinção da relação jurídica quando o credor for satisfeito de seu crédito. Comparando os institutos, na consignação para adimplemento há liberação do devedor sem satisfação do credor; no adimplemento com sub-rogação há satisfação do credor sem liberação do devedor. Para que possa haver adimplemento com sub-rogação, é necessário que o terceiro tenha direito de adimplir.

Nem todas as obrigações podem ser objeto de sub-rogação. Esta não pode ocorrer quando a prestação for personalíssima, ou seja, apenas o devedor possa adimplir, porque a obrigação foi contraída em razão de seus atributos pessoais, ainda que se utilize de auxiliares sob seu comando. Certas obrigações envolvem elevado grau de pessoalidade e confiança, como nos contratos de prestação de serviços, de empreitada, de mandato, de direitos autorais; não perdem essa natureza quando o contratado utiliza outras pessoas, desde que sob sua orientação ou coordenação. Se outras pessoas podem encarregar-se de tudo e substituir os contratantes originários, deixam de ser obrigações personalíssimas, admitindo a sub-rogação. Há orientação doutrinária no sentido de qualificar como dação em pagamento, e não como adimplemento com sub-rogação, a prestação feita por terceiro e aceita pelo credor quando ela depende expressamente de habilidade pessoal do devedor, de seus conhecimentos técnicos ou científicos ou de sua reputação profissional.

A sub-rogação não se confunde com a cessão de crédito, porque nesta não há adimplemento por parte do cessionário, que assume o lugar do cedente em virtude de outra relação jurídica. A exceção é a do adimplemento feito por terceiro, a quem o credor transfere expressamente seus direitos, cuja hipótese o art. 348 equipara à cessão de crédito. Observadas essa exceção e suas especificidades, pode-se afirmar que no adimplemento com sub-rogação estão combinados elementos tanto do adimplemento quanto da cessão de crédito, mas em relação ao primeiro falta a liberação do devedor e em relação ao segundo falta a outorga (o credor, que recebeu o adimplemento, nada cede).

A sub-rogação decorre de lei ou do negócio jurídico que a preveja. São hipóteses legais de sub-rogação, de acordo com o art. 346 do Código Civil:

a) o credor, sem preferência ou privilégio creditício, que adimple outra dívida que o mesmo devedor tem com outro credor, este com direito de preferência;

b) o adquirente do imóvel, onerado com hipoteca, que adimple a dívida ao credor hipotecário;

c) o terceiro que faz o adimplemento, em nome próprio, para evitar o risco de ser privado do direito ou posse sobre imóvel;

d) o terceiro interessado que paga a dívida em seu próprio nome, para evitar que venha a obrigar-se por ela, parcial ou totalmente.

Em todos esses casos, há sempre um interessado em adimplir a dívida do devedor, para que possa exigir dele, no lugar do primitivo credor. O primeiro (a) é o do outro credor do devedor, cujo crédito não goza de preferência ou é dotado de preferência secundária. Veja-se, como exemplo, o que está previsto no art. 1.478 do Código Civil: o titular da segunda hipoteca sobre o mesmo imóvel tem interesse em adimplir a dívida relativa à primeira hipoteca, que tem preferência sobre a sua; se efetuar o pagamento sub-rogar-se-á nos direitos da hipoteca anterior, sem prejuízo dos que lhe competirem contra o devedor comum. No segundo caso (b), o adquirente do imóvel hipotecado tem interesse em liberá-lo do ônus, ainda que tenha de cobrar a dívida do devedor, a favor de quem foi dada essa garantia real; ao pagar a dívida, sub-roga-se nos direitos do crédito do credor hipotecário. No terceiro (c), tem-se o exemplo do locatário que paga dívida do locador, para não correr o risco de penhora e arrematação do imóvel locado, onde desenvolve sua atividade empresarial; ou do sublocatário que purga a mora pelo locatário, sub-rogando-se nos direitos do locador contra o locatário, incluindo os aluguéis, multas e outros encargos que pagou. No quarto (d), o terceiro é sujeito passivo de relação jurídica obrigacional ou real; quem é proprietário de bem que foi dado em garantia real de dívida do devedor (p. ex., hipoteca ou penhor) é terceiro interessado no seu adimplemento, sub-rogando-se nos direitos do credor. Nesta última hipótese, se adimpliu parcialmente, porque a garantia não foi a toda a dívida, sub-rogar-se-á no limite do que pagou.

Outras hipóteses de sub-rogações legais são previstas, a exemplo das prestações indivisíveis (CC, art. 259, parágrafo único: "O devedor, que paga a dívida, sub-roga-se no direito do credor em relação aos outros coobrigados"); ou do segurador, no seguro de dano (CC, art. 786: "Paga a indenização, o segurador sub-roga-se, nos limites do valor respectivo, nos direitos e ações que competirem ao segurado contra o autor do dano"); ou do fiador que paga integralmente a dívida (CC, art. 831: "O fiador que pagar integralmente a dívida fica sub-rogado nos direitos do credor").

O terceiro não interessado, que adimple em seu próprio nome, não se sub-roga ao credor (CC, art. 305). Tem direito a adimplir e a reembolsar-se do que pagar, como já vimos acima, mas não tem direito a sub-rogação. O inadimplemento do devedor não lhe afeta, necessariamente. A lei admite, no entanto, que o terceiro não interessado que adimple em nome e por conta do devedor tem direito à sub-rogação, porque ele equipara-se ao terceiro interessado. Também tem direito à sub-rogação o terceiro que paga dívida hipotecária para não ser privado de direito sobre o imóvel (CC, art. 346, II).

As vantagens da sub-rogação residem no fato de transferir ao novo credor todos os direitos, pretensões, ações e garantias que o primitivo credor detinha. Essa é sua função, porque o novo credor poderia ser afetado pelo inadimplemento do devedor. Mas o sub-rogado não terá mais direito sobre o devedor que o primitivo credor; assim, decidiu o STJ que, "se o próprio segurado (primitivo credor) não poderia mais demandar em juízo contra o causador do dano, em razão de acordo extrajudicial com plena e geral quitação, não há que falar em sub-rogação, ante à ausência de direito a ser transmitido" (REsp 274768). Na sub-rogação legal, essas vantagens são limitadas ao montante que o novo credor tiver desembolsado para liberar o devedor; esse limite é apenas do valor sem afetar a natureza dos direitos, pretensões e ações que o credor exercia.

O negócio jurídico pode estipular que terceiro, determinado ou não, fique sub-rogado no lugar do credor, nas situações que fixar. Haverá sub-rogação negocial (a lei diz convencional, mas é possível que o negócio jurídico unilateral a estabeleça, inexistindo acordo ou convenção), nas seguintes hipóteses presumidas pelo art. 347 do Código Civil:

a) o credor que recebe o adimplemento de terceiro (interessado ou não) e expressamente faz a sub-rogação em seu favor;

b) o terceiro que empresta ao devedor a quantia que necessita para adimplir, sob a condição expressa de sub-rogar-se ao credor.

São, portanto, negócios jurídicos paralelos que têm por fito, exclusivamente, assegurar a sub-rogação em favor do que adimpliu nessas circunstâncias. A hipótese "a" não é imune a críticas, pois está muito mais próxima da cessão negocial de créditos do que do adimplemento com sub-rogação. Diz Pontes de Miranda (1971, v. 24, p. 286) que "isso não é sub-rogação pessoal; a própria lei o diz quando se expressa com o termo 'transfere'; se há transferência pelo credor, não há sub-rogação pessoal. O cessionário é outorgado; não é sub-rogado". Na hipótese "b" não há necessidade de manifestação do credor, e a referência na lei ao mútuo (empréstimo) deve ser entendida como exemplificativa, porque pode ser por conta de prestação de serviço, ou de adiantamento em caso de empreitada, desde que haja acordo entre terceiro e devedor de que a importância emprestada ou adiantada assegure ao primeiro a sub-rogação nos direitos do credor satisfeito. A sub-rogação negocial independe de consentimento do credor.

Ainda sobre a hipótese "a", entendeu o STJ que "na sub-rogação convencional não se questiona a existência de interesse do terceiro que efetuou o pagamento para outrem, mas apenas a existência de contrato que transfira expressamente os direitos creditórios e a ausência de justo motivo do devedor para recusar o pagamento" (REsp 141971).

A sub-rogação negocial pode decorrer de negócio jurídico unilateral, mediante o qual o devedor fica obrigado se terceiro pagar a dívida. É necessário que o negócio jurídico unilateral, para que produza seus efeitos, seja comunicado ao credor, que não poderá rejeitá-lo. Nesse negócio jurídico receptício, a sub-rogação é pré-estabelecida, sem qualquer vínculo com terceiro, obrigando desde já o devedor a quem venha a solver a dívida. O negócio jurídico produzirá seus efeitos de sub-rogação quando terceiro vier a adimplir, substituindo-se ao credor.

A sub-rogação pode ser total ou parcial. É total quando o novo credor sucede ao anterior, inteiramente. É parcial quando o novo credor adimpliu parte da dívida. Sendo parcial, o antigo credor tem preferência contra o credor sub-rogado, em caso de insolvência do devedor, relativamente à cobrança do restante da dívida não adimplida.

Em juízo, o adimplemento com sub-rogação processa-se na forma de procedimento de jurisdição voluntária (CPC, art. 725, II).

15.4. Imputação do Adimplemento

Quando há mais de um débito em relação ao mesmo credor, é necessário que se saiba a qual deles o devedor faz o adimplemento, para evitar a dúvida e eventuais prejuízos a um deles ou a ambos. A imputação do adimplemento é o direito do devedor de indicar (imputar) qual a dívida que adimple, quando houver pluralidade de dívidas com o mesmo credor, todas líquidas e vencidas e de mesma natureza. Os requisitos da imputação estão expressos no art. 352 do Código Civil: dois ou mais débitos, mesma natureza dos débitos, um só devedor e um só credor, liquidez e vencimento das dívidas. É declaração unilateral de vontade receptícia e expressa. Se esse direito não fosse assegurado ao devedor, como modo especial de adimplemento, a escolha recairia no credor, ao arbítrio deste, podendo acarretar prejuízo ao primeiro. A imputação em si é manifestação de vontade, mas o adimplemento que resultar da indicação da dívida é e permanece sendo ato-fato jurídico, ao qual importa apenas o resultado fático.

A imputação não pode ser exercida quando concorrer dívida comum com dívida privilegiada (p. ex., com garantia de hipoteca ou penhor), que são de diferentes naturezas, ou dívida vencida com não vencida, ou dívida líquida com ilíquida. No caso das dívidas ilíquidas não vencidas, a imputação do adimplemento a qualquer delas apenas será possível se o credor concordar.

Quem pode indicar é o devedor que adimple. Na hipótese de obrigação solidária, o exercício da imputação é do devedor solidário que adimple. Se quem presta é o fiador, a ele e não ao devedor cabe o direito de indicação. Todavia, quando o devedor não exerce o direito, cabe ao credor imputar o adimplemento a qualquer dos créditos, dando quitação. A imputação pelo credor depende de o devedor aceitar a quitação. Portanto, o direito do credor é supletivo, e desde que não tenha agido com violência ou dolo, com intuito de prejudicar o devedor. O terceiro, que pode adimplir, também pode imputar o adimplemento. Se houver acordo sobre a ordem das imputações, ou se for deixado ao credor o direito de indicar a dívida, será ineficaz a indicação feita pelo devedor ou terceiro. A imputação pode ser preestabelecida quando o negócio jurídico indicar a precedência das dívidas de mesma data, a exemplo de numeração. Só pode haver imputação se o devedor tomar a iniciativa do adimplemento. Se estiver em mora, o credor pode exigir o adimplemento de qualquer das dívidas vencidas, em juízo, perdendo o devedor o direito de imputação. No direito brasileiro, o credor pode promover a execução forçada de qualquer das dívidas que desejar executar.

Quando a dívida contiver juros, e não houver acordo prévio e expresso em contrário, entre credor e devedor, o adimplemento imputa-se primeiro nos juros vencidos e depois no capital. Se o credor der a quitação do capital, sem se referir aos juros, entender-se-á que estes foram incluídos, ou seja, adimplidos. Mas essa presunção legal não é absoluta, pois pode o credor valer-se dos meios de prova para demonstrar que os juros não foram incluídos na quitação. Decidiu-se que nos pagamentos do Sistema Financeiro da Habitação (STJ, REsp 1095852), caso o pagamento mensal não seja suficiente para a quitação sequer dos juros, cumpre-se determinar o lançamento dos juros vencidos e não pagos em conta separada, sujeita apenas à correção monetária, com o fim exclusivo de evitar a prática de anatocismo.

Se, em duas dívidas, uma estiver prescrita, e o devedor não indicar qual delas adimple, não pode o credor imputar na prescrita. Compreende-se que assim seja, pois, ainda que o crédito não tenha desaparecido com a prescrição, por ser obrigação natural, não pode ser exigível, sendo que a imputação na dívida prescrita seria modo indireto de exigibilidade. Exemplo: o devedor envia a importância em dinheiro ao seu credor, para pagamento de uma das prestações vencidas da dívida, sem indicar qual delas, sendo que a mais antiga já está prescrita; entende-se que o dinheiro foi para pagar a dívida vencida e ainda não prescrita.

Na ausência de imputação, pelo devedor, sendo seu esse direito e desde que não se tenha atribuído ao credor, a lei (CC, art. 355) estabelece a ordem da imputação: em primeiro lugar, o adimplemento será imputado às dívidas mais antigas e líquidas; se todas tiverem vencimento igual, prefere a mais onerosa; se todas forem ilíquidas, a mais antiga. Determina-se a antiguidade da dívida pelo vencimento e não por quando foi constituída. Se não há vencimento expresso, considera-se a data da interpelação judicial ou extrajudicial que foi promovida pelo credor.

15.5. Dação em Adimplemento

A dação em adimplemento faz-se mediante entrega de coisa determinada em lugar da prestação devida, desde que o credor consinta, extinguindo-se a dívida. É negócio jurídico bilateral comutativo e oneroso de alienação que tem por objeto a extinção da dívida. A dação realiza duas finalidades: dá uma coisa diferente e solve a dívida, liberando o devedor. Atende, portanto, às duas dimensões do adimplemento, i. e., a satisfação do credor e a liberação do devedor. A dívida extingue-se se o credor recebe a coisa e satisfaz-se totalmente.

Por essa razão, não se confunde a dação em adimplemento (em *soluto* ou *pro soluto*) com a mera dação *pro solvendo,* que não extingue totalmente a dívida (tem por fito amortizar a dívida ou obrigação, subordinada a evento posterior).

O Código Civil de 1916 proibia expressamente a dação em adimplemento em dinheiro, porque este não é coisa para tal fim. O Código Civil de 2002 omitiu essa vedação, o que tem levado a entendimento doutrinário (Tepedino e Schreiber, 2008, p. 283) de ser possível a dação em dinheiro.

A dação depende da existência, validade e eficácia da dívida e da obrigação; se alguém deu coisa em adimplemento a dívida inexistente, quem recebeu incorreu em enriquecimento sem causa. Se o negócio jurídico de dação for invalidado (nulo ou anulável), a liberação do devedor não se deu e a dívida permanece, porque o crédito continua incólume.

São três os elementos da dação:

a) consentimento do credor;

b) entrega da coisa;

c) substituição da prestação.

A dação em adimplemento não é direito do devedor cuja pretensão possa ser exigida do credor. Sem consentimento deste, não pode prosperar. O devedor deve adimplir com o objeto da prestação devido; não pode, por vontade exclusivamente sua, substituí-lo, pois estabelece o art. 313 do Código Civil que "o credor não é obrigado a receber prestação diversa da que lhe é devida, ainda que mais valiosa". O direito moderno, com a difusão da moeda, fez dependente da vontade do credor qualquer dação em adimplemento. O consentimento pode ter sido previamente estipulado na obrigação, como pode ter sido superveniente, por interesse ou conveniência do devedor. Sua causa é extinguir, por adimplemento, a dívida.

A dação em adimplemento não é contrato de compra e venda, mas o art. 357 do Código Civil determina que as regras desse contrato a regulem subsidiariamente, quando se determina o preço da coisa dada em adimplemento. As regras subsidiárias do contrato de compra e venda dizem respeito às relações internas entre credor, equiparado a comprador, e devedor, equiparado a vendedor. A dação de coisa é contrato real, que apenas se perfaz com a entrega da coisa, o que impede a existência de contrato preliminar, ou promessa de dação.

O que distingue a dação em adimplemento é a substituição da prestação determinada na relação jurídica obrigacional, seja ela de dar ou de fazer, pela prestação de dar coisa diferente. A dívida não é substituída, mas a prestação do devedor. A substituição pode ser de uma coisa por outra, de dinheiro por título de crédito, de coisa por fato de valor econômico. A situação mais frequente é a da substituição da prestação de dar dinheiro por outro objeto correspondente ao valor. Não se exige que haja equivalência ou igualdade de valor da coisa dada em adimplemento com o do objeto da prestação, bastando que o credor aceite e dê-se por satisfeito. Não pode haver dação de serviços em adimplemento, mas apenas de coisa. O depósito em conta corrente bancária indicada pelo credor não configura dação em adimplemento, mas cumprimento direto da prestação.

A coisa pode ser móvel ou imóvel, corpórea ou incorpórea. Pode ser: um título de crédito; um direito intelectual (marca, patente, direito autoral patrimonial), nomes de empresas, signos distintivos (art. 5º, XXIX, da Constituição); coisa material futura; enfim, tudo que possa ser objeto de prestação de dar, suscetível de valoração pecuniária. Quanto ao título de crédito, o art. 358 do Código Civil estabelece que sua transferência importará cessão de crédito, cujas normas são aplicáveis; o credor recebe o crédito no lugar do pagamento, controvertendo a doutrina sobre ser *pro soluto* e não *pro solvendo* e, consequentemente, se se extingue a dívida. Para Pontes de Miranda (1971, v. 25, p. 21), o direito brasileiro não cogitou de assunção de dívida nova, que presume ser *pro solvendo*, mas tão só de cessão *pro soluto*: "ainda na dúvida, se houve dação de título de crédito (não assunção de dívida em título de crédito), se há de entender *in solutum*", pouco importando que o título seja de emissão do próprio devedor ou de terceiro. Na hipótese de título ao portador, à ordem ou nominativo (CC, arts. 904, 910 e 921), emitidos por terceiro, com transferência ao credor, houve cessão do direito incorporado neles e, consequentemente, dação em adimplemento com extinção da dívida.

O cheque de emissão do devedor não é dação em adimplemento, mas pagamento em sentido estrito, porque cheque não é título de crédito, e sim ordem de pagamento à vista (art. 28 da Convenção da Lei Uniforme Relativa ao Cheque e art. 32 da Lei n. 7.357/85). Dependendo do que as partes ajustarem, pode ser recebido *pro soluto* ou *pro solvendo*, uma vez que a lei admite que o emitente do cheque possa fazer sustar o pagamento, mesmo durante o prazo de apresentação, manifestando por escrito ao banco sacado oposição fundada em relevante razão de direito. Para Pontes de Miranda (1971, v. 25, p. 23), todavia, trata-se de dação em adimplemento, porque o "cheque é instrumento do pagamento, não dinheiro: o que há é dação em soluto", argumentando que se o credor aceita o cheque a responsabilidade pelo pagamento cessa, começando a responsabilidade pelo cheque, "que nada tem com o negócio jurídico de que se irradiara a obrigação de pagar".

Do mesmo modo que o adimplemento em geral, a dação em adimplemento pode ser feita por terceiro interessado e por terceiro não interessado, desde que o credor consinta. Por exemplo, o art. 838, III, do Código Civil estabelece que o fiador, ainda que solidário, ficará desobrigado "se o credor, em pagamento da dívida, aceitar amigavelmente do devedor objeto diferente do que este era obrigado a lhe dar".

A dação subordina-se às regras de evicção, pois tem a natureza de negócio jurídico comutativo de alienação. Ocorrendo a evicção, a exemplo da situação comum de terceiro provar judicialmente que a coisa lhe pertence, desfaz-se a dação e restabelece-se a dívida, pouco importando que o credor tenha dado quitação. O restabelecimento da dívida é de eficácia retroativa, como se nunca tivesse o devedor tomado a iniciativa de adimplir, com as consequências da mora e da inexecução da obrigação. O risco de dar a coisa em adimplemento é inteiramente do devedor e, ocorrendo a evicção, terá direito o credor (evicto) ao reembolso das despesas que efetuou, na defesa da titularidade do bem, como custas judiciais, honorários, além da indenização dos prejuízos que sofreu (CC, art. 450). Estabelece o art. 359 do Código Civil que, nessa hipótese, são "ressalvados os direitos de terceiros", ou seja, terceiros de boa-fé que tenham adquirido o bem dado em adimplemento, ou tenham constituído relação jurídica real ou obrigacional com o credor, tendo esse bem como objeto, não podem ser prejudicados pela evicção. Cabe ao devedor a indenização de todos os danos que os terceiros tenham sofrido.

Igualmente, responde o dador da coisa pelos eventuais vícios redibitórios que a tornem inadequada ao uso a que se destina ou lhe diminuam o valor (CC, art. 441). O credor, como qualquer adquirente de coisa viciada, pode exercer uma de duas alternativas: ou rejeitar a coisa, ou reclamar abatimento de seu valor, correspondente ao vício. Na primeira hipótese, ocorre o restabelecimento da obrigação primitiva, à semelhança da evicção, tornando-se sem efeito a dação em adimplemento. Na segunda, o adimplemento será considerado parcial, continuando a dívida proporcionalmente ao valor do vício, não prevalecendo a quitação total dada pelo credor.

A dação em adimplemento, por ser contrato oneroso, está sujeita à anulação em virtude de fraude contra credores, ou quando a insolvência do devedor for notória, ou houver motivo para ser conhecida do credor (CC, art. 159). Consequentemente, os credores do devedor poderão intentar ação (denominada ação pauliana) tanto contra o devedor insolvente, quanto contra o credor que recebeu a coisa. Julgada procedente a ação, a dívida é restabelecida, tornando-se sem efeito a quitação dada pelo credor, determinando o juiz o cancelamento de registro (p. ex., o registro imobiliário), quando feito. Nesse sentido, decidiu o STJ que "o reconhecimento de que a dação em pagamento foi fraudulenta não prejudica o crédito, sendo ele incontroverso, de modo que a anulação do negócio restabelece o *status quo ante*, desfazendo a quitação" (REsp 143046).

15.6. Compensação

Compensação é o modo de extinguir a obrigação quando uma pessoa for devedora e, ao mesmo tempo, credora de outra, até o limite do que esta lhe dever. Compensam-se crédito e dívida. A compensação extingue os dois débitos a partir do dia em que se verifica sua coexistência, operando-se a liberação do devedor e a satisfação do credor. A compensação não é automática; é direito do devedor de extinguir a dívida até o montante do crédito que tem contra a mesma pessoa, que necessita ser exercido. Dois créditos, pelo menos, têm de existir, sendo cada credor devedor do outro. O conceito legal está enunciado no art. 368 do Código Civil: "se duas pessoas forem ao mesmo tempo credor e devedor uma da outra, as duas obrigações extinguem-se, até onde se compensarem". Nesse conceito percebe-se que a compensação não se opera de pleno direito, ao contrário do que estabelece o Código Civil francês (art. 1.290), dependendo sempre de seu exercício por parte do devedor contra credor beneficiário. A compensação produz o efeito de dupla extinção de dívida. Exemplificando: *A* deve a *B* 70; *B* deve a *A* 100. As duas dívidas extinguem-se até o limite de 70, permanecendo o crédito de 30 em favor de *A*. A experiência dos povos demonstrou a necessidade prática da compensação, por ser inútil receber e ter de pagar em seguida. A compensação legal é a regra, impondo-se ao credor, cuja vontade não é considerada. A compensação pode ser convencional, preestabelecida pelas partes no negócio jurídico, ou por elas acordada posteriormente, quando a hipótese se concretizar.

Lembra Pontes de Miranda (1971, v. 24, p. 306) que o direito romano antigo nunca admitiu nem conheceu a compensação legal. Cada crédito subsistia distintamente e podia ser exercido contra o devedor o direito, a pretensão, ou a ação, sem que lhe fosse obstáculo ou causa elidente o contracrédito. "Não importava se o outro devedor era solvável, ou não. Aliás, o direito romano tinha de assim entender diante do *princípio da unicidade da questão*, peculiar ao velho processo romano (a cada questão o seu processo)". Com efeito, nas *Institutas* de Gaio não há referência à compensação como modo de extinção das obrigações, tratadas nos §§ 168 a 180 do Comentário III (1997, p. 552-70). No direito luso-brasileiro, as Ordenações Filipinas conceituam a compensação, no Livro IV, Título LXXVIII, como "desconto de uma dívida a outra; e foi introduzida com razão e equidade, porque mais razão é, não pagar algum o que deve, se lhe outro tanto é devido, que pagá-lo, e depois repeti-lo, como coisa, que não era devida". Nas Ordenações já está o fundamento histórico da compensação na sua utilidade.

Para alguns, a compensação é "modo extintivo tão aberrante, quando legalmente imposto, que chega a ser considerado anormal". A anormalidade revelar-se-ia: a) na extinção das dívidas recíprocas antes de serem pagas; b) no fracionamento de uma das dívidas. A última singularidade seria exceção ao princípio geral de que o credor não pode ser obrigado a receber a dívida por partes, ainda que a obrigação tenha por objeto prestação divisível (Gomes, 1998, p. 129).

Todavia, a possibilidade da compensação oferece dupla vantagem, para cada devedor, reciprocamente credor, como argumenta Karl Larenz: a de poder cancelar sua obrigação (facilitando sua extinção) e a prestação devida (p. ex., o pagamento do numerário efetivamente devido); e a de proporcionar-se uma satisfação para seu crédito (utilizando-o para extinguir a obrigação), sem risco de insolvência do outro, cumprindo uma função de garantia (1958, p. 426). Para Jean Carbonnier a compensação pode ser também *pagamento por preferência*, no caso de um credor-devedor de um insolvente: sem a compensação, ele deveria pagar integralmente sua dívida, depois reclamar seu crédito em concurso de credores com os outros credores; graças à compensação, ele se paga com sua própria dívida com preferência sobre os outros credores (2000, p. 594).

A compensação perfaz-se com a alegação do devedor, uma vez que não opera de pleno direito. A alegação não é apenas comunicação ao credor, mas igualmente ato de vontade, consistindo em declaração unilateral constitutiva. Tem de ser conhecida pelo credor, ainda que não seja necessária forma especial ou palavras especiais, inclusive quando oposta em juízo, bastando a intenção declarada de compensar (CC, art. 112). Portanto, são três os requisitos: créditos contrapostos, a compensabilidade dos créditos e a alegação, que é exercício do direito formativo extintivo. Por sua natureza de ato jurídico receptício, a alegação não pode ser revogada. Quando o credor exige a dívida em ação judicial, pode o devedor opor a compensação com sua eficácia extintiva. A compensação não é, necessariamente, judicial; pode ser alegada pelo devedor em correspondência ou notificação extrajudicial, quando houver de adimplir sua dívida. O efeito da compensação exercida judicial ou extrajudicialmente é *ex tunc*, e não apenas a partir do momento em que o direito formativo extintivo for exercido. A alegação da compensação evita a mora do devedor, mas, quando feita extrajudicialmente, deve ser por ele provada. A compensação não pode ser declarada de ofício pelo juiz. Toda decisão judicial a respeito de compensação que venha a ser alegada é declarativa e não constitutiva. Somente o titular da pretensão pode alegá-la ou renunciá-la, se lhe for conveniente.

Não pode haver dúvida quanto ao conteúdo e exigibilidade da dívida. A lei exige (CC, art. 369) que as dívidas sejam líquidas e vencidas e, ainda, que as coisas devidas sejam fungíveis. Dívida vencida deve ser entendida como exigível, o que afasta da compensação a dívida prescrita (que é espécie de dívida vencida) ou a qualificável como obrigação natural. Créditos não exigíveis são desprovidos de pretensão e de ação, o que alcança o direito à compensação. Por exemplo, a dívida de jogo proibido gera para o credor direito sem pretensão, não podendo ser compensada. Todavia, a inexigibilidade da dívida vencida, para que obste a compensação, deve ser oposta mediante exceção pelo credor ao direito potestativo extintivo de compensação, que foi manejado pelo devedor. Na hipótese de dívida prescrita, antes da oposição da prescrição e sua declaração judicial, o crédito apresenta a sua pretensão com toda eficácia; a compensação não será desconstituída se a prescrição for alegada posteriormente a ela, porque o crédito estava sem pretensão mas era existente.

A lei (CC, art. 372) estabelece que os prazos de favor (*délai de grâce*), embora consagrados pelo uso geral, não obstam a compensação. Consideram-se prazos de favor ou de graça a dilatação do vencimento da dívida, por tolerância do credor, que podem ser frequentes quando se tratar de prestações periódicas, ou prazo adicional para o adimplemento, concedido pelo juiz ao devedor com dívida vencida, vítima de circunstâncias (*v.* item 14.7). Para efeito da compensação, a data formal do vencimento prevalece, não podendo ser oposto o prazo de favor. Exemplo: *A* cobra dívida vencida e líquida de *B*; *A*, ao mesmo tempo, é devedor de *B*, que costuma receber daquele com atraso, não podendo *A* prevalecer-se desse fato para impedir a compensação.

Dívida vencida, porém ilíquida, deve ser, antes, liquidada. A dívida existe e é certa, mas seu valor ou *quantum* depende de apuração ou de cálculo e conta.

A iliquidez não significa incerteza, mas a falta de medida ou quantificação exatas; as coisas são ilíquidas relativamente à quantidade do valor ou do número. O exemplo comum é o da dívida decorrente de responsabilidade por dano (material ou moral): após a decisão judicial que confirme a ocorrência do dano e quem seja o imputável pela reparação, esta necessita ser apurada, ou seja, liquidada, para que possa ser executada. A rigor, a iliquidez apenas retarda a composição do elemento inicial da compensação, ou o começo da alegação; o nascimento do direito formativo extintivo para o devedor dependerá da liquidação da dívida. O Código Civil italiano (art. 1.243) prevê regra, inexistente no direito brasileiro, mas a este perfeitamente aplicável, estabelecendo que, se o débito oposto em compensação não for líquido mas de fácil e pronta liquidação, o juiz pode declarar a compensação em relação à parte do débito que reconhece existente e suspender a condenação pelo crédito líquido até a apuração do crédito oposto em compensação. Essa solução contempla os fins sociais a que se dirige o instituto da compensação (art. 5º da Lei de Introdução ao Código Civil).

Além do vencimento e da liquidez, as dívidas devem ser de mesma espécie, que é o requisito da fungibilidade; por exemplo, o saldo em conta corrente bancária não pode, sem autorização do depositante, ser compensado com créditos do banco, decorrentes de título, que descontou, emitido por terceiro. Todavia, o STJ admitiu a compensação de valores pagos em virtude de cláusulas ilegais, em razão do princípio que veda o enriquecimento sem causa do credor, em caso de capitalização mensal de juros, considerada ilegal (REsp 476616). O art. 85 do Código Civil qualifica como fungíveis os bens móveis que podem substituir-se por outros da mesma espécie, qualidade e quantidade; essa qualificação, relativamente aos bens móveis, aplica-se às dívidas e aos créditos, tendo por elemento essencial a possibilidade de serem substituídos. Exclui-se a compensação de créditos em quantidades equivalentes de moeda nacional e estrangeira, porque não são da mesma espécie, além da vedação legal de adimplemento em moeda estrangeira, salvo nas transações internacionais e outras exceções legais. Não poderá haver compensação entre prestação pecuniária (fungível) e prestação de dar coisa certa e determinada (infungível). O art. 370 do Código Civil estabelece que, embora do mesmo gênero as coisas fungíveis, objeto das duas prestações, não se compensarão, verificando-se que diferem na qualidade, quando especificada no contrato. Nessa hipótese, a fungibilidade diz respeito ao objeto da prestação (a coisa) e não à prestação; mas, a infungibilidade convencional da coisa contamina a dívida. Duas dívidas que em princípio seriam fungíveis ficam impedidas de compensação, porque um dos negócios jurídicos dos recíprocos credores e devedores (ou ambos) estipulou a obrigação de dar coisa de determinada qualidade. Exemplificando: *A* deve prestar a *B* a entrega de 100 caixas de vinho de determinada região vinícola; porém, *B* contratou com *A* a venda de 90 caixas do mesmo tipo de vinho, especificando que seria da safra de determinado ano. A especificação da safra torna o objeto da segunda dívida qualitativamente diferente do da primeira, o que impede a compensação. A especificação negocial da qualidade termina por descaracterizar a fungibibilidade.

Situação específica é a do fiador, cuja dívida decorre do inadimplemento do devedor, seu afiançado, que por sua vez é credor do credor. O fiador tem direito formativo extintivo próprio, ainda que não seja credor direto do credor afiançado. Nessa situação, o fiador pode exercer o direito à compensação das dívidas do credor e do devedor, ficando obrigado apenas pelo eventual resíduo, porque, segundo o antigo direito romano, não seria justo que o fiador pagasse mais do que aquilo que pagaria o devedor. Exemplificando: *A* deve a *B* a quantia de 80; *B* deve a *A* a quantia de 60; o fiador de *A* só estará obrigado por 20. A compensação é direito próprio do fiador, que ele poderá opor ao credor de seu afiançado quando este exigir-lhe o pagamento, inclusive judicialmente. O direito do fiador abre exceção expressa à regra de reciprocidade dos créditos e dívidas do credor e do devedor, enunciada na primeira parte do art. 371 do Código Civil: "o devedor somente pode compensar com o credor o que este lhe dever". A segunda parte desse artigo, que assegura o direito do fiador à compensação, não é cogente, mas dispositiva, admitindo que seja convencionada sua renúncia a esse direito.

Outra situação específica, prevista no Código Civil, é a do credor pignoratício: o credor é depositário do bem móvel dado em penhor, podendo o devedor compensar com o valor da perda ou da deterioração que aquele causar. O STJ decidiu (REsp 227) que o direito à compensação, nesse caso, deixa de haver quando a dívida for ilíquida; seria melhor dizer *enquanto* for ilíquida, pois o Código Civil não exclui o direito à compensação em virtude da iliquidez.

Se o devedor é titular de vários créditos líquidos e vencidos contra o credor, deverá indicar qual ou quais deles serão compensados com sua dívida. É esse o significado que deve ser atribuído ao art. 379 do Código Civil. O réu devedor tem direito de compensar com qualquer de seus créditos o crédito único do credor. Nessa hipótese, aplicam-se as regras da imputação do adimplemento. Não há escolha pelo credor, porque é direito do devedor. A imputação do adimplemento estará contida na alegação da compensação, quer se faça judicial, quer extrajudicialmente. O devedor pode adiantar-se na alegação da compensação e na imputação, antes de a dívida ser cobrada pelo credor. Se este recusar a compensação com imputação, incorrerá em mora.

O direito de compensação não pode onerar o outro credor. A compensação apenas será possível deduzindo-se as despesas correspondentes, se para compensar utilizar-se dívida que só pode ser adimplida em outro lugar. Porém, se a diferença de lugar não acarretar despesas, nenhum encargo haverá.

Essas regras, que são próprias da compensação legal, não se aplicam quando ela é livremente ajustada em contrato. "Para a validade desse contrato de compensação só se exige que ambos os créditos existam e sejam dirigidos à obtenção de prestações homogêneas, e que cada parte contratante possa dispor do crédito que oferece em compensação (portanto, não é necessário que seja credora)" (Larenz, 1958, p. 438). O contrato de compensação, dentro do âmbito do autorregramento da vontade, não está adstrito aos requisitos da compensação legal, tal como a liquidez das dívidas, podendo definir o que seja mais adequado para compensar as dívidas, entre os contraentes, tais como dívidas não vencidas, ilíquidas ou ineficazes, dívidas decorrentes das obrigações naturais, dívidas prescritas, exceto o crédito impenhorável. Basta que os pressupostos mais gerais estejam presentes, particularmente quanto à extinção simultânea dos dois créditos recíprocos. O crédito contra terceiro pode ser objeto de compensação convencional. Em contrapartida, como vimos, o contrato pode pré-excluir o direito de compensação entre os contratantes.

A redação originária do art. 374 do CC/2002 previa que a compensação em relação às dívidas fiscais e parafiscais seria regida pelas normas do Código. Mas, foi revogada pela Lei n. 10.677, de 2003. Retomou-se a norma do art. 170 do Código Tributário Nacional, que dispõe poder a lei, "nas condições e sob as garantias que estipular, ou cuja estipulação em cada caso atribuir à autoridade administrativa, autorizar a compensação de créditos tributários com créditos líquidos e certos, vencidos ou vincendos, do sujeito passivo contra a Fazenda Pública", que nunca tinha sido revogada.

15.6.1. Efeitos da causa do negócio jurídico na compensação

A diferença de causas dos negócios jurídicos não pode ser óbice à compensação, em princípio. Assim, uma dívida proveniente de título de crédito pode ser compensada com dívida oriunda de mútuo. Têm-se, nesse exemplo, um negócio jurídico unilateral abstrato, ou não causal, e outro negócio jurídico bilateral causal, pois o dinheiro foi entregue ao mutuário tendo por causa o dever de restituir o equivalente, e não outra causa como a de entregar coisa como contraprestação ao dinheiro recebido, com preço (compra e venda); ou de ficar definitivamente com o dinheiro recebido (doação). A manifestação de vontade de entregar alguma coisa a alguém pode ter juridicamente causas diversas, que tipificarão o negócio jurídico, dependendo dos fins pretendidos pelas partes negociais: pode ser para um contrato de compra e venda, para um contrato de permuta, para uma doação, para uma dação em pagamento, para um empréstimo, para uma locação. Daí a importância da causa negocial.

O art. 373 do Código Civil consagra a importância da causa, ao prever que "a diferença de causa nas dívidas não impede a compensação", devendo ser entendido como causa dos negócios jurídicos dos quais se irradiam as dívidas, uma vez que a causa radica naqueles e não nestas, que são seus efeitos. Referido artigo excepciona a diferença de causas, impedindo a compensação, quando uma delas provier dos seguintes fatos ou atos jurídicos lícitos ou ilícitos: esbulho, furto ou roubo; comodato, depósito e alimentos; coisa não suscetível de penhora. Se *A* é credor de *B* em virtude de contrato que tem por objeto bem roubado, esbulhado ou furtado, não pode compensar esse crédito com dívida que contraiu licitamente com *B*, podendo este executá-la sem esse obstáculo. Mas não apenas o esbulho, o furto ou o roubo; incluem-se todas as figuras penais ou quaisquer dívidas provenientes de fatos ilícitos. A causa, em certos contratos, assume posição determinante para impossibilitar a compensação, por razões éticas: o comodato é contrato unilateral, como empréstimo gratuito, não podendo o comodatário compensar seu dever de restituição da coisa com outro débito que o comodante tenha com ele; o depósito, ainda quando oneroso, caracteriza-se pelo direito do depositante de pedir de volta a coisa depositada sempre que desejar; gera apenas para o depositante o direito de retenção, nunca compensação. Quanto aos alimentos, estes por sua intrínseca natureza de subsistência do credor, não podem nem devem ser submetidos a compensação; a dívida de causa não alimentar que o credor de alimentos tenha com o devedor não pode ser compensada.

Por fim, há bens absolutamente impenhoráveis, referidos na legislação processual (CPC, art. 833), além de outros previstos em leis especiais (p. ex., o bem de família convencional, art. 1.711 do Código Civil, ou legal, art. 4º da Lei n. 8.009/90), que não podem responder por dívidas e, consequentemente, sofrer as consequências da compensação. Nessa hipótese, o devedor não pode provocar a compensação, pois não tem, apesar de ser contracredor, o direito potestativo extintivo, porque este iria contra a impenhorabilidade, que prevalece no balanço de interesses.

15.6.2. Hipóteses de exclusão da compensação

Embora seja direito do devedor, simultaneamente credor de seu credor, a compensação pode ser pré-excluída quando o negócio jurídico expressamente estipular que ele não poderá ser exercido, em virtude do princípio da autonomia privada. A pré-exclusão convencional será considerada abusiva e nula, nos contratos de consumo, porque assim se qualifica a utilização pelo fornecedor contra o consumidor de normas dispositivas, em desfavor do segundo, além de que se mostra excessivamente onerosa e restringe direitos e obrigações inerentes à natureza do contrato, ameaçando o equilíbrio contratual (CDC, art. 51, § 1º). Tampouco será admissível nos contratos de adesão, pois importa renúncia antecipada do aderente a direito resultante da natureza do negócio (CC, art. 424). A renúncia prévia à compensação será lícita se o fizerem credor e devedor, em contrato paritário, no exercício efetivo da autonomia privada.

Além das exclusões legais e da pré-exclusão estipulada no negócio jurídico, não se admite (CC, art. 376) a compensação quando uma pessoa assumir obrigação por terceiro, porque os créditos não seriam diretamente recíprocos. Trata-se de explicitação da estipulação em favor de terceiro, da promessa de fato de terceiro e do contrato com pessoa a declarar, admissíveis em nosso direito (CC, arts. 436, 439 e 467), não podendo o devedor compensar sua própria dívida com a que o credor tenha perante o terceiro. Também não se admite a compensação quando terceiro sofrer diretamente prejuízo de seu direito (CC, art. 380) em razão dela. É a hipótese do devedor que se tornou credor do credor, depois de penhorado o crédito que este tinha contra aquele, em virtude de execução promovida por terceiro. Se a compensação fosse admitida, o terceiro seria prejudicado, pois o crédito desapareceria. A oposição da compensação não pode ser exercida pelo devedor contra o terceiro exequente, porque a penhora já estava constituída em seu favor, como garantia de seu crédito contra o devedor, quando este se converteu em credor do credor. O CC/1916 admitia parcialmente a compensação para o devedor solidário com o credor no que este devia a outro devedor solidário, "até ao equivalente da parte deste na dívida comum", o que praticamente eliminava a solidariedade; o CC/2002 não reproduziu essa regra, concluindo-se pela exclusão da compensação nas obrigações solidárias, em relação à quota de cada codevedor.

Se um dos créditos é nulo, a compensação não pode ocorrer, mas pode ser alegada nos casos excepcionais de sanação ou validação do nulo. O título nulo é totalmente sem eficácia jurídica, não podendo gerar direito potestativo extintivo, em princípio. O ponto fundamental é a eficácia; se o crédito for válido, mas ineficaz, não pode ser compensável. Pode haver eficácia do crédito, mas não ser objeto de compensação, porque as partes convencionaram sua exclusão. Contra crédito anulável a compensação é possível, se a parte a quem interessar a anulação renunciar ao direito de desconstituí-lo.

A cessão de créditos repercute na possibilidade da compensação ou de sua exclusão. Para que possa produzir efeitos em relação ao devedor, este necessita ser notificado, como regra geral. Estabelece o art. 377 do Código Civil que o devedor, se notificado, não se opuser à cessão, não poderá opor ao cessionário a compensação que poderia exercer contra o credor originário, cortando definitivamente com este os vínculos anteriores. Compreende-se que assim seja, pois a compensação é fundamentalmente direito do devedor, de cujo exercício abre mão ao concordar com a cessão. A oposição que pudesse fazer à cessão não impediria que esta se realizasse, mas o cedente não se desvincularia totalmente da relação obrigacional; ao devedor que não concordou com a cessão permanecerá o direito de opor a compensação contra o novo credor (cessionário) em virtude do crédito de que é titular contra o credor originário (cedente). Nessa hipótese, caberá ao credor cessionário o direito de regresso contra o cedente, pelo montante do valor que não pode cobrar do devedor em razão da compensação.

Como se vê, o problema que o direito tem de solucionar é a proteção do contracredor devedor, sem prejudicar os direitos do cessionário. O crédito do devedor contra o cedente para poder legitimar-lhe o direito à compensação terá de ter nascido antes da notificação da cessão; se foi adquirido depois, o devedor não o era mais do cedente. A lei não indica o prazo dentro do qual caduca o direito do devedor de opor-se à cessão, entendendo-se como imediato, segundo as circunstâncias, após o recebimento da notificação, cuja prova é ônus do cedente ou do cessionário.

15.7. Confusão

Confusão é o modo de extinção da obrigação que se dá quando se reúnem em uma única pessoa o credor e o devedor da mesma dívida. O credor passa a ser também o devedor, ou o devedor passa a ser também o credor. A extinção do crédito e da dívida é automática, no momento em que se dá a confusão, independentemente de decisão judicial, porque ninguém pode ser credor de si mesmo, e a finalidade da obrigação foi obtida, pouco importando que a dívida já esteja vencida. A confusão é possível apenas na mesma relação jurídica; assim, não ocorre se o devedor adquirir o direito de penhor sobre o crédito contra ele, sem adimplemento da dívida, pois uma é a relação jurídica obrigacional e outra é a da garantia. A confusão não irradia eficácia contra terceiros, que conservam sobre os créditos os direitos reais limitados, inclusive de garantia (penhor, hipoteca, anticrese), ou do usufruto.

São exemplos conhecidos de confusão: a) o do herdeiro quando se inclui na sua herança o crédito do falecido contra ele (*A* vendeu um imóvel a *B*; antes do pagamento do preço, *A* falece e *B* herda o imóvel); b) o do cessionário quando o credor cede seu crédito ao próprio devedor; c) o do fiador que sucede ao credor, ou do credor ao fiador, porque não pode o credor ser fiador de si mesmo; d) o do devedor que se casa, em regime de comunhão universal de bens, com a credora e vice-versa, em virtude da indistinção patrimonial. Na herança, cumpre esclarecer, só ocorre a confusão quando o crédito, após a partilha, se determina na parte do herdeiro devedor; antes dela são dois patrimônios distintos, um todo indivisível do espólio (CC, art. 1.791), que é sujeito de direito próprio ou entidade não personificada, e outro a parte ideal de cada herdeiro. Se o credor tornou-se herdeiro do devedor (invertendo o exemplo acima: *C* comprou um automóvel a *F*; antes do pagamento do preço, *C* falece e *F* é seu herdeiro), sucede na dívida, e, havendo outros herdeiros, ocorre a confusão (parcial) proporcionalmente à parte que lhe cabe na herança; sobre as demais partes tem ação contra o espólio, ou, após a partilha, contra os demais herdeiros até o limite do que receberam. Sobre o regime matrimonial de comunhão universal, o inciso III do art. 1.668 do Código Civil exclui da comunhão as dívidas anteriores ao casamento entre um dos cônjuges e terceiro, mas não as dívidas entre os próprios cônjuges.

Se houver dois ou mais credores e um só devedor, a confusão dá-se na quota respectiva. No exemplo da herança, se *B* herdar apenas uma parte no crédito de *A* (seu credor), a confusão apenas atingirá essa quota, permanecendo a dívida quanto ao restante e em relação às quotas dos demais herdeiros, que passam a ser seus credores, no montante de suas quotas. Nesses casos, diz-se que a confusão é parcial.

Pontes de Miranda (1971, v. 25, p. 32) sustenta que a confusão ocorre não apenas entre crédito e dívida, mas entre pretensão e obrigação (em sentido estrito); mas, entendemos, se a pretensão (exigibilidade) deriva do crédito e a obrigação deriva da dívida exigível, então há uma relação de antecedente e consequente, um contaminando o outro. Ocorrendo a confusão de crédito e dívida, haverá a de pretensão e obrigação. Na obrigação natural a confusão está contida no crédito, pois não há pretensão e obrigação.

A confusão pode alcançar a obrigação solidária. Nessa espécie de confusão, estabelece o art. 383 do Código Civil que a obrigação só é extinta até à concorrência da respectiva parte no crédito, ou na dívida, subsistindo quanto ao mais a solidariedade. A solidariedade caracteriza-se por não haver partes ou quotas de cada credor ou devedor solidário, o que leva à aparente contradição com essa norma. O que está estabelecido é a extinção parcial da solidariedade passiva apenas em relação ao devedor no qual se deu a confusão, ou seja, quando tomar a posição do credor, cujo crédito adquiriu ou lhe foi transferido; o valor da dívida é reduzido proporcionalmente à sua parte, permanecendo a solidariedade sobre o restante entre os demais codevedores. Exemplo: *A* é credor de *B*, *C* e *D*, codevedores da integralidade da dívida solidária; posteriormente, *C* sucedeu hereditariamente a *A*; *B* e *D* passaram a ser devedores solidários de *C* no montante de dois terços da dívida originária. O mesmo ocorre quando a solidariedade for ativa: *F*, *G* e *H* eram credores solidários de *E*, herdeiro de *H*, na posterior sucessão deste; *F* e *G* tiveram seu crédito solidário reduzido a dois terços.

Extingue-se a dívida porque ninguém pode ser credor de si mesmo. Mas a extinção pode não ser permanente, pois depende da persistência da confusão. A lei admite que a dívida se restaure quando cessar a confusão, hipótese em que torna a confusão assemelhada à condição resolutiva dos efeitos operados pela extinção do débito e do crédito. Pense-se no divórcio entre o devedor e a credora: dissolvendo-se o regime de comunhão universal de bens, que inclui os créditos e débitos, a dívida anterior de um dos ex-cônjuges é restaurada. Note-se que a restauração inclui todos os acessórios, tais como juros, correção monetária e garantias, salvo se tiver havido convenção no sentido da extinção definitiva da obrigação de fiança, por exemplo. A dívida pode ter sido extinta definitivamente com a confusão, em virtude de sua natureza, p. ex., quando a prestação de fazer ou de dar teria de ser realizada em tempo determinado, perdendo sua utilidade se feita posteriormente, ou quando a própria confusão for definitiva, como no caso do falecimento do credor.

15.8. Novação

A novação é o negócio jurídico no qual nova dívida substitui e extingue uma anterior. Em outros termos: é extinção da dívida em virtude de se ter criado, por negócio jurídico posterior, outra dívida. A novação produz dois efeitos: um extintivo (a obrigação antiga desaparece) e um constitutivo (uma obrigação nova é criada). No rigor dos termos, não há nova dívida, nem transformação de uma dívida (ou obrigação) em outra, mas dívida que assume o lugar de outra. O vínculo anterior não perdura; é substituído instantaneamente. Se a nova dívida não fosse qualificada como novação, o devedor estaria duplamente vinculado, por essa e pela antiga dívida. De acordo com o que sustentamos, adverte Jean Carbonnier que a novação parece-se com uma transformação, mas é mais grave que isso, pois não há continuidade e sim algo novo, ruptura (2000, p. 609).

Apenas no aspecto formal o credor é satisfeito, porque a dívida anterior ficou extinta, sem ter ele recebido a prestação do devedor: extinguiu-se constituindo outra no mesmo instante. Em outras palavras, o mesmo negócio jurídico é extintivo e constitutivo. No direito romano, havia grande dificuldade em transferir o crédito ou assumir o débito, pois a obrigação ou se cumpria ou se extinguia; daí a universalização da novação, o que não mais se justifica no direito moderno. Na cessão de crédito ou na assunção de dívida alheia a dívida não se extingue, como ocorre com a novação.

No plano comparativo, na dação há adimplemento completo, com substituição do objeto da prestação; p. ex., em vez de pagar com dinheiro, paga-se com outra coisa, mas satisfaz-se o crédito e libera-se o devedor. Por seu turno, na novação não há prestação, mas adimplemento incompleto, mediante outro negócio jurídico, que produz o efeito de extinção da dívida e da obrigação anteriores, sem liberar o devedor ou satisfazer o credor definitiva e plenamente, principalmente na novação objetiva, porque um vínculo jurídico é substituído por outro.

Embora se diga novação da obrigação, é a dívida que se nova. A novação não é negócio jurídico; é efeito deste quando há ânimo de novar. Às vezes, a dívida que se nova é parte da obrigação, a exemplo da novação de determinadas prestações periódicas ou aluguéis vencidos. Pode-se novar por contrato (p. ex., o novo contrato de empréstimo extingue o anterior) e por negócio jurídico unilateral (p. ex., a nota promissória extingue a dívida contraída em nota promissória anterior ou em contrato de compra e venda).

A lei estabelece as hipóteses em que se dá a novação:

a) nova relação jurídica obrigacional substitui a dívida por outra, mantidos os mesmos credor e devedor (novação objetiva);

b) nova relação jurídica em que o devedor é substituído por outro, ficando liberado o primeiro, mantido o credor (novação subjetiva passiva);

c) nova relação jurídica em que o credor é substituído por outro, mantido o devedor, que fica liberado em relação ao primeiro (novação subjetiva ativa).

Em todas as hipóteses exige-se o ânimo de novar, ou seja, manifestação de vontade com finalidade de criar nova dívida para extinguir a anterior. Se não há ânimo de novar, conscientemente assumido pelos figurantes do novo negócio jurídico, não se extingue a primeira obrigação. O ânimo de novar não se presume, mas pode ser tácito, quando emerge indiscutivelmente do comportamento dos interessados. O que interessa é que a vontade de novar exista e tenha entrado no mundo jurídico. Por exemplo, a retirada das garantias reais ou da fiança é forte indício de que os contratantes novaram. Em caso de dúvida, não há novação, mas continuidade da dívida anterior. É o que dispõe o art. 361 do Código Civil: "não havendo ânimo de novar, expresso ou tácito mas inequívoco, a segunda obrigação confirma simplesmente a primeira". Confirmar aí está no sentido de reproduzir ou incorporar, pois uma sucede a outra, em vez de substituir, que é próprio da novação. Para a ocorrência do ânimo de novar não é preciso que se empreguem termos precisos, como "novação", "novar", bastando que a interpretação do negócio jurídico conclua inequivocamente por sua existência, ante as circunstâncias. Tampouco é necessário que o ânimo de novar esteja no negócio jurídico substituto, podendo estar em cláusula deste ou em documento anexo ou externo. Além desse aspecto subjetivo, exige-se que algo surja de novo, pois não se nova obrigando-se pelo que já se devia. O ônus de provar a novação é de quem alega.

A intenção de novar não se presume. A doutrina ressalta que as partes podem não ter querido apagar, mas justapor duas obrigações, que subsistem simultaneamente. Podem ter querido reforçar a obrigação preexistente, sem alterá-la substancialmente. Essa intenção de mudar sem novar encontra-se frequentemente na prática. Deve-se presumir, na dúvida, que as partes desejaram, por razões de comodidade, um novo modo de regulamentar a obrigação (Carbonnier, 2000, p. 612).

Na novação objetiva exige-se a substituição essencial de uma dívida por outra, com extinção da primeira. Se algo muda na natureza ou composição da dívida, mas esta permanece a mesma, não há novação. Todavia, se a dívida simples é convertida em dívida alternativa, tem-se novação, porque a anterior deixou de existir. Não há novação quando houver desvio de finalidade, em relação à obrigação anterior, segundo entendimento jurisprudencial (REsp 536529). Também ocorre novação quando o contrato muda de natureza, a exemplo de compra e venda para doação, ou de locação para comodato. A novação é objetiva quando disser respeito à substituição da própria obrigação por outra, sem qualquer relação com os sujeitos ativos e passivos da relação jurídica, podendo ocorrer que nada da dívida anterior subsista. Como salientamos acima, a novação objetiva assemelha-se à dação em adimplemento, mas com ela não se confunde. Na novação objetiva, o devedor continua devedor; na dação, o devedor é liberado.

A novação subjetiva passiva dispensa o consentimento do devedor, porque tem-se o interesse do credor de solução da dívida como prioritário. O que importa é o ânimo de novar por parte do credor e do novo devedor. É imprópria a expressão "sucede ao" contida no inciso II do art. 360 do Código Civil, devendo ser entendida como substituição do antigo devedor pelo novo. Com efeito, esse novo devedor não sucede o anterior e assume dívida própria, uma vez que a anterior é extinta e não há assunção de dívida alheia. O risco de o novo devedor ser insolvente é do credor, que tem o ônus de verificar suas condições financeiras em face da dívida contraída; se o devedor primitivo tiver agido de má-fé, inclusive por omissão, indicando quem sabia ser insolvente, ou omitindo esse fato, ficará sujeito à ação regressiva promovida pelo credor. Na novação subjetiva ativa, surge novo credor, nova dívida e extingue-se a relação jurídica anterior. Não pode ser confundida com cessão de crédito, razão por que não há sucessão entre o primeiro e o segundo credores. Diferentemente, na cessão de crédito o segundo credor sucede o primeiro, porque a dívida permanece. Esse tipo de novação, ao contrário da anterior, impõe o consentimento do devedor, porque este não se libera da dívida, salvo em relação ao primeiro credor.

Não constituem novação, entre outras situações:

a) a mudança de prazo do contrato;

b) o aumento ou redução da prestação devida;

c) a constituição ou modificação de garantia real ou pessoal;

d) a alteração da taxa de juros, se não modifica a substância da dívida principal;

e) a inclusão de correção monetária;

f) a mudança do lugar do adimplemento;

g) a tolerância eventual do atraso no adimplemento.

Como a novação situa-se no plano da eficácia, e o nulo não produz efeitos, em geral, se o negócio jurídico originário for nulo ou a dívida estiver extinta, não poderá haver novação, porque ou a dívida estaria extinta ou não produziria mais efeitos. O negócio jurídico nulo não pode ser validado pela novação, pois não se pode validar o nulo por vontade privada; apenas a lei pode fazê-lo quando não violar a garantia constitucional do ato jurídico perfeito (a propósito, não se diz nulidade da obrigação como faz a lei brasileira, porque a invalidade é do ato, de onde deriva a obrigação convencional; a obrigação oriunda de fato ilícito não pode ser válida ou inválida). Nenhuma obrigação se irradia de negócio jurídico nulo. Se, apesar da extinção ou da nulidade, os figurantes celebrarem novo negócio jurídico, este não se caracteriza como novação, produzindo seus efeitos próprios, ainda que o devedor de boa-fé possa valer-se da ação por enriquecimento sem causa do credor. Na doutrina e na legislação estrangeira as soluções são variáveis, admitindo-se a contaminação do novo negócio jurídico, em razão da nulidade do anterior, optando-se pela sua inexistência (ex: art. 938 do Código Civil argentino, de 2014: "Não há novação se [...]"), ou pela invalidade (p. ex., art. 606 do Código Civil paraguaio: "a novação é nula se o for a obrigação originária"), ou pela ineficácia (p. ex., art. 860 do Código Civil português: "fica a novação sem efeito"). Mas, para Pontes de Miranda há equívocos nessas soluções, porque não haveria qualquer contaminação do novo negócio jurídico pelo anterior, uma vez que o direito brasileiro apenas pré-excluiu a ratificação (art. 367 do CC/2002: "não podem ser objeto de novação obrigações nulas ou extintas"):

> "Nulo por quê? Ou o negócio jurídico novo tem pressupostos para ser e valer, por si só, e não há pensar-se em não existir ou não valer; ou o negócio jurídico novo não vale, por ser nulo; ou o negócio jurídico novo só seria com os pressupostos de eficácia se se produzisse a novação. No primeiro caso, o negócio jurídico novo é e vale, a despeito de não ter efeito novativo (não se nova o nada); no segundo, ele mesmo não vale, e dele não se poderia esperar novação, ainda que o negócio jurídico anterior fosse válido, ou apenas anulável; no terceiro, a eficácia do negócio jurídico novo está condicionada a ter o efeito novativo" (1971, v. 25, p. 99).

A dívida decorrente de negócio jurídico anulável poderá ser novada, porque a anulabilidade somente pode ser invocada pelos interessados, ou estes podem ratificar o negócio jurídico que nasceu com esse vício; a novação sanaria a invalidade do negócio jurídico anterior sem contaminar o novo. A rigor, em virtude do caráter extintivo da novação, em relação à dívida anterior, não se cogita de ratificação, mas de desistência da anulação. Após a novação, a anulabilidade não pode mais ser exercitada. Exemplificando: *A* celebrou um negócio jurídico com *B*, anulável por erro sobre a coisa; dentro do prazo preclusivo para anular, realizaram outro negócio, com ânimo de novar, extinguindo o primeiro e cessando a anulabilidade. Outro exemplo: o devedor de dezesseis anos, ao chegar à maioridade, realiza outro negócio jurídico, operando a novação.

A dívida prescrita pode ser novada, porque ela não é considerada extinta; a prescrição extingue a pretensão, mas não a dívida em si. A prescrição não alcança o direito e o dever (a dívida) – que permanecem em estado de latência –, mas a pretensão e a obrigação. Se o devedor concorda com a novação objetiva, a dívida anterior, independentemente de estar ou não prescrita, extingue-se. Não se cogita de renúncia ou interrupção da prescrição. Quem nova abdica de opor a exceção de prescrição. A extinção da dívida, em virtude da novação, estende-se à sua prescrição, que simultaneamente deixou de existir. Não apenas a dívida prescrita pode ser novada, mas qualquer das consideradas obrigações naturais, que são desprovidas de pretensão e ação, por parte do credor, mas existem juridicamente como tais, podendo ser objeto de adimplemento, de dação em adimplemento ou de qualquer outro modo eventual de extinção, inclusive a novação, não sendo admissíveis a repetição do indébito ou a ação de enriquecimento sem causa.

A obrigação solidária caracteriza-se pelo direito do credor de exigir toda a prestação de um, de vários ou de todos os devedores. Mas a novação não interessa apenas a um dos devedores; se a fizer isoladamente, não pode comprometer os demais em todos os seus efeitos. A novação entre o credor e um dos devedores solidários libera todos. A lei prevê que somente sobre os bens do devedor que contrair a nova obrigação subsistem as preferências e as garantias do crédito anterior, ficando os demais devedores solidários delas exonerados. A hipótese refere-se às garantias que foram dadas por mais de um dos devedores na dívida originária; os que não participarem da novação ficam liberados delas. O Código Civil (art. 365) não alude à solidariedade ativa, mas o art. 269 estabelece que o pagamento feito a um dos credores solidários extingue a dívida, aí se incluindo a novação.

Com a novação, extinguem-se o crédito e todos os efeitos correlatos, tais como a mora, os privilégios creditícios, as garantias reais, a fiança (CC, art. 364), salvo se diversamente se estipulou. Com a novação desaparece a mora, como se nunca tivesse havido, deixam de correr os juros moratórios e desaparecem os efeitos do inadimplemento, como a cláusula penal. Os efeitos correlatos não migram para o novo negócio jurídico, automaticamente, pois dependem de consentimento expresso de todas as partes envolvidas. Na hipótese de dívida garantida por penhor, hipoteca ou anticrese, a novação constituída entre o credor e o devedor não vincula os terceiros cujos bens tenham sido objeto dessas garantias, se eles não tiverem expressamente consentido, ainda que os dois primeiros tenham feito ressalva da continuidade delas na nova dívida. Portanto, há presunção legal de favorecimento de terceiros garantidores. Nessa direção, o art. 366 do Código Civil estabelece que importa exoneração do fiador a novação feita sem seu consentimento com o devedor principal. Haverá novo contrato de fiança se o fiador garantir a nova dívida.

15.9. Remissão de Dívida

Remissão (de remitir) é a renúncia, perdão ou desistência do crédito, pelo credor, com efeito de extinguir a dívida e liberar o devedor, ainda que sem satisfação daquele. A remissão extingue não apenas o direito, mas a pretensão e a ação decorrentes, de modo a que outra dívida deve ser constituída que faça as vezes dela, se for o caso, não se admitindo sua restituição. No CC/1916 sua natureza era de negócio jurídico unilateral, porque supunha apenas a manifestação de vontade do credor, tácita ou expressa, de remitir. Diferentemente, o art. 385 do CC/2002 estabelece que "a remissão da dívida, aceita pelo devedor, extingue a obrigação", tornando-a negócio jurídico bilateral, ao exigir a aceitação do devedor. A mudança merece aplausos, pois a necessidade da aceitação contempla o devedor, que pode ter interesse na recusa. Ao devedor pode não interessar a remissão, inclusive por motivos éticos e profissionais, ante as repercussões sociais que o inadimplemento poderá acarretar-lhe. Pessoas que necessitam de confiança para suas atividades podem ter interesse em que não se dê a remissão. Desse modo, o direito respeita a pessoa do devedor. "A consideração que merece a personalidade do devedor exige que seja atendida sua própria vontade para ficar ou não liberado de sua obrigação" (Larenz, 1958, p. 440). A aceitação do devedor pode ser tácita ou silente; o silêncio à remissão, sem rejeitá-la ou agindo em conformidade com ela, é suficiente. Outra inovação trazida nesse artigo é a ressalva do não prejuízo de terceiros, quando houver situações jurídicas já estabelecidas em benefício destes, antes da remissão, como a da penhora do crédito; a remissão do crédito penhorado prejudica o credor do credor.

A remissão é tácita quando o credor devolve o título da dívida, sem adimplemento, ao devedor, e este não o recusa. Basta a devolução do documento ou do instrumento da dívida para caracterizar-se a remissão; mas, há orientação jurisprudencial no sentido inexistir remissão quando o credor afirma que entregou o título em confiança, constatando-se ausência de ânimo de perdoar (STJ, REsp 76153). Se o título for doado ao devedor ocorrerá confusão, que é diferente da remissão. O art. 386 do Código Civil alude a escrito particular e à desoneração dos eventuais codevedores. A devolução do escrito público da dívida não produz o mesmo efeito, porque supõe a possibilidade de extração de certidões com o tabelião ou notário, enquanto o documento particular presume-se único. Mas, se o título da dívida for contrato, não é cabível devolução com efeito de remissão, pois não é de emissão exclusiva do devedor. A devolução do título da dívida emitido por diversos devedores a um deles importa remissão a todos, porque o credor abriu mão do instrumento que consubstanciava integralmente a dívida. A devolução do título é espécie de remissão e, por ser negócio jurídico bilateral, reclama capacidade de agir plena tanto do credor quanto do devedor; a lei exige que, no momento da devolução, o credor seja capaz de alienar e o devedor seja capaz de adquirir. Além da capacidade civil plena não devem ter restrições legais para a legitimação de tais atos. Em virtude da natureza da remissão, não se exige forma especial. A entrega ou restituição do título não necessita ser formalizada em documento.

Situação específica é a restituição pelo credor de coisa móvel que lhe fora entregue pelo devedor em penhor. Nesse caso, a remissão é parcial, pois libera o devedor do ônus real, mas não da dívida, que permanece sem garantia. Extingue-se a garantia, porém, não a dívida garantida.

O contrato de remissão é negócio jurídico abstrato, não interessando para sua existência a causa, que não precisa ser aludida ou provada. A remissão existe e é válida mesmo que a causa seja imoral, impossível ou quando o credor esteja movido por objetivos determinados, como a realização de outros negócios. No instante mesmo em que se perfaz o contrato de remissão, extingue-se a relação jurídica obrigacional. Por ser contrato abstrato, não se confunde com a doação, negócio jurídico causal por excelência. A doutrina, no entanto, admite que a remissão seja causal quando o credor fizer depender expressamente sua eficácia da realização de determinado ato. O contrato de remissão não exige forma determinada, podendo ser escrito ou não, expresso ou tácito, a exemplo da entrega do título da dívida.

A remissão pode ser parcial, extinguindo-se apenas parte do crédito e da dívida. Pode referir-se, por exemplo, aos juros, às multas ou a outras penalidades. Pode ser subjetivamente parcial, quando o credor remite a dívida de determinado devedor, permanecendo inalterada a situação dos demais codevedores, salvo quanto à parte remitida. Igualmente, a remissão a um dos codevedores solidários libera-o da dívida, que lhe poderia ser cobrada integralmente, mas não a extingue em relação aos demais. Em relação a estes a obrigação solidária continua, mas são beneficiados com a dedução proporcional à parte do remitido ou perdoado. Exemplo: *A* é credor de *B*, *C* e *D*, codevedores solidários; *A* concede remissão da dívida a *B*; *C* e *D* permanecem individualmente responsáveis por dois terços da dívida originária.

A remissão pode ter por objeto dívida futura, que ainda não se criou e não passou ao destinatário. Não pode haver remissão nos casos em que a lei proíbe ou que sejam contrários à moral, e em todos nos quais a renúncia antecipada seja vedada, como a reparação em caso de dolo ou o direito a alimentos legais.

A doutrina distingue, com razão, a remissão do chamado *pacto de non petendo*, isto é, a promessa do credor feita ao devedor de não exercitar o crédito, não prevista expressamente no direito brasileiro, mas com ele compatível. O devedor não fica liberado mediante esse pacto, que unicamente lhe dá a possibilidade de opor uma exceção ao exercício do crédito. A obrigação permanece suscetível de adimplemento, mas o crédito não é exigido. O pacto pode estar ou não submetido a prazo; no primeiro caso, leva a efeito uma prorrogação (isto é, uma demora do vencimento); no segundo, aproxima-se muito da remissão (Larenz, 1958, p. 442).

Capítulo XVI

Inadimplemento das Obrigações

16.1. Inadimplemento em Geral

Denomina-se inadimplemento o não cumprimento da obrigação, nos devidos tempo, lugar e forma. Ao direito interessa regular as consequências que dele emanam, nomeadamente quanto à mais importante: a responsabilidade patrimonial do devedor. O inadimplemento é ato ou omissão imputável ao devedor, dependente da espécie de obrigação. O não dar ou restituir e o não fazer são omissões que perfazem o inadimplemento da obrigação de dar e da obrigação de fazer. Se a obrigação é de não fazer, que impõe abstenção, o inadimplemento ocorre quando o devedor realiza o ato que se obrigou a não fazer; é o inadimplemento do dever de abstenção.

Há, ainda, o dar ou fazer incompletos ou insatisfatórios, geradores de espécies de inadimplemento, salvo na hipótese de adimplemento substancial. O adimplemento é insatisfatório quando feito fora do tempo fixado, ou do lugar indicado, ou em quantidade inferior ao montante da dívida, ou em qualidade inferior ao convencionado. A qualidade superior pode ser considerada como adimplemento insatisfatório, a exemplo da necessidade de peça de reposição determinada e não outra superior.

O inadimplemento também existe por infração a dever absoluto de não causar dano, campo da responsabilidade civil. O Código Civil estabelece que, nas obrigações decorrentes de fato ilícito (fato ilícito em sentido estrito, ato-fato ilícito e ato ilícito), ou mesmo de fato lícito (p. ex., a responsabilidade que se irradia de dano da atividade empresarial lícita, pelo simples fato de pôr em circulação produtos, como previsto no art. 931 do Código Civil), considera-se em mora o devedor desde o momento em que o fato ocorreu; é inadimplemento do dever absoluto de não causar dano, no sentido de ser oponível a todos os que estão sujeitos ao direito brasileiro. Não há obrigação de prestação ou de reparação sem existir dever. A pretensão à reparação é infração do dever absoluto de não lesar o outro ou seu patrimônio (dever de indenidade). Todos têm o dever de não cometer crimes; todos têm o dever de não causar prejuízos. O inadimplemento de dever absoluto pode ser por ação ou omissão; são, indistintamente, inadimplentes tanto o que difama outra pessoa (dano moral a direito da personalidade) quanto o que se omite no dever de prestar socorro ao que se encontra em perigo, podendo fazê-lo, ou não informa ao motorista em trânsito que a ponte ruiu.

Sob o ponto de vista da possibilidade da prestação, Agostinho Alvim classifica o inadimplemento em dois grandes tipos: a) inadimplemento absoluto, em virtude de impossibilidade do cumprimento; e b) mora, que é o não cumprimento no lugar, tempo e forma, mas em que ainda é possível a prestação (1980, p. 7).

De acordo com o art. 389 do Código Civil, o inadimplemento conduz à responsabilidade do devedor pelas perdas e danos, mais juros, atualização monetária e honorários de advogado, estes apenas exigíveis se houver ação judicial ajuizada pelo credor e efetiva atuação profissional. A atualização monetária "segundo índices oficiais regularmente estabelecidos", na redação legal, não pode ser considerada rigorosamente acessório ou acréscimo, como os juros, nem consequência do inadimplemento, como as perdas e danos; tem por finalidade corrigir monetariamente o valor da dívida líquida, inclusive da dívida de dinheiro, desde o instante de sua fixação ou liquidação até o momento do pagamento. Essa regra reduz substancialmente o princípio do nominalismo monetário, dominante no direito brasileiro, segundo o qual a quantia devida é aquela prevista ao ser contraída a dívida, independentemente de qualquer consideração sobre flutuações monetárias.

Como tivemos oportunidade de demonstrar acima, quando tratamos do objeto do adimplemento, não há mais índices oficiais de correção monetária, como existiam na época em que foi redigido o projeto do atual Código Civil; são diversos índices de fontes variadas, que utilizam base de cálculo não coincidentes. Seja como for, para dar sentido à regra legal, devem ser entendidos tais os índices divulgados por órgãos e entidades vinculados ou integrados à Administração Pública, principalmente o Instituto Brasileiro de Geografia e Estatística – IBGE, considerando-se aplicável o que melhor se afeiçoe à natureza da dívida, se não tiver sido previsto no contrato. A aplicação do índice oficial tem caráter supletivo, pois as partes podem estabelecer, nos contratos paritários, qualquer índice, oficial ou não, desde que seja único. É admissível previsão negocial de substituição do índice convencional, se este vier a desaparecer antes da extinção da obrigação.

Nos contratos de consumo e nos de adesão, por não haver manifestação de vontade bilateral quanto ao conteúdo, a fixação do índice pelo fornecedor ou predisponente pode ser considerada nula se gerar desproporção manifesta do valor da dívida e ameaçar o equilíbrio contratual, sem correspondência com a variação da desvalorização monetária ou variação cambial, pois importa renúncia antecipada de direito do consumidor ou do aderente (arts. 51, I, do CDC e 424 do CC). Nessa hipótese, a correção far-se-á segundo o índice oficial mais adequado. Como se vê, a atualização monetária é direito do credor de ter seu crédito atualizado segundo a variação do valor da moeda nacional, e do devedor, relativamente ao seu limite.

A responsabilidade por perdas e danos corresponde ao estágio a que a humanidade chegou, que repele a justiça de mão própria ou a imposição pessoal ao devedor, salvo em situações legalmente previstas. Mas nem sempre a reparação das perdas e danos derivadas do inadimplemento satisfaz o credor, razão por que o direito contemporâneo tem procurado alternativas variadas que ampliem o grau de satisfatoriedade. Assim, no inadimplemento das amplas situações de obrigações de fazer, a reparação pecuniária, ou indenização, cedeu a primazia para outras imposições ao devedor que melhor correspondem aos interesses do credor, como as multas pecuniárias impostas pelo juiz, ou qualquer medida que assegure o resultado prático equivalente ao adimplemento.

Pelo inadimplemento das obrigações respondem todos os bens do devedor, determina o art. 391 do Código Civil, ou todos os bens atuais e futuros, salvo as restrições estabelecidas em lei, segundo o art. 789 do CPC, incluindo-se os imóveis, móveis, ações e quotas societárias, títulos, créditos e direitos sucessórios. Significa dizer que eles podem ser penhorados e alienados por decisão judicial, até o limite do valor da dívida, das perdas e danos, da atualização monetária, dos juros, dos honorários de advogado e de outros acréscimos legais ou convencionais. Entendem-se como bens, para fins da responsabilidade, todos os de valor econômico que integrem o patrimônio ativo do devedor, incluindo seus créditos. Excluem-se os não econômicos e os que a lei qualifique como impenhoráveis, a exemplo do bem de família legal ou convencional (CC, art. 1.711).

Quando o crédito fundar-se em título de obrigação líquida, certa e exigível, constitui-se em título executivo e pode o credor valer-se da execução judicial, de acordo com a legislação processual.

Quem deve e não está obrigado não incorre em inadimplemento, nem pode ser constrangido a adimplir, porque a obrigação não é exigível, ainda que certa e líquida. A exigibilidade do direito (pretensão) dirige-se à obrigação, e não à dívida, embora se possa adimplir a dívida sem ter havido ainda a obrigação. *A* deve x a *B*, com vencimento fixado para os próximos dois meses; há dívida, mas não há obrigação. Se deve e está obrigado, responde por perdas e danos, que são devidos em virtude do inadimplemento; em outras palavras, as perdas e danos são exigíveis se for exigível o adimplemento. Igualmente, não há mora, inadimplemento ou perdas e danos em virtude de obrigação natural, pois o crédito e o débito são desprovidos de pretensão e obrigação, ou seja, não se pode exigir o adimplemento. Por essa razão, Pontes de Miranda (1971, v. 26, p. 6) conclui que "à pretensão é que se prende a responsabilidade do devedor por perdas e danos". Sem pretensão ou exigibilidade não haverá inadimplemento.

Quando a prestação apenas puder ser feita no tempo determinado, rejeitando-se qualquer adimplemento atrasado, ter-se-á inadimplemento absoluto, sem qualquer possibilidade de purgação da mora.

Para efeito de comparação, nessa matéria, a lei alemã de modernização do direito das obrigações, de 2001-2002, reuniu sob o conceito de "perturbações das prestações", além do inadimplemento total ou parcial, a impossibilidade da obrigação, a mora, a violação positiva do contrato, a culpa *in contrahendo*, a alteração da base do negócio e os contratos com efeitos protetivos de terceiros. Remete-se à ideia nuclear de "violação de dever", seja qual for sua natureza, elevado a conceito superior e abrangente, de caráter objetivo, como destaca a exposição de motivos do projeto da reforma. O dever violado tanto pode ser o dever convencionado pelas partes quanto os deveres legais incidentes sobre a relação contratual e os deveres gerais de conduta. A violação do dever toma o lugar do inadimplemento, fundado tradicionalmente na culpa e na violação da prestação principal. A insistência do BGB na relação estrita entre a terminação do contrato e a pretensão por danos, de acordo com Reinhard Zimmermann (2005, p. 39), foi considerada insustentável e baseada em uma lógica conceptual ultrapassada. Como diz António Manuel da Rocha e Menezes Cordeiro (2004, p. 103), a reforma alemã reveste de forte socialidade as obrigações, principalmente com o fito de proteção do contratante consumidor. Vale, ainda, salientar que a reforma ampliou o espectro de incidência dos "deveres provenientes da obrigação", que não se limita aos deveres de prestação, mas, igualmente, aos deveres gerais de conduta (Ehrhardt Jr., 2014, p. 145).

16.1.1. Culpa ou dolo no inadimplemento

Para o direito brasileiro das obrigações, a culpa não é elemento essencial para caracterizar-se o inadimplemento. Essa tendência para a objetivação do inadimplemento foi bem captada pela doutrina em geral. Karl Larenz reconhece que o princípio da culpabilidade, que extrai sua força convincente da ideia de responsabilidade pessoal, corresponde à consciência ética e à refinada sensibilidade jurídica de nosso tempo. Mas, "o tráfico jurídico não se pode desenvolver sem uma certa objetivação da responsabilidade. Por conseguinte, ao lado do princípio da culpabilidade se afirma a ideia de uma obrigação de garantia" ou de uma responsabilidade objetiva do devedor (1958, p. 283).

Para fins do inadimplemento não importa a distinção entre dolo e culpa. Culpa é a violação de diligência que se exige dos homens normais, causando prejuízo a outrem. No direito romano, havia gradações de culpa (grave, leve, levíssima), com consequências variadas. No direito civil positivo brasileiro, pouco importa o grau de culpa. O dolo é considerado abrangido pela culpa, para fins de imputação de responsabilidade civil por ato ilícito absoluto, porque é culpado quem pratica o ato, ou deixa de praticá-lo, com dolo. Por essas razões, estabelece o Código Civil que, ainda que o inadimplemento resulte de dolo do devedor, as perdas e danos só incluem os prejuízos efetivos e os lucros cessantes por efeito direto e imediato dele (inadimplemento).

Pode haver culpa e dolo no adimplemento, imputáveis ao devedor, quando geradores de dano. No que respeita aos contratos onerosos, cada parte responde por culpa, salvo as exceções previstas em lei, pelos danos que causar à outra. A culpa referida no art. 302 do Código Civil não é relativa ao inadimplemento, nem é elemento de mora. O contratante que enviou a coisa ao outro, danificada por conta de embalagem inadequada, responde por culpa (negligência), ainda que tenha observado o tempo contratual. Se não remeteu, incorreu em inadimplemento.

O Código Civil admite que, no contrato benéfico (p. ex., doação, comodato), apenas responde por dolo o contratante a quem o contrato não aproveita (nos exemplos, o doador e o comodante), pelos prejuízos que causou ao outro. É exceção à regra geral, dada a peculiaridade de não haver contraprestação, mas não se gradua a culpa para determinar a indenização; apenas se exclui a responsabilidade quando não há dolo. Responde por dolo o doador que doa coisa imprestável ou nociva com aparência de boa, conhecendo tais fatos, cujo uso causa dano ao donatário. Mas, se o doador obteve benefício ou vantagem com tal doação, responderá pelos danos que causou ao doador apenas por culpa.

No caso de inadimplemento contratual por culpa de preposto do contratante (especialmente no caso de pessoa jurídica), decidiu o STJ (REsp 50376) que somente ocorre quando o preposto tiver agido com dolo ou culpa grave.

16.1.2. Caso fortuito e força maior

Segundo conhecida definição legal, caso fortuito e força maior são fatos de ocorrência necessária, cujos efeitos não poderiam ser evitados ou impedidos. De modo geral, eximem o devedor de prestar. Se o devedor pode evitar ou impedir seus efeitos não há caso fortuito ou força maior.

No direito brasileiro, apesar de algumas opiniões doutrinárias em contrário, caso fortuito ou força maior são considerados indistintamente, como categoria unificada, com idênticas consequências jurídicas. A distinção conceptual nunca convenceu, sendo a mais difundida a que via, na força maior, o acidente produzido pela natureza (p. ex., enchente) e, no caso fortuito, o fato de terceiro (p. ex., greve). Igualmente, no direito estrangeiro, a distinção não prosperou. Alguns autores pretendem que o caso fortuito seja um evento interno, relativo à atividade do devedor, enquanto a força maior seja evento externo (inundação, faísca etc.). Mais importante que essa suposta distinção é saber quais são os casos fortuitos ou de força maior que se consideram tais (Weill e Terré, 1986, p. 430).

Não se insere no conceito de caso fortuito e força maior a imprevisibilidade. O fato poderia ser previsível, mas sua ocorrência não poderia ser evitada ou impedida pelos figurantes do negócio jurídico, como no caso de greve que já se anunciava e, quando deflagrada, impediu a entrega da coisa pelo devedor. O que interessa é a inevitabilidade dos efeitos, para o devedor, em dimensão tal que impeça o adimplemento, causando danos ao credor. Enfim, é tudo que não se pode prever ou que, previsto, não se pode evitar, pré-excluindo a responsabilidade do devedor.

Entendeu o STJ que caracterizava força maior a invasão de conjunto habitacional que, nas condições normais da prestação de serviço de vigilância contratada, não era possível evitar (REsp 40866-0). Mas cabe ao empregador a prova do caso fortuito ou força maior pelo dano causado por seu empregado em acidente de trânsito (REsp 402886).

Como regra geral, o caso fortuito e a força maior liberam o devedor dos prejuízos causados, e até mesmo de toda a obrigação quando ela foi inteiramente afetada. Contudo, em várias situações, a lei prevê que a responsabilidade do devedor permanece, como nas hipóteses de impossibilidade da prestação ocorrida quando em mora ou da perda da coisa, antes da escolha pelo devedor, nas obrigações de dar coisa incerta. O contrato pode também prever expressamente a responsabilidade do devedor, ainda que tenha havido caso fortuito ou força maior.

16.2. Mora

Mora é o atraso ou falta do adimplemento no tempo, lugar e forma previstos, por ato ou omissão imputável ao devedor ou ao credor. Na definição legal (CC, art. 394), "considera-se em mora o devedor que não efetuar o pagamento e o credor que não quiser recebê-lo no tempo, lugar e forma que a lei ou a convenção estabelecer". O decorrer do tempo, o atraso em se fazer o adimplemento, é o tempo da mora. As consequências pela mora são impostas a quem deu causa. Daí classificar-se em mora do devedor e mora do credor. Credor e devedor, para os fins da mora, são o que pode exigir a obrigação e o que já é obrigado, porque não há mora se o crédito não está munido de pretensão e o débito não pode ser exigível. A mora não impossibilita a prestação; se já não pode ser feita, há impossibilidade superveniente e não mora. Diferentemente do que ocorre com a impossibilidade superveniente, na hipótese de mora a prestação pode ser adimplida e, no geral, tem valor e interesse para o credor ou para o devedor. A mora distingue-se do inadimplemento absoluto, porque nela o cumprimento da prestação é possível.

Segundo Pontes de Miranda (1971, v. 26, p. 9), "mora vem de *memor*. A memória está em causa. O termo, a condição e a interpelação lembram; o devedor obrigado, que deixa de adimplir, incorre em mora. De ordinário, a mora traça linha, no tempo, e durante o percurso consumam-se as suas consequências". Assim, não há mora quando a infração é relativa ao lugar ou à forma do adimplemento.

Em geral, o credor tem interesse na prestação, independentemente do atraso, e o devedor em manter a relação jurídica negocial; daí a importância da purgação da mora. Mas pode ocorrer que a prestação não sirva mais para o credor, como a prestação de serviço para uma determinada festa que já ocorreu; nessa hipótese, interessa ao credor a reparação pelos danos e as demais consequências pela mora, como a resolução do contrato, sendo impurgável a mora. É o que se lê no parágrafo único do art. 395 do Código Civil: "se a prestação, devido à mora, se tornar inútil ao credor, este poderá enjeitá-la, e exigir a satisfação das perdas e danos". A mora, portanto, não é só o retardamento da prestação quando possa ser feita.

Pode haver mora sem haver culpa, a exemplo do devedor que não pôde adimplir sua dívida no tempo determinado porque a loja de onde retirava seus rendimentos incendiou-se. Para a mora, o que interessa é poder imputar ao devedor ou ao credor o ato ou omissão que retardou o adimplemento, sendo irrelevante a culpa. Só não haverá mora se o fato for diretamente vinculado à obrigação e puder ser qualificado como caso fortuito ou força maior, porque a própria obrigação tornar-se-á inexigível. Por outro lado, tem entendido a doutrina que, com relação à mora do credor, não há que atender à culpa.

No ato ilícito absoluto, considera-se em mora o responsável pela indenização desde o momento em que o dano foi cometido. Essa regra é importante, para efeito de contagem dos juros da indenização e da correção monetária. No caso de nulidade de escritura de cessão de direitos de meação de cônjuge sobrevivente, entendeu o STJ que a mora seria contada a partir do trânsito em julgado da sentença que a decretou (REsp 112987).

Não ocorre mora quando o devedor exercita o direito de retenção da coisa devida, nos casos previstos em lei. Apenas pode valer-se do direito de retenção quando ele já existia no momento da mora. Para a jurisprudência dos tribunais, também não constitui mora o reconhecimento da abusividade nos encargos exigidos no período de execução contratual; mas a mora não é afastada pelo ajuizamento isolado de ação revisional do contrato, nem mesmo quando o reconhecimento de abusividade incidir sobre os encargos inerentes ao período de inadimplência contratual (REsp 1061530).

Nas obrigações com vencimento fixo para o adimplemento, a mora começa no dia útil seguinte. Estabelece o art. 132 do Código Civil que se computam os prazos, excluído o dia do começo e incluído o do vencimento. A lei estabelece que o inadimplemento da obrigação, positiva e líquida, no seu termo, constitui em mora o devedor, ou seja, existindo inadimplemento há sempre mora. Em determinados casos, ainda que haja vencimento certo, a lei especial determina a interpelação, com objetivo de tutela de devedor juridicamente vulnerável, a exemplo do art. 32 da Lei n. 6.766/79, relativamente à venda em prestações de imóveis derivados de parcelamento do solo urbano, que estabelece ser necessária intimação ou interpelação, mediante oficial de registro de imóveis, do credor ao devedor para que este seja constituído em mora, permitida sua purgação dentro do prazo de trinta dias. O STF decidiu não ser admissível a emenda da mora em juízo depois que já se exauriu esse prazo de interpelação (RE 80.490).

Nas obrigações sem vencimento determinado, a mora só começa quando o devedor ou o credor é interpelado. De acordo com o art. 240 do CPC, a citação válida, ainda quando ordenada por juízo incompetente, induz litispendência, torna litigiosa a coisa e constitui em mora o devedor. A interpelação pode ser extrajudicial escrita. No caso de alienação fiduciária em garantia, não basta que a notificação tenha sido expedida pelo Cartório de Títulos e Documentos: deve-se demonstrar que a carta foi efetivamente recebida pelo devedor (STJ, REsp 539842).

Só há mora quando há exigibilidade (pretensão) da obrigação; não basta a dívida. Se a obrigação está subordinada a condição suspensiva, a mora só ocorrerá quando a condição for implementada.

Se a coisa devida não for entregue na data fixada para o adimplemento, e vier a ser destruída ou perdida, além da mora, o devedor responderá pela indenização correspondente, ainda que não tenha tido culpa no perecimento.

Os juros de mora são sempre devidos, mesmo que o prejudicado não os tenha requerido na petição inicial, como reiteradamente tem decidido o STJ (REsp 24896).

16.2.1. Mora do devedor

A mora do devedor decorre do inadimplemento, necessariamente. Ele não cumpre a obrigação no tempo, forma e lugar devidos. Apesar da mora, continua obrigado a cumprir sua prestação, se esta continua sendo valiosa ao credor, acrescida da reparação pelos danos causados com o atraso, dos juros moratórios e dos honorários de advogado. O credor pode ter realizado despesas para suprir a falta da prestação, efetuado despesas judiciais para a cobrança, deixado de alienar a coisa em situações favoráveis ou ter sofrido desatualização da coisa em virtude do atraso. Se não há dia certo, é preciso que o credor o interpele, para que se caracterize o inadimplemento e, consequentemente, a mora. A interpelação é judicial ou extrajudicial, tendo o duplo efeito de fixar o vencimento e assegurar a exigibilidade da prestação. Os pressupostos gerais da mora do devedor são o vencimento, o inadimplemento e a exigibilidade pelo credor.

Se há dia certo e a dívida é líquida, a mora é automática, com o inadimplemento, pouco importando que a dívida seja de ir levar ou portável (o devedor adimple no endereço do credor ou por este indicado) ou de ir buscar, ou quesível (o credor vai buscar o adimplemento no endereço do devedor). Na dívida de ir buscar, não há necessidade de o credor interpelar o devedor; se este não for encontrado no lugar, fica constituído em mora. Se a dívida, apesar do vencimento, depender de determinação de seu valor (ilíquida), o inadimplemento não constitui imediatamente, só por si, em mora o devedor. A mora pressupõe a liquidação da dívida.

Não pode o devedor alegar desconhecimento da dívida para escusar-se de adimpli-la. O herdeiro que herdou a dívida sem tomar conhecimento dela assume as consequências da mora, evidentemente nos limites do que recebeu.

O devedor tem o dever de reparar o dano que causou, com a mora, abrangendo, além dos acima referidos: a diminuição ou eliminação de vantagens que o credor teria se a obrigação fosse cumprida em seu tempo; as despesas que teve em virtude da mora; o pagamento que efetuou a terceiros; as consequências do inadimplemento de outras obrigações, motivado pela mora do devedor. O contrato pode estabelecer o limite máximo da indenização a ser paga pelo devedor. Incluem-se nela os juros moratórios, na taxa mínima legal ou convencional. Os juros moratórios são devidos, ainda que não tenha havido danos comprovados. Aos juros moratórios acresce-se a cláusula penal, se o contrato a tiver previsto.

Além da reparação dos danos, o devedor em mora assume riscos que não teria se tivesse cumprido a prestação no tempo devido. Se a coisa pereceu após o início da mora, no caso de obrigação de dar ou restituir coisa certa, o devedor continua responsável pela indenização de quaisquer danos, mesmo que tenha havido caso fortuito ou força maior; dessa responsabilidade apenas se isenta se provar que não teve qualquer culpa pela perda da coisa ou pela impossibilidade da prestação, ou se o fato teria ocorrido ainda que tivesse adimplido no tempo devido.

A mora pode tornar a prestação inútil ao credor (a entrega dos equipamentos de som com atraso não interessa mais ao credor, que teve de alugar outros para cumprir suas obrigações em determinado evento). O credor poderá exigir a indenização dos prejuízos que sofreu, em vez de receber a prestação, e o reembolso das despesas que teve de efetuar, em consequência da mora. A inutilidade também pode ocorrer na mora parcial (parte da obrigação), quando o credor não tiver mais interesse na prestação do restante. Nesse caso, o devedor adimpliu uma parte e incorre em mora no restante da prestação. Se o credor entender que não mais lhe interessa o adimplemento da parte restante, em mora, poderá requerer a resolução de toda a obrigação, com as consequências do inadimplemento aplicáveis proporcionalmente, obrigando-se a restituir o já recebido do devedor.

O credor não pode recusar a prestação se o que falta é mínimo ou acidental, sem redução substancial do valor, em virtude de imposição dos princípios da boa-fé e do adimplemento substancial. A recusa não gera mora do devedor, configurando abuso do direito do credor (CC, art. 187).

A mora no cumprimento de um dever acessório, de acordo com Karl Larenz, não pode pôr em dúvida a subsistência de toda a relação obrigacional; mas o devedor estará obrigado a indenizar o credor pelos danos originados pela mora. O conteúdo do contrato, as circunstâncias e sobretudo sua finalidade determinarão quando um dever do devedor há de considerar-se "dever principal" ou só "acessório". Assim, o dever do comprador de receber a coisa comprada é um dever principal somente quando o vendedor, em forma perceptível para o comprador, tenha estabelecido precisamente e para o caso concreto que se tratava da recepção da coisa considerada uma "prestação contratual essencial" do comprador.

Na hipótese de contratos bilaterais ou sinalagmáticos (prestações recíprocas), nomeadamente de duração continuada (p. ex., o contrato de locação de imóvel urbano), a mora do devedor dá ensejo a que o credor requeira judicialmente a resolução do contrato, salvo se a lei (ou o próprio contrato) houver previsto prazo para purgação. Com a resolução, a relação jurídica obrigacional extingue-se *ex tunc* ou, se o contrato é de prestação continuada, *ex nunc* (neste caso, sob a espécie de resilição). A resolução exclui a indenização, no lugar da prestação, cabendo, no entanto, o pagamento de perdas e danos pelos prejuízos que a resolução causou ao credor.

A mora do devedor permite ao credor escolher as seguintes soluções:

a) receber a prestação, mais perdas e danos e demais acréscimos;

b) rejeitar a prestação, por falta de interesse ou utilidade, exigindo indenização mais perdas e danos;

c) resolver imediatamente o contrato, com perdas e danos e demais acréscimos.

Não há mora do devedor se ficar caracterizada a exceção do contrato não cumprido (STJ, REsp 11329), ou seja, se o devedor deixar de cumprir sua obrigação porque o credor não cumpriu a dele. Segundo a Súmula 380 do STJ, o ajuizamento de ação de revisão do contrato não afasta a incidência da mora do devedor, autor da ação, o que pode levar a situação desarrazoada: o devedor deverá pagar ao credor o valor que está questionando e pedir de volta, se for vencedor.

16.2.2. Mora do credor

A mora do credor decorre de sua falta de cooperação com o devedor, para que o adimplemento possa ser feito no tempo, lugar e forma devidos. A conduta do credor provoca o atraso no adimplemento, portanto, a mora. Deixa o credor de receber o adimplemento (ato) ou não pratica os atos necessários para que o adimplemento possa ser feito (omissão). A cooperação do credor pode ser antes da prestação, a exemplo das obrigações alternativas, quando lhe compete a escolha, ou das obrigações genéricas (gênero e quantidade), quando tem de determinar a espécie.

A mora do credor pode ensejar ao devedor pretensão à reparação por perdas e danos e à resolução do negócio jurídico, quando ficar evidenciada lesão aos deveres gerais de conduta, nomeadamente o de cooperação. Além do mais é cabível indenização das despesas efetuadas, porque seria injusto que o devedor tivesse de assumi-las ante fato que não pode ser imputado a ele. A mora do credor interrompe a do devedor, que fez movimento para adimplir, cessando, inclusive, a fluência dos juros moratórios.

Com a mora do credor, o devedor continua obrigado; daí seu legítimo interesse em solver a obrigação. Tem de evitar que a coisa se danifique, para que não se lhe impute dolo. Para que a mora do credor se constitua, é necessário que o devedor pratique os atos conducentes à recepção do adimplemento (p. ex., a oficina comunica ao credor que o conserto foi realizado, podendo receber o objeto; nesse caso, dívida de ir buscar). Se não os faz nem promove o depósito em consignação da coisa devida, corre o risco de, ele próprio, constituir-se em mora (STJ, REsp 419016).

Os efeitos da mora do credor consistem nas seguintes vantagens atribuídas ao devedor: a) abrandamento da culpa na guarda da coisa; b) transferência dos riscos; c) pagamento, pelo credor, das despesas efetuadas pelo devedor com a guarda e conservação da coisa (Gomes, 1996, p. 102).

Se a mora do credor resultar em impossibilidade da prestação pelo devedor, este ficará inteiramente liberado. Assim, quando a coisa que *A* adquiriu de *B* vem a ser destruída em virtude da mora de *A* em recebê-la, *B* ficará liberado, não estando obrigado nem a devolver o preço recebido, nem a indenizar o credor.

São pressupostos da mora do credor:

a) que o devedor possa prestar (não basta sua intenção), ou seja, que a prestação seja exigível;

b) que o devedor pratique os atos necessários para prestar no lugar, tempo e forma devidos, fazendo oferecimento efetivo da prestação (oblação), exigindo a cooperação do credor;

c) que haja recusa do credor, ou que este tenha impedido o adimplemento, ou que tenha omitido a cooperação necessária.

A oblação, ou seja, movimento do devedor para adimplemento, depende da natureza da prestação. Se esta deve ser real, com tradição da coisa, precisa o devedor já ter iniciado a entrega, que não se concluiu por ato ou fato do credor. Se a prestação não é real, tem o devedor de comunicar ao credor que está pronto para prestar e já iniciou a prestação. Se o devedor faz a oblação verbal (ou mesmo real), mas não está em condições de fazer integralmente a prestação, não há mora do credor.

A recusa do credor apenas pode ser justificável quando houver adimplemento incorreto (a prestação não corresponde ao que ficou acordado), defeituoso (existência de vício na coisa entregue ou no serviço prestado) ou incompleto (o valor devido ou a quantidade da coisa não são integrais). Sendo justa a recusa, não há mora do credor. Não é justa a recusa quando houver impedimentos de caráter pessoal, como no caso de morte de alguém da família ou da participação em algum evento para o qual foi homenageado.

Às vezes, a recusa (injustificada) pode ser silente, como quando o credor viaja durante o período do adimplemento, nas dívidas portáveis, sem deixar representante para recebê-lo. Outra hipótese de mora ocorre quando o credor recusa a quitação ou não devolve o título; como o devedor tem direito a quitação regular, pode reter o adimplemento.

Também incorre em mora o credor quando, dispondo-se a receber o adimplemento, recusa-se a fazer a contraprestação. Se a obrigação envolve prestações simultâneas, e o devedor inicia sua prestação, o credor incorre em mora se não faz sua contraprestação imediatamente. Entende-se que a falta da contraprestação faz o credor também incorrer em mora de devedor, pois nos contratos sinalagmáticos cada figurante assume a dupla posição de credor e devedor.

Nas obrigações de não fazer, o devedor pode incorrer em mora (fez o que se obrigou a não fazer), mas dificilmente pode haver mora do credor. Um exemplo possível é o do credor que cria obstáculos tais que o devedor se vê impelido a fazer.

A lei estabelece as seguintes consequências da mora do credor, se não houver dolo do devedor:

a) libera o devedor de toda responsabilidade a respeito do objeto da prestação, em geral;

b) isenta o devedor da responsabilidade pela conservação da coisa que deve entregar ou restituir ao credor; os riscos, inclusive de seu perecimento, passam para o credor;

c) obriga o credor a ressarcir ao devedor as despesas efetuadas com a conservação da coisa após o início da mora; enquanto não for ressarcido, o devedor tem direito de retenção sobre a coisa;

d) sujeita o credor a receber a coisa, no valor mais favorável ao devedor, se tiver havido variação após o início da mora;

e) interrompe a fluência dos juros, inclusive compensatórios, ou penas convencionais, exceto a atualização monetária, que continua exigível (STJ, REsp 437652);

f) impede o credor de valer-se da exceção do contrato não cumprido, sob alegação de que o devedor não cumpriu sua prestação.

As consequências podem ser resumidas em uma regra geral: havendo mora do credor, o devedor somente responde por dolo.

Para evitar a discussão sobre a existência da mora do credor e liberar-se, induvidosamente, o devedor pode depositar em consignação para adimplemento o que teria de prestar. Se a coisa corre perigo de perecimento, pode requerer a alienação judicial, consignando-se o preço resultante. Se se tratar de imóvel, pode o devedor abandonar a posse, ao iniciar a mora do credor, notificando-o, pois com ele não há mais dever de cuidado, ou depositá-lo em consignação.

16.2.3. Purgação da mora

Mesmo em mora, pode o devedor cumprir a prestação ou o credor (se sua for a mora) recebê-la, pagando os prejuízos a que deu causa: é a purgação da mora. A purgação alcança o passado, desde o momento em que o adimplemento era devido até o de satisfazê-lo. Em geral, quando a purgação da mora é possível, pode ser requerida no prazo da contestação; a saber, ou o devedor contesta a ação ajuizada pelo credor para resolução ou resilição do negócio jurídico, ou requer a purgação da mora. Não é possível purgação da mora na hipótese de inadimplemento absoluto, ou seja, quando o adimplemento não admitir qualquer atraso, em virtude da natureza da prestação ou de convenção das partes, ou quando a prestação tornar-se inútil ao credor.

Na hipótese de alienação fiduciária em garantia de bem móvel, a purgação da mora só é permitida no prazo de cinco dias após a busca e apreensão do bem, se o devedor pagar a integralidade da dívida pendente, hipótese na qual o bem lhe será restituído livre de ônus (Lei n. 10.931/2004). Dívida pendente deve ser entendida como abrangente das prestações vencidas e das que se vencerem até a data da purgação, não se incluindo as vincendas. Por outro lado, o prazo para purgação deve ser contado a partir da juntada do mandado de citação.

A purgação da mora do devedor permite o adimplemento tardio, mas, justamente por isso, é agravado com ônus que recai sobre o devedor, que o atrasou, ou sobre o credor, que deixou de recebê-lo (CC, art. 401, I). Em outras palavras, a purgação da mora não se realiza pelo mero adimplemento tardio, pois o devedor tem de realizar a prestação mais o pagamento dos prejuízos que sua demora causar. O ônus é a reparação do prejuízo sofrido pelo outro figurante da relação jurídica obrigacional.

Terceiro pode purgar a mora, nas mesmas condições em que pode adimplir, suportando todos os encargos que incidem sobre o devedor.

Pode cessar para o credor qualquer interesse pela prestação tardia (p. ex., a prestação de serviços era para determinado evento, que já se realizou), o que torna impossível a purgação da mora.

O credor purga a mora, oferecendo-se a receber o adimplemento e a responder pelas consequências dela decorrentes até a mesma data (CC, art. 401, II). Se a dívida é de ir levar (ao credor, ou portável), transforma-se em dívida de ir buscar (do devedor, ou quesível). Todavia, purgada a mora do credor, começa a mora do devedor, se este não realizar imediatamente a prestação (de dar, restituir ou fazer).

16.3. Impossibilidade do Adimplemento Não Imputável ao Devedor

O inadimplemento não se confunde com a impossibilidade objetiva do adimplemento, seja por força da natureza, seja por fato de terceiro, seja por força de lei. Se houve impossibilidade do adimplemento sem ser imputável ao devedor, não haverá mora nem inadimplemento, particularmente quando o credor for o responsável por ela. Mas, se o devedor estava em mora, assume a responsabilidade pela impossibilidade advinda depois dela, inclusive na hipótese de caso fortuito ou força maior, salvo se demonstrar que o dano teria ocorrido ainda que a dívida tivesse sido adimplida. Exemplo de impossibilidade superveniente, não imputável ao devedor, em razão de fato da Administração Pública (terceiro), é a desapropriação do imóvel objeto do dever de entregar, com imissão imediata na posse; nesse caso, resolve-se o contrato, sem adimplemento ou inadimplemento. O conceito de impossibilidade superveniente é imposição de justiça, segundo Claus-Wilhelm Canaris, para quem é praticamente inútil e improfícuo para o credor sustentar, perante o devedor, uma obrigação que este não pode cumprir de forma alguma e que não pode tampouco ser exigida judicialmente (2004, p. 10).

Para o direito brasileiro, a impossibilidade do objeto, quando originária, leva à nulidade do negócio jurídico. Nesse caso, de impossibilidade inicial, o negócio não chegou a produzir efeitos, não se podendo cogitar de adimplemento ou inadimplemento.

A impossibilidade objetiva pode ser superveniente, a saber, se não depende dos figurantes do negócio jurídico e vem a ocorrer quando a obrigação já estava sendo executada. A impossibilidade que não foi causada pelo devedor não gera mora. O art. 396 do Código Civil estabelece que, "não havendo fato ou omissão imputável ao devedor, não incorre este em mora". O fato ou omissão não é imputável ao devedor quando houver impossibilidade por caso fortuito ou força maior, ou em virtude de fato da Administração Pública, ou quando for causado por terceiro, ou, ainda, quando for causado pelo próprio credor. Cite-se o exemplo do locatário que não pode devolver o imóvel porque a lei prorrogou a sublocação. Não se exige que seja absoluta, bastando a existência de obstáculos que imponham despesas desproporcionais e extraordinárias, como no caso da coisa que caiu no abismo ou no fundo do mar, cujo preço do resgate será maior que o da própria coisa. O devedor somente é obrigado a prestar se há possibilidade, segundo as condições objetivas, na época e lugar do adimplemento. A impossibilidade superveniente leva à resolução do negócio jurídico.

A regra contida no art. 396 tem sido corretamente interpretada pelos tribunais como abrangente da impossibilidade relativa, ante circunstâncias relevantes. Consolidou-se orientação no STJ no sentido de admitir "a possibilidade de resilição do compromisso de compra e venda por iniciativa do devedor, se este não mais reúne condições econômicas para suportar o pagamento das prestações, avençadas com a empresa vendedora do imóvel", e que o desfazimento do contrato dá ao comprador o direito à restituição das parcelas pagas, porém não em sua integralidade (REsp 59870), ou, a título de compensação pelo uso do imóvel, no valor correspondente à locação durante o período em que o promitente comprador o ocupou (REsp 416338). Essa é a situação corrente de descompasso entre o crescimento do valor das prestações, pela aplicação da correção monetária, e o rendimento do devedor, que não acompanha a proporção do reajuste daquelas, impossibilitando-o de cumpri-las. A impossibilidade é subjetiva e relativa, mas independente da vontade do devedor, não incorrendo este nas consequências da mora.

No direito alemão há regra contida no § 275 do BGB, com a redação introduzida pela Lei de Modernização do Direito das Obrigações, de 2002, que admite ao devedor o direito de refutar a prestação quando a execução desta importar grave desproporção em relação ao interesse legítimo do credor, à natureza da relação obrigacional e ao princípio da boa-fé. Portanto, libera-se o devedor não apenas ante a impossibilidade em sentido estrito, mas em face de impossibilidade relativa oriunda de desproporcionalidade grosseira. Outra hipótese de impossibilidade relativa referida nesse preceito legal é a do devedor de prestação pessoal que estiver sob o peso de algum impedimento razoável, balanceado com o interesse do credor em preservar seus direitos à execução. Claus-Wilhelm Canaris cita o exemplo paradigmático de uma cantora que se recusa a fazer a apresentação programada porque tem de cuidar do filho que se encontra seriamente doente (2004, p. 12). Essas regras são perfeitamente aplicáveis ao direito brasileiro, pois harmonizáveis com o teor do art. 396 do Código Civil, quanto a não haver mora sem culpa, além de realizar o princípio constitucional da solidariedade social.

A impossibilidade de adimplir não se confunde com a onerosidade excessiva (CC, art. 478), embora dela muito se aproxime. Na hipótese da onerosidade excessiva, a prestação é possível, mas a superveniência de circunstâncias tornaram o adimplemento insuportavelmente oneroso ao devedor.

A impossibilidade objetiva superveniente impede a continuidade da relação jurídica, não se podendo cogitar de indenização por perdas e danos. Não se pode prestar: quando o escultor falece antes de concluir a obra; quando lei posterior ao contrato de compra e venda torna inalienável o objeto; quando o artista cai doente na data do espetáculo. Impossibilitada a prestação, o devedor deixa de dever; e, sem débito, não há obrigação.

Se a impossibilidade for parcial, o devedor libera-se da parte equivalente da dívida. Permanece a exigibilidade do adimplemento da parte restante, salvo se a prestação tornar-se inútil ou prejudicial ao credor. O princípio da conservação do negócio jurídico é compatível com o sistema jurídico brasileiro.

O ônus de provar a impossibilidade superveniente da prestação e do adimplemento é do devedor, tenha ela resultado de caso fortuito ou força maior, de fato da Administração Pública, de fato de credor ou de terceiro. O credor não tem o dever de informar-se acerca das circunstâncias que envolvem as coisas que estão sob o poder do devedor. Daí a presunção em favor do credor de que há responsabilidade do devedor pela impossibilidade da prestação, salvo se o segundo provar não ter tido culpa.

16.4. Perdas e Danos pelo Inadimplemento

O devedor responde por perdas e danos se a obrigação não for adimplida no tempo, lugar e modo devidos, incorrendo em mora. A pretensão às perdas e danos deriva da violação do direito relativo (negócio jurídico) ou do direito absoluto (oponível a todos) de incolumidade da pessoa e dos bens do credor. O crédito, ou o direito do credor, permanece, mudando apenas seu conteúdo: no lugar da prestação devida, a reparação não configura outro dever ou outro crédito. A reparação será devida nas hipóteses de violação de ilícito absoluto – quando alguém ofendeu a pessoa ou seu patrimônio, causando-lhe prejuízo –, de ilícito relativo decorrente de inadimplemento de obrigação negocial, e até de fato lícito reparável ou indenizável (vejam-se, como exemplos, no Código Civil, os arts. 188, 929, 930 e 931, e, no campo dos direitos reais, 1.278, 1.285 e 1.286). Nos fatos lícitos ou ilícitos geradores de danos, o inadimplemento e a mora constituem-se desde o momento da ocorrência do dano. As coisas, o corpo humano e os direitos da personalidade podem sofrer danos.

A doutrina e a legislação costumam confundir reparação com indenização, mas esta é espécie daquela. O direito atual admite três tipos básicos de reparação: a) reparação natural ou em natura; b) reparação específica; c) indenização. A reparação natural corresponde ao ideal máximo da responsabilidade civil, pois propicia o retorno da coisa danificada ao estado anterior, como se não tivesse havido dano (restauração do *status quo ante*). Essa é a regra geral adotada pelo Código Civil (art. 947), para o qual a indenização é supletiva: "se o devedor não puder cumprir a prestação na espécie ajustada, substituir-se-á pelo seu valor, em moeda corrente". Assim, a ação do credor é primeiramente dirigida à condenação do devedor para prestar coisa certa. Somente quando não se possa restaurar em natura é que se há de exigir a reparação em dinheiro. O § 2º do art. 225 da Constituição estabelece que a empresa concessionária ou permissionária para exploração de jazida mineral, finda esta, deverá recuperar o meio ambiente degradado, ainda que o dano tenha decorrido de atividade lícita (hipótese de fato lícito gerador de dano). A reparação específica é a que procura reparar o dano, valendo-se de modos alternativos que possam satisfazer o credor que o sofreu, tendo-se como exemplos a previsão do inciso V do art. 5º da Constituição sobre o direito de resposta a quem sofreu a ofensa (injúria, calúnia e difamação); pode ficar o credor satisfeito com a resposta, ou cumulá-la com indenização pelos danos morais e materiais. A indenização é a reparação em dinheiro, quando os demais tipos de reparação faltarem, que é medida e limitada pela extensão do dano material (CC, art. 944) ou pela compensação equitativa, quando o dano for incomensurável, como os danos morais. A finalidade da indenização ou reparação em dinheiro é dar ao ofendido o equivalente à situação anterior ou uma compensação quando o dano for incomensurável (p. ex., danos morais).

Quem danificou há de reparar. Quem sofreu o dano tem direito, pretensão e ação contra o ofensor ou responsável. Perda é o dano total do bem prejudicado por fato lícito, ilícito ou pelo inadimplemento. Dano é o prejuízo sofrido, de caráter material ou moral. A lei atribui a ambos consequências idênticas, porque configuram lesão aos bens juridicamente tuteláveis, patrimoniais ou não (p. ex., homicídio, destruição de coisa, danificação de coisa, honra). As reparações por danos causados, em razão de responsabilidade negocial ou extranegocial, são dívidas de valor, ou seja, apuradas no momento de seu adimplemento ou no tempo em que forem prestadas, sem necessidade de se fazer menção à atualização monetária; as dívidas são de valor e não de dinheiro.

Nas dívidas de dinheiro, de acordo com o art. 404 do Código Civil, as perdas e danos serão pagas com atualização monetária segundo índices oficiais, abrangendo juros, custas e honorários de advogado, sem prejuízo da cláusula penal, se houver. Ou seja, além do valor do dano material ou moral que seja apurado, o juiz condenará o devedor nesses valores acessórios. A atualização monetária, como já vimos acima, não constitui *plus*, pois não se acrescenta ao valor da dívida, configurando exceção ao princípio do nominalismo monetário; o valor monetário da dívida não é o nominalmente expresso nela, mas o que se apure na data da efetiva prestação, com aplicação de índice de variação inflacionária contada da data do vencimento ou da sentença que o fixar. Para o Código Civil não interessa o valor da moeda, mas o da prestação em que se contém moeda. Os honorários advocatícios de sucumbência ou de condenação, acima explicitados, só são devidos se houver ajuizamento de ação, porque dependem de fixação judicial; não cabem em cobrança extrajudicial. A inclusão das custas judiciais e dos honorários de sucumbência tem a finalidade de reembolsar o credor das despesas que ele efetuaria com o ajuizamento da ação, em virtude do inadimplemento. Os juros moratórios e a cláusula penal, examinados abaixo, são *plus*, acréscimos que integram o montante das perdas e danos, por força de lei. Os juros moratórios serão sempre devidos, ainda que não previstos no negócio jurídico, mas a cláusula penal depende dessa previsão. Os juros compensatórios compõem o valor da dívida e não das perdas e danos e serão devidos apenas se expressamente convencionados nos negócios jurídicos admitidos em lei. Ainda que a norma legal se refira apenas às dívidas em dinheiro, aplica-se igualmente às dívidas de valor, até porque a atualização monetária é da sua natureza, e os acréscimos são elementos necessários da composição das perdas e danos.

O Código Civil introduziu no parágrafo único do art. 404 regra inexistente no direito anterior, atribuindo ao juiz verdadeiro juízo de equidade para fixar o montante das perdas e danos quando as partes não tiverem previsto cláusula penal. Estabelece a norma que, se os juros de mora forem insuficientes para cobrir o prejuízo causado pelo inadimplemento, o credor poderá requerer que lhe seja concedida "indenização suplementar". Para tanto, deverá provar que os juros moratórios não perfazem a totalidade das perdas e danos. O juiz estimará, segundo critérios de equidade e de experiência comum, qual seria a cláusula penal razoável que as partes teriam livre e consensualmente fixado, considerando situações negociais equivalentes.

A reparação deve considerar toda a extensão do dano (CC, art. 944), tanto o dano em si quanto suas repercussões negativas na esfera jurídica do ofendido, pouco importando o eventual grau de culpa do ofensor. A extensão do dano implica limitação, para que não incorra em enriquecimento sem causa. Esclarece Karl Larenz que ao princípio de que deve ser indenizada a totalidade do dano corresponde o que expressa que a pessoa só deve obter o ressarcimento de seu dano, não devendo receber mais do que aquilo que teria se ele não tivesse havido (1958, p. 197).

Para efeito da reparação civil por perdas e danos, não há diferença conceptual entre o fato ilícito absoluto e o fato ilícito relativo (relativo aos figurantes e interessados do negócio jurídico). Quem deixa de entregar a coisa devida encontra-se na mesma situação de inadimplemento de quem derrubou o muro de terceiro em um acidente de automóvel. O direito à reparação é sempre oriundo de infrações a deveres.

A expressão "perdas e danos" tem sentido abrangente de danos totais, com perda da coisa, e danos parciais, que não a excluem. Mas não há danos apenas às coisas, pois as pessoas os sofrem, nos planos físico e moral. São tipos de danos:

a) dano patrimonial e extrapatrimonial;

b) dano emergente e lucros cessantes;

c) dano direto e indireto.

Dano patrimonial ou material é o que acarreta destruição total ou parcial, deterioração ou desatualização, correspondente a determinado valor pecuniário. Dano extrapatrimonial é o que atinge o ser humano enquanto tal e viola direitos da personalidade ou valores não econômicos. No Brasil, os danos extrapatrimoniais recebem a denominação "danos morais", com o mesmo significado abrangente. O mesmo fato pode acarretar dano patrimonial e extrapatrimonial, sendo exigível a cumulação das indenizações, como tem entendido a jurisprudência dos tribunais, a exemplo da Súmula 37 do STJ: "são cumuláveis as indenizações por dano material e dano moral oriundos do mesmo fato".

Dano emergente é o prejuízo que emerge do fato ofensivo, imediatamente. O dano emergente cessa com a conclusão do fato ofensivo. Consequências indiretas, não relacionadas diretamente ao fato, não constituem dano emergente indenizável. Assim, não se incluem no dano os prejuízos à saúde decorrentes de automedicação realizada pela vítima de acidente. Fatos posteriores que afetem o objeto do dano ou até mesmo o destruam não podem ser considerados, permanecendo o dever de reparar. Exemplificando esta última hipótese: *A* causa dano ao carro de *B*, que é destruído por um incêndio ocorrido na oficina aonde fora levado; só interessa, para o dever de reparar imputável a *A*, o momento em que causou o dano, sem poder valer-se do acontecimento posterior.

Lucros cessantes são os ganhos e rendimentos que o credor deixou de razoavelmente auferir, ou redução patrimonial, em virtude do fato ilícito ou inadimplemento. Todo ganho frustrado pelo dano, ou seja, o que seria de esperar-se, constitui lucros cessantes. Não há necessidade de já existir no momento da lesão ou do não adimplemento, dada sua natureza de direito expectativo, obstado de se realizar pelo fato lesivo. A razoabilidade prende-se às circunstâncias normais, ao curso normal das coisas. Pense-se no proprietário do táxi danificado em acidente de trânsito: o valor do conserto corresponde à indenização por dano material, enquanto o rendimento líquido que deixou de receber durante o tempo em que não pôde trabalhar constitui os lucros cessantes. Se estes não fossem indenizados, não se reporia o credor ao estado anterior. O inadimplemento de obrigação de dar coisa certa, no tempo determinado, pode gerar lucros cessantes, se o credor deixar de realizar negócios com ela, dos quais obteria lucros. O que não pode é reparar com lucro para o credor e prejuízo injustificado para o devedor, porque haveria enriquecimento sem causa. Cabe ao devedor o ônus de provar que o ganho ou lucro alegado não se teriam constituído.

Diz-se direto o dano que alguém sofre imediatamente, ou que se produz imediatamente nos bens afetados pelo evento causador. Dano indireto ou mediato é o que atinge alguém em virtude do dano sofrido por outrem, como no caso do sofrimento do marido (dano moral) pela acusação de adultério dirigida à sua mulher; nele, a relação de causalidade é com o mesmo fato ilícito. Também é mediato o dano que a própria vítima sofre mais tarde, como a redução da capacidade de trabalho em virtude da lesão física provocada em acidente de trânsito (dano direto); esse dano não desaparece com a extinção do fato gerador originário. O dano indireto não se confunde com o que a doutrina denomina dano por ricochete, pois não há relação direta com o fato ilícito, como se dá com o acidente em alguém que é devedor de alimentos a outra pessoa: o dano que sofreu repercutiu, "ricocheteou", em outra esfera jurídica. O dano por ricochete não é indenizável, como decidiu o Supremo Tribunal Federal (RE 113.705-3), que não admitiu o pagamento de indenização aos descendentes ou beneficiários da vítima.

O art. 403 do Código Civil brasileiro apenas tornou reparável o dano direto, ao estabelecer que, mesmo no caso de dolo do devedor, as perdas e danos só incluem os prejuízos efetivos e os lucros cessantes por efeito direto e imediato da inexecução da obrigação. No âmbito extranegocial, a Súmula 491 do STF admite que é indenizável o acidente que cause a morte de filho menor, ainda que não exerça trabalho remunerado, porque os pais teriam frustrada a expectativa de serem por ele assistidos materialmente quando atingisse a vida adulta, máxime nas classes mais pobres. Segundo o STJ, além da vítima, também sofrem prejuízo moral aqueles que, de forma reflexa, sentem os efeitos do dano; no caso, reconheceu a legitimidade do viúvo de propor, em nome próprio, ação por danos morais, em virtude de a empresa ter negado cobertura ao tratamento médico-hospitalar de sua esposa, que veio a falecer (REsp 530602). A doutrina cogita de teorias explanatórias dessa possibilidade, com destaque para a da causalidade adequada, relacionando o dano, ainda que aparentemente distante, com a mesma causa do outro; por exemplo, o acidente de automóvel é causa tanto dos danos materiais e morais mais próximos (despesas com tratamento, hospitalização, lucros cessantes, lesão ao direito da personalidade de integridade física) quanto da perda posterior do emprego, em virtude de sequelas psicológicas, que não teria ocorrido se não houvesse o acidente. Só podem ser consideradas as consequências possíveis do mesmo evento, não sendo adequadas as verdadeiramente mediatas que não tenham com ele relação direta. Haveria falta de causalidade adequada, no exemplo citado, se a vítima, após o acidente, tivesse falecido em virtude da capotagem do veículo que a transportava ao hospital. Nesse caso, há relação entre os dois eventos, mas não causalidade adequada que implique imputação de responsabilidade pelo falecimento ao causador do primeiro acidente. Considera-se causalidade adequada o dano provocado em terceiro que reagiu ao evento danoso por livre decisão, como na hipótese de ser ferido quando tentava retirar as pessoas do veículo acidentado, já que essa ajuda foi causada pelo acidente e por observar o princípio constitucional da solidariedade social. Consequentemente, o art. 403 do Código Civil, único preceito que explicitamente alude ao dano direto, deve ficar confinado à responsabilidade negocial, que é sua finalidade, ainda assim com temperamentos, até porque não é norma geral de responsabilidade por danos.

O dano pode ser permanente, como no caso de lesão de uma pessoa em acidente de transporte, cabendo ao responsável o pagamento de uma prestação vitalícia ao ofendido. Outras vezes é continuado no tempo, como se dá com o ofendido que tem de submeter-se a cuidados médicos periódicos até que se considere curado. O dano é atual ou futuro. Atual é o que já ocorreu, determinando todas as consequências do fato ilícito. O dano futuro é o que acontecerá inevitavelmente, em decorrência de fato ilícito, e cujas consequências ainda não se produziram. Ambos são danos certos.

A reparação natural tem de recompor o estado anterior e assumir o ônus gerado no tempo, que vai do fato causador do dano ou inadimplemento até a restauração. Nem sempre é possível, porque o tempo desvaloriza as coisas ou já foram consumidas ou modificadas. Quem é credor em obrigação de dar coisa certa pede judicialmente sua entrega. Até mesmo nos fatos ilícitos absolutos, pode-se pedir a reparação natural. Se a restauração em natura não pode ser feita, ou não satisfaz o credor, impõe-se a reparação em dinheiro que corresponda ao dano sofrido, material ou moral. Indeniza-se o valor do patrimônio ofendido, tal como era, mais o que o prejudicado teria se não tivesse havido o fato ilícito ou inadimplemento. A reparação em dinheiro é sempre exigível quando:

a) a prestação tornar-se impossível por culpa do devedor;

b) houver dano irreparável à pessoa do credor;

c) a prestação tornar-se inútil ao credor;

d) não couber purgação da mora.

Toda reparação em dinheiro será paga com seus valores atualizados, segundo índices oficiais de correção, a partir de quando se der o inadimplemento. E nas obrigações de pagamento em dinheiro, além do valor atualizado, caberão juros e cláusula penal. Se não houver cláusula penal, e os juros não forem suficientes para cobrir o prejuízo, poderá o juiz fixar indenização suplementar que complemente o justo e atualizado valor, ou seja, o que seria pago caso não tivesse havido o inadimplemento.

Para a apuração das perdas e danos, o direito brasileiro considera o chamado valor estimativo ou de afeição, e não apenas o valor real ou objetivo do bem danificado. É o que se lê no parágrafo único do art. 952 do Código Civil: "Para se restituir o equivalente, quando não exista a própria coisa, estimar-se-á ela pelo seu preço ordinário e pelo de afeição, contanto que este não se avantaje àquele". Por exemplo, o objeto emprestado que não foi restituído pelo devedor, que o perdeu, tem o preço objetivo e o valor de afeição, pois era oriundo de herança de família do credor. A ofensa a objeto de valor estimativo pode conter ofensa a direito da personalidade, como à honra do credor.

16.5. Aspectos Gerais do Dano Extrapatrimonial

No Brasil, caiu no uso linguístico, inclusive do legislador, a expressão "dano moral". Melhor seria que se preferisse danos não patrimoniais, porque expressa o conjunto de situações existenciais das pessoas por eles afetados. Seja como for, por danos morais devem ser entendidos todos os danos não patrimoniais.

A interação entre danos morais e direitos da personalidade é tão estreita que se deve indagar da possibilidade da existência daqueles fora do âmbito destes. Ambos sofreram a resistência de grande parte da doutrina em considerá-los objetos autônomos do direito. Ambos obtiveram reconhecimento expresso na Constituição brasileira de 1988, que os tratou em conjunto.

A inserção constitucional dos direitos da personalidade e dos danos morais consagra a evolução pela qual ambos os institutos jurídicos têm passado. Os direitos da personalidade, por serem não patrimoniais, encontram excelente campo de aplicação nos danos morais, que possuem a mesma natureza não patrimonial. Ambos têm por objeto bens integrantes da interioridade da pessoa, que não dependem da relação com outros, ou seja, aquilo que é inato e inerente à pessoa e deve ser tutelado pelo direito (vida, liberdade, integridade física, integridade psíquica, integridade moral, vida privada, intimidade, imagem, sigilo de comunicações e correspondências, identidade pessoal, direitos morais de autor), inclusive ante a cláusula geral da dignidade da pessoa humana (art. 1º, III, da Constituição).

Os direitos da personalidade, nas vicissitudes por que passaram, sempre esbarraram na dificuldade de encontrar um mecanismo viável de tutela jurídica quando da ocorrência da lesão. Ante os fundamentos patrimonialistas que determinaram a concepção do direito subjetivo, nos dois últimos séculos, os direitos de personalidade restaram alheios à dogmática civilística. A recepção dos danos morais foi o elo que faltava, pois constituem a sanção adequada ao descumprimento do dever absoluto de abstenção. Assim, danos morais são violações exclusivamente de direitos da personalidade, não tendo cabimento, no direito brasileiro, a invocação a "preço da dor".

Do mesmo modo, os danos morais ressentiam-se de parâmetros materiais seguros para sua aplicação, propiciando a crítica mais dura que sempre receberam de serem deixados ao arbítrio judicial e à verificação de um fator psicológico de aferição problemática: a dor moral. A jurisprudência dos tribunais, para obviar a dificuldade, vem delineando situações de autêntica inversão do ônus da prova, na medida em que estabelece presunções que a dispensam, como tem decidido o STJ no caso da perda de um filho (direito à integridade psíquica), da deformidade física (direito à integridade física) (REsp 50481) e da inscrição irregular de inadimplentes no SPC (REsp 165727). Segundo o enunciado da Súmula 388 do STJ, "a simples devolução indevida de cheque caracteriza dano moral". Em outro julgado, o mesmo tribunal (REsp 17073) entendeu ser desnecessária a demonstração de que a perda de um membro inferior (direito à integridade física e à integridade psíquica) acarreta graves sofrimentos, além de eventuais prejuízos econômicos; essa consequência seria da natureza das coisas, de ciência comum.

De modo mais amplo, os direitos de personalidade oferecem um conjunto de situações definidas pelo sistema jurídico, inatas à pessoa, cuja lesão faz incidir diretamente a pretensão aos danos morais, de modo objetivo e controlável, sem qualquer necessidade de recurso à existência da dor ou do prejuízo. A responsabilidade opera-se pelo simples fato da violação (*damnu in re ipsa*); assim, verificada a lesão a direito da personalidade, surge a necessidade de reparação do dano moral, não sendo exigida a prova do prejuízo, bastando o nexo de causalidade ou as circunstâncias do dano. Por exemplo, instituição financeira que promove a indevida inscrição de devedor em bancos de dados responde pela reparação do dano moral que decorre dessa inscrição; basta a demonstração da inscrição irregular.

O dano estético, segundo corrente doutrinária, é espécie do gênero dano moral, mas suas repercussões patrimoniais constituem dano material. Nesse sentido, tem decidido o STJ, ao admitir a cumulação do dano moral e do dano estético, ainda que derivados do mesmo fato (Súmula 387). Todavia, questionável é a autonomia do dano estético, porque ou é dano material ou é dano moral, uma vez que nem a Constituição nem o Código Civil contemplam terceira espécie. Sustentamos que o dano estético é incogitável fora do âmbito dos direitos da personalidade, cuja lesão provoca danos materiais e morais. O dano estético é lesão do direito à integridade física, com irradiação na integridade psíquica, que são espécies dos direitos da personalidade. Frequentemente, o dano estético repercute na vida profissional do ofendido, o que se resolve com sua qualificação como dano material, na modalidade de lucros cessantes, além das despesas que o ofendido teve e tem de fazer com hospitalização, tratamentos, medicamentos. A lesão aos bens jurídicos que se classificam como direitos da personalidade sempre provoca danos morais, pelo só fato da lesão, sem necessidade de qualquer prova de dor moral ou física (*in re ipsa*), independentemente da existência de danos materiais. Em conclusão, os danos estéticos não são distintos dos danos morais e materiais; sua ocorrência é pressuposto da cumulação necessária deles. Em outras palavras, sempre que houver danos estéticos haverá cumulação de danos morais e materiais pelo mesmo fato ofensivo.

Próximos aos danos morais são os danos existenciais, que dizem respeito ao comprometimento permanente ou duradouro da existência da pessoa humana, nas suas relações com as outras pessoas e no seu projeto de vida. Essa espécie de dano tem sido objeto de qualificação nos julgamentos de violações de direitos humanos, feitas por agentes do Estado ou por particulares. A prática de tortura física ou psicológica deixa sequelas indeléveis nas pessoas, como danos permanentes à sua existência, cuja reparação civil, segundo os critérios consagrados dos danos morais e danos materiais, revela-se insuficiente. A demissão de servidores públicos ou de empregados de empresas privadas, por motivos políticos, que é prática corrente nas ditaduras, comprometendo o direito de sobreviver, também se enquadra no conceito de danos existenciais.

Os danos morais não podem ser submetidos a limites ou prefixações legais, porque os direitos da personalidade e, consequentemente, sua lesão são incomensuráveis. A Constituição (especialmente, o inciso X do art. 5º) não franqueou ao legislador ordinário fazê-lo. A vida, a liberdade, a honra, a intimidade, por exemplo, não têm preço, porque não tem preço a dignidade da pessoa humana, como já dizia Kant (1986, p. 77). Nessa linha, o STJ editou a Súmula 281, cujo enunciado estabelece: "a indenização por dano moral não está sujeita à tarifação prevista na Lei de Imprensa", cujo princípio permanece, ainda que o STF tenha decidido que a Lei de Imprensa não foi recepcionada pela Constituição.

A compensação pecuniária não segue critérios rígidos, salvo os da razoabilidade e proporcionalidade, que o juiz deve observar, na análise de cada caso concreto, de modo a encontrar o justo equilíbrio entre o valor que repercute no patrimônio do ofensor e o que desborda para o enriquecimento sem causa do ofendido. Todavia, apesar desse largo espectro conferido pelo direito para se fixar a reparação compensatória, sem limites legais prefixados, controvertem a doutrina e a jurisprudência quanto à aplicabilidade no Brasil da experiência anglo-americana da pena pecuniária (*punitive damages*) nesses casos. Observa-se uma tendência nos tribunais brasileiros em cumular a reparação compensatória com a pena pecuniária (STJ, REsp 474786), o que parece desafiar a regra do art. 944 do Código Civil, quanto à limitação da indenização à extensão do dano. Para Maria Celina Bodin de Moraes, no direito brasileiro, não haveria espaço para o caráter punitivo do dano moral, não sendo recomendável sua adoção para não incentivar a malícia, para impedir ou diminuir a insegurança e a imprevisibilidade das decisões judiciais e para inibir a tendência hoje alastrada da mercantilização das relações existenciais; mas admite, excepcionalmente, o caráter punitivo nas hipóteses de condutas ultrajantes à consciência coletiva, de prática danosa reiterada e de situações potencialmente causadoras de lesões a um grande número de pessoas (2003, p. 328). No REsp 1124471, o STJ enquadrou o que denominou "justa reparação do prejuízo" nos critérios da vedação do enriquecimento sem causa, da proporcionalidade, da exemplariedade e da solidariedade. Todavia, além da função compensatória, a reparação por dano moral deve incluir valor a mais com nítido propósito de sancionamento ou punição do infrator, porque violou um bem socialmente intocável, e para que sirva como inibidor de outras violações. É modalidade de pena civil. Sem o acréscimo da pena civil, a sociedade e outras pessoas ficam vulneráveis a novas violações dos direitos da personalidade, quando economicamente valham a pena, na apreciação do custo e benefício. No AI 455.846-4, o Min. Celso de Mello do STF abraçou explicitamente a tese do caráter punitivo ou inibitório da indenização por dano moral, em caso de menor vítima de erro médico (lesões decorrentes de nascimento por fórceps), negando provimento ao agravo e mantendo a decisão do TRF-2ª.

16.6. Juros Legais

Juro é o fruto civil do crédito, deste sendo bem acessório; o rendimento do capital no campo econômico. Como bem acessório, sua existência supõe a do principal, pois não há dívida de juros sem dívida principal, mas pode ser objeto de negócio jurídico próprio (CC, arts. 92 e 95). Na atualidade, os juros são em dinheiro, calculados sobre o valor da prestação e de modo percentual, mas nada impede que sejam fixados em bens patrimoniais diversos, sobretudo quando a dívida for em coisas fungíveis. Os pressupostos dos juros são: o valor da prestação e o tempo de permanência da dívida. Costuma-se denominar interesse o rendimento de capital em outras coisas fungíveis que não seja o dinheiro. Exemplo: o percentual em crias do rebanho.

Os juros são de duas espécies: compensatórios e moratórios. São compensatórios os devidos desde o início da dívida e moratórios os decorrentes do inadimplemento da obrigação. Os juros compensatórios ou remuneratórios, quando convencionados e não proibidos por lei, constituem rendimento do crédito que o credor tem contra o devedor, em qualquer relação jurídica obrigacional. Os juros moratórios constituem pena pelo atraso. A natureza de pena dos juros moratórios é claramente explicitada no Código Civil, quando diz que, "ainda que se não alegue prejuízo, é obrigado o devedor aos juros de mora" (art. 407); ou seja, os juros de mora não se incluem nem se confundem com a indenização por perdas e danos.

Os juros são legais quando nascem por força de alguma norma jurídica, principalmente os moratórios. Os juros legais não necessitam de forma determinada. Os juros convencionais, compensatórios ou moratórios, dependem de forma escrita. São legais, por exemplo, os juros processuais, determinados em sentença judicial (CC, art. 407), e os decorrentes das seguintes normas específicas do Código Civil, dentre outras: art. 368 (nas obrigações provenientes de ato ilícito, os juros de mora são devidos desde o momento em que o devedor o praticou); art. 552 (o doador não é obrigado a pagar juros moratórios); art. 677 (as somas adiantadas pelo mandatário ou procurador "vencem juros desde a data do desembolso"); art. 869 (os juros legais são devidos pelo dono do negócio ao gestor desde o dia em que este desembolsou as despesas necessárias e úteis); art. 1.405 (no usufruto de patrimônio ou parte dele, o usufrutuário é obrigado aos juros da dívida que o onerar). Os juros moratórios são exigíveis, independentemente de previsão expressa, tendo a Súmula 254 do STF enunciado que se incluem na liquidação, embora omissas a petição inicial ou a condenação judicial.

As construtoras, que negociam imóveis ainda em construção ("na planta"), dito financiamento direto, não podem cobrar juros compensatórios sobre as parcelas pagas pelo promitente comprador antes da entrega do imóvel ("juros no pé"). Essa era prática comum, no Brasil, inclusive depois do advento do CDC. O STJ tinha decidido que era aberrante a cobrança reversa de juros compensatórios "de quem entrega o capital por aquele que o toma de empréstimo", sendo considerada descabida. Argumentou o tribunal que todos os custos da obra, inclusive os decorrentes de financiamento realizado pela construtora, estão embutidos no preço do imóvel oferecido ao público. Todavia, lamentavelmente, o mesmo Tribunal refluiu desse entendimento, e sua Seção de direito privado, por maioria, com argumentos de caráter econômico ("o incorporador, além de assumir os riscos do empreendimento, antecipa os recursos para o seu regular andamento" e "se esses juros não puderem ser convencionados no contrato, serão incluídos no preço final da obra e suportados pelo adquirente, sendo dosados, porém, de acordo com a boa ou má intenção do incorporador"), reconheceu a legalidade da cláusula contratual que previu a cobrança dos juros compensatórios de 1% a partir da assinatura do contrato, anteriormente à entrega das chaves (EREsp 670117).

Os juros de mora são contados a partir da citação inicial; essa regra do Código Civil (art. 405) pôs cobro à controvérsia doutrinária e jurisprudencial quanto ao termo inicial, sendo aplicável não apenas às dívidas de dinheiro, mas às de valor, cuja fixação retroagirá a esse momento. No CC/1916 havia regra parecida, apenas incidente nas obrigações ilíquidas. Nas dívidas de valor, os juros serão incidentes não a partir do momento em que a dívida é exigível, ou da condenação, cuja sentença fixa o valor da dívida, mas, considerado este, contados desde a citação inicial (data da juntada do mandado de citação efetivada). Nas dívidas de dinheiro, que não dependem de liquidação, a fluência dos juros a partir da citação inicial não faz justiça ao credor. Todavia, a norma do art. 405 é geral e supletiva, pois o termo inicial da fluência dos juros será diferente, de acordo com a norma específica que o determinar, como vimos nos exemplos acima referidos.

Os juros moratórios, nos atos ilícitos, contam-se desde a data do evento e não a partir da citação inicial, por força da regra específica do art. 398 do Código Civil; o STJ tem assentada essa orientação (Súmula 54), como no caso de atropelamento por composição ferroviária (REsp 1437), ou de perda de membro inferior (REsp 17073), ou de dano moral decorrente de responsabilidade extranegocial (REsp 1132866).

É de interesse coletivo que os juros sejam limitados pela lei, pois sempre constituíram campo fértil para abusos e exploração desenfreada dos devedores ou da usura. Os juros excessivos são contra a moral e a própria organização social, sendo frequente na história dos povos ocidentais a intervenção do Estado para coibi-los, desde quando a legitimação da cobrança dos juros como remuneração de capital foi admitida com a reforma protestante, particularmente com Calvino, no século XVI.

Contrariando a tradição brasileira de limitação dos juros a taxas razoáveis, a Lei n. 4.595/64, exclui as instituições financeiras de qualquer controle, chegando-se à admissibilidade pelo STJ de cumulação de juros remuneratórios e moratórios nos contratos de abertura de crédito, mesmo após o vencimento do contrato (REsp 402483). O mesmo Tribunal editou a Súmula 422 no sentido de não haver limitação aos juros remuneratórios nos contratos vinculados ao sistema financeiro da habitação. Todavia, a Súmula 379 do STJ determina que "nos contratos bancários não regidos por legislação específica, os juros moratórios poderão ser fixados em até 1% ao mês". Os recursos especiais utilizados como referência para a elaboração da Súmula 379 admitem que os juros moratórios sejam acumulados com outros tipos de juros, como os remuneratórios.

No Brasil, os juros moratórios que não forem prefixados no negócio jurídico ou os que provierem de lei para determinadas situações e sem prefixação "serão fixados segundo a taxa que estiver em vigor para a mora do pagamento de impostos devidos à Fazenda Nacional" (CC, art. 406). Nesse ponto, o CC/1916 era mais claro e melhor consultava o princípio de equivalência material entre credor e devedor, pois estabelecia a taxa legal de 6% (seis por cento) ao ano; em qualquer circunstância, os juros, inclusive os convencionados, não poderiam ultrapassar o limite máximo de 12% (doze por cento) ao ano estabelecido desde o Decreto n. 22.626/33 (Lei de Usura). A norma atual traz um grave componente de imprecisão e incerteza, pois há dois modos de cálculo da taxa dos juros moratórios aplicável aos impostos devidos à Fazenda Nacional: a) mediante a taxa SELIC (Sistema Especial de Liquidação e Custódia), que reflete a remuneração dos agentes econômicos pela compra e venda dos títulos públicos; b) o limite de 12% (doze por cento) estabelecido pelo § 1º do art. 161 do Código Tributário Nacional, de seguinte teor: "se a lei não dispuser de modo diverso, os juros de mora são calculados à taxa de um por cento ao mês". No caso da SELIC, a variação é da sua natureza, apenas se sabendo qual a taxa quando é utilizada.

Note-se que integra o cálculo da taxa SELIC a atualização monetária prefixada, o que torna sua aplicação problemática, pois não constitui apenas taxa de juros. Como vimos, o Código Civil generalizou a aplicabilidade da atualização monetária, segundo índices oficiais, em qualquer situação de inadimplemento ou mora; a utilização da taxa SELIC geraria a duplicidade da atualização monetária, a saber, a que nela já está embutida e a que incidiria diretamente sobre o montante da dívida. Por essas razões, entendemos que apenas a taxa máxima prevista no Código Tributário Nacional pode ser aplicada nos juros moratórios entre particulares. Os juros moratórios convencionados também têm de observar esse limite (12% ao ano), que corresponde ao estabelecido na Lei de Usura (art. 1º), cuja regra há de ser aplicada em conjunto com as do Código Civil (arts. 406, 407 e 591). Contrariando as expectativas da doutrina, prevaleceu no STJ o entendimento de que a taxa dos juros moratórios a que se refere o art. 406 do Código Civil é a taxa SELIC (AgRg no REsp 1105904 e REsp 1102552).

A cobrança acima do limite legal constitui crime contra a economia popular, e, no campo civil, a estipulação de juros usurários é considera nula, devendo o juiz ajustá-la ao limite legal e ordenar a devolução da quantia paga em excesso. A Medida Provisória n. 2.172-32/2001, que revogou o § 3º do art. 4º da Lei n. 1.521/51, considera "nulas de pleno direito as estipulações usurárias", assim entendidas as taxas de juros superiores às legalmente permitidas, devendo o juiz ordenar a restituição em dobro da quantia paga em excesso, com juros legais a contar da data do pagamento indevido.

Todavia, a jurisprudência dos tribunais passou a decidir que o limite máximo não se aplicaria às instituições financeiras, porque a legislação específica não o fixou (Súmula 596 do STF), deixando-as livres de qualquer limite e os devedores em injusta desvantagem. Assim também estipula o art. 4º da Medida Provisória n. 2.172-32. Temperando os excessos desse entendimento, a Súmula 176 do STJ considera nula a cláusula contratual que sujeita o devedor à taxa de juros moratórios divulgada por entidade de classe dessas instituições; o mesmo STJ firmou jurisprudência para os casos que envolvam crédito rural, decidindo que, não havendo determinação do Conselho Monetário Nacional, deve-se aplicar o limite disposto na Lei de Usura (Decreto n. 22.626/33). Em suas idas e vindas nessa matéria tão delicada de segurança da economia popular, o STJ consolidou entendimento que favorece as administradoras de cartão de crédito contra o usuário ou consumidor, pois, mediante a Súmula 283, considerou-as instituições financeiras, "e, por isso, os juros remuneratórios por elas cobrados não sofrem as limitações da Lei de Usura". Não se refere a súmula aos juros moratórios, os quais devem observar os limites da Lei de Usura, por consequência. Na mesma linha controvertida, com impacto negativo na proteção do consumidor, o STJ editou a Súmula 382, que enuncia: "a estipulação de juros remuneratórios superiores a 12% ao ano, por si só, não indica abusividade". Contudo, o mesmo Tribunal, em incidente de processos repetitivos, admitiu a revisão das taxas de juros em situações excepcionais, desde que caracterizada a relação de consumo e que a abusividade (capaz de colocar o consumidor em desvantagem exagerada – art. 51, § 1º, do CDC) fique cabalmente demonstrada, ante as peculiaridades do caso concreto (REsp 1061530), e consolidou na Súmula 30 que "a comissão de permanência e a correção monetária são inacumuláveis" e na Súmula 472 que "a cobrança de comissão de permanência – cujo valor não pode ultrapassar a soma dos encargos remuneratórios e moratórios previstos no contrato – exclui a exigibilidade dos juros remuneratórios, moratórios e da multa contratual". Com referência ao crédito educativo, entendeu o STJ que é inaplicável a tabela Price, geradora de juros compostos, em prejuízo do devedor (REsp 572210).

A Constituição Federal de 1988 tinha determinado limite máximo de 12% (doze por cento) às taxas de juros reais, nelas incluídas comissões e quaisquer outras remunerações referidas à concessão de crédito. Todavia, e por ser a norma dirigida às instituições financeiras, nunca chegou a ser aplicada, porque o Supremo Tribunal Federal entendeu que dependia de regulamentação mediante lei complementar, tendo a Emenda Constitucional n. 40/2003, revogado o dispositivo. Fora das instituições financeiras, assim consideradas e fiscalizadas pelo Banco Central, aplica-se o limite legal.

Diante dos abusos cometidos por instituições financeiras, a Lei n. 7.089/83, estabeleceu o que já era regra geral para todos: é proibida a cobrança de juros moratórios por estabelecimentos bancários, relativamente a título de qualquer natureza, cujo vencimento se dê em sábado, domingo ou feriado, desde que o adimplemento se faça no primeiro dia útil seguinte. Essas instituições também não podem cumular os juros moratórios e multa contratual com a comissão de permanência, porque esta tem a finalidade de remunerar o capital e atualizar o seu valor em caso de inadimplência por parte do devedor, o que levaria à cobrança de mais uma parcela para se atingir o mesmo objetivo (STJ, REsp 712801), nem podem cobrar juros moratórios superiores a 1% ao mês, nos contratos bancários não regidos por legislação específica (REsp 1061530).

Em caso relativo a créditos oriundos de serviços de engenharia prestados por empresa construtora a município, entendeu o STJ (REsp 95296) serem cabíveis o que denominou juros de mercado, previstos no contrato, em virtude de inadimplemento, porquanto se tratava de dívida de valor, decorrente de ilícito contratual, e não de obrigação em dinheiro. Embora o tribunal procurasse demonstrar que não se cuidava de juros moratórios, importa abertura jurisprudencial perigosa, que deve ser admitida com extrema cautela.

Outro tipo de juros, com característica de anatocismo, são os juros compostos, apenas admitidos em situações excepcionais, também denominados capitalização de juros. São compostos os juros devidos e vencidos que se incorporam, periodicamente, ao capital principal ou à dívida, perdendo sua qualidade de frutos civis, para formarem um novo total, sobre o qual passam a incidir os juros. O CC/1916 previa que, na obrigação proveniente de delito criminal, os juros seriam compostos e calculados desde a data do crime, devendo ser pagos por quem o cometeu, sem solidariedade, conforme enunciava a Súmula 186 do STJ: "nas indenizações por ato ilícito, os juros compostos somente são devidos por aquele que praticou o crime". Essa regra não foi repetida no CC/2002, não mais sendo admissível tal hipótese legal de juros compostos. A Lei de Usura apenas permitiu a capitalização em caso de conta corrente (art. 4º): "É proibido contar juros dos juros: esta proibição não compreende a acumulação de juros vencidos aos saldos líquidos em conta corrente de ano a ano".

O STF tinha consolidado entendimento na Súmula 121, que enuncia a vedação da capitalização de juros, "ainda que expressamente convencionada", proibição essa que alcançava também as instituições financeiras. Mas o próprio STF admitiu a capitalização quando lei especial expressamente a permitir (RE 96875), tendo reafirmado esse entendimento quando considerou constitucional a capitalização de juros em empréstimos bancários com periodicidade inferior a um ano, prevista na MP 2.170-36/2001 (RE 592377 – repercussão geral). O STJ também reconhece a capitalização de juros, que pode ser até mensal, nos títulos de crédito rural, comercial ou industrial, quando houver convenção das partes (REsp 29705), ou nos contratos de mútuo, desde que expressamente pactuada (REsp 1388972), ainda que em periodicidade inferior a um ano (Súmula 539), mas a inclusão de juros remuneratórios e moratórios capitalizados nos cálculos de liquidação, sem que tenha havido tal previsão no título executivo, implica violação da coisa julgada, e não mero erro de cálculo (EInf nos EDcl na AR 3.150).

O art. 591 do Código Civil passou a admitir a capitalização anual de juros remuneratórios, quando as partes assim convencionarem; a Segunda Seção do STJ (REsp 1388972) entendeu que, por força dessa previsão legal, a capitalização não pode se dar automaticamente. O art. 798, parágrafo único, IV, do CPC prevê que, ao propor a execução, incumbe ao exequente indicar a periodicidade da capitalização dos juros, "se for o caso".

As comissões de permanência, cobradas pelas instituições financeiras, e calculadas pela taxa média de mercado, apurada pelo Banco Central do Brasil, limitada à taxa do contrato, não são consideradas potestativas pelo STJ (Súmula 294). Sem razão; entendemos que essas comissões têm natureza de remuneração do capital, confundindo-se com os juros remuneratórios, daí por que o próprio STJ consagrou entendimento de não serem acumuláveis umas e outros (Súmula 296). São potestativas e abusivas, cabendo sua nulidade, por força do art. 424 do Código Civil, pois todos os contratos bancários são de adesão, além de sofrerem a incidência do CDC (especialmente do art. 51, IV), como decidiu o STF na ADI 2.591, cuja ementa enuncia: "as instituição financeiras estão, todas elas, alcançadas pela incidência das normas veiculadas pelo Código de Defesa do Consumidor", cujo art. 3º, § 2º, "deve ser interpretado em coerência com a Constituição".

Sempre houve reprovação ética à cobrança de juros sobre juros, denominada anatocismo, por fazer crescer a dívida de modo injusto e usurário. O direito romano proibia a estipulação de juros sobre juros, não podendo ser cumulados ao capital, para que do total fluíssem juros, nem se podia constituir com os juros outro capital. Por essa razão, em regra geral, não se pode cumular juros compensatórios e juros moratórios, porque estes incidiriam sobre aqueles. Contudo, em situações excepcionais, para agravar a pena e desestimular atos emanados de excesso de poder, o direito tem admitido a cumulação. Como exemplo, as Súmulas 12, 69 e 113 do STJ entendem que em desapropriação são cumuláveis os juros compensatórios e moratórios, punindo-se a Administração Pública pelo atraso em pagar o preço devido, considerando-se, como termo inicial dos juros compensatórios, a imissão na posse, na desapropriação direta ou regular; na desapropriação indireta (irregular, ou de fato, sem os procedimentos legais previstos), os juros compensatórios são devidos desde a ocupação do imóvel; considerando-se, sempre, o valor da indenização corrigido monetariamente. A Súmula 102 do mesmo tribunal diz que "a incidência dos juros moratórios sobre os compensatórios, nas ações expropriatórias, não constitui anatocismo vedado em lei".

O crédito de juros é distinto do crédito principal a que ele se refere. O credor pode ceder o crédito principal mas não o crédito de juros, ou o contrário. As prescrições são distintas. O pagamento dos juros não significa pagamento de parte do principal. Porém, a extinção da dívida principal extingue a dívida dos juros, segundo o princípio de o acessório seguir o principal. Nesse sentido, a remissão da dívida é remissão dos juros, salvo se o credor fizer a ressalva de preservá-los. Se foi dada quitação total da dívida, entende-se que foram abrangidos os juros, ou que se presumem pagos (CC, art. 323). A presunção é *juris tantum*, pois admite prova em contrário do credor.

Nas ações ajuizadas, os juros de mora são contados a partir da citação (STF, ACO 412); igualmente, na indenização de seguro (DPVAT), de acordo com a Súmula 426 do STJ. Finalmente, a pretensão para haver juros, sejam eles legais ou convencionais, prescreve em três anos, desde que sejam devidos em períodos não superiores há um ano, "com capitalização ou sem ela" (CC, art. 206, § 3º, III). Se a dívida for duradoura, a prescrição alcança as pretensões relativas aos juros superiores dos últimos três anos, jamais o fundo do direito.

16.7. Arras e Direito de Arrependimento

Arras, ou sinal, é a entrega de importância em dinheiro ou de coisa móvel, na conclusão do contrato, como garantia de sua execução. No Brasil, costuma-se também denominá-las "entrada". As arras confirmam a presunção do acordo final das partes para conclusão e execução do contrato, ou prefixam o mínimo de indenização pelo inadimplemento, ou prefixam a indenização compensatória pelo exercício do direito de arrependimento de qualquer dos contratantes. Nem todo princípio de pagamento é arras; na dúvida, assim não deve ser entendido. As arras, de acordo com suas finalidades, são confirmatórias do contrato (arras propriamente ditas) ou penitenciais (não confirmatórias, ou de direito de arrependimento). Nas arras confirmatórias há confirmação da validade e da eficácia do contrato, fortalecendo sua obrigatoriedade.

A natureza das arras é controvertida, o que leva à dificuldade de seu correto enquadramento teórico. Em alguns sistemas jurídicos, as arras foram tidas como contrato (contrato de arras ou contrato arral do antigo direito germânico); no direito romano era pacto autônomo para conclusão de contrato ou pela conclusão de contrato. A relação com o adimplemento é antiga, no sentido de princípio de pagamento. Todavia, suas regras cuidam, essencialmente, dos efeitos delas no inadimplemento da obrigação principal, razão por que estão mais bem localizadas na parte da teoria geral das obrigações, como fez o CC/2002, ao contrário do anterior, que as incluiu na parte geral dos contratos. As arras não se confundem com o contrato preliminar (art. 462), pois também nestes elas podem integrar, como é comum nas promessas de compra e venda, ainda que nem todo princípio de pagamento seja arras. As normas legais a respeito de arras são de caráter dispositivo ou supletivo. Apenas incidem se os contratantes não estipularem de modo diverso.

Com a execução do contrato, as arras devem ser restituídas, salvo se puderem ser computadas na prestação devida ou se forem em dinheiro. Sua função, no adimplemento, é confirmá-lo ou garanti-lo, devendo ser restituídas ao devedor quando cumprir sua prestação. A possibilidade da computação depende de serem as arras de mesmo gênero da prestação (p. ex., dinheiro por dinheiro). Não se exige que sejam da mesma espécie e qualidade da obrigação principal (por exemplo, deu-se como arras um automóvel para aquisição de um terreno, cujo restante do preço será pago em parcelas; a prestação das arras difere da prestação em dinheiro das parcelas quanto à espécie e à qualidade, mas ambas têm objeto do mesmo gênero, a saber, bem móvel). As arras como princípio de pagamento transferem a propriedade da coisa ou do dinheiro ao credor quando puderem ser computadas na prestação. Porém, não transferem a propriedade se tiverem de ser restituídas. Se o devedor entrega ao credor a título de arras objeto móvel, para confirmar contrato que tem por objeto prestação de fazer (p. ex., atividade artística em determinado evento), ou de entregar coisa vendida, essas arras são naturalmente restituíveis. Se o devedor entrega ao credor determinada importância em dinheiro como início de pagamento do preço ajustado de um imóvel, têm-se arras confirmatórias e computáveis no valor da prestação total (valor do imóvel), não sendo restituíveis.

As arras exercem função importante no inadimplemento, inclusive por impossibilidade culposa da prestação, ou seja, se o inadimplente for o devedor (o que deu as arras), o credor terá direito de retê-las, como garantia de indenização por perdas e danos; se for o credor (o que recebeu as arras), terá de devolvê-las e mais o valor equivalente. As arras retidas correspondem ao mínimo de indenização por inadimplemento, mas o inadimplente ficará sujeito a indenização complementar, se o valor do prejuízo superá-las. Quando o credor exigir o adimplemento da dívida (ou execução do contrato), cumulado com perdas e danos, as arras servirão igualmente como mínimo de indenização, a ser complementada se for insuficiente. Mas se o inadimplemento foi de quem recebeu as arras, terá de devolvê-las além de seu valor equivalente, devidamente corrigido com atualização monetária, mais juros moratórios e honorários advocatícios, se houver ação ajuizada.

A finalidade das arras é facilitar a indenização e não limitá-la. Na hipótese de arras confirmatórias, as perdas e danos não se esgotam nelas, admitindo-se a indenização suplementar, se a parte inocente provar prejuízo maior. As perdas e danos são compostas das arras, consideradas mínimo de indenização, e mais a indenização suplementar, até o montante do prejuízo, incluindo atualização monetária, juros e honorários de advogado. O que não se admite é a cumulação das arras e da totalidade da indenização pelas perdas e danos. Ainda na vigência do CC/1916, o STF tendia a limitar as perdas e danos ao valor das arras quando uma das partes fosse presumivelmente mais fraca ou hipossuficiente. O enunciado 412 de sua Súmula diz que, nos contratos de promessa de compra e venda com cláusula de arrependimento (portanto arras penitenciais), "a devolução do sinal, por quem o deu, ou a sua restituição em dobro, por quem o recebeu, exclui indenização maior, a título de perdas e danos, salvo os juros moratórios e os encargos do processo". O STJ (REsp 1267) decidiu que a Súmula 412 referia-se apenas às promessas com cláusula de arrependimento, não se aplicando às arras confirmatórias, que não impediriam a indenização complementar ou suplementar. Essa orientação assentada nos tribunais superiores prevaleceu no CC/2002 (art. 419), isto é, a indenização suplementar apenas é cabível quando as arras forem confirmatórias.

As arras são penitenciais quando o negócio jurídico admite arrependimento de qualquer dos figurantes. O termo "penitenciais" é concessão ao uso linguístico, uma vez que o CC/2002 alterou essencialmente sua função, de pena, a quem se arrepende, para indenização compensatória, a quem sofre a frustração do contrato desfeito. O direito de arrependimento nada tem que ver com cláusula penal: esta incide no inadimplemento, sem direito a desvincular-se da obrigação; naquele há o direito do contratante de retirar-se do contrato. O arrependimento não se presume; há de ser expresso e indiscutível. Na dúvida, as arras são confirmatórias do contrato. No caso de admissão expressa de arrependimento, os efeitos do exercício dessa faculdade resumem-se à perda ou assunção do valor das arras, que assumem feição exclusivamente indenizatória. Se o arrependimento for de quem as deu, perde-as integralmente; se o arrependimento for de quem as recebeu, perde o valor correspondente, devolvendo-as, mais o seu equivalente, para que haja simetria com a situação do outro. Nada mais é devido pelo arrependido, não sendo exigível qualquer outro tipo de indenização ou de indenização suplementar, porque não se caracteriza ato ilícito relativo nem mesmo inadimplemento, porque o arrependimento é exercício de direito. Por tal razão, distingue-se da cláusula penal, pois esta não admite arrependimento e é estipulada para os casos de infração contratual.

O direito de arrependimento é exercido, por declaração receptícia de uma parte a outra, no tempo em que elas tenham estipulado no contrato; se não o fizeram, ao longo da execução do contrato. Pontes de Miranda (1971, v. 24, p. 180), no entanto, sustenta que o direito de arrependimento tem de ser exercido, na dúvida, antes de se cumprir o contrato, ou de se haver iniciado o cumprimento. Para ele, se um dos interessados pede a execução do contrato, voluntária ou judicial, o outro tem de exercer o direito de arrependimento. Entendemos que essa é uma restrição que a lei não faz (CC, art. 420), podendo ser exercido o direito enquanto o contrato estiver sendo executado, desde que não agrave a situação da outra parte e respeitados os interesses de terceiros. Porém, o direito ao arrependimento não pode ser exercido pela parte que já deu início ao adimplemento que lhe compete, pois ou adimple ou se arrepende. A norma legal é dispositiva, admitindo que as partes possam estabelecer prazo para o exercício do direito de arrependimento ou permitir que, até mesmo, seja feito por quem já iniciou o adimplemento.

Não é surpreendente que o dever de indenizar se irradie do exercício de direito, ou por fato ou ato lícito, como acima destacamos no item dedicado às perdas e danos. O direito de arrependimento deve ser exercido até o cumprimento do contrato. Iniciada a execução do contrato, não poderá haver arrependimento, porque já teria havido preclusão.

Nos contratos em geral, o arrependimento é sempre convencional e relativo às arras. Nas relações de consumo, é direito cogente, assegurado ao contratante consumidor que adquirir ou utilizar produtos ou serviços intermediados por vendedores, corretores ou agentes do fornecedor fora do estabelecimento comercial, especialmente por telefone, Internet ou em domicílio, desde que o exerça no prazo de sete dias a partir do recebimento do produto ou do serviço (CDC, art. 49). É exigível sempre que a aquisição do produto ou serviço não se tenha dado por iniciativa do consumidor e em virtude de seu deslocamento espontâneo para o endereço comercial do fornecedor. Se o consumidor exercitar seu direito de arrependimento, todas as importâncias que pagou ser-lhe-ão devolvidas pelo fornecedor, com atualização monetária, de acordo com índices oficiais de desvalorização da moeda. A defesa legal do consumidor, com fundamento constitucional, dá-se independentemente de sua vontade, razão por que a prévia renúncia ao direito de arrependimento é considerada abusiva ou nula (art. 51, I, do referido Código). Esse direito de arrependimento é muito mais amplo que o atribuído às arras, pois não se contém nestas, alcançando tudo o que o consumidor tenha pagado, inclusive o valor total da coisa ou serviço recebido.

16.8. Violação Positiva da Obrigação

Além do inadimplemento em sentido estrito e da impossibilidade imputável ao devedor, a doutrina, especialmente a alemã, construiu uma terceira hipótese de violação da obrigação, que denominou violação positiva da obrigação ou do contrato. O adimplemento insatisfatório, ou seja, que ocorreu mas não satisfez o credor, segundo os elementos da obrigação, não pode ser considerado inadimplemento. Todavia, o devedor será responsável pelos danos que acarretar ao credor. A violação é "positiva" no sentido de ter havido conduta tendente ao adimplemento, embora qualificado como ruim. Para Pontes de Miranda, o suporte fático da violação positiva é composto do *adimplemento* e do *defeito*. "Toda violação positiva da obrigação é espécie, como a negativa, do gênero violação da obrigação". As consequências são as mesmas: mora, indenização, resolução (1974, v. 2, p. 243).

Pense-se nesses exemplos dados por Karl Larenz (1958, p. 362): a) do pedreiro que realiza tão mal a reparação do telhado, da qual se encarregou, que com as primeiras chuvas a água causa ao imóvel danos consideráveis; com uma nova reparação do telhado, isto é, com a repetição da prestação efetuada completamente, não fica reparado o dano originado ao credor pela primeira reparação defeituosa realizada; b) do vendedor de forragem para gado que a forneceu mesclada com grãos venenosos, que causaram a morte de alguns animais do vendedor; ou nesses outros de Hedemann, reproduzidos por Orlando Gomes (1967, p. 142): c) do fabricante que se compromete a não vender determinado produto a outro comerciante da região e, rompendo sua promessa, o faz a um concorrente; d) do empregado que revela segredos de fabricação, ainda que a proibição não esteja expressamente estipulada no contrato.

Atribui-se a Hermann Staub, em 1902, sua sistematização (Cordeiro, 1997, p. 595). De acordo com o Código Civil alemão, em sua redação originária, o devedor teria o dever de indenizar o credor cuja prestação impossibilitasse e o de indenizar o credor pelos danos provenientes da mora, o que significa dizer que responderia pela não realização da prestação. Idêntica solução, por aplicação analógica, segundo Staub, deveria haver para os casos numerosos em que o devedor viole a obrigação através de uma atuação positiva, isto é, fazendo o que devia omitir ou efetuando a conduta devida, mas em termos imperfeitos. Esclarece Wieacker que a doutrina da violação positiva da obrigação demonstrou que os três modos de inexecução, ou de violações negativas ou positivas da obrigação – inexecução voluntária, mora e cumprimento defeituoso da prestação –, eram apenas aspectos particulares do (in)cumprimento da prestação gerador de responsabilidade, superando-se as limitações formais construídas pela pandectística alemã do século XIX (1980, p. 598). A Lei de Modernização do Direito das Obrigações, de 2002, consagrou em texto legal, expressamente (§ 280 do Código Civil), a violação positiva da obrigação como ponto de partida e aspecto central do inadimplemento, concebida como cláusula geral que rege todas as reclamações de indenizações nos casos de execução defeituosa de uma obrigação, como o dano causado pelo atraso do devedor ou por defeito nas mercadorias entregues (Canaris, 2004, p. 17).

O devedor tem o dever geral de diligência, de comportar-se como se esperaria de quem assumisse sua posição negocial, nomeadamente quanto ao modo, ao conteúdo e aos fins da prestação. Esse comportamento do devedor médio ideal significa agir de modo satisfatório e realizar com fidelidade e integralidade a prestação. Se o devedor adimple de modo negligente ou descuidado pode causar dano ao credor, respondendo por este, de modo semelhante ao que ocorreria com o inadimplemento, ainda que não tenha havido mora.

Percebe-se, nos exemplos citados, que não se trata de danos derivados do inadimplemento, em razão deste. São danos de outra natureza, suplementares, que excedem o interesse da prestação em si, mas originados do adimplemento defeituoso; em outras palavras, de violação do dever geral de adimplir diligentemente a prestação de modo satisfatório e adequado, além da violação dos deveres gerais de boa-fé. Dito de outra maneira (Westermann, 1983, p. 104), sob o instituto da violação positiva da obrigação pode-se reunir uma série de suportes fáticos, sem caber nos conceitos de mora, de impossibilidade e de prestação de garantia.

Para Orlando Gomes, qualificam-se como violação positiva da obrigação (ou do crédito, como esse autor denomina) as situações nas quais o devedor não efetua o adimplemento no lugar e forma convencionados. "Cumpre mal a obrigação quem não observa estipulação contratual ou determinação legal atinentes a esses modos de satisfazer a prestação". Os que assim procedem violariam, com um ato, o crédito (1998, p. 175). No art. 1.056 do CC/1916, com efeito, havia referência expressa ao cumprimento "pelo modo e no tempo devidos", regra essa que não se reproduziu no art. 389 do CC/2002, mas que está implicitamente contemplada nas expressões "não cumprida a obrigação", porque é gênero no qual se enquadra a espécie cumprimento defeituoso e porque o adimplemento há de ser conforme a obrigação.

Nas relações de consumo, o CDC expandiu as possibilidades de solução dos antigos vícios redibitórios, ao admitir a responsabilidade objetiva do fornecedor pelos vícios do serviço, resultando em solução legal muito próxima à teoria da violação positiva da obrigação. Do mesmo fato – prestação defeituosa do serviço – podem promanar a pretensão a uma das alternativas facultadas pelo art. 20 (reexecução dos serviços, sem custo adicional e quando cabível; abatimento proporcional do preço; restituição imediata da quantia paga, monetariamente atualizada) e a pretensão a perdas e danos em virtude do serviço defeituoso (art. 14). Este último artigo considera defeituoso o serviço que não fornece a segurança que o consumidor dele pode esperar, considerando-se o modo de seu fornecimento, o resultado e os riscos que razoavelmente dele se esperam e a época em que foi fornecido. Nas demais relações obrigacionais, continua fecunda a teoria.

Há quem sustente a desnecessidade da doutrina da violação positiva da obrigação para o direito brasileiro. Para Gustavo Tepedino e Anderson Schreiber, a amplitude do conceito de mora no direito brasileiro dispensaria sua utilidade, nem mesmo quando associada a deveres de cooperação (2008, p. 343). Igualmente, Giovanni Ettore Nanni afirma que a mora, no direito brasileiro, é mais ampla que o retardamento, no direito alemão, abrangendo o inadimplemento ou ruim, máxime ante a redação do art. 394 do CC/2002 (2011, p. 585).

Capítulo XVII

Cláusula Penal

Sumário: 17.1. Características. 17.2. Funções da cláusula penal. 17.3. Limites legais da cláusula penal. 17.4. Redução judicial e aplicação da equidade.

17.1. Características

A cláusula penal, também denominada multa ou pena convencional, é a fixação prévia de uma prestação adicional, no negócio jurídico, quase sempre consistente em uma soma em dinheiro, como consequência pelo inadimplemento ou adimplemento insatisfatório a que se submete o devedor ou, eventualmente, terceiro. A cláusula penal apenas é cabível quando o devedor esteja constituído em mora. Pode consistir em bem móvel ou imóvel, ainda que de escasso uso. É pena civil, de caráter convencional, pois não é imposta por lei (ainda que esta estabeleça limites e restrições); de eficácia condicional, dependente da ocorrência do fato que tem por fim prevenir ou reprimir; de natureza acessória da obrigação principal, pouco importando que seja expressa em cláusula do contrato ou em instrumento próprio. Seu campo, por excelência, é o contrato. Porém, o negócio jurídico unilateral pode contê-la, se assim dispôs o seu único participante (prometo a recompensa *x* a quem achar determinado objeto, sob pena de pagar *y*, se não a cumprir). A cláusula penal pode referir-se ao inadimplemento de toda a dívida ou de parte dela ou ser incidente apenas sobre a mora.

A cláusula penal é obrigação acessória, mesmo quando estipulada em ato posterior ao contrato. Sendo assim, segue a sorte deste: se for tido por nulo, nula será a cláusula; se a obrigação for resolvida, não tendo culpa o devedor, resolvida estará a cláusula; se a obrigação for extinta pelo adimplemento ou por qualquer outro modo, extinta estará a cláusula; se o crédito for cedido, também haverá cessão da cláusula, salvo se houver convenção em contrário. Em um mesmo negócio jurídico pode haver mais de uma cláusula penal para finalidades distintas; por exemplo, uma cláusula penal para a mora, outra para determinada cláusula.

No contrato, não há cláusula penal sem acordo ou consentimento das partes. Quanto à forma, pode estar contida expressamente no contrato, como cláusula deste, ou em ato simultâneo ou posterior, em documento apartado. Dada sua natureza de pena, deve ser declarada expressamente, não se admitindo cláusula penal tácita. No direito penal há o princípio, que se converteu em norma constitucional (art. 5º, XXXIX, da Constituição), de nenhuma pena sem prévia cominação legal (*nulla poena sine lege*), conquista da humanidade em sua lenta trajetória de emancipação do arbítrio e da opressão do poder político. O valor que o preside aplica-se tanto ao direito penal quanto ao direito civil: a sujeição à pena ou é deliberação coletiva da sociedade (obrigação legal) ou é fruto do livre consentimento das partes (obrigação convencional), o que impõe sua prévia e expressa fixação.

O Código Civil (art. 408) alude a duas hipóteses para a incidência da cláusula penal: a) inadimplemento culposo do devedor; b) mora do devedor. A mora é o inadimplemento objetivo, bastando que a prestação não seja cumprida no tempo previsto. A exigência de ser o inadimplemento com culpa exclui a incidência da cláusula penal nas hipóteses estranhas à conduta do devedor, como o caso fortuito e a força maior, fato da Administração Pública, fato do próprio credor ou fato de terceiro.

Discute-se se a cláusula penal referida no contrato apenas à mora do devedor também pode ser aplicada à mora do credor. Em sentido afirmativo, decidiu o STJ em caso de contrato de promessa de compra e venda de imóvel, que assim estipulava, quando ficou comprovada a mora do promitente vendedor na entrega da coisa (REsp 1119740).

17.2. Funções da Cláusula Penal

A cláusula penal exerce tríplice função:

a) de pena convencional;

b) de compensação ou prefixação da indenização;

c) de reforço ou garantia da obrigação.

A função de pena convencional pelo inadimplemento é exercida sem prejuízo da indenização por perdas e danos, porque o credor pode exigi-la sem qualquer alegação de prejuízo ou dano. Diferentemente da pena convencional, pela infração ao negócio jurídico, a cláusula penal realiza-se igualmente como estímulo ao devedor para cumprir a obrigação, ou de reforço desta, ou de garantia convencional. Em sentido contrário, serve para desestimular o devedor ao inadimplemento. Com função de garantia, a cláusula penal pode ser assumida por terceiro. Pode, ainda, ter função de prefixar o dano, no caso de inadimplemento total (função compensatória da indenização), sobretudo nas obrigações não pecuniárias, dada a dificuldade em avaliá-lo, como no caso do artista que não cumprir sua obrigação de cantar em uma solenidade. As funções de pena civil e de garantia são destacadas nas hipóteses do art. 411 do Código Civil, a saber: a) no caso de mora e b) como segurança de cláusula determinada do contrato; tanto em uma quanto em outra o credor pode exigir cumulativamente o adimplemento da prestação e a pena convencionada. Seja qual for a função, a cláusula penal apenas é cabível quando houver culpa do devedor. A cláusula penal nas funções de pena e de garantia independe da ocorrência de dano, porque tem natureza sancionatória. As decisões judiciais e entendimentos doutrinários que impõem a prova de algum prejuízo não só contrariam a natureza do instituto como a própria lei (CC, art. 416: "*para exigir a pena convencional, não é necessário que o credor alegue prejuízo*").

A função de pena tende a ser mitigada em prol da função de prefixação da indenização, como se observa nos países da União Europeia, principalmente depois da Resolução 3/78. Para Pontes de Miranda, "uma das funções mais prestantes da cláusula penal é assentar a indenizabilidade de danos no caso de não ser pecuniária, ou ser de difícil avaliação a prestação prometida" (1971, v. 26, p. 60). É a função que denominamos compensatória ou de prefixação da indenização. Pontes de Miranda dá o seguinte exemplo: para o caso de *B*, que teria de cantar na recepção de *A*, faltar ao prometido. Terá *B* de prestar a pena convencional, ainda que *A* não possa provar danos materiais.

Pinto Monteiro, que dedicou intensa investigação à natureza da cláusula penal, entende que o modelo unitário de múltiplas funções está em franco declínio, predominando a distinção da cláusula penal em sentido estrito (a que visa a compelir o devedor ao adimplemento através de outra prestação, ou seja, a pena que substitui a indenização), com a cláusula penal puramente compulsória e a cláusula de fixação antecipada da indenização; não haveria uma única cláusula penal com tais funções, mas três tipos distintos, de consequências também distintas. Segundo o autor, a construção unitária apresentaria três vícios fundamentais: o primeiro concerne à qualificação da figura, sem atender ao diferente escopo das partes; o segundo consiste em submeter, ao mesmo regime, penas com finalidades diversas; o terceiro é o de aceitar que a finalidade compulsória possa exercer-se através da indenização. No direito anglo-americano é antiga a distinção entre cláusula penal propriamente dita, *penalty clause*, e a cláusula com escopo meramente indenizatório, *liquidated damages clause* (1990, p. 497). Em outro escrito esclarece que denomina *cláusula de fixação antecipada da indenização* aquela em que as partes, ao estipulá-la, visam, tão só, liquidar antecipadamente o dano futuro, no interesse de ambas; essa pena é estipulada como substituto da indenização, sendo o seu valor o único exigível (2004, p. 123).

Ainda que não se acolha inteiramente a tese de Pinto Monteiro, de distinção dos tipos ou espécies de cláusula penal, no direito brasileiro, máxime considerando o que disposto nos arts. 408 a 416 do Código Civil, as funções equivalentes devem ser apreciadas, segundo a natureza e a finalidade do negócio jurídico (art. 413). A cláusula penal com função primacial de garantia é, de regra, cumulativa com a indenização por perdas e danos, porque não é necessário que o credor alegue prejuízo. Contudo, se houver dano e for superior ao que se previu como cláusula penal, o credor terá de provar o prejuízo excedente. O valor global da indenização incluirá o do cláusula penal, ou seja, a pena não pode ser exigida fora do valor da indenização que vier a ser determinado judicialmente. Se a cláusula tiver a função de pena convencional significa que fica acrescida à execução da prestação ou à indenização pelas perdas e danos.

Se a cláusula penal tiver a natureza compensatória ou de prefixação da indenização (art. 410), o credor, ante o inadimplemento do devedor ou da ocorrência de causa de sua aplicabilidade, poderá exigi-la sem qualquer prova do prejuízo ou dano, ou de liquidação de seu valor. Esclarece Orozimbo Nonato que, escolhida a pena, desaparece a obrigação originária, sem ensejo a pedido de perdas e danos, já compreendidos e avaliados nela, não importando se não responder ao prejuízo realmente sofrido pelo credor (1959, v. 2, p. 366). Todavia, se o devedor provar que o prejuízo foi substancialmente inferior ao valor decorrente da cláusula penal, o juiz o reduzirá equitativamente, segundo as regras do art. 413 do Código Civil. Se o prejuízo for maior que o valor da cláusula penal, o risco é do credor, pois não poderá exigir a suplementação, salvo se o contrato tiver assim facultado. Nesse caso, ao credor cabe o ônus da prova do excedente.

A cláusula penal substitui a indenização quando estipulada para o caso de total inadimplemento da obrigação. É compensatória do adimplemento que não ocorreu e da respectiva indenização. Todavia, o negócio jurídico pode estabelecer que a indenização por perdas e danos acumulará com a cláusula penal. A cláusula penal compensatória tem como limite máximo o valor da obrigação principal, salvo o que for determinado em lei especial. Portanto, a função compensatória ou de prefixação da indenização apenas é cabível quando estipulada para o inadimplemento total da obrigação, como prevê o art. 410 do Código Civil. Nesse artigo, está posto que a pena "converter-se-á em alternativa a benefício do credor", ou seja, o credor deve escolher entre exigir o adimplemento ou a cláusula penal, porque são prestações distintas, não podendo exigir as duas ou deixar a escolha para o devedor. Nesse sentido, esclarece Pontes de Miranda (1971, v. 26, p. 78) que, "se o credor exige, *definitivamente*, a pena, a pretensão ao adimplemento extingue-se; mas, se exige o adimplemento, sem frisar a definitividade, e esse não se dá, ainda pode preferir a ação para cobrança da pena". Se o adimplemento tiver sido parcial, pode o credor devolver o que recebeu do devedor e exigir a totalidade da cláusula penal, ainda que não tenha sofrido qualquer prejuízo.

Diferentemente é o que ocorre com a cláusula penal para o caso de mora ou em reforço a determinada cláusula, uma vez que a pretensão do credor é cumulativa, podendo exigir a "satisfação da pena cominada, juntamente com o desempenho da obrigação principal" (art. 411 do Código Civil). O "inadimplemento de qualquer das cláusulas", cujo enunciado é comum nos contratos, não se confunde com o inadimplemento total. Nesse caso, a cláusula penal não é compensatória. Todavia, há entendimento doutrinário no sentido de entender que a cláusula penal relativa a determinada cláusula do contrato poderá ser compensatória se assim ficar convencionado expressamente, pois as regras dos arts. 410 e 411 seriam dispositivas ou não cogentes. Se a cláusula penal estiver prevista "para o caso de inadimplemento", somente se aplica à cláusula do contrato que se referir à prestação da dívida, podendo ser com esta acumulada. Na dúvida, e em se tornando difícil apreender-se o sentido da declaração das partes, especialmente quando se diz que a infração de qualquer das cláusulas dá ensejo à resolução do contrato, deve prevalecer a função compensatória ou de prefixação da indenização.

A cláusula penal pode incidir apenas no caso de mora, dependendo dos termos do contrato. A cláusula penal por mora é cumulável com a indenização por inadimplemento, nos limites já referidos. O devedor incorre na pena desde que se constitua em mora, se a dívida é positiva e líquida, ou, se a dívida é negativa, no momento em que o devedor fez o ato que se obrigou a não fazer. Quando purgável a mora, a purgação não afasta a aplicação da cláusula penal. Exemplificando: se o devedor obrigou-se a entregar ao credor o objeto no dia 10 e somente o faz, satisfatoriamente, no dia 20, a cláusula penal prevista é inteiramente aplicável, porque acumulável com a prestação (e juros moratórios, se houver). Se não é purgável a mora, haverá inadimplemento total e a cláusula penal assume a função compensatória. Esclarece Orlando Gomes que "há de distinguir a cláusula compensatória da cláusula moratória, entendendo-se que é da segunda espécie quando visa a punir o retardamento na execução ou o inadimplemento de determinada obrigação", podendo as duas cláusulas ser estipuladas no mesmo contrato, nada proibindo a cumulação (1998, p. 160).

Se a obrigação é indivisível e há pluralidade de devedores, todos estão sujeitos à cláusula penal, mas somente incorrerá nela, integralmente, o culpado pelo inadimplemento. O devedor não culpado responderá proporcionalmente à sua parte na dívida, não podendo sujeitar-se à totalidade da pena. Em virtude da culpa de apenas um deles, para os demais cessa a indivisibilidade no que toca à cláusula penal. E, mesmo para os que tiveram de pagar a cláusula penal na medida de suas quotas, cabe ação regressiva contra o que deu causa à aplicação da pena. Na obrigação indivisível cada devedor é obrigado pela dívida toda, mas seria injusto que os que não deram causa ao inadimplemento não tivessem pretensão contra o culpado. Sendo a obrigação divisível, apenas o que deu causa à aplicação da pena responde, e na proporção de sua quota ou parte na obrigação. A culpa só interessa na relação entre os devedores e não em face do credor.

O STJ equiparou à cláusula penal a multa prevista em correspondência havida entre as partes, para a hipótese de imitação de etiquetas concebidas pela autora. Entendeu o tribunal que, embora se tratasse de obrigação condicional (de não fazer), não poderia ultrapassar o limite máximo do valor da obrigação principal (REsp 37191).

17.3. Limites Legais da Cláusula Penal

A cláusula penal é prestação acessória que pode ser desproporcional e desarrazoada, ante o alcance do inadimplemento. Por isso, a lei tende a conter seus excessos ou a limitar o percentual máximo. A regra geral supletiva, prevista no art. 412 do Código Civil, que reproduziu acriticamente prescrição equivalente do CC/1916, é a do limite de valor máximo da cláusula penal, que "não pode exceder o da obrigação principal", ou seja, 100%. Esse limite não contempla a realidade atual, máxime em época de estabilidade monetária, e a própria evolução da legislação brasileira especial, que tendeu a fixá-lo em percentual muito menor e relacioná-lo ao valor da prestação ou das prestações em atraso ou não adimplidas, nos contratos de execução duradoura, nunca pelo montante da dívida, aí incluídas as prestações já pagas. Por ser fonte de abusos, essa regra geral, além de ter sua aplicabilidade afastada por leis especiais, é frequentemente reduzida mediante revisão judicial.

Existe uma preocupação internacional com os abusos das cláusulas penais, sobretudo quando inseridas em contratos de adesão a condições gerais ou impostas a contratantes juridicamente vulneráveis. A Resolução n. 38/135, de 1983, da Assembleia Geral das Nações Unidas, procurou estabelecer limites razoáveis à sua utilização, seja como verdadeira *penalty*, seja como mera *compensation*, recomendando a nulidade das penas exageradas.

No Brasil, o CDC considerou abusivas as multas contratuais superiores 2% do valor da prestação atrasada, em virtude de inadimplemento, além de não poder tomar por referência o valor total da obrigação. Estabelece o § 1º de seu art. 52 que "as multas de mora decorrentes do inadimplemento de obrigações no seu termo não poderão ser superiores a 2% (dois por cento) do valor da prestação". Essa norma, acrescentada pela Lei n. 9.298, de 1996, é autônoma, de conteúdo semântico completo, não se referindo exclusivamente ao *caput* do artigo, que alude a fornecimento de produtos ou serviços que envolva outorga de crédito ou concessão de financiamento ao consumidor; é limite aplicável em qualquer relação de consumo, inclusive nos contratos de prestação de serviços educacionais (STJ, REsp 476649 e REsp 505629). A cláusula em contrato de consumo que estipular percentual superior será considerada abusiva (nula) no que exceder. Para sua aplicabilidade, é necessária a qualificação do contrato de consumo, nem sempre fácil, ante a norma de inclusão estabelecida no art. 29 do CDC: "para os fins deste Capítulo e do seguinte, equiparam-se aos consumidores todas as pessoas determináveis ou não, expostas às práticas nele previstas".

Outras leis estabelecem limites diferenciados. A cláusula penal, nos contratos bancários, deve observar o mesmo limite estabelecido no Código do Consumidor (2% do valor da prestação), desde que tenham sido celebrados após o início da vigência desse Código, em 1991, conforme enunciado da Súmula 285 do STJ. Nos contratos de promessa de compra e venda de imóveis oriundos de parcelamento do solo urbano, o art. 26 da Lei n. 6.766/79, limita em 10% (dez por cento) do débito (e não da obrigação total), "só exigível nos casos de intervenção judicial ou de mora superior a 3 (três) meses". É também limitada em 10% a cláusula penal nos casos de cédulas hipotecárias (Decreto-Lei n. 70/66), de títulos de crédito rural (Decreto-Lei n. 167/67), de título de crédito industrial (Decreto-Lei n. 413/69). O próprio Código Civil, no art. 1.336, § 1º, estabelece que o condômino de condomínio edilício que não pagar sua contribuição ficará sujeito à multa de até 2% (dois por cento) sobre o débito.

Nem o CC/2002 nem a Lei n. 8.245/91 estabelecem o limite da multa em caso de mora do locatário, o que remete ao que está fixado, de modo geral, pela Lei de Usura (Decreto n. 22.626/33), que é de dez por cento (10%), não podendo ser o da equivalência da obrigação (CC, art. 412), pois o locatário é considerado contratante vulnerável sob proteção legal. Sem razão o STJ (AgRg no AREsp 361005), para o qual "a Lei de Usura (Decreto n. 22.626/33) é aplicável somente aos contratos de mútuo, não podendo incidir sobre o contrato de locação para redução da multa moratória livremente convencionada entre o locador e o locatário". Especificamente nos contratos de locação residencial, a multa não poderá exceder a soma dos valores dos aluguéis a receber até o termo final da locação (Lei n. 12.744/2012).

17.4. Redução Judicial e Aplicação da Equidade

A cláusula penal, na realidade existencial dos negócios, não merece a atenção detida dos figurantes, por sua dimensão de promessa de sanção futura, que para qualquer deles é hipótese remota e improvável. Daí que a tentação para o abuso é corrente. O legislador vê-se compelido a proteger o devedor. O Código Civil estabelece regra geral, de largo alcance (art. 413), ao determinar que o juiz reduza equitativamente a penalidade, quer a obrigação principal tenha sido cumprida em parte, quer o montante da penalidade seja manifestamente excessivo, tendo-se em vista a natureza e a finalidade do negócio. A norma legal alcança tanto a cláusula penal compensatória quanto a cláusula penal moratória. Em vez de invalidar-se a cláusula, por sua ínsita abusividade, reduz-se seu montante. O excesso manifesto do montante da cláusula penal é aquele que, no dizer de Jean Carbonnier, salta aos olhos (*saute aux yeux*) (2000, p. 332). A sentença judicial modifica ou transforma o contrato, substituindo a manifestação de vontade dos participantes, tendo natureza constitutiva. Nos sistemas jurídicos a cláusula contratual excessiva ou é declarada inteiramente nula, ou o teto máximo é fixado pela lei (o excesso é ilícito), ou se aplica a redução judicial; no direito brasileiro, não há nulidade da cláusula, mas ineficácia do excesso (plano da eficácia). A redução judicial aplica-se a qualquer espécie ou função da cláusula penal. Nas Jornadas de Direito Civil, patrocinadas pelo CJF/STJ, aprovaram-se enunciados, com as teses de (a) não poderem as partes renunciar previamente à redução da cláusula penal, pois o art. 413 do Código Civil é preceito de ordem pública; (b) de poder o juiz de ofício reduzir a cláusula penal excessiva; e (c) de aplicar a regra também às arras ou sinal.

A redução judicial, mediante a aplicação da equidade, não é faculdade concedida ao juiz, mas dever; ante o enunciado da norma, ele deve aplicá-la tanto por provocação da parte interessada quanto de ofício, pois há interesse social relevante para seu agir. O CC/2002 assumiu clara e decisivamente o juízo de equidade, que necessariamente se compõe fora das regras de direito, ao contrário do estrito controle judicial do CC/1916, que apenas admitia que o juiz reduzisse proporcionalmente a pena, considerando a parte da prestação já cumprida. O juízo de equidade segue padrões de experiência comum aplicáveis ao caso concreto e realiza o princípio da equivalência material, ou seja, o justo equilíbrio de direitos e deveres, que deve estar sempre presente no programa do contrato. É excessiva a cláusula penal que prevê a perda das prestações pagas se houver inadimplemento de apenas uma delas, ou o percentual que incida sobre a totalidade da dívida e não apenas sobre a parcela inadimplida. Basta para o convencimento judicial a demonstração de ser a cláusula penal instrumento de lucro ou vantagem excessiva para o credor e correspondente empobrecimento injusto do devedor.

A equidade não é o espaço da arbitrariedade judicial; a justiça do caso concreto tem neste sua fonte e não no juízo de valor subjetivo do julgador. No contrato de adesão a condições gerais, a redução equitativa da cláusula penal é de rigor, pois sua fixação não teve origem em acordo ou consentimento, mas em predisposição unilateral do contratante, que o utiliza, no interesse de seu negócio, uniformemente para a coletividade de aderentes. Segundo o que dispunha o art. 924 do CC/1916, por sua restrição à proporcionalidade e natureza dispositiva, entendia-se que não seria aplicável às penas cumulativas (por exemplo, as referidas no art. 411 do CC/2002); esse entendimento não pode mais prevalecer ante a regra ampla, irrestrita e cogente do atual art. 413, que deve ser observada em qualquer tipo de cláusula penal. O juiz deve considerar, conforme salienta Pinto Monteiro, a finalidade visada pelos contratantes, a gravidade da infração, o grau de culpa do devedor, as vantagens que para este resultem do inadimplemento, o interesse do credor na prestação, a situação econômica de ambas as partes, a sua boa ou má-fé, a índole do contrato, as condições em que foi negociado e eventuais contrapartidas que tenham beneficiado o devedor pela inclusão da cláusula penal (2004, p. 138).

Poderá o devedor eximir-se do cumprimento da cláusula penal excessiva? Sim, pois o Código Civil não reproduziu regra que havia no Código anterior (art. 927) de *solve et repete* (paga e retoma), profundamente injusta com o devedor e complacente com o credor que tinha abusado de seu direito. A cláusula penal excessiva apenas será exigível após a redução determinada pelo julgamento por equidade. Antes disso é ilíquida e inexigível.

A jurisprudência dos tribunais tem acolhido a tese de não se poder exigir a penalidade total quando cumprida parte da obrigação, embora o contrato assim estabeleça. O credor que receba o total da penalidade, incluindo a parte relativa às prestações já cumpridas, incorre em enriquecimento sem causa, como decidiu o STJ (REsp 80673). Em contrato, cuja resolução ocorreu na metade do prazo previsto, a cláusula penal foi reduzida em 50% (REsp 1212159). Em outros casos, relativos a promessas de compra e venda que previam a perda de todas as prestações pagas em caso de inadimplemento, decidiu o STJ (REsp 110809) fixar, equitativamente, a cláusula penal em 25% do que foi pago pela compradora, ou em 30% (AgRg no AgI 115023), ou em 5% (REsp 302520), ou no valor correspondente à locação do imóvel durante o período entre a mora e a reintegração na posse do bem pelo credor (REsp 400336). Ainda em caso semelhante de promessa de compra e venda (REsp 132903), o mesmo tribunal decidiu determinar a devolução de 90% das importâncias pagas pela promitente compradora. Tem admitido o tribunal que "a rescisão do contrato por inadimplência do comprador dá ao vendedor direito à retenção de parte das prestações pagas, a título de compensação por despesas administrativas e defasagem do bem" (REsp 302215), mas em "parâmetro razoável" (REsp 403189). De todo modo, harmonizando a jurisprudência então divergente, a 2ª Seção do STJ admite a possibilidade de resilição do compromisso de compra e venda por iniciativa do devedor, se este não mais reúne condições econômicas para suportar o pagamento das prestações avençadas com a empresa vendedora do imóvel (REsp 59870). É possível cumular a cláusula penal decorrente da mora com indenização por lucros cessantes quando há atraso na entrega do imóvel pela construtora; assim entendeu o STJ ao reconhecer a possibilidade de cumular a indenização por danos materiais com a cláusula penal em processo que discutia o atraso (REsp 1642314).

A equidade deve ser aplicada, igualmente, à hipótese de cláusula penal constitutiva de bem móvel ou imóvel que deva ser entregue pelo devedor ao credor, no caso de inadimplemento. Não há fundamento jurídico para sua exclusão. Dir-se-á que a prestação é irredutível; sem razão, porquanto a redução equitativa do valor da cláusula penal importará na substituição do bem por dinheiro, que, não sendo pago, facultará ao credor a execução da sentença nesse ponto, máxime se a pena tiver natureza compensatória do inadimplemento.

Outro exemplo de aplicação da equidade na apreciação da cláusula penal é o entendimento do STJ no REsp 1346171, no sentido de que não é possível sua estipulação (multa) no contrato de honorários para as hipóteses de renúncia ou revogação unilateral do mandato do advogado, independentemente de motivação, respeitado o direito de recebimento dos honorários proporcionais ao serviço prestado.

Capítulo XVIII

Atos Unilaterais

Sumário: 18.1. Atos unilaterais. 18.2. Promessa de recompensa. 18.3. Concurso de direito privado. 18.4. Gestão de negócios alheios. 18.5. Enriquecimento sem causa. 18.6. Pagamento indevido.

18.1. Atos Unilaterais

Nessa categoria, pouco precisa, as legislações costumam enquadrar diversos fatos jurídicos que estejam fora do campo dos contratos ou da responsabilidade civil extranegocial. O Código Civil italiano agrupa-os na terceira espécie do que considera fontes das obrigações, ou seja, "todos os outros atos e fatos idôneos a produzi-las em conformidade com o ordenamento jurídico".

No direito romano pós-clássico, cogitou-se de quase contratos e quase delitos, para se arrumarem as várias figuras que provinham de direito próprio, mas não se enquadravam na dicotomia das obrigações contratuais e obrigações provenientes de delito.

No direito brasileiro, destacam-se a promessa de recompensa (negócio jurídico unilateral), a gestão de negócios alheios sem mandato (ato jurídico em sentido estrito, ou ato-fato ilícito se feita contra a vontade presumível do dono), o pagamento indevido (ato-fato para quem pagou ou ato ilícito para quem recebeu) e o enriquecimento sem causa (fato jurídico *stricto sensu* gerador de obrigação de restituir ou indenizar). Não há, portanto, uma natureza única, até porque nessas espécies de obrigações não estão todos os negócios jurídicos unilaterais (como a oferta, por exemplo, que é tratada no âmbito do contrato) ou os demais atos jurídicos em sentido estrito, como o perdão, a quitação. Os títulos de crédito, apesar de inseridos no Código Civil, constituem matéria mais bem enquadrada no direito empresarial.

18.2. Promessa de Recompensa

A promessa de recompensa é negócio jurídico unilateral, por excelência. Diz-se unilateral o negócio jurídico no qual basta para entrar no mundo do direito uma única manifestação de vontade negocial, não sendo necessária a manifestação de vontade de qualquer outra pessoa. O negócio jurídico unilateral, em geral, pode dirigir-se a pessoa determinada, mas, no caso da promessa de recompensa, o outro é o grupo ou a comunidade, porque deve sempre ser tornada pública. O promitente vincula-se ao público, como devedor (vinculabilidade); não se vincula à pessoa ou pessoas determinadas, mas ao público (*alter*). Diferentemente do contrato, em lugar da aceitação está a publicidade da manifestação de vontade. A relação jurídica, necessariamente bilateral, é efeito posterior, constituindo-se quando se dá a individualização daquele que satisfaz o objeto da promessa, assumindo a posição de credor (vinculação real, ou obrigação). Não se poderá revogar a promessa após a vinculação. Durante a vinculabilidade e antes da determinação do credor, todos os que podem vir a ser este credor são titulares de direito, mas não ainda de pretensão; consequentemente, ainda não há exigibilidade de obrigação, porque esta ainda não se constituiu. Portanto, há unilateralidade na formação, ou seja, na manifestação da vontade, e bilateralidade nos efeitos, quando se determina o credor, que se investe no direito e na exigibilidade da obrigação.

Para Pontes de Miranda, esse instituto fino, culto e delicado, para o qual se voltaram os olhos dos grandes nomes da dogmática jurídica, somente desaparecerá quando desaparecerem o incentivo individual, o gosto e o desejo de premiar, tão presente na natureza humana, desde os povos primitivos, sobrevivendo às formas burguesas e individualistas das sociedades modernas e contemporâneas (1971, v. 31, p. 234).

O objeto da promessa de recompensa pode ser variado: achar ou restituir coisas perdidas ou furtadas; descobrir o autor de determinado crime; descobrir o paradeiro de determinada pessoa; descobrir a cura de determinada doença; ensinar o procedimento de determinada técnica; realizar inventos ou obras científicas, literárias ou artísticas; abster-se de algum ato (p. ex., prometer um prêmio a todos os que não comparecerem a determinado evento); prestar determinado serviço; prometer vantagens aos que se abstiverem de ter prole numerosa. Assim, o objeto da promessa não é apenas a prestação de atos, mas de omissões, desde que lícitos.

O Código Civil brasileiro afastou as controvérsias doutrinárias – sobretudo as teorias contratualistas, que sempre viram a obrigação como relação bilateral – ao prever que todo aquele que se comprometer por anúncios públicos a recompensar a quem preencha certa condição, ou realize determinado serviço, contrai o dever (e a obrigação) de fazer o prometido. Ressalte-se: contrai o dever, sem ter havido ainda manifestação de vontade do potencial credor. O Código

Civil vai além, quanto à desconsideração da manifestação de vontade do outro, pois determina que a pessoa que satisfizer aquilo que se há de recompensar (a condição ou o serviço), a saber, o credor, terá direito à recompensa e poderá exigi-la, ainda que o tivesse feito sem saber da promessa. É lícito, todavia, que o promitente possa exigir, quando da divulgação, que o executante tenha expressa ciência da promessa.

O promitente deve ser capaz, para que se obrigue, e também o executante, para que possa cobrar a recompensa. O objeto deve ser lícito e possível. É nula a promessa feita por agente absolutamente incapaz, se ilícito ou impossível seu objeto, se não revestir a forma exigida em lei ou preterir alguma solenidade (ou ambas as situações, quando for o caso), ou se a lei taxativamente considerá-la nula. É anulável se feita por agente relativamente incapaz ou se houver algum defeito do negócio jurídico (dolo, erro, coação, simulação, fraude, lesão). Quanto ao executante, a capacidade que se exige é relativa ao ato de aquisição da pretensão, mas desde que envolva da parte dele assunção de obrigação; assim, a) o menor absolutamente incapaz, que descobre o objeto, tem direito à recompensa, mas não pode exercer diretamente o direito, salvo mediante seu representante legal, e b), não poderá realizar ato jurídico, objeto da recompensa, que envolva obrigação, pois será nulo.

Quem satisfaz o objeto da recompensa é legitimado da pretensão. Investiu-se no direito e legitima-se para exigir a obrigação. O promitente é obrigado a pagar a recompensa a quem praticar ou produzir o que se indicou na promessa. No caso de morte, passa para os herdeiros. Do mesmo modo, transmitem-se aos herdeiros a obrigação do promitente, nos limites da herança. O art. 855 do Código Civil admite que possa exigir a recompensa quem fizer o serviço ou satisfizer a condição, "ainda que não pelo interesse da promessa", ou até mesmo quando desconhecê-la. Tome-se o exemplo de promessa de recompensa a quem descobrir o remédio para cura de determinada doença; quem o descobrir, ainda que nada soubesse da promessa, pode exigir o pagamento da recompensa.

A recompensa pode ser em dinheiro ou quaisquer outros bens móveis e imóveis e, ainda, prêmios simbólicos, como medalhas, condecorações. Pode ser, também, como prestação de serviço, a exemplo da promessa de publicação do melhor conto.

É nula a promessa de recompensa que se fez sem intenção séria, ou a que se fez em forma de aposta, como a quem conseguir namorar determinada pessoa.

A promessa de recompensa apresenta três tipos fundamentais:

a) dirigida apenas a um que satisfizer aquilo que se há de recompensar;

b) dirigida a todos os que satisfizerem o que se há de recompensar, tendo todos direito à recompensa;

c) dirigida a muitos, impondo-se a escolha, segundo critérios preestabelecidos, daquele ou daqueles que melhor os atenderem, como no caso dos prêmios ao primeiro ou aos primeiros lugares. O concurso (tipo "c") é espécie do gênero promessa de recompensa, mas apresenta peculiaridades que recomendam ser tratado em apartado.

A ideia de prioridade está implícita nos tipos "a" e "c", ainda que o promitente não a explicite. Prioridade (e exclusividade) ao que primeiro satisfizer o objeto da promessa de recompensa (prioridade no tempo); prioridade ao que melhor atender aos critérios de premiação (prioridade pelo mérito).

Se o ato for realizado por mais de uma pessoa, sendo única a recompensa (tipo "a"), a ela terá direito o que primeiro o executou, e que assim o comprovar. Se não se puder comprovar quem primeiro o executou, a recompensa será divida em partes iguais por todos os que o executaram simultaneamente, pois a presunção de simultaneidade se impõe. Por fim, se a recompensa não puder ser divida em partes autônomas, a solução que o direito brasileiro adota é o sorteio. São requisitos do sorteio a igualdade de probabilidades para todos e a possibilidade de fiscalização para todos, podendo o prejudicado impugná-lo judicialmente. O não sorteado não tem direito a qualquer indenização.

No tipo "b", pouco importa o tempo da execução do ato, porque os executantes estão justapostos no espaço, sem competirem entre si. O promitente recompensará a todos os que executarem o ato, sem repartir a recompensa ou valer-se de sorteio. São tantas as obrigações quanto forem os que satisfizerem o objeto da promessa.

A publicidade é da essência da promessa de recompensa. Sem o contato com o público (*alter*) não se consuma, pois é necessário que a declaração de vontade entre em espaço jurídico onde possam estar as pessoas às quais se destine. A publicidade tem função mediadora, isto é, levar a promessa de recompensa ao maior número possível de pessoas, não se confundindo com a oferta de contrato (Pontes de Miranda, 1971, v. 31, p. 272). A lei refere-se a anúncios públicos, que devem ser entendidos em sentido amplo, não se exigindo que sejam utilizados meios de comunicação social ou que se dirijam à totalidade do público, de todo o país, de toda a cidade, de toda a comunidade. Atende à exigência legal a comunicação que não seja dirigida a pessoas determinadas, embora possa ser a grupos determinados, como os membros de um clube, os profissionais de direito da cidade, os estudantes de uma escola. O número mínimo para que a promessa seja a público é dois, mas não podem ser individualizados os destinatários. Os aparelhos mecânicos que reproduzem escrita, voz, gestos ou sinais ou os meios eletrônicos podem ser instrumentos adequados da publicidade da promessa. Não se exige a efetividade da publicidade, ou seja, que tenha sido concretamente recebida pelos destinatários, mas a possibilidade de alcançá-los, pelos meios idôneos. O fato de não ter sido lido ou ouvido o anúncio não altera a publicidade.

A promessa de recompensa pode ser alterada ou revogada pelo promitente, desde que utilize os mesmos modos de publicidade e desde que já não tenha havido qualquer execução do que se prometeu. O promitente pode estabelecer a irrevogabilidade, no prazo que fixou de eficácia da promessa; na dúvida, a promessa é revogável. Se já tiver nascido a pretensão do executante, a promessa é irrevogável pelo promitente, sendo hipótese de inadimplemento da obrigação e de consequente indenização por perdas e danos.

Situação interessante é a do potencial executante que realiza despesas e inicia a execução do objeto prometido, e, antes de completá-la, é surpreendido com a revogação da promessa. Essa hipótese é de culpa *in promittendo*, semelhante à da culpa *in contrahendo*, sendo admissível a pretensão à indenização pelas perdas e danos, sobretudo em razão da boa-fé do executante e da confiança que nele gerou o comportamento do promitente. O parágrafo único do art. 856 do Código Civil prevê expressamente o reembolso das despesas feitas pelo "candidato de boa-fé"; mas o princípio de boa-fé o legitima, igualmente, à pretensão às perdas e danos.

Quando a promessa de recompensa inserir-se em relação de consumo, pode haver intervenção judicial para proteção do consumidor. O STJ assim decidiu, por considerar a promitente, uma emissora de televisão, prestadora de serviços, subordinada às regras do CDC, não podendo estabelecer critérios que possam prejudicar os participantes, no caso "show do milhão" (REsp 436135).

18.3. Concurso de Direito Privado

O concurso é tipo peculiar de promessa ao público, no âmbito do direito privado, mas não se confunde inteiramente com a promessa de recompensa. Supõe grupo de concorrentes interessados na melhor seleção. O promotor do concurso obriga-se mais a selecionar que a recompensar, pois o interesse não é o da recompensa pela prática de determinada ação, mas a classificação. A recompensa não é o elemento essencial do concurso, mas sim a seleção; pode, pois, haver concurso sem recompensa ou prêmio a que esteja obrigado o promitente. Assim, o concurso é promessa ao público, mas não necessariamente promessa de recompensa. No Código Civil, o concurso é disciplinado no conjunto da promessa de recompensa, nos arts. 859 e 860.

O concurso, regido pelo direito público, observa regime jurídico próprio, voltando-se principalmente para a seleção dos agentes públicos e para licitação de compras, obras e serviços.

No concurso de direito privado, há julgamento e seleção pelo mérito, segundo os critérios estabelecidos pelo promitente ou pelo julgador ou comissão de julgadores por ele designada. Todo concurso supõe julgador e julgamento. Não há direito pelo fato de ser o primeiro a executar o ato. Há disputa, concorrência, emulação da medição de méritos e a exclusão de todos em favor de um ou dos primeiros lugares. Não se promete a um ou alguns que compõem o público, mas a um ou a alguns, segundo critérios determinados de mérito ou de escolha. O promitente pode optar por comissão julgadora, em vez de julgador individual.

O próprio promitente pode concorrer, quando a outrem, nomeadamente a comissão, delega o poder de julgamento, fator este que também contribui para distanciar o concurso da promessa de recompensa.

São requisitos do concurso a fixação de um prazo, a publicidade, a definição do prêmio, os critérios de julgamento, os critérios para habilitação e inscrição dos candidatos e a igualdade de oportunidade para os concorrentes. O anúncio público, ou edital, é a lei do concurso e os julgadores, seus juízes. O concurso pode ser restrito a determinado grupo ou região, e ser até mesmo interno, como se dá em clubes, associações ou empresas.

O concurso deve observar as seguintes fases mínimas: apresentação dos trabalhos ou objetos submetidos à seleção, inscrição dos candidatos, julgamento, seleção. Pode prever uma fase preliminar de habilitação dos candidatos.

Os concorrentes, e o promitente, estão obrigados a aceitar a decisão do julgador ou da comissão julgadora, quanto ao mérito dos trabalhos apresentados, segundo os critérios fixados no anúncio. O julgador ou a comissão julgadora não são representantes do promitente, e suas decisões a este obrigam, juntamente com os concorrentes e terceiros interessados. Há certa similitude com o juízo arbitral. O julgamento é definitivo, não cabendo recurso, salvo se o anúncio o previu expressamente. A injustiça do julgamento não é suscetível de revisão judicial. A ação judicial é apenas cabível se houver erro, dolo, simulação, coação; bem assim se os julgadores não tiverem agido com boa-fé e ânimo isento; nunca para atacar a injustiça do julgamento, salvo se atentatório aos bons costumes. A função do promitente é simplesmente de verificar o cumprimento dos critérios adotados no anúncio.

Devido ao prazo, o concurso é irrevogável, salvo se expressamente constar a possibilidade de revogação no anúncio. No caso de empate, na seleção, que concluiu pelo mérito igual dos concorrentes, deve-se dividir o prêmio; sendo indivisível, proceder-se-á ao sorteio.

Os concursos podem ter finalidades culturais, científicas, sociais, artísticas, industriais, agrárias. Podem também ser voltados a selecionar os melhores animais, plantas, minerais, produtos em geral. Às vezes, o concurso projeta-se para além da vida do promitente, como no conhecido exemplo do prêmio Nobel, mantido por uma fundação específica por ele instituída. No caso de bens móveis, o concurso envolve tradição, para que haja a transferência do domínio; o premiado transfere o domínio, tendo direito ao prêmio.

Há direito à inscrição ao concurso, a quem preencher os critérios de habilitação. A recusa injustificada dará ensejo ao ajuizamento de ação para garantir a participação.

18.4. Gestão de Negócios Alheios

A gestão de negócios é a atividade exercida por alguém para administrar total ou parcialmente os negócios de outra pessoa, principalmente quando se encontrar ausente, sem dela ter recebido poderes para exercê-la, nem direito ou dever de fazê-lo. Ocorre em virtude de iniciativa de amigos e parentes, atualmente menos que no passado, pois os meios de comunicação modernos permitem o contato rápido entre pessoas distantes e envio de procurações com poderes bastantes. Quem cuida da casa do vizinho, que viajou sem deixar responsável para cuidá-la, quem conduz ao hospital desconhecido que perdera os sentidos na rua, quem providencia o enterro de alguém sem obrigação de fazê-lo são gestores de negócios alheios. A gestão pode estar restrita a determinado negócio ou pode ser abrangente, como a administração de uma fazenda.

São dois os requisitos objetivos da gestão de negócios:

a) os negócios são alheios, e

b) a falta de outorga de poderes para exercê-la.

O requisito subjetivo é o ânimo ou a vontade do gestor de cuidar ou gerir negócios alheios, pois se o gestor pensa que o negócio é seu, não o teve. Falta o requisito subjetivo se o gestor atua em seu próprio proveito, o que se considera ato ilícito. Nesse caso, responderá o gestor por todos os danos, inclusive os que provierem de caso fortuito, salvo se provar que ocorreriam mesmo que tivesse se abstido da gestão.

A gestão de negócios alheios não é contrato, porque não houve consentimento do dono dos negócios nem acordo de vontades. A gestão, em si, não é negócio jurídico unilateral, porque não é manifestação de vontade negocial, pois a vinculação é *ex lege* e o dono do negócio pode não ter tido qualquer conhecimento dela, para exigir a obrigação, ou mesmo rejeitá-la. Não se deve confundir a gestão (atividade) com os negócios jurídicos que gestor venha a realizar, no interesse do dono. É ato jurídico *stricto sensu*, se exercida segundo a vontade presumida do dono, ou ato-fato jurídico ilícito, se exercida contra a vontade presumida do dono.

O Código Civil estabelece que a ratificação pura e simples do dono do negócio aos atos de gestão retroage ao dia do começo da gestão e produz todos os efeitos do mandato, embora tal equiparação de eficácia não converta um instituto em outro. A ratificação atrai para o dono do negócio os atos praticados pelo gestor, cobrindo-lhes de eficácia plena e retroativa, estabelecendo o art. 873 do Código Civil que ela produz os efeitos de mandato; ou seja, os atos do gestor passam a ser equiparados aos do mandatário com poderes de representação.

A gestão há de ser realizada no interesse do dono. Esse interesse é objetivamente considerado. Presume-se ser do interesse do vizinho, em viagem, que se pague a conta de luz de sua casa, para não ser cortada. Presume-se que o dono efetuaria as despesas necessárias para evitar danos a seus negócios. Presume-se que efetuaria as despesas de manutenção e alimentação dos animais. Presume-se que adquiriria os objetos, cujo desejo de tê-los revelou antes. Se a gestão se fez contra o interesse do dono, há responsabilidade por ato-fato ilícito, inclusive sobre os danos decorrentes de caso fortuito. Se era do conhecimento geral que o dono de uma casa de praia não confiava em seu cunhado, e este resolveu cuidá-la em sua ausência, responde pelos danos decorrentes de queda de energia que prejudicou os aparelhos quando ligou a corrente elétrica.

O gestor tem o dever do comunicar ao dono do negócio que assumiu a gestão, tão logo o possa fazer. Deve aguardar a resposta do dono, salvo quando a demora puder resultar perigo. Inexiste o dever de comunicar quando o gestor desconhece o dono do negócio. Se os negócios são de grande monta, deve prover a publicação de editais, dando conta do começo de sua gestão ou para que apareça o dono.

Incluem-se na gestão os atos de disposição que sejam necessários à continuidade dos negócios, como a venda dos produtos agrícolas da fazenda, ou do rebanho destinado ao corte, nas ocasiões propícias. A falta de outorga convencional de poderes não impede o gestor de exercê-los, pois a representação é *ex lege*.

Não pode o tabelião recusar-se a que o gestor figure na escritura pública, se ele declarar essa qualidade. Feita a escritura pública e registrada, com as particularidades do caso, se advém a ratificação pelo dono do negócio, a eficácia do contrato é completa e definitiva. Se desaprová-la será tida como inexistente, porque sua existência e sua eficácia dependiam da ratificação (Pontes de Miranda, v. 43, p. 198).

O gestor de negócios deve cuidar dos negócios alheios do mesmo modo e responsabilidade como teria de fazer com os seus, ou seja, como uma pessoa razoável (*bonus pater familias*). Jamais deve preterir interesse do dono, em benefício do seu próprio. Deve ser motivado pelo ânimo de ajudar, segundo o princípio da boa-fé, pois age em proveito e no interesse do dono do negócio. Para o Código Civil, o critério de aferição dessa conduta é o da utilidade; se o negócio foi utilmente administrado, obriga o dono, mesmo que ele se recuse a aceitá-lo. A necessidade e a utilidade são presumidas, não dependendo do arbítrio ou capricho do dono. Incorre o dono em dever de reembolso das despesas que o gestor realizou no benefício dele. Essas despesas terão de ser comprovadamente necessárias ou úteis, a saber, aquelas que se não fossem feitas acarretariam prejuízo ou desvalor para o dono, segundo as circunstâncias que as cercaram.

A função do gestor não é tornar o negócio mais rentável, submetendo-o a riscos que somente o dono poderia correr, mas a de mantê-lo, evitando o dano provável ou a depreciação. Por tais razões, a lei refere a circunstâncias, não podendo prevalecer o resultado obtido (p. ex., obteve lucro com a venda de certos bens, mas não era necessária ou útil sua venda). No caso de operações arriscadas, responde o gestor pelo caso fortuito, pouco importando que o dono as fizesse frequentemente. "O hábito dos negócios do dono há de ser observado pelo gestor, mas – se as operações que ele fazia eram com risco – há de evitá-las o gestor" (Pontes de Miranda, 1971, v. 43, p. 208). Se o dono não tinha o hábito de atuar com risco, o gestor tem o dever de evitá-lo. Todavia, se o dono quiser aproveitar-se da gestão arriscada, deverá indenizar o gestor de todas as despesas e prejuízos que sofreu.

Quando o gestor der por concluído o negócio ou a adoção das providências necessárias, deve comunicar ao dono, mas obriga-se a cuidar dele até que haja resposta, dentro do prazo que marcar ou que seja razoável. Não pode o gestor interromper a gestão, sem que o dono a reassuma ou sem as providências para preservação ou conclusão do negócio. A lei determina que o gestor, com os seus atos voluntários, se vinculou, inclusive a continuá-la até "levar a cabo" o negócio (CC, art. 865).

O gestor pode escolher substituto para ele, mas responderá pelas faltas do substituto. A responsabilidade pela escolha é toda sua.

A gestão de negócios pode consumar-se na prestação de alimentos a pessoa que os deixara de receber do devedor, por qualquer razão. Alimentos aí estão no sentido amplo, como alimentação, educação, saúde, habitação. O assim considerado gestor pode reaver do devedor o que pagou, mesmo que este não ratifique o ato, por força da vedação do enriquecimento sem causa. Nesse caso, não prevalece a regra da vontade presumida do dono do negócio, em virtude da prevalência do interesse do credor de alimentos; a gestão pode ser contra a vontade manifesta ou presumida do devedor (dono do negócio). Situação assemelhada é daquele que paga as despesas de enterro de outrem, sem estar obrigado, que podem ser cobradas da pessoa que teria obrigação de alimentar o que veio a falecer. A obrigação alimentar pode ser *ex lege* ou convencional.

A morte do gestor faz cessar a gestão de negócios, pois seus herdeiros não estão obrigados a continuá-la; mas a morte do dono do negócio não interrompe a gestão. Também acaba a gestão se foi integralmente completada. Por fim, acaba a gestão toda vez que o dono reassumir a administração de seus negócios.

Quando a gestão de negócios alheios envolver várias situações, pode o gestor valer-se de ação de prestação de contas, contra o dono dos negócios, se houver recusa destes, como decidiu o STJ (REsp 1065257), em caso no qual o gestor alegou ter crédito resultante da gestão de bens, negócios ou interesses alheios, entendendo o tribunal que deveria, antes, demonstrar cabalmente a existência da referida gestão.

18.5. Enriquecimento sem Causa

O enriquecimento sem causa (também denominado enriquecimento injustificado) é o que se dá sem origem jurídica, em prejuízo de outrem. O que separa o enriquecimento juridicamente permitido (fundado em fato jurídico lícito) do enriquecimento sem causa é a licitude. A causa é condição de licitude; se alguém doou um objeto a outrem, por engano, houve enriquecimento sem causa do donatário indevido. É contrário a direito o enriquecimento sem causa, ainda que se dê sem participação humana, como no caso da avulsão; a avulsão, prevista no art. 1.251 do Código Civil (em si mesma não é contrária a direito, mas o enriquecimento decorrente) aumenta o outro terreno, por fato da natureza, mas o dono do terreno desfalcado tem pretensão a indenização ou a remoção da terra subtraída. Exemplo de enriquecimento permitido, com deslocamento patrimonial e sem indenização do prejuízo, é a usucapião (CC, art. 1.238): o possuidor, após o tempo previsto em lei, adquire o direito de propriedade sobre a coisa. Do mesmo modo, a lei admite o enriquecimento daquele que se beneficia com a prescrição ou com prazos preclusivos.

A falta de causa lícita para o enriquecimento, no direito brasileiro, pode ocorrer já na constituição do ato ou fato ou após estes. O art. 885 do Código Civil explicita que a restituição é também devida se a causa "deixou de existir".

No direito brasileiro, constituem enriquecimento sem causa o pagamento inválido feito a civilmente incapazes, a realização de benfeitorias por possuidor de boa-fé em coisas alheias, a quantia recebida pelo que participou gratuitamente de produto de crime, a aquisição de terras arrancadas do vizinho por forças naturais (avulsão, aluvião), construções e plantações com materiais e plantas alheios, entre outros. Outros casos comuns, segundo Fernando Noronha (1991, p. 53), são os pagamentos feitos a incapazes, as despesas de benfeitorias e o aproveitamento gratuito de produtos de crimes.

O enriquecimento sem causa, em si, é fato jurídico *stricto sensu* que se dá na relação entre patrimônios, pois pode resultar não apenas de atos, mas de fatos involuntários. O enriquecimento sem causa tem natureza jurídica diversa, pois, no magistério de Pontes de Miranda, resulta dos fatos (natureza das coisas) que: ou o enriquecido recebeu algo, por vontade do que sofreu com o enriquecimento; ou, sem a vontade desse, mas por ato de alguém (inclusive o enriquecido ou outro prejudicado); ou, sem qualquer ato, por fato estranho ao homem (1971, v. 26, p. 123). Se o enriquecimento se deu sem vontade do prejudicado, ou porque tenha havido ato de terceiro, ou porque só tenha havido ato do enriquecido, o enriquecimento é sem causa. Em qualquer dessas hipóteses o que ressalta é a relação material entre dois patrimônios, um enriquecido e outro prejudicado na mesma proporção.

São elementos do suporte fático do fato jurídico do enriquecimento sem causa:

a) obtenção do proveito, com aumento do patrimônio da pessoa;

b) redução correspondente do patrimônio de outrem;

c) inexistência de causa lícita para essa obtenção;

d) erro de quem presta ou paga (para a hipótese de pagamento indevido).

O enriquecimento sem causa pode originar-se em ato de terceiro que não podia atribuir a outrem o que integra o patrimônio do prejudicado, a exemplo do terceiro que se apresenta como credor putativo. De modo geral, resulta de ato do próprio enriquecido ou do prejudicado. Exemplo de ato do prejudicado, que enriquece indevidamente o outro, é o do possuidor de boa-fé que realiza benfeitorias úteis na coisa possuída; tem direito a indenização por elas.

Na hipótese da repetição do indébito, o valor que se considera é o que enriquece o demandado, não ao tempo em que se der o enriquecimento, mas quando o prejudicado exercer a pretensão. Quem paga por erro mais do que deve, pode repetir o que excedeu indevidamente. Basta qualquer erro, mesmo o leve. Os juros moratórios somente são devidos a partir do trânsito em julgado da sentença, como enuncia a Súmula 188 do Superior Tribunal de Justiça, e não a partir do recebimento do indevido, sendo este último critério o que melhor consultaria a equidade.

Para que haja enriquecimento sem causa não se exige capacidade do enriquecido ou, em muitas situações, sua manifestação de vontade.

O STJ firmou entendimento de que é possível a resolução de promessa de compra e venda a prestações, quando o promitente comprador não mais dispuser de condições econômicas para suportar o adimplemento, devendo o promitente vendedor devolver as importâncias que dele recebeu, mas não integralmente, pois, entre outras razões, "a pretensão dos recorrentes de que haja restituição da totalidade dos valores pagos, mesmo sob o noticiado longo período em que usufruíram do imóvel, esta sim, atenta contra a regra prevista no art. 884 do CC/02" (REsp 704994), ou devem ser compensadas as despesas relativas ao desgaste do imóvel devolvido e as realizadas pela vendedora com corretagens, propaganda, administração, sob pena de injustificada redução patrimonial em seu desfavor, sem que tenha dado causa ao desfazimento do pacto (REsp 355818). A alteração unilateral das mensalidades de planos de saúde tem sido vedada, inclusive com fundamento na proibição de enriquecimento sem causa (AgRg no Ag 1131324).

Se o enriquecimento sem causa derivar de valores pecuniários, a devolução terá de ser feita com a devida atualização monetária, porque é dívida de valor. A correção monetária não constitui acréscimo do valor devido, mas mera atualização da moeda, impondo-se a sua inclusão como imperativo para coibir o enriquecimento sem causa (STJ, REsp 1164428).

Se tiver por objeto coisa móvel ou imóvel, terá o devedor de restituí-la com todos seus pertences e benfeitorias, salvo, quanto a estas, os direitos próprios do possuidor de boa-fé, a saber, de indenização e retenção pelas necessárias e úteis e de levantamento das voluptuárias; se tiver agido com má-fé, de indenização pelas benfeitorias necessárias. Se a coisa não mais existir, inclusive por ter sido alienada a terceiro de boa-fé, deverá ser restituído o valor correspondente ao que teria a coisa no momento em que foi pedida de volta. É devida a restituição da coisa, ainda quando a causa tenha deixado de existir, quando houver a repetição.

A regra de não poder repetir, se voluntariamente prestou quem sabia não dever prestar, pode ser excepcionada em benefício do princípio da boa-fé. Os romanos denominavam-na *condictio ob causam datorum*. O que presta, sabendo ser nulo, por defeito de forma, o negócio jurídico, pode repetir; o direito brasileiro impõe a forma pública para transação imobiliária, mas é comum o documento particular, confiando-se que o vendedor assinará a escritura pública. Essa conduta em boa-fé é merecedora de tutela jurídica.

O direito à restituição, por enriquecimento sem causa, não é ilimitado. De acordo com o princípio da subsidiariedade, o empobrecido só poderá recorrer à ação de enriquecimento quando a lei não lhe faculte outro meio para cobrir seus prejuízos, como salienta L. P. Moitinho de Almeida (1996, p. 78), ainda que haja doutrina que aponte para sua superação. O princípio da subsidiariedade foi adotado explicitamente pelo CC/2002 (art. 886). Se a lei tiver previsto outros meios de ressarcimento do prejuízo sofrido, ele não poderá ser exercido. Ou seja, a restituição pelo enriquecimento sem causa não pode ser cumulada com outros meios de ressarcimento, expressamente previstos em lei, nem substituí-los. Se não há lei expressa, a ação de enriquecimento sem causa pode coexistir com outras ações, desde que os pressupostos sejam distintos.

O Código Civil estabeleceu o prazo de três anos para a prescrição da pretensão de ressarcimento do enriquecimento sem causa. Dentro desse prazo, se outra pretensão cabível para o ressarcimento tiver sido prescrita, ou direito assemelhado tiver decaído, poderá o empobrecido, por força do princípio da subsidiariedade, promover a ação de enriquecimento sem causa.

18.6. Pagamento Indevido

O pagamento indevido é o adimplemento que se fez sem causa jurídica. Todo aquele que pagou o que não devia tem direito a pedir de volta a prestação; a ação própria é a de repetição (de *repetere*, pedir de volta) do indébito. Constitui espécie do gênero enriquecimento sem causa. No rigor dos termos, indevido é o recebimento e não o pagamento em si.

O sentido de pagamento é amplo, incluindo os modos especiais, tais como a consignação em adimplemento, a novação, o adimplemento por imputação, a compensação. Quem concedeu o que não devia, em transação, também pode repetir.

O requisito do pagamento indevido é a existência de prestação com o propósito de cumprimento de obrigação, que não corresponde a direito exigível. Ou, ainda, quando se deu erradamente coisa em vez da devida; nesse caso, todavia, cabe direito de retenção do credor, até que o devedor preste o objeto devido.

Considera-se, igualmente, indevido o adimplemento (ou pagamento) quando feito antes de cumprida determinada condição, prefixada no ato jurídico, ainda que por erro, cabendo a repetição do indébito; como a condição é evento futuro e incerto, pode jamais acontecer, sendo inexigível o adimplemento. Se há implemento da condição, no curso na lide, o direito à repetição extingue-se. Porém, se o devedor adimpliu antes do termo final, ainda que por erro, não cabe a repetição, porque, ao contrário da condição suspensiva em que há direito expectativo, no termo há o direito cujo exercício apenas está suspenso; não pode o credor exigir o direito (falta-lhe a pretensão), mas não pode o devedor repetir, se solveu a dívida antes do tempo.

Para que possa prosperar a repetição do indébito, ao prejudicado incumbe a prova de que adimpliu por erro. O erro não se presume; o ônus da prova é de quem pagou ou adimpliu. Em contrapartida, aquele que voluntariamente pagou, sabendo que não devia ou não estava obrigado a isso, não pode repetir; somente poderá fazê-lo se provar que houve erro de sua parte. Trata-se de erro de fato, ou de vício de vontade (erro sobre a pessoa ou sobre a coisa), mas tem-se admitido na doutrina e na jurisprudência a repetição do indébito em caso de erro de direito, quando agiu em boa-fé, para que a ignorância da lei não enriqueça a um em prejuízo de outrem. O erro é quanto ao dever ou obrigação de pagar ou adimplir, não quanto à formação do ato jurídico, sendo cabível o erro de direito; ignorava-se que não devia, ou que era nulo, ou que já estava anulado o ato jurídico. O erro é sobre a dívida; assim, não se repete o que se pagou por dívida prescrita, por desconhecimento da lei que admite a prescrição, porque nesse caso a dívida existe, faltando apenas a exigibilidade.

Em caso de fornecimento de água, cujo valor foi cobrado em excesso, decidiu o STJ (REsp 337284) que "na repetição de indébito ajuizada com o objetivo de obter a restituição de valores pagos indevidamente, em decorrência de contrato de adesão celebrado entre as partes, não há como se falar em pagamento voluntário, para se exigir a prova por erro".

Há de provar-se que a dívida nunca existiu, ou deixou de existir, ou não é exigível, ou o ato jurídico é nulo. Se o negócio jurídico está sujeito à anulação, resolução, resilição ou rescisão, não há direito à repetição, antes que essas situações extintivas se realizem, porque a dívida ainda existe e produz efeitos. Enquanto não se proceder à anulação do ato anulável não se poderá cogitar de repetição de indébito, pois a dívida é efeito; a causa há e só se extingue com a anulação.

As chamadas dívidas morais ou juridicamente inexigíveis, como as prescritas ou as decorrentes de jogo ou aposta, não obrigam, mas não podem ser repetidas, se o devedor pagou; o direito existia, embora destituído de pretensão. Nesses casos, cumpriu-se o dever, que permanecia latente.

A tutela da boa-fé isenta de restituir aquele que recebeu pagamento por engano, de outrem, supondo ter sido da parte do devedor, e por conta disso inutilizou o título da dívida ou deixou prescrever a pretensão ou abriu mão de garantias que tinha recebido (fiança, penhor, hipoteca). Há boa-fé de ambos. Nessas hipóteses, aquele que pagou errado não terá direito de repetição contra o que recebeu, mas terá direito regressivo contra o verdadeiro devedor (o emitente do título).

A má-fé impede a repetição do indébito. Está de má-fé quem der alguma coisa para obter fins ilícitos ou imorais. Exemplos: não pode repetir o que der dinheiro para jogo proibido, que não se realizou; o que der dinheiro a servidor público, para obter parecer favorável, o que não aconteceu. Se quem deu a coisa ignorava que existisse lei que faça ilícito ou imoral o fim proposto, mesmo assim, não poderá repetir. Pode repetir se ignorava que a coisa dada se destinava a fim ilícito, pois, nesse caso, agira de boa-fé, sem torpeza.

Ainda quanto à tutela da boa-fé, o Código Civil prevê regra específica relativa ao imóvel que foi recebido indevidamente pelo adquirente, mediante ato jurídico, e que depois o alienou a terceiro: se agiu de boa-fé, apenas se obriga a restituir o preço obtido pela alienação ao terceiro, atualizado; se agiu de má-fé (sabia que o alienante não poderia dispor do imóvel), obriga-se a devolver o preço mais perdas e danos sofridos pelo prejudicado. Todavia, se o terceiro estava de má-fé, ou se a alienação ao terceiro se deu de modo gratuito, cabe ao que primeiro alienou o imóvel, por erro, o direito de reivindicá-lo do próprio terceiro. O enriquecimento do terceiro é sem causa, ensejando essa específica repetição de indébito.

Aquele que recebeu coisa indevida, se estava de boa-fé, adquiriu os frutos. Se agir de má-fé, responde por eles. O enriquecido de má-fé responde pela perda ou deterioração da coisa, ainda que acidentais, salvo se provar que o fato superveniente teria ocorrido apesar dele. O enriquecido de boa-fé tem direito à indenização e à retenção das benfeitorias úteis e necessárias; o de má-fé apenas a indenização pelas benfeitorias necessárias.

Nas relações de consumo, estabelece o parágrafo único do art. 42 do CDC que o consumidor cobrado em quantia devida tem direito à repetição do indébito, pelo valor igual ao dobro do que pagou em excesso, acrescido de correção monetária e juros legais. Decidiu o STJ (REsp 871825) que a aplicação dessa norma pressupõe a existência de má-fé do fornecedor, em caso de indevido reajustamento de seguro saúde, com base na alteração da faixa etária, entendendo que a seguradora não agiu de má-fé porque encontrava-se amparada em cláusula contratual – presumidamente aceita pelas partes –, até ser declarada nula.

Capítulo XIX

Responsabilidade Civil em Geral

19.1. Dimensões da Responsabilidade em Geral

A responsabilidade desponta como um dos mais importantes objetos de análise dos especialistas e aplicadores do direito na atualidade. Sem responsabilidade não se pode assegurar a realização da dignidade da pessoa humana e da solidariedade social. Os três princípios são interdependentes.

O termo "responsabilidade", com os significados correntes, é relativamente recente, cujas controvérsias repercutem até hoje. Em nosso idioma, como obrigação de responder pelas ações próprias ou dos outros, surge em 1813, segundo o *Dicionário Houaiss da Língua Portuguesa*, enquanto "responsabilizar", no sentido de imputar responsabilidade a alguém, apenas em 1856. Essas são acepções claramente éticas e jurídicas. Todavia, costuma-se localizar a primeira referência, em 1787, na obra *O federalista*, de Alexander Hamilton, com o significado político de "governo responsável", exprimindo o controle dos cidadãos e o dever de transparência. Em filosofia, o termo foi utilizado em controvérsias sobre a liberdade e acabou sendo útil principalmente aos empiristas ingleses, que quiseram mostrar a incompatibilidade de um juízo moral com a liberdade; é expressiva dessa contenção da responsabilidade – para favorecer a expansão da atividade econômica – a afirmação de Stuart Mill: "Os homens têm mais a ganhar suportando que os outros vivam como bem lhes parece do que os obrigando a viver como bem parece ao resto" (1991, p. 56). Na linguagem comum, expressões como "pessoa responsável" ou "senso de responsabilidade" são conotadas com a consciência da previsão dos possíveis efeitos do próprio comportamento.

Antes da difusão, a partir do século XIX, dos variados significados de responsabilidade, notadamente o que foi apropriado pelo direito, os autores valiam-se do termo "imputabilidade", com o sentido de atribuição de uma ação a um agente, como sua causa. Assim é que se entende a afirmação feita por Platão, no Livro X de *A República*, de que cada qual é a causa de sua própria escolha, não podendo ser imputada à divindade. Todavia, esse significado é completamente diferente dos que foram e são vinculados a responsabilidade, na atualidade, que é a aptidão para ser responsável (o sujeito, e não o ato).

A experiência democrática contemporânea operou a interdependência entre liberdade e responsabilidade. Ou seja, não há liberdade sem responsabilidade, nem esta sem aquela. Em outras palavras, quanto mais liberdade se conquista, com redução consequente do *quantum* despótico, mais responsabilidade se impõe a quem exerce aquela.

Vê-se, então, que a ideia de responsabilidade, desenvolvida nos últimos dois séculos, não se volta apenas às consequências dos atos realizados no passado, mas se dirige, igualmente, à realização ética de deveres, voltados ao futuro. O governo responsável, o exercício responsável da liberdade pessoal e a previsão dos efeitos do próprio comportamento são exemplos dessas dimensões de futuro, ou do agir em conformidade com determinada "ética de responsabilidade".

A propósito da última afirmação, temos presente a conhecida distinção formulada por Max Weber entre ética da convicção e ética da responsabilidade (1992, p. 423s). Na ética da convicção o que conta é a boa intenção, ou a vontade moralmente boa, ou os princípios ideológicos, sem preocupação com os efeitos dos atos praticados. O político, ante a colisão entre suas convicções e as consequências de seus atos, deve optar pela responsabilidade das segundas, com sacrifício das primeiras. Levada às últimas consequências, todavia, coincide com a tese maquiavélica de que os fins justificam os meios. Nos antigos, prevalecia a ética da convicção, como nos dá notícia Cícero da decisão da assembleia do povo de Atenas que optou por rejeitar a ideia de incendiar secretamente a frota dos lacedemônios, seus inimigos, porque era muito útil mas não era honesta (2002, p. 127). Melhor será que se encontre o ponto de equilíbrio entre convicção e responsabilidade, ponderando ou balanceando uma e outra em cada situação concreta. Sob as duas perspectivas, a ética da responsabilidade de Weber também é dirigida ao futuro, como padrão de conduta.

19.2. A Responsabilidade no Direito

A responsabilidade foi vertida ao direito percorrendo diferentes caminhos, notadamente após o advento do Estado liberal e da hegemonia do voluntarismo individualista, máxime ao longo do século XIX e início do século XX, após o que a consolidação do Estado social exigiu novas perspectivas. Esses dois momentos históricos recentes hospedaram as transformações da responsabilidade civil, da responsabilidade penal, da responsabilidade disciplinar, da responsabilidade dos administradores públicos, da responsabilidade distinta entre pessoa jurídica e seus membros.

Aos antigos, notadamente aos romanos, a noção de reponsabilidade civil era estranha. A obrigação do culpado não era exatamente uma obrigação de reparar; a vítima reclamava não a indenização do prejuízo sofrido, mas sim uma pena privada de soma em dinheiro, com característica de vingança legítima. Somente na época clássica romana é que os jurisconsultos ampliaram as ações para permitir a satisfação do delito chamado *damnum injuria datum*, consolidada na lei Aquilia (século III a.C.), ou ações *in factum* para cobertura dos prejuízos (Willey, s/d, p. 149-150). Ressalte-se que a lei Aquilia não continha a noção de culpa, que vai encontrar guarida nas concepções cristãs medievais e no respectivo direito canônico.

Na modernidade, a transformação mais aguda foi a da responsabilidade individual direta, de acordo com as correntes jusnaturalistas (por exemplo, Hugo Grócio, em sua obra *O direito da guerra e da paz*, alude ao "dano causado injustamente e da obrigação que dele resulta", imputando a responsabilidade a uma causa moral). Como lembra Pontes de Miranda, houve a migração da responsabilidade coletiva, "segundo o parentesco e com ele variável nos diversos povos, ajustamento que não é sem interesse entre a extensão real da família, ou grupo, e sua responsabilidade" (1972, v. 53, p. 10).

O Estado social – o estágio contemporâneo do Estado moderno –, marcado profundamente pelas diretrizes de solidariedade e justiça social, provoca intensa alteração na concepção de responsabilidade, não só para torná-la mais objetiva, mas também para inclusão de sujeitos vulneráveis no âmbito de proteção e, consequentemente, da responsabilização das pessoas físicas e jurídicas. De acordo com Franz Wieacker, na limitação do conteúdo dos direitos subjetivos dos indivíduos manifesta-se o núcleo do Estado social: a responsabilização não apenas da sociedade, mas também do próprio indivíduo pela existência social e pelo bem-estar dos outros (1980, p. 624). Na legislação contemporânea do direito privado, como o Estatuto da Criança e do Adolescente, o Estatuto do Idoso, a lei do bem de família legal, o Código de Defesa do Consumidor, a legislação do inquilinato, o Estatuto da Pessoa com Deficiência, a responsabilização encontra sua expressão mais aguda na proteção dos sujeitos considerados vulneráveis.

O dano não é mais elemento nuclear do ilícito civil, pois pode estar em uma espécie (o ato ilícito, regido pelo art. 186 do Código Civil), e não estar em outra (o abuso do direito, regido pelo art. 187 do Código Civil). Pode haver ilícito civil sem culpa e sem dano (o abuso do direito referido), na composição de seu suporte fático. Pode haver, ainda, dano reparável sem ser proveniente de ilícito civil, ou seja, o fato que lhe causou é fato jurídico lícito (estado de necessidade: destruição de coisa a fim de remover perigo iminente, arts. 188, II, e 929 do Código Civil; ou danos causados pelos produtos postos em circulação por atividade empresarial lícita, art. 931 do Código Civil). São situações de responsabilidade civil ou imputabilidade sem ilicitude.

Os efeitos de ato ou atividade não contrários ao direito também podem ser objeto de responsabilidade, que não tem por finalidade a reparação, o que seria contradição nos termos. O exemplo frisante é o do § 2º do art. 225 da Constituição: "Aquele que explorar recursos minerais fica obrigado a recuperar o meio ambiente degradado, de acordo com solução técnica exigida pelo órgão público competente, na forma da lei". A recuperação do meio ambiente degradado é o modo específico de responsabilidade civil, mediante obrigação de fazer. A degradação do meio ambiente teve causa lícita, necessária e inevitável, para que a atividade pudesse ser exercida. Ainda assim, a obrigação legal há de ser cumprida. Ninguém, em particular, é titular desse direito, pois é "de todos" ("Todos têm direito ao meio ambiente ecologicamente equilibrado" – art. 225 da Constituição), cujo inadimplemento leva à utilização de ação civil pública pelo representante processual adequado (Ministério Público, associação civil, entidade pública, OAB), que não age em nome próprio. Nesse sentido decidiu o STJ pela condenação da União, por omissão no dever de fiscalizar, a recuperar área degradada em Santa Catarina, juntamente com as mineradoras que causaram danos ao ambiente por quase duas décadas, entendendo pela responsabilidade solidária (REsp 647493).

19.3. Noção de Responsabilidade Civil

A responsabilidade civil, no sentido estrito, é efeito do fato ilícito absoluto ou de determinado fato lícito, que origina imputação de deveres jurídicos a alguém de dar, de fazer ou de não fazer. Ou seja, o direito, ante a ocorrência ou a probabilidade de ocorrência de consequências por ele repelidas desses fatos jurídicos (ilícito ou lícito), atribui a responsabilidade de natureza patrimonial a certa pessoa física, ou pessoa jurídica ou entidade não personificada, que lhe pode ou não ter dado causa.

Vê-se, portanto, que a responsabilidade civil é efeito e não causa de fato jurídico. Porém, o uso linguístico e o senso comum dos juristas passaram a considerá-la categoria geral das obrigações extranegociais, sob a qual a matéria vem sendo tratada na doutrina, na jurisprudência e na legislação, notadamente no Brasil. Ressalta-se a utilidade prático-operacional da denominação para estremá-la do campo da responsabilidade penal; mas há muitos pontos de interpenetração entre os dois campos, pois contemporaneamente há situações de responsabilidade penal de natureza patrimonial assemelhadas à responsabilidade civil (por exemplo, prestações dar, de fazer ou de não fazer), que escapam à responsabilidade exclusivamente pessoal do ofensor, máxime de seu encarceramento. Com essas ressalvas, em homenagem ao uso linguístico e para facilidade de comunicação e fins didáticos, manteremos essa denominação, apesar de sua equivocidade.

Pontes de Miranda cuida da responsabilidade civil nos tomos 53 e 54 do *Tratado de direito privado*. Denomina-a, como categoria, "obrigações oriundas de atos ilícitos absolutos, de atos-fatos ilícitos e de fatos ilícitos absolutos *stricto sensu*". Contudo, na divisão da matéria, as referências do autor são para as várias espécies de responsabilidade civil, assim a denominando. Tampouco o autor alude à responsabilidade decorrente de fato lícito. Preferimos manter a denominação que se tornou consensual, por sua função comunicativa.

No Brasil, desde 1912, com o advento do Decreto n. 2.681, que regulou a responsabilidade civil das estradas de ferro, tem havido progressiva objetivação da imputação da responsabilidade, em detrimento do requisito de culpa. A própria imputabilidade deslocou-se da culpa para a responsabilidade, pura e simples. Com efeito, a imputação na responsabilidade civil era sinônimo de imputação de culpa e a responsabilidade civil confundia-se com a responsabilidade culposa ou subjetiva.

Várias correntes doutrinárias, consequentemente, passaram a adotar a denominação "direito de danos". Essa denominação, no entanto, apesar de menos equívoca que responsabilidade civil, termina por excluir as várias hipóteses de responsabilidade sem danos, seja quando devem ser evitados (responsabilidade preventiva), seja quando os danos inexistem mas a imputação se dá.

A responsabilidade civil não se atém ao âmbito do direito civil, ainda que este se incumba de sua teoria geral. Sua força expansiva alcança vários ramos do direito privado e do direito público, nos quais ela é exigente de doutrina e aplicação específicas. Pode-se dizer que a responsabilidade civil já constitui disciplina autônoma, ou microssistema jurídico, que dificilmente se enquadra, com todas suas variáveis, em determinado ramo do direito. Citem-se os exemplos da responsabilidade civil do Estado e dos concessionários de serviço público por atos de seus agentes (direito administrativo), da responsabilidade civil por acidentes nucleares, da responsabilidade dos fornecedores na relação de consumo (direito do consumidor), da responsabilidade por acidentes do trabalho, da responsabilidade por danos ambientais (direito ambiental), da responsabilidade no transporte aéreo (direito aeronáutico), da responsabilidade civil das instituições financeiras (direito bancário), da responsabilidade nas sociedades empresariais (direito empresarial), da responsabilidade nas relações internacionais entre Estados estrangeiros ou entre nacionais desses Estados (direito internacional), da responsabilidade pela proteção de pessoas vulneráveis sujeitas a estatutos próprios (criança e adolescente, idoso, pessoa com deficiência).

Na sociedade de risco, onde vivemos na atualidade, a maior parte dos danos são suportados pelas pessoas e não são objeto de tutela jurídica. Por outro lado, muitas atividades, naturalmente arriscadas, tendem a valer-se do seguro de dano, previsto no Código Civil (arts. 778 a 788), o que tende a reduzir a importância das soluções tradicionais da responsabilidade civil, dependentes de incertezas e demoras da prestação jurisdicional. Para o pagamento do seguro de dano, geral ou especial como o seguro obrigatório dos proprietários de veículos automotores, basta apenas a existência do dano, não importando suas causas ou quem o causou.

A responsabilidade civil, em sentido estrito, pode ser também entendida como a responsabilidade extranegocial ou responsabilidade aquiliana, esta última em homenagem à *Lex Aquilia*, de Roma antiga (século III a.C.), que sistematizou a sujeição do patrimônio da pessoa, e não a própria pessoa, pelo dano causado, considerada marco da distinção das responsabilidades civil e penal.

19.4. Evolução da Responsabilidade Civil

Na atualidade, responde o patrimônio da pessoa imputável pelo fato ilícito, no campo civil. Longo foi o caminho percorrido pela humanidade para chegar até esse ponto. Na história do direito, a *Lex Aquilia* simbolizou o marco inicial da responsabilidade extranegocial no mundo romano-germânico, admitindo o direito que alguém se obrigue com outro sem ter havido qualquer manifestação de vontade negocial ou prévia relação jurídica.

No passado, houve a responsabilização das coisas, das plantas e dos animais. Na Grécia antiga, ainda em seu período clássico, havia em Atenas tribunais que julgavam animais e objetos causadores de morte de seres humanos. Em tempos antigos, alguns povos aplicavam a *vendetta* aos animais e às coisas; quando o homem primitivo era ofendido pelo animal seu impulso era vingar-se; quando atribuía culpa à coisa, sobre ela recaía sua vingança, como o corte da árvore de onde alguém caíra. Durante as guerras persas, o rei Xerxes fez flagelar o Helosponto e seu avô Ciro dispersou as águas do Rio Gindes, como vingança e punição. A Lei das XII Tábuas, em Roma, determinava a punição dos *quadrúpedes*. Em evolução posterior, por influência do cristianismo, antes da Idade Moderna, o proprietário do animal passou a ser réu, mas se admitiu a punição do animal segundo as regras de talião, inclusive com mutilações. A história do direito dá notícia de processo instalado em 1587 contra inseto que destruiu as vinhas de Saint-Julien, na França, tendo perdurado por quarenta e dois anos, com participação de advogados e doutores em direito. Os forais de algumas comunas, em Portugal, determinavam que fossem mortos os porcos que invadissem as vinhas maduras. No Brasil, tornou-se famoso o processo das formigas, no início do século XVIII em São Luís do Maranhão, movido contra elas pelo Convento de Santo Antônio, por abrirem trilhas subterrâneas para subtrair a farinha da despensa.

Outro passo importante foi a individualização da responsabilidade, tal como ocorrera com a responsabilidade penal. De um modo geral, os estudiosos apontam a lenta transição que vai da responsabilidade coletiva dos povos primitivos pelo ato ilícito de um de seus membros, recaindo a imputabilidade no grupo social (comunidade, parentes, família), até a responsabilidade exclusiva do causador do dano (ou de quem por ele responder), não podendo os herdeiros serem alcançados além das forças da herança (limite dos bens e valores herdados), como se dá hoje. As Ordenações Filipinas puniam os familiares e até os descendentes futuros pelo ato ilícito cometido por alguém, inclusive no campo civil, como ocorreu no conhecido julgamento de Tiradentes. A Igreja Católica estabelecia penas temporais ou espirituais à coletividade, como na Inquisição ou na excomunhão de paróquias por ato de seus principais.

Por influência das doutrinas cristãs e do jusnaturalismo, a culpa assumiu papel determinante na concepção moderna da responsabilidade civil. O dever de reparar vinculou-se à falha humana (culpa), como reprovação moral dessa conduta. Tal concepção refletiu-se no conhecido art. 1.382 do Código Civil francês de 1804, pelo qual todo dano causado por qualquer homem obriga-o a reparar em razão da culpa (*faute*) cometida.

Nos dias atuais, nota-se uma viragem em direção à responsabilidade objetiva, máxime em virtude dos riscos provados pelo desenvolvimento científico, tecnológico e econômico. A teoria clássica, individualista, assentava-se no princípio da independência dos indivíduos, ou autonomia privada, e na culpa extranegocial. O período de transição é marcado pela expansão da industrialização e do uso das máquinas e aparelhos, potencialmente perigosos, no cotidiano das pessoas, e da maior frequência de acidentes. Passou-se a dar maior atenção às vítimas e aos que são expostos aos riscos dessas atividades. A doutrina cogita do dever geral de evitar riscos ou perigos. Porém, a vida moderna faz com que o direito não vede atividades que criam riscos, mas imponha a reparação dos danos originados nesses riscos, como no caso de automóveis, aeronaves, estradas de ferro, fábricas. Tem-se então a dita responsabilidade pelo risco, que não depende da ilicitude (afinal, essas atividades são lícitas) ou de atos de vontade para que haja a reparação do dano; é espécie do gênero responsabilidade objetiva.

Um dos traços mais relevantes da evolução da responsabilidade civil é a ampliação das hipóteses de obrigação solidária entre todos aqueles que devam assumir o dever de reparação. A solidariedade favorece a vítima, pois pode exercer a pretensão contra qualquer um dos responsáveis, ou contra todos. Como exemplo, a Súmula 492 do STF enuncia que "a empresa locadora de veículos responde civil e solidariamente com o locatário pelos danos por este causados a terceiros, no uso do carro alugado". Do mesmo modo, o chefe da equipe médica é solidariamente responsável pelos danos causados ao paciente por qualquer de seus integrantes. A solidariedade passiva foi expressamente adotada pelo Código de Defesa do Consumidor para responsabilizar qualquer dos figurantes da cadeia de criação, produção, distribuição e fornecimento ao consumidor do produto ou serviço.

Tratando das novas tendências da responsabilidade civil, José Aguiar Dias já anotava a tendência de que, mais do que apontar o responsável pelo dano, inclinaram-se os legisladores e aplicadores do direito em dizer como ele será reparado, anotando que o centro da preocupação em matéria de responsabilidade civil deixou de ser o homem, isoladamente considerado, para ser o homem coletiva e socialmente considerado (2006, p. 50).

O modelo da responsabilidade civil, na modernidade liberal e burguesa, foi o da garantia de menor risco e maior previsibilidade para os negócios, ainda que sacrificando os outros ou a natureza. Consequentemente, a vítima não era o objeto da tutela legal, cujo interesse era secundário. Na dimensão atual da ética da responsabilidade, exige-se que as consequências dos danos não sejam mais suportadas pela vítima e pela sociedade.

Já se disse que as vítimas, a rigor, numa sociedade excludente e desigual, são todos os asselvajados por acidentes, pelos riscos e pelas carências expostas, aqueles mesmos desumanizados como sobrantes (Fachin, 2010, p. 16).

A ideia de reparação, que domina a concepção tradicional de responsabilidade civil, ancora-se no fato passado, como consequência ao dano já consumado, o que leva à prescrição da pretensão em três anos (CC, art. 206, § 3º, V). Contudo, para certos danos, especialmente os que ultrapassam sujeitos determinados e atingem coletividades, como os danos nas relações de consumo e os danos ambientais, além dos decorrentes de conflitos de vizinhança, ou de concorrência desleal, ou de direitos da personalidade, notadamente os relativos à privacidade, os deveres de prevenção, que se voltam ao futuro, são imprescindíveis.

19.5. Fundamentos da Responsabilidade Civil

O fundamento principal da responsabilidade civil, desde os romanos, reside no *neminem laedere*, a saber, em não lesar ou ofender a pessoa ou o patrimônio do outro. Esse fundamento, presente em todos os ordenamentos jurídicos, aponta para a necessidade de não se deixar qualquer ofensa ou dano sem ressarcimento, o que leva à crescente redução do papel da culpa.

Outro fundamento, correlacionado ao primeiro e destacado pela doutrina, é do princípio da equivalência, que impõe ao imputável pelo dano a prestação do equivalente. Dá-se a prestação do equivalente mediante a restituição ao estado anterior, ou a reparação específica, ou a reparação pecuniária, ou a compensação financeira, ou outro modo de satisfação do credor ou vítima.

Nos tempos atuais, a responsabilidade civil tem, principalmente, função reparatória, e não punitiva. Porém, há situações em que a função punitiva se impõe, sob novas características, inclusive para fins de dissuasão, como nos danos a direitos difusos e coletivos e a direitos da personalidade.

Para além da função restitutiva, na contemporaneidade, assumiu importância fundamental a função preventiva da responsabilidade civil. Assenta-se, igualmente, no fundamento do *neminem laedere*, não mais para reparar a lesão, mas sim para evitá-la.

O direito contemporâneo da responsabilidade civil orienta-se a partir dos seguintes fundamentos específicos:

1. Primazia da vítima;
2. Reparação integral;
3. Solidariedade social;
4. Prevenção.

19.6. Responsabilidade Civil Preventiva

A doutrina tradicional alega categoricamente que sem dano efetivo não há responsabilidade civil. A ideia de reparação é um remédio ao prejuízo já realizado (Viney e Jourdain, 2001, p. 8). Ocorre que o Estado e o direito assumiram novas funções, incluindo as preventivas, de precaução e de proteção, de modo a evitar danos, lançando mão principalmente de proibições de conduta, como a proibição de vendas de produtos, para o que a mera circulação ou exposição já constitui fato ilícito; nessas hipóteses, o dano não é requisito, mas consequência que pode ocorrer ou não, pois pode conter-se em obrigação de não fazer (retirar os produtos de circulação). Do mesmo modo, é mais útil prevenir o dano ao meio ambiente do que repará-lo, até porque, na maioria das vezes, é irreparável; daí o princípio de precaução.

Nos direitos da personalidade, notadamente quanto aos atentados à honra, à intimidade, à imagem e à vida privada, é melhor impedir que sejam violados quando a ameaça ainda não foi consumada ou, quando consumada, ainda não alcançou maior âmbito de lesão; também, nessas hipóteses, o dano extrapatrimonial é irreparável, o que exigiu a construção de soluções que não se enquadram como reparação pecuniária, como o direito de resposta (art. 5º, V, da Constituição), ou como compensação, ou satisfação da vítima.

A prevenção é, consequentemente, categoria que há de ser considerada na noção contemporânea de responsabilidade civil. Ao lado da responsabilidade reparatória trilha a responsabilidade preventiva. A ideia não é nova, pois os romanos antigos já conheciam a instituição da *cautio damni infecti*, que protegia precisamente a vítima potencial de um dano ainda não consumado, mediante a imposição de medidas preventivas.

Na sociedade de risco em que vivemos na atualidade, decorrente do desenvolvimento técnico, científico e econômico (Beck, 2010, *passim*), avulta a consciência jurídica da prevenção, máxime ante a finitude dos meios de existência disponíveis na natureza, afetados por esse desenvolvimento. Os deveres impostos pelo direito e a consequente imputação de responsabilidade têm por fito evitar que os danos ocorram, impedindo ou limitando determinados comportamentos, inclusive a livre iniciativa.

Essa plurivalência da responsabilidade, principalmente no que diz com o comportamento desejado (futuro), e não com a reação ao comportamento danoso (passado), nos conduz a um dos mais instigantes pensadores contemporâneos, o filósofo alemão Hans Jonas. Em obra denominada *O princípio responsabilidade*, Hans Jonas sustenta que a ética da responsabilidade esteve distanciada da ética antropocêntrica que marcou a modernidade, desde os teóricos fundadores como Descartes e Francis Bacon até os dias atuais: o homem é o centro e o fim, para o que a natureza seria meio a ser explorado e, se necessário, destruído. "A significação ética dizia respeito ao relacionamento direto de homem com homem, inclusive o de cada homem consigo mesmo; toda ética tradicional é antropocêntrica" (2006, p. 35). Essa racionalidade estaria na base do descompromisso com o futuro, com as futuras gerações, agravada pela acumulação imensa de poder tecnológico de destruição. O homem não apenas se serve da natureza, mas pode destruí-la e, consequentemente, destruir a si próprio, comprometendo os que virão. "Nenhuma ética anterior vira-se obrigada a considerar a condição global da vida humana e o futuro distante, inclusive a existência da espécie" (2006, p. 33).

Esses delicados aspectos, o da superação da ética antropocêntrica, o da subjetivação das futuras gerações e dos limites do poder, são tratados por Jonas sob o rigoroso conceito de responsabilidade positiva que vincula o poder ou poderes fragmentados da sociedade, inclusive a família e cada pessoa. Contrapõe ao conhecido imperativo categórico de Kant ("age de tal modo que a máxima de tua vontade possa valer sempre como princípio de uma legislação universal"), posto no centro da ética kantiana (Kant, 2003, p. 40), estoutro mais apropriado ao novo tipo de sujeito atuante ou ao novo tipo de agir humano em nosso tempo: "aja de modo que os efeitos da tua ação sejam compatíveis com a permanência de uma autêntica vida humana sobre a Terra" (Jonas, 2006, p. 47), porque nós não temos o direito de escolher a não existência de futuras gerações em função da existência da atual, ou mesmo de as colocar em risco.

Para além da responsabilidade derivada de todo agir causal entre os seres humanos, que impõe a reparação dos danos causados (imposição formal), propugna por outra noção de responsabilidade que não concerne ao cálculo do que foi feito *ex posto facto*, "mas à determinação do que se tem a fazer; uma noção em virtude da qual eu me sinto responsável, em primeiro lugar, não por minha conduta e suas consequências, mas pelo objeto que reivindica meu agir" (Jonas, 2006, p. 167). Responsabilidade, por exemplo, pelo bem-estar dos outros, que considera determinadas ações não só do ponto de vista da sua aceitação moral, mas se obriga a atos que não têm nenhum outro objetivo.

Para Jonas, o poder se torna objetivamente responsável por aquele que lhe foi confiado. O exercício do poder (aí incluídos os poderes privados, como o "poder familiar") sem a observação do dever é, então, "irresponsável", ou seja, representa uma quebra da relação de confiança presente na responsabilidade. "Assim, aquilo que liga a vontade ao dever, o poder, é justamente o que desloca a responsabilidade para o centro da moral" (Jonas, 2006, p. 217). Sob o ponto de vista do direito, a noção de Jonas de responsabilidade como determinação do que se tem a fazer se enquadraria como obrigação de fazer, ao lado da tradicional obrigação de reparar, que era o campo até então da responsabilidade civil negocial e extranegocial.

O direito progressivamente encaminha-se no sentido da regulação da responsabilidade preventiva, inclusive na legislação processual. Ao tratar da tutela de urgência, o CPC, art. 300, prevê sua concessão quando houver "perigo de dano". Procura-se evitar com essa medida que o dano se perfaça. A tutela de urgência, de acordo com o grau de perigo, pode ser concedida liminarmente ou após justificação prévia.

19.7. Pressupostos Gerais da Responsabilidade Civil por Dano

Com a redução do papel da culpa, a responsabilidade civil por dano passou a assentar-se nos seguintes pressupostos de caráter objetivo, comuns às variadas espécies:

a) o dano;

b) a contrariedade a direito;

c) a imputabilidade;

d) o nexo de causalidade.

O dano é a violação sofrida pela própria pessoa, no seu corpo ou em seu âmbito moral, ou em seu patrimônio, sem causa lícita. Significa perda ou valor a menos do patrimônio, na dimensão material, ou violação de direitos da personalidade, ou comprometimento do projeto de vida, na dimensão extrapatrimonial. O dano, normalmente, está presente na configuração da responsabilidade civil.

São fatores de dano o ato ilícito absoluto (a vontade ou o elemento psíquico é essencial), o ato-fato ilícito absoluto (a vontade originária é desconsiderada) e o fato ilícito absoluto (não vontade). São absolutos no sentido em que violam obrigação oponível a todos de não lesar ninguém (*neminen laedere*).

A contrariedade a direito resulta da qualificação como ilícito de determinados fatos, atos-fatos e atos. Satisfaz-se o princípio com a antijuridicidade, para que nasçam o dever e a obrigação de reparar. A contrariedade a direito há de ter repercussões no âmbito civil. Há fatos que são ilícitos penais, mas não são ilícitos civis. Por exemplo, a tentativa de homicídio é crime, mas não é ilícito (ou delito) civil, por faltar o elemento dano, salvo se acarretar dano moral. A tendência à objetivação da responsabilidade civil, superando-se o individualismo jurídico, poderá reduzir essa distância, aproximando cada vez mais os delitos civis dos criminais, no interesse social, distinguindo-os apenas nas consequências. Por essa razão, Orlando Gomes apontava para o giro conceitual da responsabilidade civil que se deslocava do ato ilícito para o dano injusto (1980, p. 293).

Imputabilidade significa aptidão para a posição de sujeito do dever de prevenção ou reparação do dano. Nem sempre é o agente causador, como no caso do pai em relação ao dano cometido pelo filho menor. Na responsabilidade civil subjetiva, a culpa é requisito imprescindível da imputabilidade, ou seja, imputável, ou responsável, é o culpado. A imputabilidade civil (como potência) é atribuição legal de dever de prevenção e reparação, enquanto que a imputação civil (como ato) é atribuição legal a sujeito determinado do dever de prevenção e reparação. Excluem-se de sua configuração geral a contrariedade a direito, a culpa, a capacidade civil e o dano.

O nexo causal, ou nexo de causalidade, costuma ser indicado pela doutrina como pressuposto da responsabilidade civil. A responsabilidade civil apenas poderia ser imputável a alguém se, além de ser o fato contrário a direito, houvesse relação de causa e efeito entre aquele e o dano. A função do nexo de causalidade é a de estabelecer relação naturalística entre determinado comportamento do agente a quem se visa imputar responsabilidade e o dano sofrido pela vítima (Miragem, 2015, p. 31). Não haveria nexo causal, por exemplo, entre o atropelamento de alguém (fato) e os danos decorrentes de automedicação que a vítima passou a utilizar; também, no caso da pessoa gravemente ferida por assaltante, que veio a falecer após colisão da ambulância que o levava ao hospital, provocada por um caminhão, pois duas são as causas. A causalidade não precisa de ser imediata, sendo necessário, contudo, que se demonstre que o dano não teria ocorrido sem o fato causador. Quando se fala em causalidade imediata não se alude a dano instantâneo, pois sempre há algo de temporal nesses eventos. A responsabilidade é independente do fato causador, porque pode ser imputada a alguém que não o provocou, em virtude de ato de outrem ou de fato de coisa ou animal.

Questão que merece destaque é a da pluralidade de causas ou de causadores. Se há possibilidade indiscutível de discriminar os danos e suas causas, cada pessoa é responsável pelo dano que causou. Mas, se alguém lança fósforo em um bem de outro, iniciando incêndio, e terceiro também lança um recipiente com combustível, não importa quem atirou o fósforo ou o combustível. A pluralidade de autores do dano resolve-se segundo as regras da solidariedade, não sendo ônus do lesado definir a proporção de responsabilidade de cada um. O lesado pode exigir a reparação a qualquer um. A solidariedade supõe que duas ou mais pessoas tenham tomado parte no fato causador do dano e que haja unicidade desse fato ou do conjunto de fatos; se se trata de fatores de danos diferentes, não há solidariedade.

19.8. Relativização e Perspectivas dos Pressupostos da Responsabilidade Civil

Na contemporaneidade, houve verdadeira implosão dos pressupostos e requisitos da responsabilidade civil construída pelo individualismo jurídico, que pode ser denominada doutrina tradicional. Contrariando esta, surgiram, então, responsabilidade sem culpa, responsabilidade por causa lícita, responsabilidade preventiva, responsabilidade sem dano efetivo. Novos conceitos foram difundidos para conformação da responsabilidade civil: danos não patrimoniais, medidas preventivas, atividade, risco, sanção civil ou reparação punitiva, primazia da vítima, proteção, preservação, novos sujeitos de direito, consolação ou satisfação da vítima no lugar de reparação.

Se a culpa, o risco, o ato ilícito, o dano efetivo, o nexo de causalidade e a reparação não constituem pressupostos ou requisitos abrangentes de todas as hipóteses de responsabilidade civil, o que há de comum ou nuclear, ou seja, o que se encontra presente em todas elas? Apenas a imputação da responsabilidade a alguém em face de determinado fato lícito ou ilícito gerador de obrigação extranegocial. Não são mais determinantes a licitude ou ilicitude do fato gerador, a existência ou não de dano real, a possibilidade ou não de reparação, a equivalência da reparação em razão da extensão do dano, o nexo causal entre determinado fato e o dano, a culpa do agente.

Há uma viragem paradigmática que nem sempre tem sido observada na aplicação do direito, desligando-se de categorias, que se cristalizaram, paradoxalmente, na proteção do lesante, em direção da primazia da vítima, de sua satisfação ou da reparação integral do dano e do dever de solidariedade social.

Esse quadro, aparentemente inseguro, abre amplas possibilidades para a reconfiguração da responsabilidade no direito privado que abranja tanto as obrigações decorrentes de fatos passados (consequências negativas ou repressivas), principalmente quando geradores de danos, quanto as obrigações de fazer em virtude de situações e posições jurídicas (consequências positivas ou promocionais). Neste ponto, fazemos uma releitura por aproximação da distinção proposta por Norberto Bobbio entre sanções coercitivas, para os comportamentos indesejados, e sanções promocionais, para os comportamentos desejados (Bobbio, 1977, *passim*), que caracterizariam o ordenamento jurídico contemporâneo.

A afirmação dos direitos fundamentais, notadamente no mundo ocidental, duramente conquistada contra os despotismos de todos os matizes, de certa forma obliterou a compreensão dos consequentes deveres fundamentais, onde se insere a noção alargada de responsabilidade de cada pessoa humana. O predomínio exclusivo dos direitos fundamentais oponíveis ao Estado ou das liberdades públicas, de caráter negativo, apenas faz sentido em uma visão de mundo individualista e antropocêntrica, na qual o Estado, a sociedade e a natureza são apenas tolerados quando favorecem a realização individual. Os deveres fundamentais são necessariamente transindividuais, pois têm como destinatários a outra pessoa humana, a coletividade e os meios de vida digna das atuais e futuras gerações, implicando fins e futuridade. A reciprocidade é a tônica dos deveres fundamentais, pois cada pessoa humana é responsável pela outra, e ela é também responsabilidade das outras.

Quando o art. 931 do Código Civil estabelece a responsabilidade das empresas pelos danos que o produto causou, dispensa o requisito da contrariedade a direito e concentra-se no dano em si, que deve ser reparado. A atividade empresarial é lícita, mas basta o fato de pôr em circulação os produtos – licitamente produzidos – para responsabilizar-se pelos danos decorrentes. Antes, justamente pela ausência de contrariedade a direito, a lei não admitia a reparação desse dano, que se entendia inserido nos riscos da vida social, ou o preço a pagar pelo progresso econômico. Consequentemente, há danos reparáveis que não dependem de contrariedade a direito ou de ilicitude.

O dano causado por fato lícito é reparável, mas não é ilícito, o que também torna dispensável o pressuposto de nexo de causalidade da responsabilidade civil. O dano pode existir, mas o direito pré-excluir a ilicitude, como dano inevitável causado ao imóvel do vizinho em razão do reparo de muro comum. O direito até admite que haja reparação do dano em alguns desses casos, mas não em virtude da ilicitude do ato causador.

Pontes de Miranda entende que haveria hipóteses excepcionais nas quais o direito dispensaria a ocorrência do dano: a) a cobrança de dívida ainda não vencida; b) a cobrança de dívida já paga. Em sendo assim, o dano não poderia constituir pressuposto da responsabilidade civil em geral, porque o pressuposto não admite exceção.

O dono de imóvel encravado em outro tem direito a servidão de passagem, mas há de indenizar o dono do imóvel serviente para que possa exercê-lo; o proprietário de imóvel tem direito a entrar no imóvel vizinho quando houver necessidade de reparos, limpeza, construção, mas há de indenizar os danos que provocar, ainda que sem culpa sua. Nesses casos, o dano não deriva de ato ilícito, e o dever de reparar independe de contrariedade a direito ou de existência de culpa, somente podendo ser excluído se houver culpa exclusiva da vítima, ou de terceiro, ou caso fortuito ou força maior.

Quanto ao nexo de causalidade, não há consenso doutrinário quanto ao tipo de causalidade que o direito brasileiro deve adotar, prevalecendo a causalidade direta, em razão do art. 403 do Código Civil.

Na jurisprudência dos tribunais tampouco há consenso quanto ao critério a ser adotado, aludindo-se, além da causalidade direta, à equivalência das condições, à causalidade adequada, à causalidade eficiente, ou à causalidade necessária (Cruz, 2005, p. 21-22; Schreiber, 2007, p. 52). O STF (RE 130764), aplicando norma do CC anterior, idêntica à do CC/2002, art. 403, afirmou que em nosso sistema jurídico "a teoria adotada quanto ao nexo de causalidade é a teoria do dano direto e imediato, também denominada teoria da interrupção do nexo causal", aplicando-se também à responsabilidade extranegocial, "inclusive a objetiva, até por ser aquela que, sem quaisquer considerações de ordem subjetiva, afasta os inconvenientes das [demais]". Porém, nem sempre é possível se estabelecer a relação entre dano e comportamento do agente, ou mesmo a causa do dano. Daí a busca por soluções pragmáticas, como a de presunção de nexo causal (Hironaka, 2002, p. 253).

Outras hipóteses de ausência de nexo de causalidade podem ser encontradas no direito brasileiro, como indica a doutrina (Frota, 2014, p. 279): a responsabilidade do transportador por culpa de terceiro (CC, art. 735), os seguros de responsabilidade civil e os fundos de reparação às vítimas de específicos prejuízos, como o seguro DPVAT (Danos Pessoais Causados por Veículos Automotores de Via Terrestre), o dano nuclear (Lei n. 6.453/1977, arts. 4º e s.), salvo por culpa exclusiva da vítima.

A relativização do nexo de causalidade tem esbarrado em afirmações categóricas de sua imprescindibilidade, contrariando a evolução do direito brasileiro. Como exemplo, o STJ, para negar a responsabilidade civil de *shopping center* por tiros desferidos por uma pessoa em cinema nele instalado, fundamentou-se na ausência de nexo de causalidade (REsp 1164889). Contudo o nexo de causalidade é afastado ou expandido quando há solidariedade passiva dos fornecedores de serviços e o dever jurídico de proteção de terceiros, como no caso.

A imputabilidade, na evolução do direito, desligou-se da culpa e da causa da responsabilidade pelo ilícito civil. A imputabilidade contemporânea diz respeito à atribuição da responsabilidade pelo dano, independentemente de ter havido culpa ou até mesmo participação no evento (exemplo, empregador pelo fato danoso do empregado). É simplesmente imputação de responsabilidade patrimonial. Deslocou-se da causa do dano para os efeitos do dano, máxime com o crescimento das hipóteses de responsabilidade que têm na origem atos e atividades lícitas.

Assim, não mais a imputabilidade na ilicitude está relacionada à capacidade delitual do agente, ou capacidade para praticar ilícito, salvo para os atos ilícitos referidos no CC, art. 186. O ato cometido pelo menor absolutamente incapaz, contrário a direito, é ilícito civil, ainda que ele pessoalmente seja inimputável; a imputabilidade é objetivamente trasladada para seus pais, que não participaram ou mesmo não sabiam do evento.

Tende-se para a extensão da imputação da responsabilidade, para além do fato gerador do dano, como ocorre com o direito do consumidor, que alcança todos os que, direta ou indiretamente, participaram do fornecimento do produto ou do serviço no mercado de consumo, não bastando a relação jurídica imediata, recorrendo-se à solidariedade passiva de todos. O mesmo ocorre com relação às pessoas e entidades referidas no CC, art. 932. A imputabilidade desliga-se da autoria.

A função reparatória da responsabilidade civil não é mais suficiente para abranger todas as suas dimensões contemporâneas. A reparação compensatória adquiriu autonomia própria, com a tutela dos danos extrapatrimoniais. Alude-se igualmente à função punitiva e à função precaucional, além de que a função preventiva permearia as demais (Rosenvald, 2017, p. 95).

19.9. Responsabilidade Negocial e Responsabilidade Extranegocial

A responsabilidade negocial (máxime a contratual) é considerada espécie do gênero responsabilidade civil, mas é comum ser incluída no estudo das consequências da inexecução das obrigações, em geral. Assim, cuidaria a responsabilidade civil extranegocial das consequências civis dos fatos ilícitos absolutos, dos atos-fatos ilícitos, dos atos ilícitos e de determinados fatos lícitos, enquanto à responsabilidade negocial tocaria as consequências pelo inadimplemento.

Essa distinção, no entanto, tem sido objeto de crítica doutrinária, que vê mais unidade que disjunção entre ambas espécies, apontando para a superação entre responsabilidade negocial e responsabilidade extranegocial, criando-se um sistema unitário de reparação fundado no equilíbrio material de posições jurídicas, ou princípio da equivalência. Por outro lado, é crescente a consciência de que a reparação integral do dano deve ser perseguida, pouco importando sua origem negocial ou extranegocial, extinguindo-se a dualidade ora existente. Sustenta-se, igualmente, que toda responsabilidade civil é exclusivamente extranegocial, ainda que o evento causador da obrigação de reparar tenha origem primária no contrato, porque os danos constituem um cumprimento da obrigação, por equivalência.

Outra corrente de opinião defende a singularidade da responsabilidade contratual, ainda que concorde que muitas situações contemporâneas tenham levado o legislador e os tribunais à unificação de ambas, o que não afastaria a distinção, notadamente quando o inadimplemento contratual é a fonte de danos sofridos tanto pelos credores em virtude do contrato como os terceiros, quando têm um vínculo com o contrato, porque ambos estão expostos aos mesmos riscos (Larroumet, 2001, p. 162).

Sob a ótica do contratante devedor, radica na equivalência um dos sinais destacados pela doutrina da unificação, pois é idêntica na responsabilidade extracontratual e na contratual. Nesta, o interesse do credor, prejudicado pelo inadimplemento, vê-se somente satisfeito mediante a reparação ou o pagamento de uma reparação compensatória, o que produz uma transformação da relação obrigacional, pois o devedor deve realizar uma conduta distinta da inicialmente devida, que afeta seu patrimônio em um valor equivalente ao valor estimado do dano sofrido pelo credor. Por seu turno, na responsabilidade extracontratual a originária conduta devida, consistente na obrigação de não fazer (não lesar o outro), de cunho não patrimonial, transforma-se em outra obrigação, a de reparar, com seu patrimônio, o dano sofrido pela vítima. Em ambas há, com efeito, conversão das condutas originariamente devidas.

Para Geneviève Viney (2001, p. 946), é pouco realista a proposta de desaparição da responsabilidade contratual, em favor de um conceito de "execução por equivalência", dadas as características dos danos resultantes da inexecução contratual, além de reduzir a proteção das vítimas.

Sobre a utilidade da distinção, anota-se que as cláusulas restritivas (p. ex., cláusula penal, arras penitenciais) ou exoneratórias de obrigações (p. ex., cláusula de não indenizar) só teriam lugar na responsabilidade negocial, uma vez que configurariam uma inadmissível derrogação convencional de regras de ordem pública impostas à responsabilidade extranegocial (Ehrhardt Jr., 2014, p. 124).

Essa controvérsia repercute na aplicação do direito civil brasileiro. Por exemplo, as duas turmas de direito privado do STJ proferiram decisões divergentes em relação ao prazo prescricional da responsabilidade negocial e da responsabilidade extranegocial, entendendo algumas que era o mesmo prazo de três anos para a pretensão à reparação civil (CC, art. 206, § 3º, V), enquanto outras entenderam que os prazos eram distintos porque distintas as responsabilidades, fixando o prazo prescricional geral de dez anos (CC, art. 205) para a pretensão relativa à inexecução de negócio jurídico contratual. O segundo entendimento prevaleceu na Segunda Seção do STJ (composta de membros das duas turmas de direito privado), como se vê no julgamento do REsp 1033241, em 2008. Posteriormente, porém, houve decisões de turmas do mesmo Tribunal que reafirmaram a tese vencida (três anos), como se vê no REsp 1281594 (2016).

Muitas situações não conseguem enquadrar-se em um dos tipos, transitando em zonas comuns. O exemplo mais notável é o de situações que estão sendo denominadas de *contato social*, gerador de responsabilidade, independentemente de negócio jurídico prévio ou de delito. A jurisprudência dos tribunais, como se vê na Súmula 130 do STJ, passou a responsabilizar as empresas, que colocam espaços de estacionamentos à disposição de seus clientes para atraí-los, pelos danos que ocorram nos veículos, provocados por terceiros, inclusive ladrões, mesmo quando nada cobrem por sua utilização ou não mantenham guarda; ressalte-se que não há, rigorosamente, contrato de depósito, nem o dano deriva de ato do empresário ou de seus prepostos, nem se impõe como requisito que o provável cliente tenha adquirido ou utilizado bens ou serviços do empresário.

19.10. Principais Espécies de Responsabilidade Civil

Independentemente das teorias que procuraram explicá-la, dos modos pelos quais a evolução se deu, dos novos tipos de danos e das vicissitudes por que tem passado a concepção de responsabilidade civil, todos os tipos ou espécies podem ser subsumidos na seguinte classificação:

I – Responsabilidade por dano:

a) responsabilidade civil subjetiva (ou com culpa);

b) responsabilidade civil transubjetiva;

c) responsabilidade civil objetiva.

II – Responsabilidade sem dano.

Na responsabilidade civil subjetiva a culpa é requisito, sem a qual não há ilícito nem se poderá imputar responsabilidade a alguém pelo dano. Na responsabilidade civil transubjetiva a culpa é irrelevante, pois ao direito interessa atribuir responsabilidade a determinadas pessoas por ato ou fato de outrem ou por fato de coisas e animais. Na responsabilidade civil objetiva basta o dano para imputação da responsabilidade a quem deva suportar o ônus da reparação. Na responsabilidade sem dano, este não ocorreu, ou pode não ocorrer, ou é juridicamente irrelevante.

19.11. Responsabilidade Civil Subjetiva (ou com Culpa)

Na responsabilidade subjetiva, a culpa é necessária para ligação entre o fato ilícito e o sujeito imputável. Nessa hipótese, o fato (ou ato) é contrário a direito, mas a responsabilidade somente imputa-se ao sujeito se houver vontade ou se houver procedido sem cuidado necessário. A ilicitude decorre da concretização dos dois elementos de seu suporte fático: contrariedade a direito e culpa. Imputável é sempre o culpado. O CC, art. 186, qualifica como culpa geradora de ato ilícito a ação ou omissão voluntária, negligência ou imprudência e, na hipótese de atividade profissional, acrescenta a imperícia (art. 951).

Por tais razões, o direito tradicional e subjetivista construiu, como espécies artificiais, a culpa *in vigilando* (culpa pela falta ou deficiência de vigilância ou guarda de outra pessoa, principalmente de incapazes, ou de coisa), a culpa *in eligendo* (culpa pela má escolha do empregado, do preposto ou de outro, com vínculo de subordinação) e, até mesmo, a presunção de culpa, para poder atribuir a responsabilidade civil a alguém.

Na presunção de culpa, a culpa não é verificável em concreto. Ao legislador bastou indicar alguém como presumivelmente culpado, sem necessidade de prová-lo. A presunção é, normalmente, *juris tantum*, quando se admite a prova em contrário (inversão do ônus da prova).

A culpa, de modo geral, aprecia-se em abstrato, ou seja, não leva em conta o estado psicológico do sujeito responsável concreto, mas do homem normal. Levam-se em conta as circunstâncias em que se dá o ato, que fazem inferir a existência de culpa, todas as vezes que ocorrerem com qualquer pessoa. A culpa em concreto é exceção. O significado de homem normal varia no tempo e no espaço, e até mesmo nas classes e nas profissões, o que bem demonstra a grande dificuldade em se caracterizar a culpa. No direito romano, a culpa estava em não se prever o que o homem diligente preveria ou somente perceber quando já era impossível evitar o dano. A previsão não há de ser somente a do que acontece com frequência, mas sim a do que pode acontecer. Uma pessoa que contamina outra, em relação sexual, é responsável, porque pode acontecer a contaminação, mesmo que esta não seja frequente.

A gradação da culpa em grave, leve e levíssima, foi superada pelo princípio da plena reparação dos direitos lesados. Sustentou-se que a culpa levíssima, a saber, aquela que existiria mesmo que se observasse a diligência do homem normal, deveria ser desconsiderada, afastando-se a responsabilidade. Essa distinção não prevalece, pois de aferição difícil e variável, em prejuízo da vítima. Todavia, para fins de fixação da reparação civil, o juiz pode levar em conta a desproporção entre a gravidade da culpa e o dano; a gravidade da culpa também é considerada quando houver concorrência de culpas (CC, arts. 944 e 945). O dolo, na responsabilidade civil, equipara-se à culpa e sempre dá ensejo ao dever de reparação.

Pode haver cumulação da responsabilidade com culpa negocial com a responsabilidade com culpa extranegocial. Quando o inadimplemento contratual também constitui crime, os dois tipos de culpas se apresentam. Podem ser citados como exemplos, o incêndio propositadamente provocado pelo inquilino e a fraude do vendedor. O depositário pode responder por violação do contrato de depósito e por ilicitude extranegocial.

A omissão pode ser culposa, no âmbito civil. Em princípio, não há obrigação de evitar o dano, mas de não lesar. A omissão é culposa quando é seguida de atos que provocam dano. Mas, se há dever legal ou regulamentar de fazer ou de dar, como o dever de prestar socorro, a omissão é culposa e, portanto, ilícita; outro exemplo é o da pessoa que encontra criança exposta e não avisa a autoridade competente.

A culpa esteve sempre no centro da construção doutrinária tradicional da responsabilidade civil, como projeção do princípio da autonomia da pessoa. Todavia, a tendência em todo o mundo é forte no sentido de prevalecer o princípio da plena reparação dos danos e a primazia da vítima, reduzindo-se proporcionalmente o espaço antes ocupado pela culpa e pela responsabilidade subjetiva.

No âmbito da responsabilidade civil houve o progressivo distanciamento do requisito da culpa, condicionante da ilicitude do evento danoso, para a imputação de responsabilidade a alguém, em virtude de certas situações, independentemente de culpa do responsável ou até mesmo quando exerce ato ou atividade lícita. As presunções de culpa, em vez de fortalecê-la, ampliaram o distanciamento.

Alguns autores insistem em que a responsabilidade civil, no Brasil, continua sendo preferencialmente culposa, reservando-se a responsabilidade civil objetiva para situações excepcionais, que estejam explicitadas na lei. Partem da leitura equivocada do alcance do art. 186 do Código Civil, que não trata da responsabilidade civil, e sim da caracterização do ato ilícito. Contudo, há responsabilidade civil causada por ato ilícito (culposo) e responsabilidade civil causada por outros fatos jurídicos não culposos ou mesmo lícitos

Indicação marcante do declínio do papel da culpa na responsabilidade civil é a trajetória da natureza da responsabilidade dos pais pelos danos causados por seus filhos. Durante o predomínio do individualismo liberal, cuja expressão jurídica no Brasil foi o Código Civil de 1916, responsáveis eram os pais quando a vítima conseguia provar a culpa por atos ou omissões deles. O ônus da prova era da vítima. Depois, a doutrina e a jurisprudência trilharam caminho adjacente, passando a considerar que a culpa era presumida, transferindo o ônus da prova para os pais, que poderiam demonstrar que não tinham agido com imprudência, negligência ou dolo. Finalmente, o art. 933 do Código Civil de 2002 estabeleceu, sem restrições, a responsabilidade objetiva dos pais, que não podem mais alegar ausência de culpa, mas inexistência do dano ou de que seu filho não teria causado diretamente o dano, ou alguma hipótese de afastamento da responsabilidade, como a culpa exclusiva da vítima ou caso fortuito e força maior.

Outro ponto a destacar é que a imputabilidade, na evolução do direito, desligou-se da culpa e da causa da responsabilidade pelo ilícito civil. No direito anterior da responsabilidade civil, de teor subjetivista, a imputabilidade estava vinculada à culpa. Imputável era o culpado. Se não fosse possível caracterizar a culpa do autor do ato ilícito ou de outra pessoa que a assumisse, então não se poderia cogitar de imputabilidade. Por consequência, a ausência de culpa levava à inimputabilidade, à irresponsabilidade e ao desaparecimento da própria ilicitude. No quadro atual do direito, imputabilidade é a aptidão de ser civilmente responsável, independentemente de culpa. A imputabilidade, nos dias atuais, diz respeito à atribuição de responsabilidade pelo dano, independentemente de ter havido culpa ou participação no evento (exemplo, empregador pelo fato danoso do empregado).

19.12. Responsabilidade Civil Transubjetiva

A responsabilidade civil transubjetiva origina-se do dever de reparação que o direito atribui a determinadas pessoas, em virtude de danos provocados por outras pessoas, animais ou coisas.

Diz-se transubjetiva porque transcende a conduta do próprio sujeito imputável, para responsabilizá-lo não por seus atos, mas por fatos de outros ou de coisas. Na responsabilidade civil transubjetiva a doutrina tradicional identifica a culpa presumida, o que não deixa de constituir um avanço na tendência evolutiva que aponta para a necessidade de não se deixar o dano sem reparação, interessando menos a culpa de quem o causou e mais a imputação de responsabilidade pela reparação.

A responsabilidade civil transubjetiva situa-se a meio caminho entre a responsabilidade subjetiva e a responsabilidade objetiva, com esta tendo mais afinidade. Não se trata aí de culpa, ainda que fictícia (culpa *in vigilando* ou culpa *in eligendo*). Exemplos: o dono da casa responde pelo dano causado ao vizinho, por ato de seu hóspede, e pelo vaso que caiu da janela, sem qualquer impulsão humana. A responsabilidade é do dono do edifício ou da construção pelos danos que resultarem de sua ruína, se esta provier de falta de reparos, cuja necessidade for manifesta; a responsabilidade persiste ainda que o dono ignore o fato ou tenha dado ordem para a demolição ou para os reparos.

Quando o regime jurídico estabelece, na responsabilidade civil transubjetiva, a presunção de responsabilidade e fixa as únicas provas admissíveis, aproxima-se fortemente da responsabilidade civil objetiva. A complexidade da vida moderna, os riscos a que estão sujeitas as pessoas em seu cotidiano, as dificuldades inerentes à caracterização da culpa, com sua imensa carga subjetiva, recomendam que se aproximem esses dois tipos de responsabilidade civil.

19.13. Responsabilidade Civil Objetiva

Na responsabilidade objetiva, a ligação do fato ao sujeito imputável dá-se sem qualquer consideração de culpa, inclusive a presumida. Nessa hipótese, para a ilicitude basta apenas a contrariedade a direito, do fato. A responsabilidade é imputável a alguém que não está em nexo psicofísico com o fato contrário a direito.

Em sentido contrário a esse entendimento, diz Pontes de Miranda que o nexo psicofísico não precisa ser entre o ato e o responsável, pode ser entre o ato ou atos anteriores do responsável e o fato lesivo, tendo-o como causador mediato (culpa mediata), o que nega a possibilidade de responsabilidade objetiva *tout court*. Parece-nos exagerada a concepção do autor, pois no exemplo da responsabilidade por dano nuclear, mesmo por culpa exclusiva da vítima ou de terceiro, a suposta culpa mediata não teria qualquer relação com o fato lesivo, pois a responsabilidade decorre do exercício de atividade que o direito considerou lícita, o que exclui naturalmente qualquer tipo de culpa.

Cogita-se de um dever positivo de proteção em relação a riscos que somente o sujeito do dever controla. Assim é que o CC, art. 931, estabelece que os empresários individuais e as empresas respondem independentemente de culpa pelos danos causados pelos produtos postos em circulação. Entende-se (Miragem, 2015, p. 287) que o dever de segurança surge como contraponto à liberdade de ação individual que permite a organização e execução dessas atividades ou a exposição a riscos dos indivíduos em razão dessas atividades.

Na responsabilidade civil objetiva situam-se hipóteses variadas que vão desde a consideração residual de culpa, em que se admite a exclusão de responsabilidade quando ocorrer culpa exclusiva da vítima ou de regresso contra o agente diretamente culpado, até a total desconsideração da culpa, ainda quando o causador do dano for a própria vítima. Inclui-se na responsabilidade objetiva o dano decorrente de infração de lei, que veda atos positivos ou negativos. Colhem-se exemplos na Constituição desse largo alcance: a) (art. 37, § 6º) as entidades estatais são objetivamente responsáveis pelos danos provocados por seus agentes, mas têm contra eles direito de regresso quando forem culpados; o STF tem admitido que a responsabilidade dessas entidades seja reduzida ou excluída quando houver culpa concorrente do particular ou tenha sido este o único culpado; b) no outro extremo (art. 21, XXIII, c), a responsabilidade por danos nucleares independe integralmente da existência de culpa, ainda que sejam causados pela própria vítima; assim também dispõe a Lei n. 10.308, de 2001, cujos arts. 19 e seguintes estabelecem que a responsabilidade civil por danos radiológicos pessoais, patrimoniais e ambientais causados por rejeitos radioativos, independente de culpa ou dolo, é do titular da autorização para operação ou da Comissão Nacional de Energia Nuclear – CNEN.

Incluem-se na responsabilidade civil objetiva as espécies oriundas de ato lícito, ou seja, de exercício de direitos tutelados pela ordem jurídica. Nesses casos, o dever de reparar independe de contrariedade a direito ou de existência de culpa, somente podendo ser excluído se houver culpa exclusiva da vítima ou de terceiro, ou caso fortuito ou força maior. O dono de imóvel encravado em outro tem direito a servidão de passagem, mas há de indenizar o dono do imóvel serviente para que possa exercê-lo; o proprietário de imóvel tem direito a entrar no imóvel vizinho quando houver necessidade de reparações, limpeza, construção, mas há de indenizar os danos que provocar, ainda que sem culpa sua; o proprietário tem direito a entrar no imóvel vizinho para reparações em cercas ou muros divisórios, mas há de indenizar os danos que a obra ocasionar.

19.14. Responsabilidade Civil sem Dano

A responsabilidade civil sem dano resulta da imputação legal de deveres de abstenção, para prevenção de danos, ou em virtude de determinadas posições jurídicas assumidas pelo sujeito imputável.

O direito tem evoluído na imputabilidade da responsabilidade sem dano, para além da ilicitude. O campo preferencial da responsabilidade sem dano é o da prevenção, de modo a que o dano não venha a ocorrer e se ocorrer que tenha menor dimensão. São exemplos: a responsabilidade civil preventiva, como a responsabilidade intergeracional (prevenção ambiental em favor das futuras gerações – CF, art. 225); a responsabilidade pelo abuso do direito (CC, art. 187); a responsabilidade pela dívida já paga ou dívida não vencida (CC, arts. 939 e 940); a responsabilidade pela recuperação do meio ambiente após o desenvolvimento da atividade lícita de exploração de recursos minerais (CF, art. 225, § 2º); a responsabilidade preventiva do fornecedor quando pretender utilizar condições gerais dos contratos; a responsabilidade para se evitar o dano ao patrimônio histórico; a responsabilidade pela invalidade do ato ainda que não tenha ocorrido dano; a responsabilidade por omissão (obrigação de não fazer), para evitar dano a direito da personalidade (p. ex., publicação ofensiva); a responsabilidade do provedor de informação para retirar o p. conteúdo ofensivo (Marco Civil da Internet).

Há ilícitos civis que não envolvem reparação de danos. Por exemplo, a ingratidão do donatário é ilícito civil, mas a sanção é de revogação da doação (CC, art. 555). Além da ingratidão, poderá ter havido dano ao doador; neste caso, há responsabilidade civil por danos.

19.15. Pré-Exclusão de Ilicitude e Responsabilidade Civil

Pode a ilicitude ser pré-excluída pelo direito, em determinados casos, mesmo quando ocorrer dano. O Código Civil (art. 188) refere-se à legítima defesa, ao estado de necessidade e ao exercício regular de um direito reconhecido. Apesar da exclusão da ilicitude (não há ato ilícito), o dano resultante, em determinadas situações, deve ser reparado.

Nosso sistema jurídico tem por excluída a ilicitude e responsabilidade civil, quando ficar comprovada a culpa exclusiva da vítima (exclusão total), ou quando houver culpa concorrente da vítima, na proporção respectiva, ou, se não puder ser identificada, no equivalente à metade do valor do dano (exclusão parcial).

Quanto à responsabilidade pelos danos, o direito pode optar pela irresponsabilidade de quem os causou na defesa de interesses e valores superiormente protegidos. Todavia, preferiu o legislador brasileiro a reparação do dano por quem o causou, ainda que seu ato (reação) fosse considerado lícito, quando o dono da coisa não tivesse agido com culpa, engendrando consequências que sofreram a crítica doutrinária.

O Código Civil tratou de modo objetivo o estado de necessidade, na parte geral (art. 188, II), mas no capítulo dedicado à responsabilidade civil desfez, parcialmente, o que antes previu, ao permitir ação contra o mesmo indivíduo a quem aproveitaria a pré-exclusão da contrariedade a direito (art. 929). O próprio autor do dano poderia ter sido o culpado pelo estado de perigo da coisa, de que resultou a necessidade de sua destruição ou deterioração. É inteira a sua responsabilidade pela reparação. Pense-se na escavação profunda que mandou fazer ao lado da parede do vizinho, resultando no perigo de desabamento sobre sua própria construção. Configurado o estado de necessidade, pode derrubar a parede, para evitar mal maior, mas terá de repará-la. Quando o ato em estado de necessidade acarreta dever de reparar tem-se ato-fato jurídico, porque nem é ato ilícito nem ato jurídico em sentido estrito.

Entendemos que, se não há culpa do autor do dano ou de terceiro, na hipótese de estado de necessidade, a culpa do dono da coisa é presumida, inclusive por falta de conservação ou guarda devidas. Pontes de Miranda vai mais longe: se a causa do estado de necessidade foi a própria coisa sacrificada, o autor do dano não se obriga à reparação, porque é objetiva a exclusão de responsabilidade. Mais: se o dono da coisa teve culpa ao não evitar o dano, não somente lhe falta direito à indenização como também há de responder por perdas e danos a quem reagiu em estado de necessidade (1974, v. 2, p. 303).

19.16. Dano em Geral

Nem todo dano é considerado pelo direito, pois a vida em sociedade é caracterizada por perdas e danos que toda pessoa sofre em seu cotidiano, e que devem ser suportados. Há um limite do suportável, que é variável e adaptável pelo direito aos valores da sociedade segundo as vicissitudes do tempo. O dano moral é um exemplo frisante: antes da CF/1988, tanto a doutrina quanto a jurisprudência controvertiam a respeito, com muitas resistências à sua admissibilidade. Em todos os instantes há perdas disseminadas pela população, especialmente de chances, oportunidades e situações, que o direito entende devam ser suportadas pelas pessoas. Exemplo é a perda de uma relação de emprego, ou o dano em virtude do insucesso de um negócio ou atividade econômica, ou o dano ao transportado no transporte de cortesia, sem dolo do transportador (STJ, Súmula 145). São perdas oriundas do risco normal de viver em sociedade.

A natureza do dano é objeto de intenso debate doutrinário. A corrente majoritária concebe-o como elemento do suporte fático hipotético de incidência da norma jurídica atributiva da obrigação extrajudicial. Há quem sustente que seria fato jurídico autônomo consequente de outro fato jurídico antecedente lícito ou ilícito (Baptista, 2003, p. 44). O ilícito civil, especialmente o ato ilícito, não consegue mais responder às demandas atuais para reparação do dano, o qual, por essa razão mesma, saiu da posição de coadjuvante para assumir o papel de principal protagonista da responsabilidade civil, especialmente extranegocial.

O dano pode ser permanente, como no caso de lesão permanente de uma pessoa em acidente de transporte, cabendo ao responsável o pagamento de uma prestação vitalícia ao ofendido. Outras vezes é continuado no tempo, como se dá com o ofendido que tem de se submeter a cuidados médicos periódicos até se considerar curado.

O dano é apenas considerado quando o bem continua com valor patrimonial para a pessoa que dele é dono ou possuidor. O valor de uso ou estimativo entra em consideração, como o cachorro que ninguém compraria, mas o dono prefere a qualquer outro de boa raça.

Não há dano nos atos de crítica social. A crítica a uma peça teatral ou a um livro, sem a preocupação de lesar, ou as campanhas de opinião contra certas obras não configuram ilícito ou dano, não cabendo pedido de reparação. Desde que se fique no campo das ideias e não haja agressão a pessoa ou a sua honra, dano não há. Essas hipóteses não se incluem no âmbito da responsabilidade civil.

O direito brasileiro admite a *compensatio lucri cum damno*, em que a reparação do dano deverá levar em conta o prejuízo menos o benefício. Para que possa haver a compensação, tanto o prejuízo quanto o benefício deverão ter sido gerados pelo mesmo fato. Compensa-se o dano ao automóvel com o lucro obtido pela sua venda ao ferro velho; mas não se compensa o que o lesado obteve com a ajuda de terceiros para que pudesse adquirir outro veículo; do mesmo modo, o valor das árvores cortadas e vendidas como madeiras, para salvá-las do incêndio, é compensado com o valor do total do prejuízo provocado por alguém.

19.17. Espécies de Danos

O dano é atual ou futuro. O dano atual é o que já ocorreu, determinando todas as consequências do fato gerador. O dano futuro é o que acontecerá inevitavelmente, em decorrência do fato gerador, e cujas consequências ainda não se produziram. Ambos são danos certos.

O dano é direto ou indireto. Diz-se direto o dano que alguém sofre imediatamente. Dano indireto é o que atinge alguém, em virtude do dano sofrido por outrem, como no caso do sofrimento do marido (dano moral) pela acusação de adultério dirigida a sua mulher; nele, a relação de causalidade é com o mesmo fato ilícito. Não se confunde com o que a doutrina denomina dano *por ricochete*, pois não há relação direta com o fato ilícito, como se dá com o acidente em alguém que é devedor de alimentos a outras pessoas: o dano que sofreu repercutiu, "ricocheteou", em outra esfera jurídica. No Brasil tem sido entendido que o dano *por ricochete* não é indenizável, como decidiu o STF (RE 1137053), que não admitiu o pagamento de indenização aos descendentes ou beneficiários da vítima.

O Código Civil brasileiro (art. 403) apenas previu como indenizável o dano direto (causalidade direta), ao estabelecer que, mesmo no caso de dolo, as perdas e danos só incluem os prejuízos efetivos e os lucros cessantes por efeito direto e imediato da inexecução da obrigação. Não há regra explícita a respeito da responsabilidade extranegocial, uma vez que o CC, art. 403, integra o conjunto de normas relativas ao "inadimplemento das obrigações" (Título IV), mas idêntica norma existente no CC de 1916 era entendida como extensiva àquela, permanecendo essa orientação.

A regra do dano direto, no entanto, não é absoluta. Na legislação brasileira o dano indireto é contemplado em situações específicas, como no CDC, que impõe a solidariedade passiva de todos os considerados fornecedores de produtos e serviços, ainda que não tenham integrado o fornecimento direto, além proteger terceiros alcançados indiretamente pela relação de consumo. Na jurisprudência, tem-se o exemplo da Súmula 491 do STF que admite ser indenizável o acidente que cause a morte de filho menor, ainda que não exerça trabalho remunerado, porque os pais teriam frustrada a expectativa de serem por ele assistidos materialmente quando atingisse a vida adulta, máxime nas classes mais pobres; nesta, e em outras situações semelhantes, abre-se a possibilidade para a reparação do dano indireto.

Dano material é o que se mensura em valor econômico. O dano moral diz respeito à esfera dos direitos da personalidade da pessoa ofendida. Outra espécie de danos extrapatrimoniais é o dano existencial, que afeta o projeto de vida da pessoa humana.

O CPC, art. 302, alude a dano processual, em virtude de prejuízo causado pela concessão de tutela de urgência à parte contrária, quando a parte que a obteve receber sentença que lhe seja desfavorável, ou quando ocorrer a cessação da eficácia da medida em qualquer hipótese legal, ou quando o juiz acolher a alegação de decadência ou prescrição. A liquidação da reparação será feita nos próprios autos.

19.18. Dano Material

Em geral é o dano ou prejuízo acarretado a bens materiais de uma pessoa, ou até mesmo à própria pessoa, como os custos de hospitalização e medicação por conta de um acidente rodoviário. Diz-se também dano patrimonial.

O dano material abrange duas espécies: o dano eminente e os lucros cessantes. De acordo com a redação do art. 402 do Código Civil, o dano eminente é o que a vítima "efetivamente perdeu", enquanto os lucros cessantes são o que ela "razoavelmente deixou de lucrar".

O dano eminente é o valor real ou estimado do prejuízo ou das despesas efetuadas pela vítima. Quando contestado pelo devedor imputável, deve ser objeto de avaliação por terceiro, de comum acordo, ou por decisão judicial.

Os lucros cessantes projetam-se no tempo após a ocorrência do dano, quando este impede ou dificulta a vítima de realizar seus afazeres, afetando seus rendimentos no período correspondente. Exemplifique-se com o acidente sofrido por determinado prestador de serviços, que não pode exercê-los durante o período de convalescença ou de reparo do veículo que utilizava para esse fim. Nesse sentido é que a lei alude à razoabilidade, pois a avaliação do valor leva em conta a média dos ganhos em circunstâncias favoráveis, segundo o que a vítima obtinha antes do dano ou de acordo com a média da atividade congênere exercida por outras pessoas.

Os lucros cessantes podem incluir a "perda de chance". Entende-se assim a situação de grande probabilidade de realização favorável, se o dano não tivesse obstado a vítima de tomar as iniciativas de consumar o que pretendia. Assim, a hospitalização em decorrência de acidente impediu a vítima de fechar negócio que lhe seria favorável. Não há necessidade de certeza, bastando demonstrar a probabilidade do evento.

Aplicando a teoria da perda de chance, o STJ reduziu o valor de indenização (em 20%) a ser paga por médico oncologista em virtude de erro profissional no tratamento de câncer de mama, entendendo que, nos casos em que se discute erro médico, a incerteza não está no dano experimentado, principalmente nas situações em que a vítima vem a morrer, mas sim na participação do médico nesse resultado, na medida que, em princípio, o dano é causado por força da doença e não pela falha de tratamento (REsp 1254141); em outro julgamento, condenou os Correios a indenizar advogado que perdeu o prazo de recurso por atraso na remessa postal (REsp 1210732).

19.19. Dano Moral

O dano moral resulta da violação de direitos da personalidade. Não se caracteriza pela perda ou redução patrimonial. Nesse sentido é imaterial ou não patrimonial. A interação entre danos morais e direitos da personalidade é tão estreita que se deve indagar da possibilidade da existência daqueles fora do âmbito destes. Ambos sofreram a resistência de grande parte da doutrina em considerá-los objetos autônomos do direito. Ambos obtiveram reconhecimento expresso na CF/1988, que os tratou em conjunto, principalmente no inciso X do art. 5º, que assim dispõe:

X – São invioláveis a intimidade, a vida privada, a honra e a imagem das pessoas, assegurado o direito à indenização pelo dano material ou moral decorrente de sua violação.

O dano moral também está contemplado no inciso LXXV do art. 5º da Constituição, ao dispor que o Estado indenizará o condenado por erro judiciário, assim como o que ficar preso além do tempo fixado na sentença.

A inserção constitucional dos direitos da personalidade e dos danos morais consagra a evolução pela qual ambos os institutos jurídicos têm passado. Os direitos da personalidade, por serem não patrimoniais, encontram excelente campo de aplicação nos danos morais, que têm a mesma natureza não patrimonial. Ambos têm por objeto bens integrantes da interioridade da pessoa, que não dependem da relação com os essenciais à realização da pessoa, ou seja, aquilo que é inato à pessoa e deve ser tutelado pelo direito.

Os direitos da personalidade, nas vicissitudes por que passaram, sempre esbarraram na dificuldade de se encontrar um mecanismo viável de tutela jurídica, quando da ocorrência da lesão. Ante os fundamentos patrimonialistas que determinaram a concepção do direito subjetivo, nos dois últimos séculos, os direitos de personalidade restaram alheios à dogmática civilística. A recepção dos danos morais foi o elo que faltava, pois constituem a sanção adequada ao descumprimento do dever absoluto de abstenção.

Do mesmo modo, os danos morais se ressentiam de parâmetros materiais seguros, para sua aplicação, propiciando a crítica mais dura que sempre receberam de serem deixados ao arbítrio judicial e à verificação de um fator psicológico de aferição problemática: a dor moral. A jurisprudência dos tribunais, para obviar a dificuldade, vem delineando situações de autêntica inversão do ônus da prova, na medida em que estabelece presunções que a dispensam, como tem decidido o STJ no caso da perda de um filho (direito à integridade psíquica) ou da deformidade física (direito à integridade física) (REsp 50481) e no caso de inscrição irregular de inadimplentes do SPC (REsp 165727). Em outro julgado, o mesmo Tribunal (REsp 17073) entendeu ser desnecessária a demonstração de que a perda de um membro inferior (direito à integridade física e à integridade psíquica) acarreta graves sofrimentos, além de eventuais prejuízos econômicos; essa consequência seria da natureza das coisas, de ciência comum.

De modo mais amplo, os direitos de personalidade oferecem um conjunto de situações definidas pelo sistema jurídico, inerentes à pessoa, cuja lesão faz incidir diretamente a pretensão aos danos morais, de modo objetivo e controlável, sem qualquer necessidade de recurso à existência da dor ou do prejuízo. A responsabilidade opera-se pelo simples fato da violação (*damnu in re ipsa*); assim, verificada a lesão a direito da personalidade, surge a necessidade de reparação do dano moral, não sendo necessária a prova do prejuízo. Por exemplo, a instituição financeira que promove a indevida inscrição de devedor em bancos de dados responde pela reparação do dano moral que decorre dessa inscrição; basta a demonstração da inscrição irregular. Outros exemplos: o julgado do STJ (REsp 1562862) que reconheceu o dever do Estado de indenizar dois moradores de município em Minas Gerais que consumiram água de um reservatório onde foi encontrado um cadáver humano em decomposição, ainda que não houvesse dano material; ou o que entendeu (REsp 1642318) que a conduta da agressão, verbal ou física, de um adulto contra uma criança ou adolescente, configura elemento caracterizador da espécie do dano moral *in re ipsa*.

Qualquer ofensa a direito de personalidade, da ofensa à integridade física à ofensa à integridade moral, é fato ilícito que dá ensejo à reparação por dano moral. Portanto, se se admitir que não há incidência de danos morais além das hipóteses de direitos da personalidade, então o juízo de equidade, conferido ao juiz, ater-se-á ao *quantum* da reparação compensatória.

O dano moral não se confunde com o dano oriundo de ato imoral, tal o que se considera lesivo aos bons costumes. O mesmo fato ilícito pode determinar a responsabilidade pelo dano material e pelo dano moral. Se o banco encerra a conta do correntista, indevidamente, causa danos materiais (prejuízos materiais que o lesado passou a ter) e morais (abalo de crédito e de sua reputação ou consideração social). Se a ofensa foi indireta, mas causada pelo mesmo fato, dá-se o dano moral, como no caso do pai que sofre com a calúnia dirigida ao filho (pode haver também dano material, se, por exemplo, teve de ser hospitalizado).

Os bens lesados pelo dano moral não têm preço nem são economicamente mensuráveis. Não se repara valor econômico, mas se cobre com utilidade econômica o que se lesou no âmbito moral. A reparação é estimada com o fito de compensar o desprazer da lesão a direito da personalidade com o prazer de outra natureza. A felicidade humana é alcançada com bens materiais e espirituais, e a lesão a ambos deve ser juridicamente reparada.

A Súmula 37 do STJ consolidou a jurisprudência no sentido em que são cumuláveis as reparações por dano material e dano moral, oriundos do mesmo fato. Ambos existem autonomamente e ensejam reparações específicas. Se os danos materiais concorrentes forem de difícil comprovação, deve-se dar preferência à reparação pelo dano moral.

As pessoas jurídicas podem também ser lesadas em específicos direitos de personalidade, como o direito ao nome, à imagem, à reputação; a ofensa à reputação da pessoa jurídica é a ela e não a seus dirigentes ou sócios (quase sempre é à ela e aos dirigentes, vale dizer, duas ofensas distintas). A aplicação dos direitos da personalidade às pessoas jurídicas, no que couber, restou consagrada no art. 52 do Código Civil. O direito à reputação é o mais atingido, pois a consideração e o respeito que passa a granjear a pessoa jurídica integra sua personalidade própria e não as das pessoas físicas que a compõem. A difamação não apenas acarreta prejuízos materiais, mas também morais, que devem ser compensados. Do mesmo modo, pode ocorrer a lesão à imagem, com retratação ou exposição indevidas de seus estabelecimentos e instalações. A privacidade pode ser também invadida, quando o sigilo de suas correspondências é violado. A tutela legal também alcança os entes não personificados, que são equiparados à pessoa jurídica para determinadas finalidades legais.

A rica casuística que tem desembocado nos tribunais permite o reenvio de todas os casos de danos morais aos tipos de direitos da personalidade. Nenhum dos casos deixa de enquadrar-se em um ou mais tipos. A referência frequente à "dor" moral ou psicológica não é adequada e deixa o julgador sem parâmetros seguros de verificação da ocorrência de dano moral. A dor é uma consequência, não é o direito violado. O que concerne à esfera psíquica ou íntima da pessoa, seus sentimentos, sua consciência, suas afeições, sua dor, corresponde a aspectos essenciais da honra, da reputação, da integridade psíquica ou de outros direitos da personalidade.

Ao se isolar os direitos da personalidade, como direitos inerentes e essenciais à realização da pessoa e de sua dignidade, não se está a dizer que em situações outras não se possa postular a reparação por danos morais, pois, quando estes se dão, os direitos da personalidade surgem associados aos outros direitos que foram violados, ainda quando não sejam tão visíveis. Nessas hipóteses, ou a vida, ou a liberdade, ou a integridade física, ou a integridade psíquica, ou a reputação, ou a privacidade, ou a identidade pessoal ou outros direitos de igual natureza foram também atingidos.

19.20. Dano Estético

No Brasil, vários julgados têm distinguido do dano moral o chamado dano estético, que deve ser calculado de forma destacada. Nesse sentido, tem decidido reiteradamente o STJ (REsp 110809), ao admitir a cumulação do dano moral e do dano estético, ainda que derivados do mesmo fato.

Contudo, o dano estético, ainda que concordemos com seu destaque para cálculo do valor da compensação ou reparação, não ostenta características diferenciadas do dano moral e do dano material. O dano estético é, principalmente, espécie do dano moral, que se caracteriza por projetar seus efeitos no tempo, de modo contínuo. O cálculo deve ser feito levando em conta a lesão à integridade psicofísica, mais a determinação dos efeitos no tempo.

19.21. Dano Existencial

Com atributos próprios, há o dano existencial, que diz respeito ao comprometimento permanente ou duradouro da existência da pessoa humana, nas suas relações com as outras pessoas e no seu projeto de vida, em virtude, principalmente, de violações de direitos humanos, feitas por agentes do Estado ou por particulares, que deixam marcas psicológicas indeléveis nas vítimas.

A dimensão do dano existencial, denominação difundida pela doutrina e jurisprudência italianas, ultrapassa os limites do dano moral. Para Carlos Fernandes Sessarego (1992, p. 165), esse dano especial, radical e profundo transcende o que conhecemos como a integridade psicossomática do sujeito, pois compromete o ser mesmo do homem. É um dano que compromete a liberdade da pessoa e frustra o projeto de vida que, livremente, cada pessoa formula e através do qual se realiza como ser humano. Todo ser humano tem um projeto de vida.

Exemplo indicado por Sessarego é o caso de artista que, por essa qualidade, vivencia imensamente a beleza, que lhe dá sentido de existência; se o dano que sofrer o impedir de cumprir o seu projeto de vida, ou seja, de vivenciar e plasmar o valor beleza, sua vida terá perdido seu sentido, perdendo sua própria identidade, pois não será mais artista. O pianista que perde dedos da mão em um acidente não poderá cumprir seu projeto de ser pianista, levando-o a um certo vazio existencial.

Em dos casos mais graves de erro judiciário cometido no Brasil, um ex-mecânico passou 19 anos preso, após ser condenado por homicídio. Seis anos depois da condenação foi solto, após o real culpado ser identificado e preso. No entanto, voltou a ser preso, porque a polícia entendeu, equivocadamente, que ele estava foragido. Durante o segundo período de prisão, o ex-mecânico ficou totalmente cego, após ser ferido por estilhaços de bomba de gás lacrimogênio durante uma rebelião de presos. Quando finalmente foi solto, ajuizou ação de reparação contra o Estado de Pernambuco, tendo recebido após 13 anos de tramitação do processo a indenização judicialmente fixada, de que pouco lhe valeu pois faleceu em seguida de enfarto. Esse caso exemplifica com agudeza o dano existencial sofrido pelo ofendido, ante os erros cometidos pelos sistemas de justiça e penitenciário, comprometendo definitivamente seu projeto de vida.

Para Mosset Iturraspe (1982, p. 147), esse tipo de dano, ainda que não atual, não deixa de ser certo, pois que continuado, sendo qualificado como dano futuro-certo.

Nos Estados Unidos, os tribunais têm acolhido a tese admissibilidade dos danos pela "perda do prazer da vida" (*loss of enjoyment of life*), classificado como tipo específico e inconfundível de danos. Configuram dimensões dos danos existenciais. Como exemplo, em 1999, a Suprema Corte de New Hampshire dos Estados Unidos (*Marcotte v. Timberlane/Hampstead School District*) decidiu que tais danos são distintos dos danos por lesão física, ou sofrimento mental ou mesmo por incapacidade permanente, para destacar sua singularidade.

Os danos existenciais são imprescritíveis, dado a que são continuados, cujos efeitos alcançam toda a existência da pessoa. Assim, decidiu o STJ que as pretensões por reparação dos danos derivados de atos de tortura ocorridos durante o regime militar são imprescritíveis; o STJ reiterou que, em casos em que se busca a defesa de direitos fundamentais, a reparação por danos extrapatrimoniais (o julgado alude a danos "morais") decorrentes de atos de tortura por motivo político ou de qualquer outra espécie, não está sujeita à prescrição de cinco anos (REsp 970697; REsp 1027652).

19.22. Responsabilidade Civil das Pessoas Jurídicas

Onde há personalidade, há responsabilidade. As pessoas jurídicas são civilmente responsáveis pelos atos de seus órgãos, empregados e prepostos. Os órgãos das pessoas jurídicas, públicas ou privadas, são coletivos ou unipessoais, ou seja, sempre integrados por pessoas. A ação dos órgãos são da pessoa jurídica; eles não a representam, presentam-na.

No âmbito do direito público, são civilmente responsáveis por atos de seus órgãos e agentes as pessoas jurídicas assim consideradas, a saber, a União, os Estados membros, o Distrito Federal, os Municípios, as autarquias e as fundações públicas. A Secretaria Estadual de Saúde, por exemplo, não é civilmente responsável pelos atos de seus funcionários, mas sim o Estado membro, porque somente este é dotado de personalidade jurídica; mas a autarquia, vinculada a essa Secretaria, é responsável, porque é pessoa jurídica própria.

Longe vai o tempo em que era negada a responsabilidade civil extranegocial das pessoas jurídicas, como ocorria no direito romano, para o qual apenas pessoas físicas poderiam responder pelos danos.

O direito evoluiu para admitir a capacidade delitual, e a consequente responsabilidade civil, de certos entes não personificados, que assumem direitos e deveres, com dispensa de personalidade jurídica. São sujeitos de direito, mas não pessoas jurídicas, por exemplo, o condomínio de edifícios, a massa falida, o espólio.

Quando a pessoa jurídica é vítima de evento danoso, também é titular de pretensão à reparação, nas mesmas dimensões da pessoa física, relativamente aos danos patrimoniais. Com relação aos danos morais, o direito tem evoluído no sentido de admiti-los em favor da pessoa jurídica ofendida, salvo, evidentemente, nas hipóteses de direitos de personalidade inerentes à pessoa humana. A ofensa à imagem da pessoa jurídica (fotos depreciativas de sua marca, por exemplo) ofende seu direito de personalidade, além de acarretar-lhe danos materiais, como a redução de venda de seus produtos ou a renúncia de sócios de associação civil filantrópica.

19.23. Responsabilidade por Cobrança de Dívida Não Vencida ou Já Paga

Tipo especial de ato ilícito absoluto é a cobrança judicial de dívida não vencida ou já paga, gerador de responsabilidade ao credor. No caso de dívida ainda não vencida, obriga-se o credor a esperar o tempo que falta, a pagar as custas em dobro e a perder os juros convencionados correspondentes ao tempo que vai do início da ação até o vencimento. No caso da dívida já paga, obriga-se o credor a pagar ao devedor o dobro do valor que houver cobrado. E se houver cobrado mais do que era devido, pagará ao devedor o valor equivalente. Os fatos são aferíveis de modo objetivo, sem qualquer consideração à culpa, enquadrando-se no âmbito geral do abuso do direito.

Cogita a doutrina de não se tratar rigorosamente de responsabilidade civil, mas de pena privada por infração de deveres que a lei criou; assim, haveria penalidades, e não reparações.

As sanções previstas de modo nenhum indenizam totalmente, podendo ser a cobrança acrescida de reparações decorrentes de dano material, derivado do mesmo fato. Pense-se no exemplo do ex-devedor que, pelo fato da cobrança indevida de dívida já paga, foi submetido à decretação de falência ou concordata.

Os tribunais são parcimoniosos no acolhimento a essa sanção. O STJ (REsp 406860) entendeu que a interpretação doutrinária e jurisprudencial é no sentido de sua aplicação excepcional, "ante o seu caráter nitidamente draconiano". Em outro julgado (REsp 1964), em caso de alienação fiduciária, decidiu que a sanção depende de prova inquestionável de dolo.

19.24. Responsabilidade Pré-Contratual e Pós-Contratual

Situações de difícil classificação são as que dizem respeito à possível responsabilidade em decorrência de fatos que antecedem a celebração de contratos e dos que sobrevivem à extinção dos contratos. Cogite-se da responsabilidade do hoteleiro, pelos danos causados às malas do futuro hóspede, que não chegou a hospedar-se por não haver apartamento que lhe convenha; no sentido oposto, cogite-se da responsabilidade do hoteleiro quando o dano ocorre após o pagamento da conta. Essas responsabilidades seriam negociais, ainda, segundo parte da doutrina, ou seriam extranegociais?

A questão da responsabilidade pré-contratual foi largamente discutida pela doutrina, com destaque especial para a teoria da *culpa in contrahendo*, devida sobremodo ao jurista alemão Ihering, no século XIX. Os futuros contratantes, mesmo sem ainda se ter formalizado a oferta, na fase das negociações preliminares ou tratativas, movidos pela boa-fé e pela confiança que um despertou no outro, realizam despesas, assumem obrigações e desfazem-se de bens, na fundada convicção de que o contrato será realizado. De um modo geral, o direito considera tais situações não jurídicas, porque ainda não teria havido a manifestação de vontade negocial, mas meras expectativas. A teoria da *culpa in contrahendo*, que despertou forte recepção no direito brasileiro, notadamente na jurisprudência dos tribunais, sustenta a existência de ilícito absoluto, sujeito às regras comuns da responsabilidade extranegocial, quando os pressupostos da boa-fé e da confiança estiverem presentes. Seriam cabíveis as reparações tanto por dano material quanto por dano moral.

No âmbito das relações de consumo, é negocial a responsabilidade pré-contratual, pois todos os atos de publicidade, divulgação e informação vinculam o fornecedor de produtos e serviços como se oferta fossem, prevalecendo até sobre os termos do contrato que for celebrado e que com eles divergirem. Há dever *in contrahendo*, que não se confunde com ilícito absoluto ou dano, não sendo necessário o recurso à responsabilidade civil. Nas relações de consumo, o consumidor nunca pode se converter em ofertante, como se dá com a invitação a ofertar (*invitationes ad offerendum*) do direito contratual comum, ou com a conversão da aceitação em oferta quando o aceitante a modifica.

O dever de informar tem assumido importância crescente, no âmbito da responsabilidade pré-contratual. Os produtos e serviços lançados no mercado de consumo são resultados de conhecimentos técnicos e científicos que apenas o fornecedor detém, sendo-lhe imputado o dever de informar acerca da segurança, dos riscos, da periculosidade, do preço real, dos prazos de validade e da adequação ao consumo. Decorre dos princípios da boa-fé, da lealdade, da honestidade no agir, de cooperação, de vulnerabilidade do adquirente ou utente.

Esses mesmos princípios fundamentam a responsabilidade pós-contratual. Nesse sentido, o Código do Consumidor estabelece que os fabricantes e importadores devem assegurar a oferta de componentes e peças de reposição por período razoável de tempo, relativamente aos produtos que lançarem.

Capítulo XX

Reparação Civil

Sumário: 20.1. Dever de reparação do dano. 20.2. Direito à reparação. 20.3. Espécies de reparação. 20.4. Abrangência da reparação. 20.5. Reparação compensatória do dano moral. 20.6. Reparação punitiva. 20.7. Reparação por fato do homem. 20.8. Reparação pelo fato do animal. 20.9. Reparação pelo fato da coisa. 20.10. Reparação civil derivada da condenação criminal. 20.11. Reparações específicas. 20.12. Liquidação.

20.1. Dever de Reparação do Dano

O fundamento do dever de reparação do dano reside no princípio de que o dano sofrido tem de ser reparado, sempre que possível, pelo responsável. O direito ora atende ao elemento volitivo do responsável, ora a sua conduta objetivamente, ora à atividade perigosa sua ou de seus dependentes, ora a situação mesma da coisa.

O dever de reparação é o correspondente ao direito à reparação, ou direito de crédito, que nasce com o dano e a composição do suporte fático da responsabilidade previsto na norma jurídica aplicável. Toda pretensão derivada de fato ilícito é pretensão à reparação, mesmo que se trate de direito a resposta ou de dano moral.

Reparação civil significa desagravar e satisfazer o ofendido, compreendendo, por ser mais amplo, o de indenização ou o de ressarcimento. Reparação é abrangente dos danos patrimoniais e não patrimoniais. O sentido abrangente de reparação, como gênero, é empregado pela lei: o CC, art. 206, § 3º, V, estabelece prazo único de prescrição para a pretensão da "reparação civil".

São os bens do responsável que ficam sujeitos à reparação do dano causado. Se houver mais de um autor da ofensa, a lei os presume responsáveis solidários.

Na atualidade, o dever de indenizar em dinheiro, que parecia ser o ponto mais sofisticado da consequência do dano, tem cedido a primazia para a reparação *in natura* e para a reparação específica. Porém, seja qual for o dano material, o seu valor, quando possível, deve ser fixado em dinheiro. Do mesmo modo a reparação compensatória, decorrente de dano a direitos extrapatrimoniais, deve ser fixada em dinheiro, podendo ser objeto de transmissão ou renúncia.

Todavia, há espécies de reparação que dispensam o valor em dinheiro, quando se resolve em obrigação de fazer (por exemplo, divulgação do direito de resposta), ou de não fazer (por exemplo, interrupção de ofensa a direito da personalidade da vítima, ou recuperação ambiental após exploração mineral), ou obrigação de restituir. Como regra geral, prevê o CPC, art. 536, quando trata da execução de obrigação de fazer ou não fazer, que o juiz poderá de ofício ou a requerimento determinar as medidas necessárias para obtenção da tutela específica ou do resultado prático equivalente.

O dever de reparação independe da capacidade delitual do causador do dano. O habitante da casa pode ser um menor, que causou o dano ao vizinho, mas será responsável a pessoa capaz que dele tome conta ou com ele resida (responsabilidade transubjetiva). Igualmente, o dono ou detentor do animal tem o dever de reparação pelo dano por este causado; basta o fato do animal (fato ilícito *stricto sensu*), salvo se provar um dos pressupostos pré-excludentes da lei (cuidado preciso; provocação de outro animal; imprudência do ofendido; força maior).

O dever de reparação não se extingue com a morte do responsável, pois seus herdeiros continuarão obrigados a cumpri-lo, dentro das forças da herança; esta é mais uma distinção com o delito penal, que não poderá ser assumido pelos herdeiros.

20.2. Direito à Reparação

Em princípio, somente o lesado diretamente pelo dano tem direito a reparação, não o tendo o terceiro que mediatamente foi ofendido ou prejudicado, a exemplo do credor de alguém que sofreu acidente e atrasou o pagamento. Às vezes, o direito permite a reparação a terceiro, como no caso do marido ofendido pela acusação de adultério de sua mulher.

A jurisprudência dos tribunais tem admitido ser devida pensão, em famílias humildes, a título de mantença dos pais, quando na companhia destes vivia a vítima, até quando completaria a idade provável de sessenta e cinco anos (STJ, REsp 483778). Quando a pensão for estabelecida para os filhos da vítima, estes a receberão até a idade em que completarem vinte e cinco anos (STJ, REsp 472466).

Se duas ou mais pessoas são vítimas do dano, qualquer delas pode reclamar a reparação, separadamente.

O direito à reparação comunica-se com o cônjuge, no caso dos regimes matrimoniais de comunhão parcial, ou comunhão universal, ou de participação final nos aquestos. Do mesmo modo, é objeto de sucessão aos herdeiros, pois, no dizer do Código Civil, o direito de exigir reparação e o dever de prestá-la transmitem-se com a herança, exceto nos casos que a lei excluir.

20.3. Espécies de Reparação

A reparação pecuniária, ou indenização, tem por fim o ressarcimento da vítima da perda ou do dano no equivalente em dinheiro, se não for possível a restituição da coisa ou situação a seus estados anteriores (restituição *in integrum*).

O termo "indenização", aludido frequentemente pela legislação ou em julgados, é espécie do gênero reparação, classificando-se como reparação pecuniária, assim entendida quando se resolve em dinheiro. Além dela, há reparação *in natura*, reparação em espécie, reparação compensatória (danos extrapatrimoniais), reparação punitiva. A indevida utilização de "indenização" como gênero deve ser entendida como reparação; por exemplo, o art. 292 do CPC ao aludir a "ação indenizatória" abrange todas as espécies de reparação e não apenas a pecuniária.

A recepção definitiva dos danos morais, ou danos não patrimoniais, pela Constituição obrigou os juristas a se deterem sobre a natureza de sua reparação. O dano moral é lesão irreversível de direitos da personalidade, que são extrapatrimoniais. Não há equivalência pecuniária à honra, à intimidade, à vida privada, à imagem, à liberdade, à integridade física e psíquica violadas. A violação não se apaga. Assim é que a reparação do dano moral tem função compensatória, mas não indenizatória, ainda que fixada em valores pecuniários.

A quase exclusividade da indenização ou reparação pecuniária cedeu também sua primazia para modalidades de sanção ou pena civil, nas obrigações de fazer e de não fazer: a legislação processual estabelece que a obrigação somente se converta em perdas e danos se for impossível a tutela específica ou a obtenção de resultado prático correspondente ao adimplemento, ou se interessar ao autor, e sem prejuízo da multa (CPC/2015, art. 489). O juiz pode determinar a imposição de multa por tempo de atraso, busca e apreensão, remoção de pessoas e coisas, desfazimento de obras e impedimento de atividade nociva. Essas medidas produzem mais satisfação pessoal e social que a simples reparação em dinheiro.

Muitas condutas ilícitas podem ter consequências diferenciadas da simples reparação pecuniária, no melhor interesse das vítimas ou dos lesados. Ou podem estar associadas à reparação pecuniária. O melhor exemplo é o inciso V do art. 5º da Constituição, que privilegia o direito de resposta, além da reparação por dano material e moral, quando a pessoa for atingida por informações ofensivas à sua honra ou imagem.

O exercício do direito de resposta, na forma da Lei n. 13.188/2015, pode ser muito mais satisfatório para o lesado, por seu efeito simbólico, que a reparação pecuniária, a qual terá função complementar. Na ADPF 130, o STF, que considerou não recepcionada pela Constituição a Lei de Imprensa (Lei n. 5.250/1967), decidiu que o direito de resposta, "que se manifesta como ação de replicar ou de retificar matéria publicada, é exercitável por parte daquele que se vê ofendido em sua honra objetiva, ou então subjetiva, conforme estampado no inciso V do art. 5º da Constituição Federal".

Como já vimos, o dano sem relação causal direta com o fato ilícito não deve ser reparado, como a enfermidade que não resultou diretamente da lesão; se a lesão concorreu para agravar outra posterior, então cabe a reparação.

A doutrina e jurisprudência dos tribunais consolidaram o entendimento de ser a reparação pecuniária dívida de valor, e não de dinheiro (que deve observar o valor nominal da moeda de curso forçado), importando correção monetária até a data do pagamento. A correção não é *plus* nem pena; é simples atualização de valor. Como afirmou o STF, no RE 90635, "a obrigação do devedor não é a de pagar uma quantia em dinheiro, mas a de restaurar o patrimônio do credor na situação em que se achava, anteriormente à lesão".

Sempre que possível, prevalece a reparação *in natura*. Se a estátua foi quebrada, que se repare com outra estátua igual, do mesmo escultor. Se a reparação *in natura* é impossível, ou difícil, busca-se o equivalente com a reparação pecuniária. O lesado tem o direito a fixar prazo para que o autor do dano faça a reparação *in natura*, se ela é possível, findo o qual a reparação em dinheiro é exigível.

O dano pode ser reparado em modo específico, como no caso da entrega de outros animais no lugar dos que foram mortos. Cria-se situação aproximada à que antes existia. Às vezes, o modo específico não é possível, como no caso da destruição de um quadro único de um determinado pintor; nem a reparação em natura, nem o ressarcimento de modo específico, mas a reparação em dinheiro. Toda vez que seja possível, pode o lesado exigir a reparação de modo específico.

20.4. Abrangência da Reparação

No dano material, a reparação deve corresponder ao valor que se possa atribuir ao bem. No dano moral, a reparação resulta da estimação do valor equitativo. Às vezes, o legislador fixa os requisitos para delimitar a reparação; nos demais casos, será definida em juízo com auxílio de perícia.

O Código Civil brasileiro estabelece, por exemplo, que havendo usurpação ou esbulho do alheio, a reparação consistirá em se restituir a coisa, mais o valor das suas deteriorações, ou faltando ela, em se embolsar o seu equivalente ao prejudicado.

Para que a reparação seja integral deve incluir todas as despesas efetuadas pelo lesado, tais como custas judiciais, honorários de advogado, pagamentos a terceiros, desde que tenham sido consequentes do fato lesivo. Deve-se assegurar ao lesado a situação econômica e social que teria se não tivesse ocorrido o dano. Tem-se de levar em conta, na base de cálculo, o que o lesado percebia e deixou de perceber, o que teve de despender e o que tem de despender.

Há de se considerar o cálculo decorrente da mora que, no caso das obrigações provenientes de delito, como estabelece o Código Civil, dá-se desde a data em que foi perpetrado. Pela mesma razão, "incide correção monetária sobre dívidas por ato ilícito a partir da data do efetivo prejuízo", segundo enuncia a Súmula 43 do STJ.

20.5. Reparação Compensatória do Dano Moral

Em razão de sua visceral interdependência com os direitos da personalidade, os danos morais nunca se apresentam como reparação pecuniária, pois a lesão ao direito da personalidade não pode ser mensurada economicamente, como se dá com os demais direitos subjetivos. Por isso, a reparação tem função compensatória.

No inciso V do art. 5º, a Constituição determina que o dano moral seja "porporcional ao agravo". Deve o juiz valer-se do princípio da proporcionalidade, tendo em vista serem os direitos atingidos muito mais valiosos que os bens e interesses econômicos, cuja lesão leva à restituição. Em razão do mandamento constitucional, à lei ou aos tribunais é vedada a pré-fixação dos danos morais ou a definição prévia de critérios e limitações dos respectivos valores. Incorre, portanto, em inconstitucionalidade o § 1º do art. 223-G da CLT, introduzido pela Lei n. 13.467/2017, que estabeleceu gradações de valores segundo o grau da ofensa (leve, média, grave e gravíssima), tendo por base o salário contratual do empregado, além de estabelecer distinções para as reparações se a ofendida for a pessoa jurídica empregadora.

O dano moral não é suscetível de fixação pecuniária equivalente e é de difícil reparação *in natura*. De qualquer modo, é reparável, encontrando-se o valor patrimonial, por equidade. No caso de ofensa à honra, mediante divulgação pública (cartazes, manifestações pela imprensa, redes sociais), a indenização pode ser acrescida de outras reparações específicas, aproximadas das reparações *in natura*, como a retratação pública. O Código Civil especifica a reparação por injúria, calúnia ou difamação, mas estas não são as únicas hipóteses de dano moral. A ofensa moral pode ser sem palavras, como na publicação de fotografia de alguém, sem identificação, dando a entender ser cúmplice de criminoso.

No dano moral, a reparação pode consistir no simples reconhecimento judicial, como nas conhecidas ações de um dólar, nos Estados Unidos. Deve, contudo, ser proporcional à intensidade das repercussões na reputação do ofendido, máxime se for pessoa de conhecimento público ou de atividade profissional que dependa da confiança que inspire. Tem sido difícil a quantificação do valor, na jurisprudência dos tribunais e na doutrina, por seu inevitável componente de subjetividade, mas não deve servir de óbice à reparação devida, fundada em critérios de equidade e no princípio da razoabilidade, de modo que não seja tão grande que provoque enriquecimento sem causa, nem tão pequena que não seja compensadora. O princípio da razoabilidade deve considerar as condições econômicas do ofensor, mas não pode inserir o ofendido em classe social, para aumentar ou reduzir o valor da reparação, porque fere o princípio constitucional da tutela da dignidade humana.

A reparação pode consistir de pagamento de pensão ao ofendido ou a seus dependentes. A Súmula 490 do STF enuncia que "a pensão correspondente à indenização oriunda de responsabilidade civil deve ser calculada com base no salário mínimo vigente ao tempo da sentença e ajustar-se-á às variações ulteriores". Essa orientação continua válida, mesmo em face do art. 7º, IV, da Constituição Federal, que veda a vinculação ao salário mínimo para qualquer fim, pois a vedação constitucional dirige-se à sua utilização como fator de correção monetária, não alcançando as prestações de natureza alimentar ou sua função como base para apurar-se o *quantum* reparatório.

No caso de reparação consistente de prestações periódicas, para que mantenha inalterável seu valor, devem ser acrescidas de parcelas compensatórias das deduções obrigatórias, tais como imposto de renda, de acordo com entendimento consagrado pelo STF na Súmula 493.

20.6. Reparação Punitiva

A grande dicotomia da responsabilidade no direito situa-se entre a responsabilidade penal, voltada a infligir ao autor do mal uma pena, um sofrimento, e a responsabilidade civil, destinada a reparar o mal (Carbonnier, 2000, p. 361). Com o passar do tempo, distinções como esta que pareciam indiscutíveis caíram em zona de penumbra. O campo da responsabilidade civil era o da reparação, havendo dano, enquanto o da responsabilidade penal era o da pena, ainda que não houvesse dano (a tentativa de homicídio, cujo dano não foi consumado, é crime, mas não gera responsabilidade civil, justamente pela ausência de dano). Atualmente, retoma-se com força a ideia de conjugação de reparação e de pena (*punitive damages*), na responsabilidade civil (principalmente em situações de danos extrapatrimoniais), enquanto que no ilícito criminal cada vez mais assiste-se a substituição da pena de prisão por "penas alternativas", de natureza civil, como obrigações de fazer ou obrigações de dar. Afirma-se que a condenação do responsável em uma pena civil não difere da condenação criminal de uma pena pecuniária (Viney e Jourdain, 2001, p. 4).

Além da função compensatória, a reparação por dano extrapatrimonial deve incluir valor a mais com nítido propósito de sancionamento ou punição do infrator, porque violou um bem socialmente intocável, e para que sirva para inibir outras violações. É modalidade de pena civil. Sem o acréscimo da pena civil, a sociedade e outras pessoas ficam vulneráveis a novas violações dos direitos da personalidade, quando economicamente valham a pena, na apreciação do custo e benefício.

Há resistências a essa função qualificada da reparação, a partir de dois argumentos essenciais: 1) a norma do CC, art. 944, *caput*, o qual estabelece que a reparação ("indenização") se mede pela extensão do dano, o que, para alguns, indicaria rejeição à ideia de valor indenizatório superior ao dano causado; 2) o valor a mais seria enriquecimento sem causa, porque não teria causa no dano. Esses argumentos são refutados (Miragem, 2015, p. 38), pois o próprio art. 944, parágrafo único, admite a reparação por equidade, não apenas para reduzir seu valor como para majorá-lo, notadamente quando sua função for compensatória da lesão a direitos fundamentais da pessoa, que em si mesmo não têm preço. Por outro lado, afasta-se o argumento do enriquecimento sem causa, pois esta é a atribuição patrimonial fixada na sentença judicial.

A aceitação da reparação punitiva, no Brasil, tem sido feita de modo amplo no âmbito dos danos morais. Na doutrina majoritária haveria dupla dimensão da reparação do dano moral: 1) compensatória; 2) punitiva. A dimensão punitiva também ostenta caráter dissuasivo da conduta lesiva. Essa dupla dimensão tem sido acolhida pelos tribunais, que utilizam frequentemente os seguintes critérios (Schreiber, 2007, p. 200): 1) gravidade do dano; 2) capacidade econômica da vítima; 3) grau de culpa do ofensor; 4) capacidade econômica do ofensor.

Em perspectiva restritiva, Maria Celina Bodin de Moraes (2003, p. 283) admite como exceção uma figura assemelhada à reparação punitiva "quando for imperioso dar uma resposta à sociedade, isto é. à consciência social, tratando-se, por exemplo, de conduta particularmente ultrajante, ou insultuosa, em relação à consciência coletiva, ou, ainda, quando se der o caso, não incomum, de prática danosa reiterada".

Cogita-se também dos danos sociais, decorrentes de lesões à sociedade, no seu nível de vida, tanto por rebaixamento de seu patrimônio moral – principalmente a respeito da segurança – quanto por diminuição de sua qualidade de vida. Nesses casos, haveria reparação punitiva por dolo ou culpa grave (*punitive damages*), especialmente se os atos reduzem as condições coletivas de segurança, e de reparação dissuasória, para atos em geral da pessoa jurídica que trazem diminuição do índice de qualidade de vida da população. A pena civil visa restaurar o nível social de tranquilidade diminuída pelo ato ilícito (Azevedo, 2004b, p. 216).

20.7. Reparação por Fato do Homem

O Código Civil admite hipóteses não exaustivas de dever de reparação imputável a determinadas pessoas por ato de outrem (responsabilidade transubjetiva): os pais, pelos filhos menores; o tutor ou curador pelos seus pupilos ou curatelados; os empresários pelos empregados ou prepostos; os hoteleiros e internatos pelos hóspedes ou educandos. Não se trata de responsabilidade por culpa alheia, nem por culpa própria, presumida (culpa *in vigilando* ou *in eligendo*), como a doutrina tradicional tem afirmado, com reflexos na jurisprudência dos tribunais. A presunção é da responsabilidade, que pode ser elidida, e não da suposta culpa. O direito pode atribuir a essas pessoas responsabilidade civil por ato de outrem, independentemente de culpa própria, mediata ou presumida, em virtude das situações jurídicas que assumem (pai, empresário, hoteleiro) e da necessidade de assegurar amplas possibilidades de reparação.

Na hipótese do empresário, o STF explicitou na Súmula 341 que é presumida sua responsabilidade pelo ato do empregado ou preposto (o Tribunal refere-se, inadequadamente, à culpa presumida); no mesmo sentido, a Súmula 28 enuncia que o Banco é responsável pelo pagamento de cheque falso, salvo se houver culpa exclusiva ou concorrente do correntista. Não se trata de responsabilidade objetiva, porque o responsável pode provar que não houve culpa ou negligência de sua parte ou de seu subordinado, elidindo a presunção *juris tantum*. Já a Súmula 492 enuncia que a empresa locadora de veículos responde, civil e solidariamente com o locatário, pelos danos por este causados a terceiros, no uso do carro locado. Cabe ao ofendido provar a relação de emprego, preposição ou serviço do causador do dano com o empresário, ficando dispensado de provar a suposta culpa deste. Há de provar, ainda, que a pessoa encarregada de executar o trabalho causou o dano quando o executava. A prova liberatória da presunção de responsabilidade e da consequente reparação, pelo empresário, pode ser a de que o dano se daria ainda que houvesse procedido com todo o cuidado e vigilância, ou que procedeu com toda a diligência, ou que o dano foi causado quando a pessoa não se achava no exercício do trabalho.

No caso de transportes coletivos, a jurisprudência encaminhou-se no sentido de enquadrar o dano em passageiros ou em terceiros na responsabilidade transubjetiva ou mesmo na responsabilidade objetiva. A Súmula 187 do STF estabelece que a responsabilidade do transportador, pelo acidente com o passageiro, não é elidida pela culpa de terceiro, contra o qual tem direito regressivo. Todavia, o STJ decidiu que a morte de passageiro em decorrência de ter sido atingido por disparo de arma de fogo, efetuado por terceiro, dentro de composição férrea, não acarreta o dever de indenizar da companhia de transporte, uma vez que tal fato se equipara a caso fortuito, afastando, assim, a responsabilidade civil do transportador (REsp 100067-SP); cessaria, assim, seu dever de segurança aos passageiros, pois a prevenção de atos dessa natureza caberia à autoridade pública. Nesse mesmo sentido, atenuando o alcance da Súmula 187, já vinha decidindo o STF, como no RE 113195-RJ, que isentou a empresa de ônibus pela responsabilidade relativa ao passageiro atingido por estilhaços de vidros produzidos por uma pedra, atirada por terceiro, cujo ato foi equiparado a caso fortuito.

Quando se tratar de transporte desinteressado, de simples cortesia, não há responsabilidade transubjetiva nem reparação, mas dependente de verificação de culpa direta e própria do transportador, "quando incorrer em dolo ou culpa grave", como diz a Súmula 145 do STJ.

Nas hipóteses de responsabilidade transubjetiva por fato do homem, não se exonera o responsável pela escolha do autor do dano, se prova que escolheu bem. O ofendido tem apenas de provar que o dano decorreu de ato de pessoa que se encontra em relação de dependência jurídica com o responsável, nos casos previstos em lei, sem necessidade de provar a culpa pela boa ou má escolha, pela boa ou má guarda. Cabe ao responsável a prova da não culpa do ofensor, quando possível (inversão do ônus).

No caso dos pais, a responsabilidade apenas existe se o menor estiver sob sua guarda e em sua companhia, quando ocorrer o dano. Não se exige que haja o exercício do poder familiar. Basta o residir junto, para que se dê o dever de vigilância, como ocorre quando o filho de pais separados causa dano a terceiro, quando na companhia do pai que não seja o guardião. Em situação concreta, pode ter ocorrido a concorrência de responsabilidades de ambos os pais separados ou de um pai e o tutor. Não responde o genitor se nada podia fazer para evitar o dano, mesmo estando o filho em sua companhia, se a incumbência da educação permanente é do outro, que assumiu a guarda e a negligenciou. Responde o genitor, que não tem a guarda, se permitiu ao filho, no período de visita, más companhias ou uso de bebidas ou drogas. O poder familiar é conjunto de ambos os pais, quando vivem juntos em situação de casados ou de união estável, sendo solidariamente responsáveis pelos atos ilícitos do filho. Trata-se de responsabilidade que pode ser contraditada. Incumbe aos pais o ônus da prova liberatória da presunção, eis que tiveram todo o cuidado necessário a evitar o dano, que dão a devida educação, ou que houve culpa exclusiva do lesado ou terceiro. As mesmas regras se aplicam aos tutores, curadores e estabelecimentos que alberguem educandos por dinheiro (internatos).

Se o menor foi posto na escola pelos pais, estes respondem em conjunto com o dono da escola. Se o pai paga a reparação e o menor estava em escola, que tinha o dever de vigiar, tem ação regressiva para reaver o que pagou, no que excedeu de sua parte. Se o menor foi posto na escola por força de determinação judicial, a responsabilidade é do dono do colégio. A responsabilidade das escolas inclui os recreios e excursões.

O ato do incapaz (menor absolutamente incapaz) não é ato ilícito, portanto não se cuida de responsabilidade por culpa, com relação a ele, embora possa se cogitar de responsabilidade própria do responsável. Pontes de Miranda vai além, afirmando ser hipótese de responsabilidade objetiva, à semelhança do que ocorre com o dano causado por ato em estado de necessidade ou legítima defesa, que a lei reputa causa de dever de reparar, sem ilicitude, sendo certo que será exigível a reparação diretamente contra o incapaz se o pai, tutor ou curador não prestar suficientemente (subsidiariedade, e não corresponsabilidade).

A lei tutela o direito do responsável, pelo pagamento da reparação, de o reaver contra o que causou o dano, desde que não seja seu descendente. Assim, o patrão contra o empregado, o hoteleiro contra o hóspede, o tutor contra o pupilo; mas não o pai contra o filho. Contudo, não cabe o direito regressivo quando o autor do dano o causou, executando ordens do civilmente responsável; ou quando a culpa do responsável foi a verdadeira causa do dano. Quanto à vedação legal de direito regressivo contra o descendente, pode haver injustiças, bastando-se imaginar o caso de neto menor rico, cujo dano foi ressarcido pelo avô pobre.

O STJ tem entendido que, em ação de reparação decorrente de ato ilícito, não há litisconsórcio necessário entre o genitor responsável pela reparação (art. 932, I, do CC) e o menor causador do dano; é possível, no entanto, que o autor, por sua opção e liberalidade, intente ação contra ambos – pai e filho –, formando-se um litisconsórcio facultativo e simples (REsp 1436401).

20.8. Reparação pelo Fato do Animal

Muito se evoluiu na história para se chegar, modernamente ao princípio de que "fato de animal é fato do dono". Entende-se por animal o doméstico ou o selvagem capturado ou guardado. As abelhas, nos imóveis em que se cultive mel, estão compreendidas no âmbito legal; da mesma forma, as cobras fugidas e recolhidas no imóvel, porque importam ocupação e aumentam o risco de dano. Se ofende outro animal é dano do animal, sempre imputando-se a reparação à pessoa que o tem.

Há presunção de reparação civil do dono ou detentor do animal, pelos danos por este causados a terceiros. Ao ofendido cabe provar que o dano sofrido foi causado pelo animal pertencente ou sob os cuidados do assim considerado responsável. Cabe ao dono ou detentor do animal a prova da não responsabilidade (inversão do ônus da prova), que a lei delimita objetivamente em duas hipóteses:

a) culpa exclusiva da vítima;

b) caso fortuito ou força maior.

A responsabilidade recai em qualquer pessoa que tenha a detenção ou a posse do animal, mesmo que não seja o proprietário. O proprietário não responde se o animal se encontrava sob a guarda ou detenção de terceiro (como na locação, empréstimo, uso, usufruto), salvo se preposto ou empregado seu. Se o empregado se serve do animal em seu próprio proveito e sem consentimento do dono, é sua a responsabilidade. A relação de pertinência é com a detenção fática e não com a propriedade. Todavia, se o animal é considerado muito perigoso, o dono é também responsável. A doutrina cogita da responsabilidade do comprador enquanto experimenta o animal.

Se o animal for roubado, o dono terá de tornar notórios o roubo e a periculosidade do animal, para que se livre da presunção de culpa. E mais: de que sempre teve o cuidado preciso.

A prova da vigilância ou da diligência diz respeito ao momento do dano, não podendo ser considerado o procedimento normal adotado pelo responsável nas demais ocasiões. Quem guardava e vigiava com cuidado, mas no momento do dano não tomara a medida necessária, é responsável. A exclusão da responsabilidade, com base na diligência, apenas será considerada se restar provada a culpa exclusiva da vítima.

Se o fato do animal causa a morte ou lesão da vítima, aplicam-se as regras relativas à reparação em virtude de morte ou lesão física ou psíquica.

A defesa contra animais é caso de estado de necessidade, salvo se o animal foi instrumento de agressão (legítima defesa). Se não houve excesso de defesa, não fica o ofendido obrigado a reparar o dano produzido no animal ofensor, até porque há responsabilidade presumida do dono. Como exemplo, responde pelo dano se matar ou ferir o cão que apenas ladrou, sem atacar.

No caso de força maior (exemplo: o cavalo espanta-se com trovão e fere terceiro), o animal não causa o dano mas o acontecimento extraordinário ou fortuito, inexistindo dever de reparação. Do mesmo modo, na imprudência da vítima ou em sua culpa exclusiva, não foi o animal que causou o dano, mas ela própria. Porém, não há exoneração do dever de reparação do dono quando a ofensa do animal decorrer de provocação de incapaz, como a criança.

20.9. Reparação pelo Fato da Coisa

Há responsabilidade objetiva e dever de reparar do habitante de imóvel pelo dano proveniente de coisas caídas ou lançadas em lugar indevido. Trata-se fato ilícito absoluto *stricto sensu* (coisa caída, sem ato humano) ou ato-fato ilícito absoluto (coisa lançada por alguém, com abstração da vontade, pela lei). Não se pode cogitar de presunção ou exclusão de culpa, porque a culpa é inteiramente desconsiderada. Basta o fato objetivo da queda ou lançamento da coisa, pouco importando se houve participação humana ou vontade. Não pode o habitante eximir-se da responsabilidade, alegando que não foi ele e sim outrem quem lançou ou deixou cair a coisa, mas contra o causador tem ação regressiva. Cabe ao ofendido apenas provar que o dano sofrido em si ou em seu patrimônio decorreu de coisa advinda do imóvel.

Para fins de reparação civil, habitante é o que ocupa habitação doméstica, edifício destinado a escritórios e a negócios, partes separadas como garagens, navios ou aeronaves, reboques ou barracas de acampamento.

Não se exige que o responsável seja o proprietário do imóvel. Satisfaz-se o direito com o habitante, vale dizer, aquele que o utiliza para sua habitação, como dono, locatário, comodatário, possuidor. No caso de edifícios de vários andares, se não houver certeza de onde proveio a coisa, são todos os habitantes das unidades da respectiva ala (apartamentos, escritórios) solidariamente responsáveis, vale dizer, todos os que poderiam ser responsáveis. Se a coisa proveio do próprio edifício de apartamentos, como no caso de obras nas partes comuns, a responsabilidade é do condomínio.

Por ser hipótese de responsabilidade transubjetiva, ao suposto responsável cabe apenas as seguintes alegações de defesa na ação de reparação civil:

a) não houve dano;

b) não habitava o imóvel;

c) o lugar onde caiu ou foi lançada a coisa era destinado ou adequado a quedas de objetos.

Se a coisa foi lançada por pessoa que forçou a entrada no imóvel, como ladrão ou perseguido por outrem, sem ter sido acolhido pelo habitante, pode-se argumentar que não se tomou as necessárias providências para que não houvesse a intrusão, permanecendo a responsabilidade.

Protege-se não só o vizinho ou transeunte, mas todo aquele que esteja ao alcance da coisa lançada ou caída. O sentido de lugar indevido é largo, abrangendo os espaços públicos, os imóveis vizinhos e até mesmo as vias, no próprio imóvel, destinadas a passagem ou acesso.

Outra hipótese de responsabilidade por fato de coisa inanimada é a de dono ou possuidor de edifícios ou construções pelos danos resultantes de sua ruína, se provierem de falta de reparos, cuja necessidade fosse manifesta. Quaisquer construções estão incluídas, como barragens, pontes, trilhos, muros. Há dever legal de conservá-los e bem construí-los. Para o ofendido, não se exige a prova da necessidade de reparos, mas sua alegação. Dá-se a exoneração da responsabilidade em uma única situação objetivamente aferível: a desnecessidade manifesta dos reparos, o que assemelharia o evento danoso à força maior, comprovada por técnicos ou peritos. Apesar dessa ressalva, trata-se ainda de responsabilidade por fato ilícito absoluto *stricto sensu*. A prova de ter feito os reparos não o exonera, porque demonstrou sua necessidade e foram insuficientes para evitar a ruína. Presume-se a culpa e a responsabilidade ainda que tenham sido observadas as leis e regulamentos administrativos. A ruína pode ser total ou parcial, desde que tenha causado dano a outrem.

20.10. Reparação Civil Derivada da Condenação Criminal

A responsabilidade civil não depende da responsabilidade criminal, ou seja, o mesmo fato pode gerar os dois tipos de responsabilidades e consequências jurídicas diversas (por exemplo, o homicídio). A ação de reparação civil pode ser proposta antes, durante ou após a ação penal. O autor do dano será condenado à reparação, no juízo cível, independentemente de ser condenado no juízo criminal. Contudo, a sentença criminal poderá impedir a reparação civil, quando concluir pela inexistência do fato ilícito ou pela absolvição do réu, ou prevalecer sobre a decisão civil quando julgar pela existência do fato e definir quem foi o autor. Se decidir que o ato foi realizado em estado de necessidade, legítima defesa, estrito cumprimento do dever legal ou exercício regular de direito, fatores que excluem a ilicitude nos âmbitos criminal e civil, persiste, no entanto, a exigência de reparação do dano, mesmo que esses fatos não sejam contrários a direito ou ilícitos.

Não poderá prevalecer a decisão criminal, para impedir a responsabilidade civil, quando a absolvição decorrer de falta ou deficiência de provas, por:

a) não ter sido reconhecida a inexistência material do fato;

b) julgar extinta a punibilidade (ex.: prescrição);

c) ter havido apenas impronúncia;

d) concluir que o fato imputado não constitui crime.

Se a decisão de não haver crime foi porque apenas se tratou de negligência, este mesmo fato é suficiente para gerar responsabilidade civil. O ilícito civil contém elementos distintos e menos rigorosos que o ilícito penal.

Se o dono do animal que causou o dano foi absolvido, por não ter tido culpa, não se afasta a responsabilidade civil, salvo se provar uma das excludentes previstas em lei (prova de cuidado preciso, provocação do animal por outro animal, imprudência do ofendido, caso fortuito).

No caso de responsabilidade civil objetiva, até mesmo a absolvição de quem causar a morte da vítima não impede a reparação civil. O STJ decidiu (REsp 1118430-PR), em caso de policial que matou involuntariamente com arma de fogo motorista do ônibus, quando procurava defender passageiros da ação de bandidos armados, que o Estado seria responsável, ainda que tivesse havido a absolvição criminal, em virtude de legítima defesa de terceiro. A responsabilidade, neste caso, só estaria afastada se ocorresse culpa exclusiva da vítima ou ausência de autoria ou materialidade do delito.

A sentença criminal, por certidão, é título executivo, devendo constar que transitou em julgado. Assim, o ofendido não mais necessita de provar a ofensa ou o dano, no juízo cível. De qualquer forma, o ofendido não precisa de aguardar o resultado do processo criminal, para promover a ação civil de reparação dos danos, porque os ilícitos são de diferentes naturezas.

O condenado no crime pode não ser o responsável civil, como no caso do patrão, porque sua responsabilidade é própria, embora por ato de outrem. No direito criminal não pode haver presunção de culpa, perfeitamente admissível no direito civil, para que se condene alguém à reparação pelos danos causados. Até mesmo a notoriedade pode bastar para a prova, no juízo cível.

20.11. Reparações Específicas

Na hipótese de homicídio, a lei especifica a composição da reparação, a consistir do pagamento das despesas com o tratamento da vítima, seu funeral e o luto da família e na prestação de alimentos às pessoas a quem o defunto os devia. As despesas de tratamento incluem hospitalização, medicamentos, cirurgia, transportes, aparelhos especiais, dívidas que contraiu para esse fim. A prestação de alimentos não é apenas para dependentes, na forma da lei, mas para qualquer pessoa que o defunto, caritativamente, ajudava em sua subsistência ou educação. O titular do direito à reparação é a pessoa que fez as despesas, por força de lei ou não. Essa composição básica não afasta a reparação de outros danos, inclusive morais, pelo mesmo fato.

Em caso de passageiro atingido por disparo de arma de fogo, em decorrência de ação policial contra motorista de veículo, entendeu o STJ (REsp 111843) que a reparação, devida pelo Estado, consideraria os ganhos médios da vítima reduzidos de um terço, como prestação de alimentos aos seus dependentes.

Lembre-se que a responsabilidade civil pode existir independentemente da responsabilidade penal. O homicídio, para fins de responsabilidade civil, não é o homicídio conforme o direito penal, incluindo-se o que resultou do consentimento do lesado para sua morte. Por outro lado, não é essencial o elemento culpa para que existam o dever e a obrigação de despesas de tratamento, funerais e lutos da família.

No caso de lesões físicas e psíquicas, a reparação envolve as despesas de tratamento, com o mesmo alcance referido no caso do homicídio, e os lucros cessantes até o fim da convalescença e o pagamento de multa equivalente ao grau médio da pena criminal correspondente. O valor da soma resultante será dobrado (não se dobra apenas a multa) se houver aleijão ou deformidade e, no caso de mulher solteira ou viúva, acrescido de um dote proporcional às posses do lesante. O STJ, em caso de mulher jovem e divorciada que ficou totalmente cega e deprimida em virtude de acidente por má conservação de estrada (REsp 280957), confirmou condenação do Departamento de Estradas de Rodagem em cinquenta salários mínimos, a título de danos morais.

Se a lesão impedir ou dificultar o exercício da profissão ou do trabalho, a reparação das despesas de tratamento será acrescida de uma pensão correspondente ao prejuízo mensal que vier a sofrer o lesado. A deformidade não é a simples cicatriz, mas aquela que atinge a fisionomia, a estética corporal ou que chame a atenção. Outros danos, inclusive morais, decorrentes do mesmo fato, são indenizáveis, como nos casos de traumas psíquicos, perda de virilidade ou esterilidade.

A ofensa à liberdade física das pessoas dá ensejo à reparação, pois apenas a lei pode limitar a liberdade de ir e vir, como se dá com as hipóteses de penas de prisão. O Código Civil considera ofensivos à liberdade física, o cárcere privado, a prisão ilegal ou a prisão em virtude de denúncia falsa ou de má-fé. Nenhum particular pode manter preso outrem, salvo no caso de flagrante delito para entrega imediata à autoridade policial; nunca trancafiá-lo em dependências que não sejam destinadas a segurança pública ou a manicômios judiciários, seja por maldades, brincadeiras ou qualquer outro motivo. Não se considera cárcere privado a guarda em quartos fechados de doentes mentais perigosos em hospitais ou residências, desde que sob recomendação médica. A reparação pela ofensa à liberdade física envolve os danos materiais emergentes, lucros cessantes e danos morais. No caso de prisão ilegal ou indevida, a responsabilidade é do Estado, que tem direito regressivo contra a autoridade culpada, de acordo com a regra geral estabelecida na Constituição.

O ofendido não pode sofrer diminuição proporcional da reparação, se recebeu algum valor de seguro. São distintas as causas, não se podendo cogitar de enriquecimento indevido.

20.12. Liquidação

Quando se sabe qual o montante da dívida diz-se líquida (e o respectivo direito). Pode-se ter certeza do direito, mas não ser líquido. É preciso que se liquide (procedimento de liquidação), para se saber o que há de prestar o devedor, como ocorre com quase todas as situações de danos. A dívida, embora ilíquida, é sempre certa; não há dívidas ilíquidas e incertas. A liquidação pode ser amigável, dispensando-se o processo judicial próprio.

As dificuldades naturais para liquidação dos danos materiais ou morais não são óbices para que se efetive, mesmo que a cada passo se encontrem divergências quanto à determinação de valor, de índices, de preços de mercado, de depreciação, de valorização, de valor estimativo, de volume, de peso, das medidas.

Nas dívidas ilíquidas, os juros contam-se a partir da citação inicial, no processo judicial, pouco importando que sejam decorrentes de inadimplemento contratual ou de responsabilidade civil objetiva, como decidiu o STJ (REsp 56731).

A liquidação do dano moral é procedida por arbitramento, nada impedindo que o juiz fixe desde logo o valor da reparação, como decidiu o STJ (REsp 6048). A reparação deve contemplar a compensação à lesão ao direito da personalidade, além da reparação punitiva, quando for o caso. Alguns tribunais têm preferido fixá-la em certa quantidade de salários mínimos, a exemplo do REsp 23575, em que o STJ arbitrou em cem salários mínimos, pagos de uma vez, a título de reparação por danos morais, a passageira que sofreu acidente em ônibus, por imprudência do motorista.

O Código Civil (art. 953), na hipótese de determinadas lesões a direitos da personalidade (injúria, calúnia, difamação), atribui ao juiz o recurso à equidade, para fixação da reparação compensatória e punitiva, "na conformidade das circunstâncias do caso". Esse critério geral também se aplica às demais hipóteses de danos morais e de danos existenciais.

BIBLIOGRAFIA

AGUIAR JR., Ruy Rosado de. *Extinção dos contratos por incumprimento do devedor.* Rio de Janeiro: Aide, 2004.

ALBUQUERQUE, Fabíola Santos. O instituto do inadimplemento substancial e suas repercussões na teoria clássica da relação jurídica obrigacional. *Revista da Escola Superior da Magistratura de Pernambuco*, Recife, v. 10, p. 181-196, 2005.

ALMEIDA, L. P. Moitinho de. *Enriquecimento sem causa.* Coimbra: Almedina, 1996.

ALVES, José Carlos Moreira. O *favor debitoris* como princípio geral do direito. *Revista Brasileira de Direito Comparado*, Rio de Janeiro, n. 26, p. 3-23, 2004.

ALVIM, Agostinho. *Da inexecução das obrigações e suas consequências.* São Paulo: Saraiva, 1980.

AMARAL, Francisco. *Direito civil*: introdução. Rio de Janeiro: Renovar, 1998.

ARENDT, Hannah. *Entre o passado e o futuro.* Trad. Mauro W. Barbosa de Almeida. São Paulo: Perspectiva, 1979.

ARISTÓTELES. *Ética a Nicômaco.* Trad. Mário da Gama Cury. Brasília: Ed. UnB, 1995.

________. *Retórica.* Trad. Manuel Alexandre Junior *et al.* São Paulo: Martins Fontes, 2012.

AZEVEDO, Álvaro Villaça. *Teoria geral das obrigações.* São Paulo: Atlas, 2004.

AZEVEDO, Antônio Junqueira de. Responsabilidade pré-contratual no Código de Defesa do Consumidor: estudo comparativo com a responsabilidade pré-contratual no direito comum. *Revista de Direito do Consumidor*, São Paulo: n. 18, p. 23-31, abr./jun. 1996.

________. *Negócio jurídico.* São Paulo: Saraiva, 2002.

________. *Estudos e pareceres de direito privado.* São Paulo: Saraiva, 2004a.

________. Por uma categoria de dano na responsabilidade civil: o dano social. *Revista trimestral de direito civil.* Rio de Janeiro: Padma, n. 19, jul./set. 2004b.

BAPTISTA, Sílvio Neves. *Teoria geral do dano.* São Paulo: Atlas, 2003.

BECK, Ulrich. *Sociedade de risco.* Trad. Sebastião Nascimento. São Paulo: Ed. 34, 2010.

BECKER, Anelise. A doutrina do adimplemento substancial no direito brasileiro e em perspectiva comparativista. *Revista da Faculdade de Direito da UFRGS*, Porto Alegre, n. 9 (1), p. 60-77, nov. 1993.

BENJAMIN, Antônio Herman de Vasconcellos e. In: GRINOVER, Ada Pellegrini *et al.* (Coord.). *Código Brasileiro de Defesa do Consumidor.* Rio de Janeiro: Forense Universitária, 1998.

BETTI, Emilio. *Teoria geral das obrigações.* Trad. Francisco José Galvão Bruno. Campinas: Bookseller, 2006.

________. *Teoria geral do negócio jurídico.* Trad. Fernando de Miranda. Coimbra: Coimbra Ed., 1969. v. 1.

BLACK, Henry Campbell. *Black's law dictionary.* St. Paul: West Publishing, 1990.

BOBBIO, Norberto. *Dalla struttura alla funzione.* Milano: Comunità, 1977.

BODENHEIMER, Edgar. Responsabilidad y racionalidad. Trad. Javier Esquivel. *Revista de la Facultad de Derecho de México.* México: 22 (87-8), jul./dic. 1972.

BORDA, Alejandro. *La teoría de los actos propios.* Buenos Aires: Abeledo-Perrot, 1993.

CANARIS, Claus-Wilhelm. O novo direito das obrigações na Alemanha. *Revista Brasileira de Direito Comparado*, Rio de Janeiro: n. 25, p. 3-26, 2003.

CARBONNIER, Jean. *Flexible droit.* 6. ed. Paris: LGDJ, 1988.

________. *Droit civil:* les obligations. Paris: PUF, 2000.

CARVALHO, Orlando de. *A teoria geral da relação jurídica.* Coimbra: Centelha, 1981.

CASTRO, Torquato. *Da causa no contrato.* Recife: Imprensa Universitária, 1966.

CÍCERO. *Dos deveres.* Trad. Alex Martins. São Paulo: Martin Claret, 2002.

CIOCIA, Maria Antonia. *L'obbligazione naturale*: evoluzione normativa e prassi giurisprudenziale. Milano: Giuffrè, 2000.

CORDEIRO, António Manuel da Rocha e Menezes. *Da boa-fé no direito civil.* Coimbra: Almedina, 1997.

________. *Estudos de direito civil.* Coimbra: Almedina, 1991. v. 1.

________. *Da modernização do direito civil.* Coimbra: Almedina, 2004.

COUTO E SILVA, Clóvis V. do. *A obrigação como processo*. São Paulo: Bushatsky, 1976.

________. O princípio da boa-fé no direito brasileiro e português. In: *O direito privado brasileiro na visão de Clóvis do Couto e Silva*. Véra Maria Jacob de Fradera (Org.). Porto Alegre: Livr. do Advogado, 1997.

CRUZ, Gisele Sampaio da. *O problema do nexo causal na responsabilidade civil*. Rio de Janeiro: Renovar, 2005.

DEMOGUE, René. *Traité des obligations en général*. Paris: Rousseau, 1925. t. 5.

DIAS, José Aguiar. *Da responsabilidade civil*. 11.ª ed. Rio de Janeiro: Renovar, 2006.

DÍEZ PICAZO, Luiz. *Fundamentos del derecho civil patrimonial*. Madrid: Civitas, 1996. v. 1.

DINIZ, Maria Helena. *Curso de direito civil brasileiro*. São Paulo: Saraiva, 2002. v. 2.

DONNINI, Rogério Ferraz. *Responsabilidade pós-contratual*. São Paulo: Saraiva, 2004.

DURKHEIM, E. *De la division du travail social*. Paris: PUF, 1994. v. 1.

EHMANN, Horst; SUTSCHET, Holger. *La reforma del BGB*. Trad. Cláudia López Díaz *et al*. Bogotá: Universidad Externado de Colombia, 2006.

EHRHARDT JR., Marcos. *Responsabilidade civil pelo inadimplemento da boa-fé*. Belo Horizonte: Fórum, 2014.

ENNECCERUS, Ludwig. *Tratado de derecho civil*: derecho de obligaciones. Trad. Blas Pérez González e José Aguiler. Barcelona: Bosch, 1954. t. 2, v. 1.

FACHIN, Luiz Edson. *Estatuto jurídico do patrimônio mínimo*. Rio de Janeiro: Renovar, 2001.

________. *Teoria crítica do direito civil*. Rio de Janeiro: Renovar, 2003.

________. A "reconstitucionalização" do direito civil brasileiro: lei nova e velhos problemas à luz de dez desafios. *Revista Jurídica*, Porto Alegre, n. 324, p. 16-9, out. 2004.

________. Responsabilidade civil contemporânea no brasil: Notas para uma aproximação. *Revista Jurídica*. Porto Alegre: n. 397, novembro 2010.

FRANÇA, Rubens Limongi. *Manual de direito civil*. São Paulo: Revista dos Tribunais, 1969. t. 1, v. 4.

FROTA, Pablo Malheiros da Cunha. *Responsabilidade por danos:* imputação e nexo de causalidade. Curitiba, Juruá, 2014.

GAGLIANO, Pablo Stolze; PAMPLONA FILHO, Rodolfo. *Novo curso de direito civil*. São Paulo: Saraiva, 2003. v. 2.

GAIO. *Institutas*. Trad. Alfredo di Pietro. Buenos Aires: Abeledo-Perrot, 1997.

GHESTIN, Jacques. *Traité de droit civil*: la formation du contrat. 3. ed. Paris: LGDJ, 1993.

GOMES, Orlando. *Transformações gerais do direito das obrigações*. São Paulo: Revista dos Tribunais, 1967.

________. Tendências modernas da reparação de danos. In: *Estudos em homenagem ao Professor Silvio Rodrigues*. Rio de Janeiro: Forense, 1980.

________. *Obrigações*. Rio de Janeiro: Forense, 1998.

GONÇALVES, Carlos Roberto. *Direito civil brasileiro*. São Paulo: Saraiva, 2004. v. 2.

GRINOVER, Ada Pellegrini *et al. Código brasileiro de defesa do consumidor*: comentado pelos autores do anteprojeto. Rio de Janeiro: Forense Universitária, 1998.

GRYNBAUM, Luc. La notion de solidarisme contractuel. In: GRYNBAUM, Luc; Nicod, Marc (Coord.). *Le solidarisme contractuel*. Paris: Economica, 2004.

HARTKAMP, Arthur. The principles of European contract law. *Stvdia ivridica*: colloquia 8, Coimbra, n. 64, p. 53-8, 2002.

HIRONAKA, Giselda Maria Fernandes Novaes. *Responsabilidade pressuposta*. Tese (Livre-Docência em Direito). São Paulo: Universidade de São Paulo, 2002.

________. Direito das obrigações: o caráter de permanência dos seus institutos, as alterações produzidas pela lei civil brasileira de 2002 e a tutela das gerações futuras. DELGADO, Mário Luiz; Alves, Jones Figueiredo (Org.). *Novo Código Civil*: questões controvertidas. São Paulo: Método, 2005. v. 4.

IHERING, Rudolf von. *El fin en el derecho*. Buenos Aires: Atalaya, 1946.

JONAS, Hans. *O princípio responsabilidade*. Trad. Marijane Lisboa, Luiz Barros Montez. Rio de Janeiro: Contraponto: PUC-RIO, 2006.

JUSTINIANO. *Instituições de Justiniano*. Trad. Sidnei Ribeiro de Souza e Dorival Marques. Ed. bilíngue. Curitiba: Tribunais do Brasil, 1979.

JUSTO, António dos Santos. Obrigação natural. Direito Romano. Marcas romanas em alguns direitos contemporâneos. *Revista Brasileira de Direito Comparado*. Rio de Janeiro: Instituto de Direito Comparado Luso-Brasileiro, n. 47, p. 13-88, 2º semestre 2014.

KANT, Immanuel. *Fundamentação da metafísica dos costumes*. Trad. Paulo Quintela. Lisboa: Ed. 70, 1986.

________. *Crítica da razão prática*. Trad. Rodolfo Schaefer. São Paulo: Martin Claret, 2003.

LARENZ, Karl. *Derecho de obligaciones*. Trad. Jaime Santos Briz. Madrid: ERDP, 1958.

________. *Derecho civil*: parte general. Trad. Miguel Izquierdo y Macias-Picavea. Madrid: 1978.

LARROUMET, Christian. La defensa de la responsabilidad contratual en derecho frances. *Revista Trimestral de Direito Civil*. Rio de Janeiro: Padma, n. 8, p. 151-163, out.-dez. 2001.

LEITÃO, Luís Manuel Teles de Menezes. *Direito das obrigações*. Coimbra: Almedina, 2002. v. 1.

LEONARDO, Rodrigo Xavier. A cessão de créditos à luz da tese da separação relativa. *Estudos de direito privado e processual civil: em homenagem a Clóvis do Couto e Silva*. Judith Martins-Costa e Véra Jacob de Fradera (Orgs.). São Paulo: RT, 2014.

LÔBO, Paulo Luiz Netto. *O contrato* – exigências e concepções atuais. São Paulo: Saraiva, 1986.

________. *Condições gerais dos contratos e cláusulas abusivas*. São Paulo: Saraiva, 1991.

________. *Comentários ao Estatuto da Advocacia e da OAB*. 3. ed. São Paulo: Saraiva, 2002.

________. *Comentários ao Código Civil: parte especial* – das várias espécies de contratos. Antônio Junqueira de Azevedo (Coord.). São Paulo: Saraiva, 2003. v. 6.

LÔBO, Paulo Luiz Netto; LYRA Jr., Eduardo (Org.). *Princípios contratuais, teoria do contrato e o novo Código Civil*. Recife: Nossa Livraria, 2003.

LOPES, Miguel Maria de Serpa. *Curso de direito civil*. Rio de Janeiro: Freitas Bastos, 1960. v. 2.

LORENZETTI, Ricardo Luis. *Fundamentos do direito privado*. Trad. Véra Maria Jacob de Fradera. São Paulo: Revista dos Tribunais, 1998.

MACEDO JR., Ronaldo Porto. *Contratos relacionais e defesa do consumidor*. São Paulo: Max Limonad, 1998.

MARQUES, Cláudia Lima. *Contratos no Código de Defesa do Consumidor*. São Paulo: Revista dos Tribunais, 1995.

________. Estudos sobre direito brasileiro e superendividamento. Sugestões para uma lei sobre o tratamento do superendividamento de pessoas físicas em contratos de crédito ao consumo: proposições com base em pesquisa empírica de 100 casos no Rio Grande do Sul. In: MARQUES, Cláudia Lima; CAVALLAZZI, Rosângela Lunardelli (Coord.). *Direitos do consumidor endividado*: superendividamento e crédito. São Paulo: Revista dos Tribunais, 2006.

________. Algumas perguntas e respostas sobre a prevenção e tratamento do superendividamento dos consumidores pessoas físicas. *Revista de Direito do Consumidor*, São Paulo: RT, n. 75, p. 9-42, jul./set. 2010.

MARQUES, Cláudia Lima; WEHNER, Ulrich. Código Civil alemão muda para incluir a figura do consumidor – renasce o "direito civil geral e social"? *Revista de Direito do Consumidor*, São Paulo: RT, n. 37, p. 270-77, jan./mar. 2001.

MARTINS-COSTA, Judith. *A boa-fé no direito privado*. São Paulo: Revista dos Tribunais, 1999.

________. *Comentários ao novo Código Civil*: do direito das obrigações, do adimplemento e da extinção das obrigações. Sálvio de Figueiredo Teixeira (Coord.). Rio de Janeiro: Forense, 2003. v. 5, t. 1.

________. A boa-fé objetiva e o adimplemento das obrigações. *Revista Brasileira de Direito Comparado*, Rio de Janeiro, n. 25, p. 229-281, 2004.

MAZEAUD, Henri; MAZEAUD, Jean; CHABAS, François. *Obligations*: théorie générale. Paris: Montchrestien, 1998.

MELLO, Marcos Bernardes de. *Teoria do fato jurídico*: plano da eficácia. São Paulo: Saraiva, 2004.

MENGONI, Luigi. Spunti per una teoria delle clausole generali. In: BUSNELLI, Francesco de (Coord.). *Il principio de buona fede*. Milano: Giuffrè, 1987.

MILL, John Stuart. *Sobre a liberdade*. Trad. Alberto da Rocha Barros. Petrópolis: Vozes, 1991.

MIRAGEM, Bruno. *Direito civil: responsabilidade civil*. São Paulo: Saraiva, 2015.

MOLFESSIS, Nicolas. Les sources constitutionnelles du droit des obligations. Association Henri Capitant (Org.). *Le renouvellement des sources du droit des obligations*. Paris: LGDJ, 1997.

MORAES, Maria Celina Bodin. *Danos à pessoa humana*: uma leitura civil-constitucional dos danos morais, Rio de Janeiro: Renovar, 2003.

MOSSET ITURRASPE, Jorge. *Responsabilidad por danos*. Buenos Aires: Ediar, 1982.

________. La vigencia del distingo entre obligaciones de medio y de resultado en los servicios, desde la perspectiva del consumidor. *Ajuris*, Porto Alegre, p. 250-2, mar. 1998.

________. *Derecho civil constitucional*. Santa Fé: Rubinzal-Culzoni, 2011.

NADER, Paulo. *Curso de direito civil*: obrigações. Rio de Janeiro: Forense, 2003. v. 2.

NALIN, Paulo. *Do contrato*: conceito pós-moderno em busca de sua formulação na perspectiva civil-constitucional. Curitiba: Juruá, 2001.

NANNI, Giovanni Ettore. Mora. *Obrigações*. NANNI, Giovanni Ettore; LOTUFO, Renan (Orgs.). São Paulo: Atlas, 2011.

________. *Direito civil e arbitragem*. São Paulo: Atlas, 2014.

NERY JUNIOR, Nelson; NERY, Rosa Maria de Andrade. *Código Civil anotado e legislação extravagante*. São Paulo: Revista dos Tribunais, 2003.

NONATO, Orozimbo. *Curso de obrigações*. Rio de Janeiro: Forense, 1959. v. 1 e 2.

NORONHA, Fernando. *Direito das obrigações*. São Paulo: Saraiva, 2003. v. 1.

________. Enriquecimento sem causa. *Revista de direito civil, imobiliário, agrário e empresarial,* São Paulo: RT, n. 56, p. 51-78, abr./jun. 1991.

ORDENAÇÕES FILIPINAS. Livros IV e V. Reprodução *fac-símile* da edição de 1870. Lisboa: Fundação Calouste Gulbenkian, 1985.

PEREIRA, Caio Mário da Silva. *Instituições de direito civil*: teoria geral das obrigações. Rio de Janeiro: Forense, 2003. v. 2.

PERLINGIERI, Pietro. *Perfis do direito civil*: introdução ao direito civil constitucional. Trad. Maria Cristina de Cicco. Rio de Janeiro: Renovar, 1997.

________. *O direito civil na legalidade constitucional*. Trad. Maria Cristina de Cicco. Rio de Janeiro: Renovar, 2008.

PINTO MONTEIRO, António. *Cláusula penal e indemnização*. Coimbra: Almedina, 1990.

________. Cláusula penal e comportamento abusivo do credor. *Revista Brasileira de Direito Comparado,* Rio de Janeiro, n. 25, p. 113-41, 2004.

PONTES DE MIRANDA, F. C. *Tratado de direito privado*. Rio de Janeiro: Borsoi. v. 2 (1974), 22 (1971), 23 (1971), 24 (1971), 25 (1971), 26 (1971), 38 (1974), 39 (1972), 42 (1972), 53 (1972).

PUIG BRUTAU, José. *Estudios de derecho comparado*: la doctrina de los actos propios. Barcelona: Ariel, 1951.

REALE, Miguel. *O projeto do Código Civil*. São Paulo: Saraiva, 1986.

REISER, Ludwig. *Il compito del diritto privato.* Trad. Marta Graziadeti. Milano: Giuffrè, 1990.

RÉMY, Philippe. La genèse du solidarisme. In: GRYNBAUM, Luc; NICOD, Marc (Coord.). *Le solidarisme contractuel.* Paris: Economica, 2004.

RIZZARDO, Arnaldo. *Direito das obrigações.* Rio de Janeiro: Forense, 2004.

RIZZATTO NUNES, Luiz Antonio. *Comentários ao Código de Defesa do Consumidor.* São Paulo: Saraiva, 2000.

________. Os juros no novo Código Civil e suas implicações para o direito do consumidor. *Revista de Direito do Consumidor,* São Paulo n. 53, p. 78-88, jan./mar. 2005.

RODRIGUES, Silvio. *Direito civil.* São Paulo: Saraiva, 2002. v. 2.

ROSENVALD, Nelson. *As funções da responsabilidade civil.* São Paulo: Saraiva, 2017.

ROSS, Alf. *Hacia una ciencia realista del derecho.* Trad. Julio Barboza, Buenos Ayres: Abeledo-Perrot, 1997.

RUZYK, Carlos Eduardo Pianoviski. *Institutos fundamentais do direito civil e liberdade(s).* Rio de Janeiro: GZ, 2011.

SCHABER, Gordon D.; ROHWER, Claude. *Contracts.* St. Paul: West Publishing, 1984.

SCHAPP, Jan. *Metodologia do direito civil.* Trad. Maria da Glória Lacerda Rurack e Klaus-Peter Rurack. Porto Alegre: Sérgio A. Fabris, 2004.

SCHREIBER, Anderson. *A proibição de comportamento contraditório*: tutela da confiança e *venire contra factum proprium.* Rio de Janeiro: Renovar, 2005.

________. A tríplice transformação do adimplemento. Adimplemento substancial, inadimplemento antecipado e outras figuras. *Revista Trimestral de Direito Civil.* Rio de Janeiro, n. 32, out./dez. 2007.

________. *Novos paradigmas da responsabilidade civil.* São Paulo: Atlas, 2007.

SCHULTE-NÖLKE, Hans. *The german law of obligations*: an introduction. Disponível em: <http://www.iuscomp.org/gla/literature/schulde-noelke.htm>. Acessado em: 1º ago. 2003.

SESSAREGO, Carlos Fernández. *Protección jurídica de la persona.* Lima: Universidad de Lima, 1992.

SILVA, Clóvis V. do Couto e. *O direito privado brasileiro na visão de Clóvis do Couto e Silva.* FRADERA, Véra Maria Jacob de (Org.). Porto Alegre: Livraria do Advogado, 1997.

SZTAJN, Rachel. *Futuros e swaps*: uma visão jurídica. São Paulo: Cultural Paulista, 1999.

TEPEDINO, Gustavo. *Temas de direito civil*. Rio de Janeiro: Renovar, 2004.

________. Notas sobre a função social dos contratos. *O direito e o tempo*: embates jurídicos e utopias contemporâneas. TEPEDINO, G.; FACHIN, L. E. (Coord.). Rio de Janeiro: Renovar, 2008.

TEPEDINO, Gustavo; BARBOSA, Heloisa Helena; MORAES, Maria Celina Bodin de. *Código Civil interpretado conforme a Constituição da República*. Rio de Janeiro: Renovar, 2004.

TEPEDINO, Gustavo; SCHREIBER Anderson. *Código Civil comentado*: direito das obrigações. São Paulo: Atlas, 2008.

VARELA, João de Matos Antunes. *Das obrigações em geral*. Coimbra: Almedina, 1986. v. 1.

VINEY, Geneviève. La responsabilité contractuelle en question. *Études offertes à Jacques Ghestin*: le contrat au début du XXIe siècle. Gilles Goubeaux *et al.* (Orgs.). Paris: LGDJ, 2001.

VINEY, Geneviève; JOURDAIN, Patrice. *Traité de droit civil: les effets de la responsabilité*. Paris: LGDJ, 2001.

VENOSA, Sílvio de Salvo. *Direito civil*. São Paulo: Atlas, 2003. v. 2.

VILANOVA, Lourival. *Causalidade e relação no direito*. Recife: OAB-PE, 1985.

WALD, Arnoldo. A correção monetária na jurisprudência do STF. *Revista dos Tribunais*, n. 524, p. 26-36, jun. 1979.

WEBER, Max. *Economia y sociedad*. Trad. José Medina Echavarría et al. México: Fondo de Cultura Econômica, 1992.

WEILL, Alex; TERRÉ, François. *Droit civil*: les obligations. Paris: Dalloz, 1986.

WESTERMANN, Harm Peter. *Código Civil alemão*: direito das obrigações. Trad. Armando Edgar Laux. Porto Alegre: Sérgio A. Fabris, 1983.

WIEACKER, Franz. *História do direito privado moderno*. Trad. A. M. Botelho Hespanha. Lisboa: Fundação Calouste Gulbenkian, 1980.

________. *El principio general de la buena fe*. Trad. José Luis Carro. Madrid: Civitas, 1986.

WILLEY, Michel. *Direito romano*. Trad. Fernando Couto. Porto: Res, s/d.

ZANNONI, Eduardo A. *Elementos de la obligación*. Buenos Aires: Astrea, 1996.

ZIMMERMANN, Reinhard. *The new german law of obligations*. New York: Oxford, 2005.